The New Managerial Economics

新管理经济学

修订版

[美] 威廉·博依斯 著
刘伟 译

中国市场出版社

图书在版编目（CIP）数据

新管理经济学/（美）博依斯著；刘伟译. —修订本. —北京：中国市场出版社，2013. 10

书名原文：The new managerial economics

ISBN 7－5092－1132－8

Ⅰ. 新…　Ⅱ. ①博…②刘…　Ⅲ. 管理经济学　Ⅳ. F270

中国版本图书馆 CIP 数据核字（2013）第 180474 号

著作权合同登记号：图字 01－2005－4441 号

William Boyes

The New Managerial Economics

ISBN 0－395－82835－X

First published by Houghton Mifflin Company, Boston, Massachusetts, United State of America.

书　　名：新管理经济学（修订版）

作　　者：（美）威廉·博依斯

译　　者：刘　伟

出版发行：中国市场出版社

地　　址：北京市西城区月坛北小街 2 号院 3 号楼（100837）

电　　话：编辑部（010）68033067　读者服务部（010）68022950

　　　　　发行部（010）68021338　68020340

　　　　　　　　　　　68024335　68033577

经　　销：新华书店

印　　刷：河北鑫兆源印刷有限公司

规　　格：787×1092 毫米　1/16　26 印张　520 千字

版　　本：2013 年 10 月第 1 版

印　　次：2013 年 10 月第 1 次印刷

书　　号：ISBN 7－5092－1132－8

定　　价：55.00 元

新管理经济学

使 用 指 南

欢迎您使用威廉·博依斯教授撰写的创新教材《新管理经济学》。本书是 MBA 或其他较少依赖数量分析的管理经济学课程的最佳选择。

《新管理经济学》打破了传统的教科书的写法，着重解释经济学直觉在作出正确商业决策中的关键作用，而将最优化技术等定量分析主题纳入章节附录作为补充。

与其他管理经济学教材普遍偏重数量分析的做法不同，《新管理经济学》强调逻辑和概念建模——由生活中的真实案例加以说明——由此突出经济学与关键的商业决策如成本、价格、市场和人事之间的关系。通过本书的学习，学生们将可以通过自己的思考对每个企业决策的战略成本和收益作出判断，而不必依赖常见的所谓快捷工具。

全书共 16 章，每章开篇为学生讲述了一个正在经历变革或试图作出一个关键决策的企业的案例，在相应章节的结尾处还会回顾这一案例，为学生提供了一个利用本章的重要概念检查公司选择的机会。每章的最后列出了本章中提到的要点和关键术语，并附上大量的练习，要求学生评估与企业选择相关的成本与收益。

本教材中文版开发商读天下为授课教师提供了教学课件（内容包括教师手册、中英文幻灯片）。

采用本书作教材的高校教师可以向读天下申请教学课件，请致电或发电子邮件联系。

电话：010 - 82111123

传真：010 - 82111123

邮件：szpress@ gmail. com

读天下　传递有思想的信息

Global Glamour

Delivering thoughtful messages

推荐序

宁向东
清华大学经济管理学院

在这个序言中，我想表达的意思主要有如下三点。第一，这本书特点鲜明，选材非常有针对性，是一本注重经济分析方法应用在实际管理问题的、有引导性的教科书。第二，这本书非常好懂，避免了经济学所惯常的技术色彩，适合经理人员阅读，会对经理人员非常有价值、有帮助。第三，我能够为这本书的中文版做推荐序，是意愿所在。所有的话都来自心底，是由衷的，没有丝毫的客套。

也恰恰是担心情之所至，信马由缰，写丢了自己，所以，一上来就要先对上述最关键的话作出交代，后面也就自由一点。按照诺奖评委会的说法，2005年诺贝尔奖得主的一个研究成果，就是发现了：主动限制自己的自由，将会得到更多的自由。我以为，自己正在提供这样的一个实例。

几年前，我在哈佛商学院做访问研究的时候，曾经问过 David Bell 教授，他们为什么取消了"管理经济学"这门 MBA 的核心课程。因为除了哈佛之外，几乎没有哪一所世界级商学院不开设这门课。Bell 过去曾经担任过这门课的负责人，"下岗"后教授市场学，是很大牌的教授，经理们对他喜欢得不得了。Bell 对我说，哈佛之所以取消了这门课，是很难在一门经济学课程里面反映管理者所需要的东西，多数的经济学教授难以把握向经理传授分析方法的技巧。于是，他们就把"管理经济学"课程取消了，转而采取经济学与各门具体的管理课程相结合的策略，在具体管理课程中教授经济思想和方法。这也就是为什么在哈佛的战略、市场、会计等课程里面，渗透着浓厚经济分析技术的原因。当然，哈佛有条件这样做，它的很多教授，都是经济学博士出身，比如大名鼎鼎的波特教授。

不过，我以为，哈佛的办法是出路之一。寻找在"管理经济学"课程内部进行改革，也是一个办法。事实上，这也是很多美国商学院里面发生变化的所在。本书其实就反映了这个变化。我不是说本书的工作就尽善尽美了，但其方向是绝对正确的。我特别欣赏这种改革。不瞒大家，我在清华大学经济管理学院所做的，就是类似的尝试。到目前为止，学生非常欢迎。我主张保留“管理经济学”这门课程，倒不是担心下岗，主要是觉得集中一门课来讨论经济学方法，对于刚入商学院大门的人来说是必要的。但同时我也意识到，这样做对教师提出了更高的要求。教师需要熟悉管理的各个学科。也就是说，教师如果只知道经济学，而不了解管理的主要方面，是没有办法在商学院里面教好“管理经济学”的。所以，从这个意义上说，这本书对于众多管理经济学教师了解管理领域中的内容，至少有引导价值和意义。

常常会有学生问我：经济学是什么？我说，经济学是一个研究过程和一套方法体系。在过去200多年的时间里面，经济学一直伴随着学科分裂。在早期经济学家的著作里，所讨论的问题是无所不包的，他们的著作简直就是一部百科全书。那时的经济学是个大学科。但后来，随着时代的发展，很多学科逐渐成熟起来了，然后它们一个个地从经济学科分离出去。在经济学的疆域不断缩小的同时，经济学研究方法却逐渐清晰，并形成了一套研究范式。经济学家依照这套研究范式对不同的问题进行研究。在这个意义上，经济学是一套高超的认识世界的工具。

然而，必须承认的是，经济学在快速发展、积累知识的同时，至少在企业领域，鲜活的研究是贫乏的。在正式的教科书里面，我们也缺乏比较理想的展示这些有限成果的套路。我个人认为，现在流行的微观经济学教科书和管理经济学教科书，都不适合经理人员阅读。但经济学的原理对于管理者却非常重要，经理们非要知道不可。

经济学对于管理者的重要性，体现在如下三个方面。

第一，现代经济学关于企业的性质和运作问题的研究，已经取得了非常显著的突破，这意味着企业的管理者可以从经济学的进展中获得许多宝贵知识和现成结论。

第二，经济学是一门理解和透视（insight）经济世界的学问。相对于所取得的具体知识而言，经济学已经建立起来的分析工具和范式具有更重要的意义。经济学思考世界的方法，无疑是驾驭经营活动的利器。所以，学习经济分析，对于管理者来说，更有洗脑的功效。

第三，很多具体的管理学科都是经济学发展到一定阶段、分化出去的具体学问。比照这些操作导向的具体学科，经济学具有相当的基础性和指导性。经济学家常常可以找到具体管理实践背后所蕴涵的经济原则，并且，可以举一反三，更有效地指导实践。于是，对于越高层的管理者，经济学的指导意义就越重要、越突出、越明显。

然而，在与中国企业经理人员进行接触的时候，我的一个直观感受，就是经理们对于经济学的了解非常不够。这导致了他们在管理实践中不能有意识地利用已有的经济学思考方法和成果。也正因为如此，我常常建议经理人员应该有意识地去吸取更加广泛和深入的经济学知识，以及经济学家关于企业问题的研究进展。现在，终于有了一本教科书，叫《新管理经济学》，不厚不薄，不多不少，可以向读者提供有益的指导。所以，我建议大家读一读，看一看。

目　　录

第一部分
导论与基础知识

第二部分
寻求竞争优势

第三部分
保持竞争优势

第四部分
解决问题的分析工具

第五部分
关注企业的外部环境

第六部分
战略审计

前　　言

本书之所以起名为《新管理经济学》，是为了强调其新颖性。传统管理经济学教科书强调最优化技术与数量分析，但忽视了对成功的企业管理来说至关重要的解决问题的真实场景。本书关注企业战略以及经济学对管理者的有用性，其目的是将经济学的力量展示给非经济学家，并向经济学的学生传授如何利用经济学的工具与技术解决企业问题。

为 MBA 和学习经济学的学生开设管理经济学课程是很重要的，这不仅可以使他们理解企业为什么要像现在这样做，而且为企业家和管理者指明了战略方向。作为对这些战略的补充，本书部分章节的附录提供了包括最优化技术和定价问题在内的定量分析专题，而正文部分专注于逻辑分析和经济概念模型与直觉的应用。本书没有假设学生具有深厚的经济学功底，或者修过经济学课程，但对于具有扎实的经济学基础的读者来说，本书仍不失为一本有趣且内容丰富的教材。

本书概述

本书分为 16 章，从报酬、文化、结构、政府影响与国际问题的角度，向读者介绍了企业战略的各个方面，并始终对制度（institution）和决策制定进行深入的分析。第一部分“导论与基础知识”介绍了经济学和企业使用的语言，包括对企业绩效（business performance）的衡量。第二部分“寻求竞争优势”通过着眼于消费者（第 4 章对需求的讨论）、成本（在第 5 章讨论）、利润最大化（在第 6 章讨论），介绍了企业获得竞争优势的战略。

第三部分“保持竞争优势”探讨了企业用以保持竞争优势的战略，经济学家将这种战略称为创造进入壁垒。这一部分包括非价格战略（第 7 章）、定价战略（第 8 章）以及企业对研发与创新的应用（第 9 章）。第 10 章和第 11 章研究了公司的组织与文化以及薪酬和员工问题（personnel issue）。

第四部分“解决问题的分析工具”深入解决问题的细节。第 12 章关注资本配置，或者说是超过一个期间的决策制定。今天的决策会影响明天的行动，它本身也依赖于对明天会发生什么的预期，本章探讨了不同期间的资本配置。第 13 章利用博弈论的原理讨论了战略行为。这一章论述了如何将商业环境视为简单的博弈以加深理解。

大多数企业战略应对的是经理人可以控制的问题，然而，必定存在着一些超出经理人的控制范围但仍对企业造成影响的因素。第五部分“关注企业的外部环境”分析了这些外部因素。第 14 章探讨了全球化以及汇率变化风险带来的问题，第 15 章涵盖了公共部门以及影响企业战略的关于企业行为的法律。

第 16 章通过对西南航空公司的战略审计（strategic audit）对本书的所有内容进行了总结。这一审计关注形成西南航空公司独特能力的各种要素。

每一步的决策制定

本书的目的是为当代企业——小企业与大企业、国内企业与跨国企业，以及提供多种产品和服务的企业——的战略运作提供一个窗口。每章开篇为学生讲述了一个正在经历变革或试图作出一个关键决策的企业的案例，在相应章节的结尾处还会回顾这一案例，为学生提供了一个利用本章的重要概念考察公司选择的机会。作为一种描述特定概念的方法，各章中还提到了数以百计的其他公司案例。另外，正文中还提供了一些附加资源的网址——包括政府和企业的网址，为学生提供了一种进一步研究某一问题或公司战略的手段。

每章的最后列出了本章中提到的要点和关键术语，并附上大量的练习，要求学生评估与企业选择相关的成本与收益。我相信，掌握重要思想和在战略决策制定中树立自信的最佳方法就是练习制定决策，而这些练习恰好可以达到这一目标。

教辅资料

《新管理经济学》配有一系列精心设计的突出本书特色与方法的教辅资料。

学习指南

由 Mercer 大学的 Wm. Stewart Mounts Jr. 精心准备的学习指南可以使学生巩固课本中学到的重要概念，对那些希望牢固记住并理解课程内容的学生是无价的资源。学习指南将通过每章概述、关键概念复习、主动复习等环节引导学生掌握各章的重要概念，并利用对错判断、多重选择、简答题以及大量的应用与问题等形式测试学生对知识的掌握程度。每章以“案例研究扩展”作为结尾，要求学生利用从课本中学到的知识解决现实世界的问题，以帮助他们作出更好的管理决策。对每一部分的测试提供了答案，以便学生可以评估自己的学习进展和预习的水平。

教师资源手册*

考虑到教授管理经济学的独特挑战，我亲自编写了这一手册。为了协助教师教好每一章，我编写了本章概述、教学目标及重要术语，还提供了主题与教学建议、练习与数量分析的答案以协助课堂教学，并为有兴趣进行深入研究的教师提供了许多因特网链接。

致　谢

本书是多年努力的结晶。从 10 多年前我就开始教授这门课。在过去 6 年中，使用过我的教学笔记和初稿的同事们提供了无价的反馈意见。我要感谢那些阅读过初稿并提供建议或批评或创意的人——特别是亚利桑那州立大学的 Paul Burgess 和 Robert Knox，Mercer 大学的 Wm. Stewart Mounts Jr. 以及得克萨斯大学的 Ryan Amacher。我还要感谢下列在不同阶段对各章提出评论意见的评审者：Murray 州立大学的 David Eaton，亚拉巴马州立大学的 Harold W. Elder，DePaul 大学的 Animesh Ghoshal，纽约州立大学布法罗分校（SUNY Buffalo）的 William A. Hamlen，Jr.，阿肯色大学的 Raja Kali，巴尔的摩大学的 David Levy，阿肯色大学的 Carl B. Linvill，Murray 州立大学的 Martin Milkman，Fairfield 大学的 Kathryn Nantz，圣地亚哥大学的 Andrew Narwold，北得克萨斯大学的 Michael

* 采用本书作教材的教师请致信 szpress@ gmail. com 申请教师资源手册——编注。

Nieswiadomy 和波特兰州立大学的 Abdul Qayum。

我还要感谢数以百计的学生——学习商学和经济学的 MBA 学员以及本科生——他们在过去 5 年左右的时间里试用了本书的不同版本。另外 Mercer 大学和得克萨斯大学的一些学生参与了本书初稿的课堂试用，并提出了一些非常有价值的意见。我要特别感谢 Richard Spivey，Terrence A. Ussery，Pace Bailey，Jenna Stewart，Jennifer Laster，Bo Warren，Jennifer Spano，Elizabeth Skipper，Lewin Chuachiaco，Robert Gibbon，Rasnida Corker，Kecia Isgett，Tiffancy Noell 和 Jennifer McGuinness，以及 Mercer 大学的所有学生，感谢他们提供的有价值的建议。

除了 MBA 课程的学员外，许多企业经理也为本书的出版作出了贡献。Gary Tauscher 阅读了每一章并提供了许多建议。

最后我要感谢 Houghton Mifflin 出版公司的编辑团队，包括 Amy Johnson、Tonya Lobato、Carol Merrigan、Tracy Patruno 和 Marie Barnes，他们为这本教材花费了大量时间。如果没有我的校订者 Ann West 的帮助，本书也难以出版，她是一位批评者、同事，有时甚至是我的合作者。

威廉·博依斯

第一版致谢

读天下感谢清华大学陈章武教授、天津大学李国津教授、北京大学李绍荣教授、对外经贸大学李青教授和李自杰教授在选题和审阅工作中的帮助。

修订版致谢

本次修订是在北京大学光华管理学院朱善利教授指导下完成的，朱教授不仅指导了修订原则的确立，还提示修正了多处写作和翻译上的问题。

1 PART 1 导论与基础知识

本书的目的是向非经济学家展示经济学的威力，向经济学家说明经济学如何为管理者所应用。经济学不仅描述企业为什么要这样做，而且还可以为企业家和管理者指出战略方向。

所有的领域都创造自己的语言。这降低了各个领域内专业人士之间交流的困难。然而，它阻碍了非专业人士与专业人士之间的交流。经济学与现实中的企业都有自己的语言，不幸的是，两种语言相去甚远，使得许多企业人士认为经济学是一个抽象而无用的领域。在本书中，我们将这两种语言融合在一起。事实表明，流行的商业词汇通常都是基于某一经济学概念，而经济学可以为商业实践带来很多深刻的见解。

本书名为《新管理经济学》，是为了表明与强调最优化技术和数量分析的传统管理经济学教材的区别。本书集中于企业战略和经济学对管理者的有用性，其基础是逻辑分析与概念建模（conceptual modeling）。本书讲述的是对商业感兴趣的人的经济学，而不管他是不是经济学家。学生不需要具备经济学背景或修过经济学课程就可以理解本书的内容。对那些具有扎实的经济学背景的学生来说，本书仍然足够有趣和新颖，足以提供有意义的学习体验。

在本书的前三章，我们引入了一些经济学和商业领域的语言。第 1 章导入了话题——对成功的原因进行讨论，并描述了为什么“没有免费的午餐”。第 2 章提供了对经济学的概述，讨论了市场为什么以及如何发挥作用。

第 3 章涉及绩效衡量问题。对不同的人来说，企业的目标可以是创造价值、使利润最大化、增加股东财富，或者使利益相关者的财富最大化。这些术语的含义是一样的吗？当然不一样。另外，只关注其中一个会误导企业，阻碍企业目标的实现。对企业家来说，企业的目标是实现股东价值最大化；对经济学家来说，企业的目标是实现经济利润最大化。第 3 章将这些概念结合在一起。

CHAPTER

1 经济学与管理

林肯电气公司

1895年，约翰·林肯（John C. Lincoln）成立了林肯电气公司（Lincoln Electric）。几十年来，公司一直是电弧焊设备领域的领先生产商。第二次世界大战结束时，美国有超过50家电弧焊设备生产商互相竞争，但现在只有6家主要的生产商生存下来。绝大多数企业，包括通用电气（General Electric）、西屋电气（Westinghouse）等巨人从这一领域退出了，主要原因是它们无法与林肯电气公司进行竞争。林肯电气的成功源于其员工的生产率，它采用了一种独特的计件工资结构，即根据雇员生产的产品数量对其进行奖励，激励雇员以其最大的努力和最快的速度工作。每一件产品都有一位雇员对它负责，如果产品出现差错，这个雇员就要把它修好——这是没有报酬的。这家公司还生产工业用电动马达，但电弧焊设备是其主要业务。林肯电气在这个产业中拥有最大的市场份额，占据国内电极和焊丝市场的40%，这些消耗品构成了这一产业的核心。

20世纪90年代，林肯电气在欧洲、拉丁美洲和亚洲收购了生产厂。这些并购是灾难性的，导致公司损失数百万美元。问题出在哪里？公司并没有改变其薪酬策略或公司政策。现在该怎么办呢？

1.1 成功的企业

平均来说，在美国的所有企业中，每年有7%的企业是新的，有1%的企业从产业中退出。为什么有些企业成功了，而另一些却失败了呢？

仅仅是运气好吗？

运气在企业的绩效中起着一定的作用。历史上有许多案例表明，运气对成功的作用至少与技能同样重要。想想在1875年度蜜月时品尝到一位旅店老板用祖传秘方调制的茶的那位费城药剂师。这位药剂师得到了这个秘方并开发出一种可以用于家庭消费的浓缩饮料。他就是查尔斯·海尔斯（Charles Hires），一位虔诚的贵格会教徒，他打算把他的“海尔斯草药茶”（Hires Herb Tea）作为一种替代啤酒和威士忌的非酒精饮料来销售。一位朋友建议道，矿工们是不会喝任何叫做“茶”的东西的，并建议他将自己的饮料称为“root beer”（可乐饮料的前身）。再想想一位名叫威尔·凯洛格（Will Kellogg）的疗养院勤杂工，他帮助他大哥为在餐厅就餐的患者准备面点。两个人先把面团煮熟，然后再用辊子把它们压成薄片。有一天，他们留下了一块面团，一夜之后，面团通过辊子时变成了一些碎片，而没有成为一个大薄片。麦片迅速获得了成功。

不考虑诸如此类的例子，运气通常在企业的绩效中不是最主要的因素。如果一个企业将依赖运气作为其主要战略，它会如何运作？绝大多数学者不认为这种随意抽签式的战略会为企业带来成功。

质　量

对于全面质量管理的描述和关于爱德华·戴明的信息，请访问 http://www.ed.gov/databases/ERIC_Digests/ed396759.html

在20世纪70年代，许多日本企业遵从爱德华·戴明（Edward Demming）的建议，将其努力集中在生产高质量产品上。它们成功地进入了美国市场。关注产品质量是成功的关键因素吗？20世纪80年代末期对450家企业进行的一项研究表明，对企业获利能力影响最大的单一因素是相对于其竞争对手的产品和服务的质量[1]。这并不是说任何或所有提高质量的努力都是值得的。消费者可能不愿意为微不足道的质量改进而支付更高的价格。瑞典的斯堪的纳维亚航空公司（SAS Airlines）在20世纪80年代后期追求一种“质量至上”的哲学，结果只是导致其成本无休止地上升。1989 年，当时的 CEO 简·卡尔松（Jan Carlzon）宣布："我们不得不辨别和评估商务旅行者的全部服务需求……我们的任务是满足他们的实际需求。" 两年后，卡尔松的哲学发生了变化："任何不利于提高我们航空公司竞争力的活动必须取消、出售或转变为独立的实体。"[2] 在福特汽车公司我们也听到了"质量最重要"的说法，但我们同样也发现了与福特 Explorer 这款汽车相关的质量问题。

先发者

189位市场先驱与 320 位早期跟随者生存率的对比请见 http://netec.wustl.edu/BibEc/data/Papers/fthprukra1115.html

另外一些研究指出，先发者（first mover）——首先开发出新产品的企业——通常是最成功的[3]。美国标准石油公司（Standard Oil，也译为美孚石油公司）、拜耳公司（Bayer）、柯达、施乐、IBM、可口可乐、微软、亚马逊和英特尔都是由于最早开发出一个市场或最早推出新产品或创新而拥有或曾经拥有知名品牌的先发者实例。而服装供应商 VF 公司则是后发者取得成功的例子。它让其他企业承担风险，然后再以更好的分销和服务占领市场。1961 年，当宝洁公司推出帮宝适（Pampers）时，大多数人都认为是宝洁公司发明了一次性尿布。其实，现在已经倒闭的 Chux 公司比宝洁公司早 1/4 个世纪开始生产一次性尿布。帮宝适并不是一种新产品，它只是更便宜、面向更广阔的市场。录像机领域中也有同样的故事。一家名为 Ampex 的美国企业在 1956 年首先开发出这一产品，但在 20 年后被价格更低的日本生产商如松下和索尼赶出了市场。一项研究表明，超过 50 种市场的开创者中，只有 10% 的企业成为了市场领导者，而且平均来说，现在的市场领导者是在先发者进入市场 13 年后才进入这一市场的[4]。

规模/市场份额

以占领市场份额为企业战略的讨论请见 http://www.otterbein.edu/home/fac/brccbly/general/bitsnbytes/myth.htm

规模意味着成功吗？与小企业相比，规模大、占支配地位的企业更加成功吗？一般来说，企业的市场份额（market share）增加，它的利润率也趋向提高[5]。然而，利润率的提高速度比市场份额的增加速度慢一些。拥有大约 10% 的市场份额产生大约 10% 的利润率，而 60% 的市场份额会带来 38% 的利润率[6]。这并不意味着强调规模和市场份额是通向成功的必经之路。宏碁公司是一家计算机生产厂商，在其早期非常强调市场份额，导致利润率过低，几乎破产。从那时起，它被分成20来个独立的公司，在一个松散的组织内运作。

大多数经理不考虑市场份额和利润率之间脆弱的联系，他们希望扩大自己公司的市场份额。咨询公司毕马威（KPMG）针对企业发动兼并或接管动机的一项调查显示，50%以上的企业是为了增加市场份额[7]。然而，规模增大实际上对企业的长期生存并没有什么影响。1912年，美国钢铁公司（US Steel）是当时全球最大的工业企业，而现在这家企业已经不是最大的企业，事实上它已经不复存在。在美国钢铁公司几近破产后，它被改造成另一家不同的公司——USX。USX公司作为一个例子说明了典型的大企业的历史。

大企业很少破产。但它们的命运通常是：经过一段时间的消耗后被更有活力的后起之秀接管，而从人们的视野中消失。

有很多例子证明，大企业不会炫耀其规模，而是通过缩小总部、压缩管理层次、分割为更小的单位来模仿较小的竞争对手，将其实际规模隐藏起来。1995年，美国最大的电话公司AT&T和ITT公司都将自己拆分成三部分。

走出“规模至上”这一误区得到了两位管理学大师的赞同，他们早就宣称规模时代已经结束了。彼得·德鲁克宣称“《财富》500强结束了”，汤姆·彼得斯指出，“较小的企业几乎在每个市场中都获得了成功”[8]。公司和工作场所的平均规模自20世纪70年代就开始下降。然而这并不意味着规模大就注定会失败。凯玛特（Kmart）和西尔斯（Sears）在扩大规模的过程中遭受了重大损失甚至破产，而麦当劳、玛莎公司（Marks and Spencer）、沃尔玛、迪斯尼和丰田汽车在不断扩大规模的过程中却非常成功[9]。重要的是要知道规模在什么时候对成功有利，什么时候对成功有害。

证券交易委员会兼并与收购的链接请见
http://www.gsionline.com

兼并与收购或关注核心竞争力。有些公司通过兼并或合并取得了成功。一般情况是，一个公司收购另一个公司或两个公司合并成一个。每一个经理人对兼并或收购的理由各不相同。通用电气公司兼并了许多不相关的公司，试图分散集中生产一种产品的风险——避免将所有的鸡蛋放在一个篮子里。Rowntree这一品牌在英国非常著名且成功，但在欧洲其他地方却鲜为人知。瑞士的雀巢公司收购Rowntree使得该公司在英国和欧洲大陆有了立足之地。菲利普·莫利斯公司（烟草公司）收购了米勒啤酒公司，因为它相信自己的营销知识可以用于其他产品的营销。索尼公司收购哥伦比亚电影公司，是为了有机会利用哥伦比亚公司的电影库。索尼公司开发出一种HDTV格式，它相信控制住最重要的电影可以使其他电影公司采用索尼的格式。WMX 公司在 20 世纪 80 年代收购了上百家企业，以使自己成为全球最大的废物管理企业。食品企业桂格燕麦公司（Quaker Oats）在 1994 年收购了饮料公司思蓝宝（Snapple）以加强其产品线。Price Club 公司和 Costco 批发公司这两家折扣零售商合并以求获得更大的市场份额。2001 年，美国航空公司和 TWA 公司合并以寻求更高的效率。埃克森公司和美孚公司于 2001 年合并，雪佛龙公司（Chevron）和德士古公司（Texaco）于 2002 年合并，目的是为了"发挥协同优势"（leverage synergies）。惠普公司 2002 年收购康柏公司是为了扩大其产品基础（product base）。

兼并与收购活动的爆发始于 20 世纪 90 年代初，并一直持续到 2001 年，在 2001—2002 年衰退期间略有减缓，2002 年又开始加速。不管这一活动如何轰轰烈烈，有证据表明，兼并与收购并不能提高并购后的企业的利润率。例如，桂格燕麦公司亏本卖出了思蓝宝，Price Club 公司和 Costco 公司合并后不到一年即陷入混乱，而这类"失败婚姻"的例子还有很多。据纽约的美智管理咨询公司针对 10 年来进行的 300 多次大规模并购的调查显示，在交易完成 3 年后，57% 的合并后的公司在股东总体回报方面在各自产业中处于落后水平。长期失败率更高，在一个 25 年的时期中，大约有一半的收购相继分裂，并购的企业在股票价格方面比市场总体表现要差[10]。

许多分析家认为，成功的转折点不是收购一系列不相关的公司，而是将不相关的业务剥离而集中于一种业务，即集中于企业的核心竞争力[11]。但是，反例同样很容易找到。你可以看一看通用资本公司（GE Capital）的成功，然后对一家企业必须集中精力做一件事这一观点提出反驳。一些企业通过将其整个产品线或者叫"价值链"组合在同一企业中获得了成功，但其他企业则通过将其活动尽可能外包给其他企业而使自己好起来[12]。例如，耐克公司并不生产自己的产品。相反，它利用独立承包人来生产其产品，而自己则集中于产品的市场营销。

全球化

关于全球化的展望，请见
http://news.bbc.co.uk/1/hi/special_report/1999/02/99/e-cyclopedia/711906.stm

全球化已经被说成是成功的一个关键战略。走进任何一家书店的商业图书区，你都能看到"全球"这一字眼比其他的更突出一些。与任何公司的管理人员交谈，话题很快就会被"全球化"所主宰。全球贸易在最近几十年中有了极大的增长。政府在关税与贸易总协定［GATT，现在被称为"世界贸易组

世界贸易组织的网站
http://www.wto.org/

织”（WTO）］下，以及在区域贸易协定如欧盟（EU）、北美自由贸易协定（NAFTA）下降低了贸易壁垒。在过去的10年中，外国直接投资的增长是世界产出增长的4倍，比世界贸易增长快3倍。

根据联合国的资料，全球有将近4万家跨国公司——在一个以上国家经营的企业，这一数字是25年前的3倍。这些公司总共控制着所有私人部门资产的1/3。

许多人认为全球化就是市场的同质化（homogenizing），使得所有的市场变成同一的。一些人对全球化非常担忧，他们在国际贸易会议上进行抗议，甚至去破坏麦当劳或其他看起来使世界同质化的公司。但是，即使产品和服务能够比以前更加自由地在国家之间流动，市场仍然不是均一的。当欧共体（European Community）在1957年成立时，欧洲制造商的市场忽然之间比国内市场扩大了好多倍。电器是最早跨国交易的消费品。自动洗衣机当时是一种新的、广受欢迎的产品，对它的需求增长很快。意大利生产商Indesit和Zanussi最初控制着欧洲市场，因为其规模使得它们在与较小企业的竞争中具有优势。但是，它们对每一个市场都提供同一种产品，而其他企业则针对每一个市场提供不同的产品。20世纪80年代初，Indesit和Zanussi事实上已经破产，在这一产业中获利最多的企业是那些为特定市场设计产品的企业，如英国的Hotpoint公司和德国的博世（Bosch）公司。

真正的国际化品牌只有少数几个——如可口可乐、麦当劳、万宝路之类获得全世界认可的品牌。然而，仔细分析可口可乐的战略可以看出，像这样一个著名的品牌，仍然没有忽视国家间的差异。其可乐的配方在各个国家都不尽相同。南方的日本人与东京的日本人相比，喜欢略微甜一些的可口可乐，可口可乐公司满足了这一需求。可口可乐公司在日本的2/3产品是针对当地市场的，如“Georgia Coffee”这一品牌在东京随处可见，而在亚特兰大却无人知晓。

在日本，麦当劳一直举步维艰，直到有一天它允许当地的一个创业者在东京市中心开设一个小吃店，而不像在美国那样在较偏远的地方开设大型餐厅，并且开始提供用当地较肥的肉制作的汉堡包。另外，日本的麦当劳店还供应可以选择的烧烤酱。在墨西哥，汉堡包配有辣椒。百事同样根据不同的国家进行调整。在中国上海，它不得不将“七喜”(7-Up）这一品牌改名，因为这个词在当地的发音是“吃死”[13]。

领导力

一些管理大师认为，成功的秘密在于负责的人。杰克·韦尔奇被认为是通用电气成功的保证，微软的比尔·盖茨被当成了预言家。直到2002年安然公司

(Enron) 崩溃前，肯尼思·雷也被认为是这些预言家式的领导人之一。案例研究[14]通常强调个人的重要性，如西南航空公司的赫伯·凯莱赫（Herb Kelleher)、IBM 公司的托马斯·沃特森（Thomas Watson)、英特尔公司的安迪·格鲁夫（Andy Grove)、玛莎公司（Marks and Spencer）的迈克尔·马科思（Michael Marks)[15]。这些案例研究花费大量的时间研究这些 CEO 的个性与背景，常常展示一个 CEO 孤军作战解决公司战略方向的基本问题，将一个企业成功背后的原因归结为一个领导者。成功是依赖一位众望所归的个人或预言家式的领导，还是独立于领导者呢?

毫无疑问，在一些例子中，一家公司的成功源于创业者的个性。但没有研究能够证明负责人的一系列特质可以定义成功[16]。

1.2　管理学与经济学

以上讨论的重点是没有一个规则可以保证成功。如果有这样一个规则，那么任何企业都将没有优势，因为所有企业都可能应用这一规则。进一步说，培养成功的管理者的可能性并不比培养出预言家式的领导者的可能性更高。然而，我们可以为人们提供方法与知识，协助他们思考企业问题与制定决策——如何确定哪些事情更重要、哪些战略会起作用，如何应对变革。这就是本书的目的——学会如何分析企业问题。我们将会看到，经济学不仅使我们能够更好地理解人类的行为从而理解企业的行为，而且还为商业人士提供了颇有价值的见解与工具。

经济学的作用

商业人士也许没有在前面的段落中找到继续阅读本书的充分理由。询问商业人士他们认为经济学是干什么用的，他们的回答会是经济预测，但大部分人并不十分重视经济预测。事实上，20 世纪 90 年代时，大部分公司的预测部门都被解散了。

由于商业人士关心成本，所以企业会保留会计部门或会计人员以监督和度量成本。大部分企业需要制定价格，而这通常是营销部门的责任。企业必须应对内部问题，如雇员关系与薪酬，这是人力资源部门的责任。企业需要理解自己面对的商业环境，这是公司规划师与战略顾问的任务。许多企业拥有一个伦理部门，甚至配备一位首席伦理官（chief ethics office）——又是一个 CEO。经济学对这些职能的影响一直是最低限度的。然而，成本、价格、雇员、薪酬、产业、市场与行为恰好是经济学关心的话题。

经济学家们分析企业、研究人类行为与决策制定、考察市场与产业，但似乎并不能为商业人士提供什么帮助。每个国家的总统都有一个可以提供经济政策建议的经济顾问，但经济学对商业政策几乎没有影响。有多少首席执行官拥有经济顾问？少得可怜。

尽管商业领域的每一个方面都是经济学的重要课题，但为什么不是商业人士更多地使用经济学呢？部分原因是由于商业人士和经济学家讲的不是同一种语言。传统上，经济学家研究了企业的作用，但没有利用其研究成果为企业提供建议。对现实问题寻求实用答案的商业人士也不愿意为了自己的使用而重新解释经济学，而且他们发现学术研究太难以理解了（迟钝且抽象）。结果，管理学大师和顾问通过把经济学的概念转变成商业术语，并创造一些词汇吸引商业人士的注意力，填补了这一空白。

20世纪90年代，管理学大师的建议是使企业金字塔扁平化，变成一个扁平组织，在企业中消除科层，向员工授权，开放环境，转变文化，倾听客户的意见，创造一个以客户为中心的组织，并致力于使所有客户都满意。同时，领导者要增加价值，为创造价值而定价，写出使命宣言，综合形成一个战略规划，不断完善，转变模式，突破框架进行思考，再造公司，在混乱中建立秩序。这一建议的主要问题是采纳任何一个都需要成本，但没有一位管理学大师指出这些成本。这就是经济学的价值所在。经济学的基本原理之一就是任何行动或决策都包含成本。换句话说，采取了一种行为，从其他没有采取的行为中获得的收益就被放弃了。例如，考虑“了解你的客户”这一建议。

了解你的客户。了解你的客户意味着了解哪些因素影响其选择。这并不容易。人们往往购买一些东西仅仅是因为别人买了这种东西。流行、时尚、习惯和消费者行为的其他一些方面不断发生变化。

了解你的客户不是一个通俗的管理学术语，而是基本的经济学术语。它真正告诉我们的是：理解需求。一位经理必须知道他的消费者和/或对手如何响应其价格的变动，并且必须理解何时价格和/或非价格战略能够发挥作用。公司何时应该做广告、提供保证或担保、提高服务或产品质量、注重包装、集中资源确保分销渠道，或者推出新的或不同的产品，这些决策都要求对需求的理解。

经济学通过指出实施一种战略需要花费的成本而调节着经理人投身于某种管理时尚或潮流的狂热。例如，顾问经常呼吁企业应该以客户为中心。然而，在关注客户发挥作用的同时，仅仅关注客户会导致忽视商业游戏中其他重要的参与者。供应商也许很重要，提供互补品的厂商也许同样重要。当英特尔开发出一种更快的芯片时，微软会从中获益，而当微软开发出一个超出现有硬件能力的软件时，英特尔也会从中受益。由于视频文件对磁盘容量和微处理器的速度要求更高，英特尔希望有人能开发出一种便宜且应用广泛的视频应用软件。为了协助完成这一开发任务，英特尔在 ProShare（一种桌面视频会议系统）上的花费超过 1 亿美元。ProShare 需要综合业务数字网（ISDN）线路（这种线路具有三条传输通道——两条传输数据，一条传输声音——每条通道的通信能力都是普通双绞线的 5 倍），但是电话公司没有能力推广 ISDN，而英特尔公司可以通过吸引人们使用 ProShare 来帮助当地的电话公司。电话公司会为 ProShare 的购买者提供补贴，以半价提供服务。所有这些公司——英特尔、ProShare 与电话公司——认识到了客户的重要性，但近年来支配其利益的是与其他厂商的关系。如果英特尔只关注其客户——计算机生产商，它绝不可能取得如此的成功。更可能的情况是，你根本就不知道英特尔这个名字。

另一个不考虑成本就投身到一种潮流之中的例子是强生公司取消科层结构或使公司扁平化。强生公司实行减级增距（Broadbanding，即企业内的职位等级逐渐减少，而工资级差变得更大——译者注），取消了同一级别员工间的工资等级或差别。但员工们并没有把减级增距看成是激励员工致富的手段，而是把它看成是取消了晋升的通道。减级增距不仅没有提高企业的绩效，反而降低了绩效。

全面质量管理。就在几年前，全面质量管理（total quality management，TQM）还是一句漂亮的口号。管理者被告知，只要提高质量或关注质量，成功就会随之而来。简言之，质量被说成是免费的。但是，经济学告诉我们，没有免费的午餐，当企业投身这场质量革命后，它们很快就会学到这一课。1989 年 11 月，佛罗里达电力与照明公司（Florida Power and Light）成为获得戴明奖（Deming Prize，日本人颁发的质量奖）的第一家美国公司。两个月以后，即 1990 年 1 月 11 日，佛罗里达公共服务委员会（Florida Public Service Commission）拒绝了佛罗里达电力与照明公司增加费用的要求。佛罗里达电力与照明公司希望委员会为其实现的质量改进和为申请这一奖项而付出的财力支付更高的费用。佛罗里达电力与照明公司不是独一无二的。Wallace 公司（一家位于休斯敦的管道和阀门的分销商）在 1990 年获得鲍得里奇奖（Baldrige Award，美国颁发的最高质量奖）。1992 年 2 月，Wallace 公司申请破产保护。Wallace 公司的质量项目将准时递送率从 75% 提高到 82%，公司的市场份额几乎翻了倍，从 10% 增加到了 18%，但伴随着这些改进的是成本——管理费用额外增加了 200

万美元[17]。

当1990年前后这场质量革命首次袭击美国时，一些学院也被迫选择了提高质量。在一个新闻季刊中，一所重要大学的工程学院院长宣布，学校通过以下方式承诺对质量的保证：没有学生会不及格。这听起来很好，但这样做的成本会极高。想想那些不想学习的学生，或暂时认为学校是寻找乐趣而不是上课学习的地方的学生。工程学院会为了保证这些学生通过考试而浪费教员的时间和其他资源吗？如果这样做，它很可能无法支持其他学生——除非这所学校的资源是无限的。

简而言之，质量的成本很高，是否值得追求质量依赖于消费者如何评价质量。质量不是免费的。每个人都认为协和超音速客机是一种很好的飞机，但其超高的运营费用意味着选择这种飞机进行常规飞行的人不会很多。再想想环球航空公司（TWA）的例子。1993 年 1 月，环球航空公司处在破产保护程序之中。由于不会失去什么，公司决定从每架飞机上拆除 10～40 个座椅以增加乘客伸腿的空间。环球航空公司称之为“舒适舱”。据其高级营销副总裁说，“我们有 1000 万美元。我们把 100 万美元花在拆除座椅上，把 900 万美元花在促销上”[18]。怀疑者认为这些钱太少也太迟了。但消费者满意度提高了，在 6 个月之内，环球航空公司的消费者满意度排名由最后一名提升到第一名。但环球航空公司现在在哪里？它已经不复存在了。

管理学理论与经济学理论的联系

对快速回答和简单解决方案的需求非常巨大，许多创业者响应了这一需求。今天，管理学“理论产业”充满活力而且做得很好。然而，好的管理也许包含速成药方的反面[19]。例如，20 世纪 90 年代末一些流行的概念如下：

作业成本法（activity-based accounting）
标杆（benchmarking）
再造（reengineering）
伦理准则（codes of ethics）
核心竞争力（core competencies）
企业文化（corporate culture）
授权（empowerment）
超竞争（hypercompetition）
精益制造（lean manufacturing）

市场驱动和接近消费者（market-driven and close-to-customers）
关系营销（relationship marketing）
战略联盟和网络（strategic alliances and networks）
基于时间的竞争（time-based competition）
全面质量管理（total quality management）

对商业口号的奚落请见 http://www.buzzwhack.com/

我们将在书中讨论这些术语。我们会发现，在大多数例子中，某一术语只不过是相关经济学规则或原理的另一种说法。从经济学中转引词汇是强化顾问声誉的一种营销策略，这与其他营销策略是一样的。但由于这些术语被渲染成应对商业问题的灵丹妙药，因此对寻求问题解决方案的经理们来说很有吸引力。然而，通常来说，一件事如果过于好或过于容易就不可信，正如经济学家所说，“天下没有免费的午餐”。仅仅在几年前，我们还能听到另外一些速成药方：

现金牛、明星业务、问号业务、瘦狗（cash cows，stars，question marks，and dogs）
经验曲线（experience curves）
一般性战略（generic strategies）
内部创业（intrapreneurship）
目标管理（management by objectives）
投资组合管理（portfolio management）
矩阵管理（matrix management）
自我管理团队（self-managed teams）
臭鼬工厂（skunk works）
Z 理论（theory Z）
零基预算（zero-based budgeting）
准时制库存控制（just-in-time inventory control）

这些词汇现在如何？我们几乎已经听不到了。

管理顾问开出的许多处方是发人深省的。问题在于在采纳这些观念之前，通常需要理解其在执行过程中所包含的内容，或是否适合采纳这种观念。

好的管理的本质是决定采取一种实践会不会增加企业的价值：能赚钱吗？什么时候仅仅关注客户或全面质量战略发挥作用？再造何时及在何种企业中有效？准时制库存控制能够提高绩效吗？减小规模或再造能提高生产率吗？掌握

关于公司治理的更多信息，请见 http://www.corpgov.net/index.htm

经济学可以使经理人回答这些问题。懂得经济学的经理人更能够选择针对问题根本的解决之道，而不是仅仅找到一个现成的解决方案。

鲍伯·迪伦（Bob Dylan）写过一首歌，其中有这样一句歌词："时代在改变"(The times they are a-changing)。这恰好说出了经济学与管理学的情况。经济学家迈克尔·波特(Michael Porter)在其《竞争优势》(*Competitive Advantage*)一书中将经济学引入了商业领域。那本书导致了一个被称为"管理战略"的学术研究领域的诞生，《战略管理学报》(*Strategic Management Journal*)、《商业战略评论》(*Business Strategy Review*)、《经济学与管理战略学报》(*Journal of Economics and Management Strategy*)、《管理经济学与决策经济学》(*Managerial and Decision Economics*)等这一领域的学术期刊出现了。管理顾问开始著书立说，通过将经济学术语言转化为商业话题而将经济学介绍给商业人士。

1.3 如何学习管理经济学

速成处方或管理时尚之所以有吸引力，是因为商业太复杂了。商业中包含着太多的内容以至于看起来无从下手对其进行研究。但是，商业比生物学、天文学、化学更复杂吗？生物学家、物理学家、化学家和其他追求理解现实世界的科学家们同样要应对无数的细节。他们采取的方法是建立分类规划以帮助组织其思想、收集数据，开发出简单的模型以协助分析问题。在本书中我们也采用这种方法。

我们分析的基础是经济推理（economic reasoning）或决策制定（decision making)。什么是经济决策制定？这就是本章我们讨论的内容——认识到如果我们不放弃一些东西，我们就不可能得到另一些东西。经济学家将这种决策制定称为"比较成本与收益"（comparing costs and benefits）和评估权衡（evaluating tradeoffs)。

经济顾问要求管理者列出他或她的目标，列出达到这些目标的可能的选项，然后对这些选项进行选择。随后，管理者被要求计算出每一个选择的成本与收益。类似于"我们希望把每一件事都做得最好"这样的战略是不可接受的——这是不可能的。British Match（一家火柴生产商——译者注）与 Wilkinson Sword（一家枪械和剑的生产商，1876 年开始生产刀片——译者注）合并失败的产物 Wilkinson-Match 的管理人员宣称，它们的合并"将为两个公司带来财富"。这告诉了我们什么？如前所述，其他对并购的辩护包括支持并购是因为它们"创造了临界规模”（critical mass），或者它们使公司“成为全球竞争的参与者”。这些宣言只不过是希望或希望驱动的战略。它们没有意义，因为它们没有意识到将资源配置到一种用途后就不能再用于其他地方。管理者不可能无偿获得一些东西。他们必须评估每一个可行选择的成本与收益，而这个成本就是为了获得某种东西而必须牺牲的。权衡（tradeoffs）——为得到其他东西而放弃一些东西——是管理者工作的核心。这就是经济学研究的内容。

案例回顾
林肯电气公司

这一案例非常简要地展示了林肯电气公司的大致情况。它指出，林肯电气的成功在于其向员工支付报酬的方法。公司创造了这样一种情境，即鼓励员工以更快的速度，更仔细、更有效率的方式工作。员工则通过选择更短的工间休息时间、更短的午餐时间来响应公司的政策。他们还努力生产最高质量的产品，因为每一个缺陷都要他们付出金钱。这种被称为计件工资（piece-rate）的薪酬方案使得林肯电气公司成为市场的领导者。

伴随着全球化，林肯电气公司需要在全球寻找生产商。问题是，林肯公司的管理团队从来没有从事过国际管理事务。另外，使得林肯电气公司大获成功的薪酬结构在其他国家和文化中无法被接受。例如，法国的工人每周只工作不超过 30 小时，每年拥有不少于 6 周的带薪假期。林肯电气公司的薪酬结构没有获得同在美国一样的反响。

本章的主要目的是指出一切都是有成本的——没有免费的午餐。每一个商业决策必须在进行成本与收益的比较后才能制定。林肯电气公司的管理者贪大求快，结果扩张到了其竞争优势不再是优势的市场中。

小　结

1. 管理经济学是研究商业决策制定与战略的学科。经济学家能够为经理人提供关于成本、价格、市场、并购、剥离、全球化、雇员等问题的有价值的见解，因为这些都是经济学的话题。
2. 管理学研究如何作出选择。由于经济学研究的是决策制定，它应该能为经理人提供有益的帮助。

3. 没有关于成功的单一公式。如果有，它就会被广泛传授和学习，每个人都可能利用它。这样一来这个公式就没有价值了。
4. 选择（choice）就是挑选资源的一个方面或一种用途而不挑选其他方面或用途。这意味着为了做一些事，必须放弃其他一些事。
5. 商业问题没有快速而简单的解决方案。

关 键 词

市场份额　　全面质量管理

练　　习

1. 在什么情况下成为领先者才是有价值的战略？
2. 在最新版的《商业周刊》里找到商业书籍的排行榜，看看有多少本书是介绍速成处方的。
3. 你需要决定在这门课中是否要采用小组制。描述小组内的同学共同完成论文、考试和家庭作业的成本与收益。你会采用小组制吗？说明原因。
4. 市场份额与利润之间存在联系吗？是什么导致了这种联系？
5. 为什么那些有着丰富商业经验、多年从事商业活动的管理者会迫不及待地抓住管理时尚？
6. “没有免费的午餐”是什么意思？
7. 中国拥有13亿人口，是人口最多的国家。把巨大的人口数量当成客户基础的厂商纷纷进驻中国。这对所有的厂商都合适吗？为什么？
8. “质量不是免费的”这句话意味着什么？

本章注释

[1] R. Buzzell and B. Gale, *The PIMS Principles Linking Strategy to Performance* (New York: Free Press, 1987).

[2] Thomas S. Robertson, “Corporate Graffiti,” *Business Strategy Review*, 6, no. 1 (Spring 1995): 27-44.

[3] 参见 Alfred D. Chandler, "The Enduring Logic of Industrial Success," in C. A. Montgomery and M. E. Porter, eds., *Strategy: Seeking and Securing Competitive Advantage* (Boston: Harvard Business School Publishing Division), 1991.

[4] Gerard Tellis and Peter Golder, "First to Market, First to Fail: Real Causes of Enduring Market Leadership," *Sloan Management Review*, 37, no. 2 (Winter 1996), pp. 65 – 75.

[5] 参见 F. M. Scherer and D. Ross, *Industrial Market Structure and Economic Performance* (Boston: Houghton Mifflin, 1990), p. 429; and Richard Miniter, *The Myth of Market Share: Why Market Share Is the Fool's Gold of Business* (New York: Crown Publishers, 2003), pp. 21 – 34.

[6] Miniter, op. cit., note 5.

[7] Peter Bartram, "Why Addition Won't Add Up," *Accountancy Age*, February 3, 2000, p. 1; David Henry, "The Urge to Merge," *USA Today*, July 16, 1998, Business Section.

[8] 参见 John Micklethwait and Adrian Wooldridge, *The Witch Doctors: Making Sense of Management Gurus* (New York: Random House, Inc., 1996), p. 100.

[9] 2002 年后期，麦当劳不得不降低其增长速度。它的规模导致的成本太高了。

[10] John Kay, *Why Firms Succeed* (New York: Oxford University Press, 1995), pp. 148 – 151.

[11] 参见 C. K. Prahalad and Gary Hamel, "The Core Competence of the Corporation," in Cynthia Montgomery and Michael Porter, eds., *Strategy* (Boston: Harvard Business School Publishing Division, 1991), pp. 277 – 300.

[12] 参见 James Brian Quinn, Thomas L. Doorley, and Penny C. Paquette, "Beyond Products: Services – Based Strategy," in Montgomery and Porter, *Strategy*, pp. 301 – 314.

[13] Micklethwait and Wooldridge, *The Witch Doctors*, p. 220.

[14] 像哈佛商学院教学案例之类的案例分析通常都将注意力集中于企业在过去某一时点制定的一个决策或一系列决策。案例中的大部分笔墨常用于描述负责人。

[15] 玛莎公司是一家以英国为大本营的零售百货店。

[16] Rakesh Khurana, *Searching for a Corporate Savior: The Irrational Quest for Charismatic CEOs* (Englewood Cliffs, N. J.: Princeton).

[17] Eileen C. Shapiro, *Fad Surfing in the Boardroom* (Cambridge, Mass.: Perseus Publishing, 1996), p. 175.

[18] Quoted in Adam M. Brandenburger and Barry Nalebuff, *Co-Opetition* (New York: Doubleday & Co., 1996), p. 123.

[19] Shapiro, *Fad Surfing in the Boardroom*; and John Micklethwait and Adrian Wooldridge, *The Witch Doctors* (New York: Random House, 1996).

CHAPTER

2 交换、效率和市场

宝洁公司：新产品发布[1]

在160年的历史中，宝洁公司积累了大量的产业经验和商业知识。部分经验是：没有对市场的深入理解，就不要推出新产品。在推出新产品前，宝洁公司会进行大量的市场调研和广泛的产品与市场测试。宝洁公司这一做法的成功被其著名的和长寿的产品所证实：象牙香皂（Ivory soap）超过了100年，纯植物性烘焙油Crisco超过了70年，汰渍洗衣粉超过了35年。每一种产品都是各自市场中的领导者。

宝洁公司开发了一种新型衣物清洁剂，供欧洲市场上的加热温度较低的洗衣机使用。宝洁正在考虑如何推出其新产品。问题是：新的洗涤剂应该成为公司第一个“欧洲品牌”——在整个欧洲推出同样的产品，就像在美国一样，还是为每个国家开发不同的产品——类似于为爱达荷州开发一种产品，而为加利福尼亚州开发另一种产品，并为其他州开发其他产品。宝洁公司的管理者下一步该如何做？

2.1 选　择

不可能逃避，必须作出选择。选择了一种行动，其他的就被放弃了。选择了一种战略，其他战略就不能被执行。购买了一种产品，就不能购买其他产品。你读这本书时就不能看电视。你不去同时做这两件事因为你的时间是稀缺的。英特尔花费 1 亿美元进行研发，而这样做，令股东的红利减少了 10 美分。英特尔无法做到既进行研发又增加股东的红利，因为它的资金是有限的。英国电信公司（British Telephone）花了 210 亿美元收购 MCI 公司，它没有能力同时收购 Sprint 公司。任何物品——产品、服务或资源——都是稀缺的。“非稀缺”的东西要么是免费的，要么是“有害的”，如疾病和垃圾是有害的。人们愿意放弃一些东西以摆脱一种有害物。

经济学的推理由稀缺性开始。稀缺性意味着必须作出选择，当作出选择后，我们就选择了一种东西而放弃了其他东西。那些被放弃的东西就是这一决策的成本——叫做**机会成本**（opportunity cost）。因此，任何东西都有成本，这就是“没有免费的午餐”这句话的真正含义。

有了对稀缺性和机会成本的描述后，下一步就要研究它们如何影响行为。正如我们将在这一部分看到的，人们可以通过专门从事他们做得相对好一些的活动然后进行贸易从而增加相对于成本而言的收益。人们进行贸易比不进行贸易获得的更多。只要在进行贸易过程中放弃的价值比在贸易中获得的价值更少，贸易就对参与的各方都有利。因此，存在这样一种激励，即寻找利用最少的资源进行贸易的方法。这种激励决定了市场的结构和公司的架构。

贸易与交换

在任何时间，个人（厂商和国家也一样）都被赋予了某些资源和能力。人们可以选择自给自足——利用和消费他们自己的资源与产出，或者可以选择与其他人进行商品和服务的交换。

考虑一个包括两个国家的简单例子。中国是一个拥有 13 亿人口、自然资源丰富的国家。农业在中国的经济中占据了半壁江山，高科技产业起步较晚，在经济中所占比例不太大。美国有 3 亿人口和丰富的自然资源，农业占经济的 10%，高科技产业是美国经济的重要组成部分。假设中国和美国各自生产如下所说的农产品和高科技产品组合。

如果美国将其所有资源都用于农业，可以生产 10 单位农产品。相反，如果美国将其资源全部用于高科技产品，则可以生产 10 单位此类产品和设备。另一方面，中国将其所有资源都用于高科技产业，可以生产 4 单位此类产品和设备，而将资源全部用于农业，则可以生产 8 单位农产品（参见表 2. 1）。

表 2.1　生产可能性

	中　国	美　国
农产品	8	10
高科技产品	4	10

两种商品各自能够生产的组合如图 2.1 所示，这张图被称为**生产可能性曲线**（production possibilities curve，PPC）。生产可能性曲线图示了稀缺性的概念。落在这条线上的组合是在给定资源的情况下所能生产的最大数量，在当前给定的资源下，不可能生产超出生产可能性曲线的数量。美国只能生产其生产可能性曲线上的产品组合（或者位于生产可能性曲线内部的产品组合）。同样，中国也只能生产其生产可能性曲线上（或内部）的产品组合[2]。

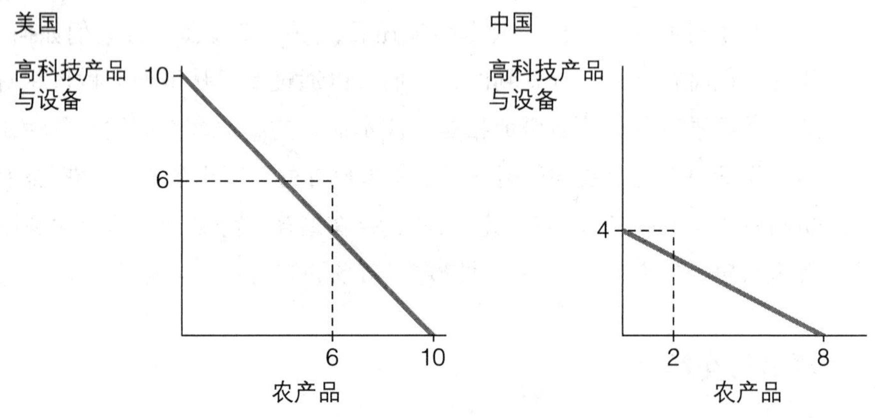

图 2.1　从贸易中获得的收益

美国的生产可能性曲线表明其能生产的最大数量。双方都能从专业化生产然后进行贸易的过程中获益。

生产可能性曲线同样显示了包含在生产任何产品组合中的成本。这一成本就是那些必须放弃的组合。例如：如果美国生产 10 单位高科技产品，就必须放弃 10 单位的农产品。因此，生产 10 单位高科技产品的机会成本就是 10 单位农产品。中国生产 4 单位高科技产品的机会成本是 8 单位农产品。这样，中国生产 1 单位高科技产品的机会成本是 2 单位农产品，而美国生产 1 单位高科技产品的机会成本是 1 单位农产品。

美国能够生产的所有产品都比中国多，但在生产高科技产品上更有效率。我们说美国在生产高科技产品和农产品上具有**绝对优势**（absolute advantage），而在生产高科技产品上具有**比较优势**（comparative advantage）。中国没有绝对优势，但在农产品生产上具有比较优势：生产1单位农产品只需放弃1/2单位的高科技产品，而美国生产1单位农产品需要放弃1单位高科技产品。

如果各个国家只生产具有比较优势的产品——美国生产10单位高科技产品，中国生产8单位农产品——那么双方可以进行贸易以获得各自所需的产品。假设中国需要4单位高科技产品，可以将全部资源用于生产高科技产品，这将导致无法得到农产品。然而，美国可能愿意交换4单位高科技产品，只要在贸易中每单位高科技产品可以换来不少于1单位的农产品。由于中国为获得1单位高科技产品而愿意付出最多2单位的农产品，所以贸易是可行的。

假设中国同意用6单位农产品换取4单位高科技产品，那么美国最终将拥有6单位农产品以及6单位高科技产品，而中国最终拥有2单位农产品和4单位高科技产品。美国本来自己只可以生产5单位农产品与5单位高科技产品，因而从贸易中获得1单位农产品和1单位高科技产品的收益。中国本来自己只可以生产4单位高科技产品，从贸易中获得2单位农产品的收益。**贸易收益**（gains from trade）通过超出生产可能性曲线的消费点显示出来。每个国家都可以通过专业化与贸易而比自给自足获得更多。

国际贸易。由于贸易各方的状况会更好，所以贸易就自愿发生了。国家间进行贸易是由于各国的居民会比只消费国内生产的产品时得到更多好处。个人之间进行贸易是由于它能使各自消费的比自己生产时更多。

表2.2表明了两大国家集团——工业化国家和发展中国家的贸易模式。工业化国家包括西欧各国、日本、澳大利亚、新西兰、加拿大和美国，发展中国家基本包括了世界上的其他国家。表2.2显示出工业化国家和发展中国家以美元计算的贸易数量以及占总贸易量的百分比。左边一列表示出口（export）的来源（向其他国家销售），最上面一行表示进口（import）的目的地（从其他国家购买）。

表2.2 贸易的方向（10亿美元，占世界贸易的百分比）

目的地：

	工业化国家	发展中国家
来源：		
工业化国家	1777 48%	728 20%
发展中国家	664 18%	461 13%

注：由于四舍五入，百分比之和不是100%。

资料来源：*Direction of Trade Statistics Quarterly*（New York：International Monetary Fund，2000）.

如表2.2所示，工业化国家间的贸易占据了国际贸易的大部分：贸易量为20000亿美元，占世界贸易的48%。工业化国家向发展中国家的出口占世界贸易总量的20%。发展中国家向工业化国家的出口占贸易总量的18%，而发展中国家向其他发展中国家的出口目前只占国际贸易的13%。

由于国家的比较优势不同，所以它们倾向于出口不同的商品。比较优势可以通过比较各国的相对生产成本而得出。生产某种商品的成本由机会成本衡量——为了生产更多的这种产品而需要放弃其他商品的数量。

生产率的差异可以解释比较优势。换句话说，如果一个国家能够比另一个国家利用更少的资源生产一种产品，那么这个国家在生产这种产品上就具有比较优势。日本生产汽车的工时比德国少1/3。利用更少的资源生产一种产品意味着为生产这种产品而放弃的其他产品更少。所以日本在汽车生产上具有比较优势。

国家间的技术差异可以解释生产率的不同。拥有最先进技术的国家在那些能够利用现代技术进行最有效生产的产品上具有比较优势。

国际贸易组织请参见
http://www.ita.doc.gov/

贸易统计数据请参见
http://www.census.gov/ftp/pub/foreign-trade/www/

生产率的另一个方面是生产商品所需要的资源不同。当一个国家拥有更多生产某种商品所需的资源时，这个国家就具有生产这种商品的比较优势。例如，农田数量相对较多的国家在农业方面具有比较优势，而资本数量相对较多的国家可能在生产工业品上具有比较优势。拥有相对丰富的熟练工人的国家在生产那些需要大量熟练工人的产品方面具有比较优势。

贸易并不是由比较优势唯一决定的，一个国家生产的产品必须为另一个国家所需求。一个国家在生产某些商品如一次性剃须刀磨刀器上具有比较优势，但没有人需要它，磨刀器贸易因此不会发生。不同国家的居民具有不同的口味和技术需求，因此他们愿意出口的东西也会有所不同。有些产品的交易量比其他商品大，如表2.3所示。原油是世界上交易量最大的商品，占世界贸易总量的5.67%。紧随其后的是机动车、石油产品、机动车零部件和自动数据处理设备。但是，10大出口产品只占世界贸易量的25%。其余的75%则在数量极为巨大的产品中分配。

表 2.3　10 大出口产品

产品类别	价值（百万美元）	占世界贸易的比例（%）
原油	180565	5.67
机动车	155357	4.90
石油产品	80340	2.54
机动车零部件	77622	2.45
数据处理设备	64027	2.02
特殊类别（special transactions）	61508	1.95
飞行器	57818	1.82
晶体管、电子管等	57078	1.80
电信和高科技产品与设备	52973	1.67
纸和纸板	46579	1.47

资源来源：Data from United Nations Conference on Trade and Development, *Handbook of International Trade and Development Statistics*, 1998 – 1999 (TD/STAT. 24), p. 162 (New York: United Nations, 2000).

2.2　市场体系

我们在上一节看到，如果人们（厂商和国家）专业从事他们拥有比较优势的活动，然后彼此进行贸易以获得想要的商品和服务，这会比自给自足（不进行贸易）情况下消费的更多。但是，如何将专业化的生产者聚集在一起，或者如何知道谁的专长是什么，或者由谁来确定贸易条件（terms of trade）？答案取决于稀缺的商品和服务如何分配，即分配机制（allocation mechanism）是什么。

分配机制

商品的稀缺性意味着一些人能够获得这些商品而另一些人则不能；资源的稀缺性意味着有些行为可以被选择而另一些则不能。如果每个人都能得到他想要的一切，那么稀缺性就不存在了。哪个人或哪种活动获得资源或产品依赖于资源或产品分配的方式。

分配机制就是稀缺商品分配的体系。当今使用的分配机制包括价格或市场体系，先来先服务，还有基于诸如收入、年龄和运气等各种政府安排。

为什么要使用这样多的分配机制？也许在你完成一份简单的试卷后就能获得答案。

考虑下列情况：

在一个需要经过长途跋涉才能到达的风景区，一家公司建立了一个售水亭。水是由公司的员工背上来的，装在6盎司的瓶中向口渴的旅游者出售。每瓶水的售价是1美元。通常每天只出售100瓶。在热得出奇的一天，有200位旅游者每人至少想买1瓶水。

简要说明你对下列向旅游者分配水的方法的看法：

1. 提高价格，直到旅游者愿意且能够购买的数量等于可供出售的数量。
2. 根据“先来先服务”的原则，按每瓶1美元出售。
3. 由当地权力机构（政府）以每瓶1美元的价格购买，然后根据他们的意见进行分配。
4. 根据一个随机选择程序或抓阄的方法按每瓶1美元出售。

a. 完全公平
b. 可以接受
c. 不公平
d. 非常不公平
e. 完全不公平

下列例子的情况与上面的相似，但产品不同。

一位内科医生一直以每位患者100美元的价格提供医疗服务，每天治疗的病人不超过30个。有一天，患感冒的病人很多，来这位医生处看病的人超过了60个。

简要说明你对下列向患者分配医疗服务的方法的看法：

1. 提高价格，直到医生治疗的数量与愿意且能够支付医疗费的人数相等。
2. 根据“先来先服务”的原则，按每位患者100美元的价格提供服务。
3. 由当地权力机构（政府）按每位患者100美元的价格向医生支付费用，然后由他们根据自己的判断决定谁接受服务。
4. 根据一个随机选择程序或抓阄的方法按每位患者100美元的价格出售医疗服务。

a. 完全公平
b. 可以接受
c. 不公平
d. 非常不公平
e. 完全不公平

从有的人得到了商品或服务而另一些人没有得到这一角度出发，每一种分配机制都是不公平的。在价格体系下，没有收入或财富就得不到这些商品或服务。在"先来先服务"的原则下，来晚的人就得不到。在政府安排的情况下，那些不支持或不遵守政府规则的人就得不到。在随机过程中，那些运气不佳的人被排除在外。

由于每一种分配机制都存在一定程度的不公平，那我们如何决定采取哪一种机制呢？一种方法可能是根据每种机制产生的激励。在价格体系下，激励是获得购买能力。这意味着你必须提供对他人具有高价值的产品或服务，并提供对生产者来说具有高价值的资源——通过接受教育或培训强化你作为雇员的价值，强化你所拥有资源的价值——以获得收入和财富。价格体系还刺激了稀缺商品供应的增加。如在上面提到的售水亭例子中，如果每瓶水的价格上涨，售水亭的老板赚取了可观的利润，那么其他人就会把水带到风景区，卖给那些口渴的旅游者——可获得的水因而增加了。在医生的例子中，其他医生也许认为在离那个医生不远的地方开一个诊所是一个多挣些钱的办法——可获得的医疗服务增加了。价格体系提供了供给量增加的激励。这些激励确保了经济的增长与扩张以及生活水平的提高[3]。价格体系还保证了资源被配置到对其估价最高的地方。如果某一物品的价格上涨了，消费者就会转向另一种功能相似的商品或服务。此时，可供选择的商品的生产增加，因此用于生产的资源必须增加。资源的使用就从估价低的应用转向估价高的应用。

在"先来先服务"分配方式中，激励就是成为第一。你没有任何理由去接受教育或提高你的产品的质量，唯一的激励就是成为第一。然而，成为第一是为了什么呢？没有人生产任何东西。供给不会增加，没有增长，生活水平也不会提高。一个基于"先来先服务"的社会将迅速灭亡。

在政府安排的情况下，其激励是或者成为政府的成员，这样就可以协助确定分配规则，或者按政府的指示行事。这种安排不提供对生产和效率的激励，也不提供增加供给量的激励，因而经济就没有增长的理由。我们已经看到这一体制在前苏联遇到的问题。

随机分配根本就不提供任何激励——只是等着天上掉馅饼。

正是由于分配机制带来的激励使得市场（价格）体系比其他体系更好。经济学家用效率（efficiency）来评估一个经济系统的产出。效率评价一个系统如何满足个人想要得到的东西（wants）和必需的东西（needs）。由于经济学家假定人们最关心常规的经济商品和服务，经济系统常用以评价人口的经济要求（economic desire）[4]。对资源的有效率的分配意味着，如果不使其他人的境况变坏，那么就没有其他分配方式使一个人的境况更好，这样的分配被称为“帕累托效率”（Pareto efficient）。相比之下，无效率的分配是一种浪费，更好地利用可获得的资源可以在不使其他人境况变坏的情况下使一些人的境况更好。

关于在线拍卖，请见
http://www.auctionwatch.com/

一般来说，市场和价格体系是协调和组织活动最有效率的方法。个人可以以不同的价格出售商品和服务，其他人可以以不同的价格购买商品和服务。在没有人协调购买者与出售者的情况下，市场为每一种交易的物品确定一个价格，在这一价格下，人们愿意且能够出售的数量与其他人愿意且能够购买的数量相等。这一价格包含着很多信息，它告诉买者和卖者为了得到1个单位这种商品而必须放弃的东西（即它们的机会成本），因而让他们知道他们的行为是否有价值，以及他们应该专门从事哪些行为。

日复一日，在没有任何明确方向指示的情况下，价格体系引导人们用最有效率的方式使用他们的天赋。人们不用被愚弄、哄骗或强迫在市场体系中担当自己的角色，而是当他们认为合适时就去追求自己的目标。试图最大化自己的幸福和福利的工人会选择最能发挥其潜能的培训、职业和工作。仅仅追求私人利润的生产者会以可能的最低成本开发出消费者认为价值最高的产品和服务。仅仅追求增加自己财富的资源所有者和资本资产所有者会按照社会希望的方式配置其资产。

市场导致的结果

价格或者市场体系在当今工业化社会中占主导地位，但在这些社会中并不是所有的交易都是通过市场体系发生的。许多医疗服务都是基于“先来先服务”的原则提供的，大学课程和高速公路或道路也是如此。政府安排同样用于多种商品的分配——航线、广播和电视的波段、土地使用（分区制）、交叉路口的通行权（rights-of-way at intersections）等等。甚至连运气——随机分配——在对某些物品（如音乐会门票、彩票奖金和其他比赛奖金）的分配中也起一定的作用。

既然价格体系如此有效率，那为什么它不是一个人们普遍依赖的体系呢？原因之一是，对某些产品来说，人们不喜欢价格体系导致的结果。例如，一项针对几百人的扩展调查表明，与价格体系相比，许多人更喜欢其他一些东西，特别是对卫生保健来说。图 2. 2 中，横轴表示分配机制，纵轴表示人们的选择——“完全公平”或“可以接受”。

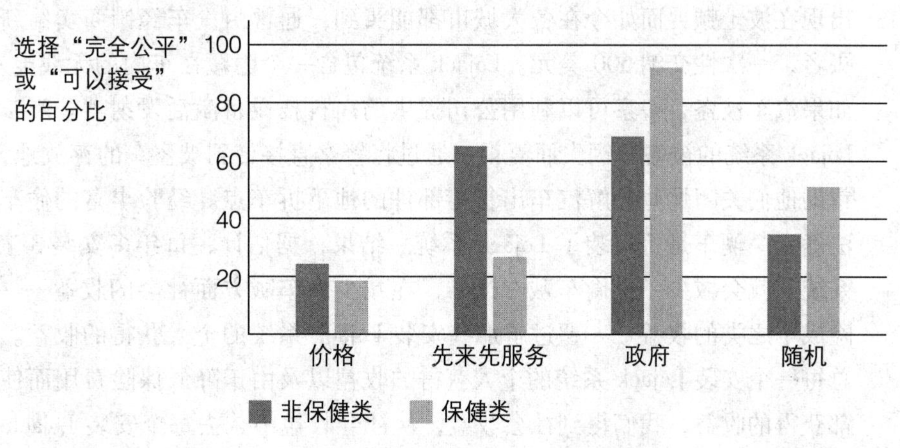

图 2. 2　人们对分配机制的态度

选择“完全公平”或“可以接受”的百分比显示在纵轴上，分配机制表示在横轴上。深灰色表示与保健不相关的物品。

从图 2. 2 中可以看到，价格体系在分配医疗商品和服务方面比分配其他商品和服务方面更不受欢迎；你还可以看到，许多人只是不喜欢价格体系在分配商品或服务方面的结果——只有 20% 的人认为价格体系是公平的或可以接受的。当人们不喜欢这种结果时，他们就会花费资源去尝试运用其他的分配机制。他们游说政府或试图说服投票者另外一些安排更好。这样，在很多情况下我们看到的不是价格而是其他分配机制，仅仅是因为人们不喜欢价格体系产生的结果。

无效率

不采用价格体系的另一个原因是在某些交换中它没有效率。如果在交易中没有包含所有的成本，那么买者和卖者所依据的信息就是不完全的，因此买卖的价格和数量就是无效率的。这样的成本/收益被称为外部性（externalities），它们外在于市场交易。外部性可以是正面的，也可以是负面的。如果它们是负面的，会向其他人施加成本；如果是正面的，那就会给别人带来好处。麦当劳把其饮料装在塑料或泡沫聚苯乙烯杯中出售。消费者通常只是把这些杯子扔到车窗外面了事。麦当劳和消费者都不会为清理垃圾付费。这就是一种负外部性。作为整体的社会要支付清理垃圾的费用，那些把垃圾扔到窗外的人和把食物及饮料放在塑料容器中的麦当劳的商店不会比其他人支付的成本更多。

每年美国都有150万辆汽车被盗。一种名为Lojack的防盗装置1986年首次出现在波士顿，而如今在各大城市都能买到，通常由汽车经销商卖给新车的购买者，一次性交纳600美元。Lojack系统包含一个隐藏在车内的无线电发射器。如果汽车被盗，警察可以利用公司提供的高科技设备激活发射器。95%的安装Lojack系统的被盗车辆失而复得。通过将警察直接带到被盗车的存放地，Lojack帮助他们关闭那些分解汽车出售零部件的地下拆车点。经验丰富的偷车贼也无法确定一辆车是否安装了Lojack系统。结果，据估计，每年多安装3套Lojack系统，就会减少一个偷车贼。这样，在减少偷车贼方面社会的收益——降低保险成本之类的收益——超过了那些安装Lojack系统的个人获得的收益。通过加总每一个安装Lojack系统的个人获得的收益以及由于降低保险费用而使每个人都获得的收益，我们得到社会收益，从社会收益中减去每个安装Lojack系统的个人获得的收益，剩下的就是正外部性的价值。

外部性涉及在一次交易中没有包含全部成本和收益的情形。换句话说，没有参与交易的人为这一交易付出了成本或从中获得了收益。如果在交易中没有包括全部成本与收益，那么资源就可能没有被配置到对其估价最高的应用之中。在存在负外部性的情况下，与计算外部成本的情况相比，不计算外部成本时会有更多的资源流入这一活动。例如，如果麦当劳和/或消费者必须为丢弃的杯子支付额外的清理费用，生产的泡沫聚苯乙烯杯就会减少。在存在正外部性的情况下，流入这一行为的资源就会不足。例如，如果Lojack系统的收益只能提供给个人购买者，购买者会得到一个更低的价格并且安装更多的Lojack系统。外部性常常被认为与“市场失灵”（market failure）有关，因为市场不能考虑所有的成本与收益，因而没有效率。

另一种所谓的市场失灵发生在人们可以消费一种产品而又不必付费时。假设无论你什么时候订了比萨饼并请人送到你家里时，你的邻居们都可以到你家来享用它，你会因此而没有任何激励购买比萨饼。如果你对自己付了钱的比萨饼没有排他性权利（私人财产权），你会没有任何激励去购买它。国防也同样面临这种情况。如果某人为了自己的财产安全而建造了一套防御系统，那么所有与其财产相邻的物品都会得到保护，因此谁也没有激励去购买这套防御系统。这类市场失灵常与公共品（public good）有关：任何人都可以消费这种商品而不会影响其他人的消费。结果，谁也不会为这种商品付费，因此这种商品也就不会生产出来。

市场失灵经常被认为是政府干预的基础，即信任政府的分配系统[5]。这种判断是否合理是经济学家争论的焦点。无论如何，政府还是在市场失灵的争论下对无线电频率（公共品）、控制空气污染（负外部性）以及国防（公共品）等进行分配。

企业架构

即使不考虑市场失灵，在某些情况下市场交换仍然可能不是最有效率的分配机制。例如，企业内部的交易如果按照市场体系运行，成本可能过高（效率更低）。会计部门为 CEO 提供产品，生产线把加工好的微型芯片交给销售部门，所有这些产出都在企业内部进行交易。通过市场体系完成这些交易可能是没有效率的。你能想象会计部门向 CEO 出售损益表或资产负债表吗[6]？

一家企业可能被认为是为了最小化某些市场交易的内在成本而成立的组织[7]。当在市场中更有效率时，交易就会在市场中发生，而如果在企业内部更有效率时，交易就会发生在企业或其他正规组织中。企业是自行生产还是购买——即企业为了满足自己的需求，是生产一种产品或服务还是向外部供给者购买，在很大程度上取决于在企业内部和以市场为中介进行交易的管理成本比较。是在同一个屋檐下——在一个企业内部——进行交易更有效率，还是在市场上购买更有效率？

交易成本（transaction costs）包括讨价还价和谈判的成本。还包括获胜一方的相关成本，因为失败者在专门用于这一交易的资产上进行了投资，这被称为**要挟**（hold-up）。例如，一个供应商会在一个生产商的附近建厂，因为它认为它们会保持长久的关系。双方都希望从交易中获益，并且都同意（至少是默许）交易条件。然而，一旦供应商在生产商的附近投资建厂后，生产商就可以通过要求更低的价格而占供应商的便宜。已经投资建厂的供应商与生产商相比在谈判中处于不利地位。

意识到潜在的贸易伙伴可能会进行要挟，进行详细的谈判、在书面合同中列出罚款条款以及采取其他一些保护措施就成为必要。所有这些活动都需要资源，而资源的成本很高。如果这一成本足够高，一个组织可能发现收购或兼并另一方使交易在机构内部进行的成本会更低一些[8]。

市场交换的交易成本包括以下一些方面：

1. 寻找一种产品或一个愿意出售某一特定产品的供应商的成本。
2. 价格谈判的成本（如时间、法律费用）。
3. 推动交易进行的投资和支出的成本。
4. 防止未来要挟问题的成本。

如果市场上的交易成本很高，那为什么整个经济不是一个大公司呢？原因是内部资源配置同样也包含成本。例如，随着企业越来越大，管理者制定有效率的决策也越来越困难。他们不得不考虑更多的信息，需要考虑为了使员工达到希望的绩效应该采取什么激励措施，需要确定与客户和供应商的关系，需要更多的助手以完成这些任务。在某些情况下，内部交易的成本比以市场为中介的交易成本高得多。

当供应商和生产商在内部进行交易比在外部进行交易更有效率时，企业就会进行**纵向整合**（vertically integrated）。当企业内部进行横向活动比利用市场更有效率时，企业就会进行**横向整合**（horizontally integrated）。

一个企业的组织或结构被称为组织架构。这一架构包括企业的边界——有多少活动在内部完成，又有多少活动在外部完成，是“科层制”还是“扁平组织”，雇员如何工作以及如何被激励[9]。

评估企业的组织架构并不是意识形态或时尚问题，而是要确定这一架构的效率如何。公司最有效率的架构取决于其从事的业务和市场环境。简而言之，在企业内部进行的交易必须比在企业外部进行的交易更有效率。

2.3 市场和一价定律

我们已经讨论了市场体系，但还没有定义什么是市场或市场如何运作。现在就让我们转到这一问题上。市场曾经是一个某一时间发生在某一地点的事件，消费者们到那里去寻找供应者并比较商品和价格。在美国有些市场甚至现在也是这样。在美国的很多城市里都存在销售鲜花和农产品的小型“农贸市场”，买者和卖者每天都会在芝加哥商品交易所的交易厅里相遇。但现在现货市场（physical market）已经不常见。与历史上的市场相似，现代市场的边界也具有产品和地理的属性，因此，我们会说纽约服装市场或世界石油市场。

确定市场边界的关键因素是消费者用一种商品替代另一种商品的机会。人们再也不必逐个地比较市场摊贩的价格和质量，但如果他们能够获得另一种商品的信息并有机会选择另一种商品，那么这就被认为是单一市场（single market)。波士顿和纽约之间的旅行市场由航空、铁路和高速公路运输组成。这一市场并不是仅包括空中旅行。

市场边界

将市场定义得太宽泛或太狭窄的企业会损失很多钱。例如，爱普生（Epson）公司就将其市场定义得过于狭窄。1989 年，美国市场上有 3 种类型的桌面打印机。点阵式打印机占据了低端市场，激光打印机占据了高端市场，喷墨打印机居于二者之间。点阵式打印机占据了总销售量的 80%，激光打印机大约占 15%，喷墨打印机占据了其余的 5%。通常来说，点阵式打印机每台 500 美元，喷墨打印机每台 600 美元，激光打印机每台 2000 美元。那时，爱普生是点阵式打印机市场的领导者，而惠普公司是激光打印机和喷墨打印机市场的领导者[10]。激光打印机的价格和利润最高，而且增长最快，因此在 1989 年 8 月，爱普生推出了一种价格很有竞争力的激光打印机——EPL-6000。一周后，惠普公司推出了 LaserJet IIP，价格显著低于 EPL-6000。爱普生公司通过降低 EPL-6000 的价格进行回应，并于 1990 年年初成功地占据了激光打印机市场的 5%。

然而，由于激光打印机的价格下降，惠普开始降低其喷墨打印机的价格。爱普生发现点阵式打印机正在让位于价格更合理的喷墨打印机，自己的核心业务从两端受到挤压。爱普生没有意识到打印机是在同一个市场中——只是它们的定位不同而已。

一价定律

当 1990 年马自达（Mazda）的 Miata 型车进入美国市场时，小型跑车在南加利福尼亚是一种非常受欢迎的产品。它的建议零售价是 13996 美元，这是它在底特律的销售价格。然而，在洛杉矶，它的购买价格接近 25000 美元。同一种产品，都是 Miata 型车，在不同的市场——底特律汽车市场和洛杉矶汽车市场以不同的价格出售。一些企业家意识到利润存在于这 10000 美元的差价中，因此派出成百上千的大学生到底特律把 Miata 车开回洛杉矶。在一个相当短的时间内，底特律和洛杉矶的价格差距就减小了。底特律的销量增加使得其价格上涨，同时洛杉矶销售量的上升使得那里的价格下降。价格差距不断缩小，直到这一差距小于把汽车从底特律运到洛杉矶的成本。

在一个市场中购买产品并几乎同时在另一市场出售这些产品的过程被称为**套利**（arbitrage）。套利导致了所谓的**一价定律**（law of one price）：同一种产品

关于 Big Mac 价格的资料，请访问
http://www.economist、com/content/big-mac-index

在不同市场的价格相同[11]。

《经济学家》（*The Economist*）杂志每年都会对全球麦当劳店内 Big Mac 的销售作一次调查。其中一次调查的结果是：东京 4 美元，纽约 3.5 美元，凤凰城 1 美元。价格差距是否提供了套利的机会？能够在价格较低的地方购买 Big Mac 然后运到高价地区吗？答案显然是“不行”。为什么呢？因为 Big Mac 不便于运输。当运到目的地时，这些汉堡包已经不能食用了。当产品不适于运输时，一价定律不起作用。

套利是一种有效的市场过程。它可以保证资源被配置到对其估价最高的应用中——那些无效率的交易、无效率的组织和任何无效率的东西都不复存在了。

注意：当我们谈到套利时，通常关注的是价格。但套利在其他范畴内也起作用。如果两种产品相似但质量不同，套利就会包括购买高质量产品而出售低质量产品。然后，或者对质量进行调整以使两种产品的质量一致，或者价格发生变化以反映质量的差别。

套利是寻找收益。通过在价格较低的市场购买并在价格较高的市场出售，交易者就能获利。寻找收益是一种市场行为——它具有竞争性。竞争驱逐了无效率，并且确保资源被配置到对其估价最高的应用中。试想如果资源没有被企业最有效利用或没有被配置到估价最高的应用中的情况。那个企业不可能把价格定得与更有效率的企业一样低。交易者会从定价较低的企业购买，这反过来会迫使定价较高的企业降低其价格——变得更有效率。如果企业不能达到那种效率，那它就不得不退出市场。资源就会被更有效率的企业得到并加以利用。

需求与供给：均衡

市场可以简单地由需求和供给图描绘出来，如图 2.3 所示。需求曲线代表买者，它表示所有买者在每一价格下愿意且能够购买的总量。供给曲线代表卖者，它表示在每一价格下卖者愿意且能够出售的总量。

让我们先离开主题，明确地定义一下需求曲线和供给曲线到底表示什么。需求曲线描述了所谓的需求法则。需求法则包括五个短语：

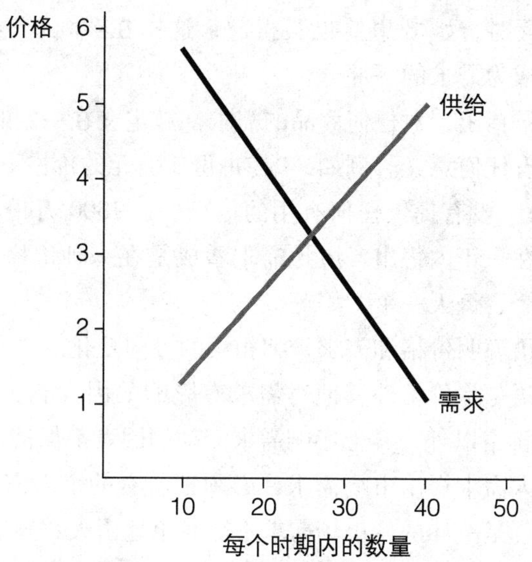

图 2.3　需求与供给

需求与供给代表了一个市场。

1. 定义明确的一种商品或服务。
2. 人们愿意且能够购买。
3. 在一定的时间内。
4. 当那一产品或服务的价格上涨时需求下降。
5. 其他一切不变。

第一个短语保证了我们指的是同一种物品而不会混入不同的物品。手表是一种可以通过以下特征定义并区别于其他商品的商品：质量、颜色、表盘的设计，等等。需求法则适用于定义明确的商品——这里是手表。如果其中一种特征应该改变，那么商品就不再是定义明确的了，事实上，它会是一种不同的商品。劳力士（Rolex）表与天美时（Timex）表有差别，Polo 衬衫和 Izod 衬衫不同，奔驰汽车和 Yugo 汽车（前南斯拉夫生产的一种廉价车，质量不高——译者注）有很大区别。如上一章讨论的那样，我们可以谈论劳力士手表市场或更宽泛的手表市场。被讨论的需求与被讨论的市场有关：存在对手表的需求，也存在对劳力士手表的需求。

第二个短语表明，人们不能仅仅想（want）买某种商品，他们必须能够（able）购买以使其要求成为需求的一部分。例如，休希望拥有一辆梅塞德斯—奔驰 300C 型汽车，但 50000 美元的标价太高了。尽管想要，但她买不起。当价格为30000美元时，她既想要也买得起，这样在30000美元或更低的价格下，她的愿望就会成为需求的一部分。

第三个短语指出，对任何商品的需求都被定义在一定时期内。不考虑时期，需求关系就没有任何意义。例如，“在每份3美元的价格下，开心乐园餐的需求量是1300万份”没有提供任何有用的信息。这1300万份开心乐园餐是在一周内售出，还是在一年内售出？应把需求看成是在一种价格下一定时期内的购买率——每月两个、每天一个，等等。

第四个短语说明价格和需求量朝相反的方向变化。

第五个短语与除价格外其他对需求有影响的因素有关。“其他一切保持不变”保证了除价格以外，其他影响需求变动的因素都保持不变。

为了从个人需求得出市场需求，必须把所有的个人需求进行加总。由于并非所有的个人都是一样的，市场需求不能简单地由人数乘以一个人的需求得出。相反，应该考虑每一个需求者。这意味着市场需求将包括不同细分市场的需求——年长的市民和孩子、高收入者与低收入者、受过大学教育的人和没有受过大学教育的人，等等。

收入、相关商品的价格、口味或偏好被称为需求的决定因素（determinants of demand）。当一种需求的决定因素发生变化时，需求表和需求曲线就会发生变化。例如，如果收入增加，人们会增加对大多数商品和服务的购买量。因此，如果收入增加，需求曲线会向外移动——在每一价格下，对商品的需求量更大。

另外，一些商品相互关联，如果一种商品的需求发生变化，另一种商品的需求也会发生变化。当微型芯片的价格上涨时，Windows操作系统的销量就会下降。这两种产品是互补品（complements）。当丰田凯美瑞（Camry）汽车的价格上涨时，福特Taurus汽车的销量就会增加。这两种汽车是替代品（substitutes）。

如果口味发生变化，需求也会变化。例如，如果人们知道某种产品会致癌，对那种产品的需求就会下降。人们会由于获得的新信息或体验而增加或降低对一种产品的渴望。

经济学家会区分需求（demand）和需求量（quantity demanded）。当他们谈到需求量时，是指在一个特定价格下人们愿意而且能够购买的数量。而他们谈到需求时，是指在每一个可能的价格下人们愿意而且能够购买的数量。需求就是在每一价格下的需求量。因此，“在对法国白葡萄酒征收300%的关税后，对美国白葡萄酒的需求上升”的意思是，在任一价格下，更多的人愿意而且能够购买美国白葡萄酒。而“随着价格上涨，白葡萄酒的需求量下降”的意思是，由于价格上涨，人们愿意而且能够购买的白葡萄酒数量下降。

对于供给方来说，有一个与需求法则对应的供给法则。它说明，在某一特定时期内，其他因素不变的情况下，人们对某一物品愿意而且能够购买的数量随着价格的上升而下降，反之亦然。

生产商品或服务的资源的价格、使得利用同样数量的资源生产更多产品的技术变革、生产商的预期、销售商的数量，都会影响供给。如果供给的决定因素（determinants of supply）之一发生变化，供给表和供给曲线就会发生变化。例如，在每一种价格下，通过降低原料价格或技术进步，卖者愿意出售更多的产品。同样，如果生产者对市场情况的预期发生了变化，那么在每一种可能的价格下，生产者可能提供更多或更少的产品。

经济学家同样也区分供给（supply）和供给量（quantity supplied）。当他们谈到供给量时，他们是指在一个特定价格下卖者愿意而且能够出售的一种产品的数量。当他们谈到供给时，他们指的是在每一个可能的价格下卖者愿意而且能够出售的数量。

定义了供给和需求后，我们现在就可以看一看这些概念如何描述市场的运作。

供给与需求共同决定市场价格。如图 2.4 所示，当价格高于 3 时，就会造成过剩——供给量大于购买量。为了卖出过剩的产品，卖者会降低价格。当价格低于 3 时，就会出现短缺，卖者出售的商品少于人们愿意购买的数量。卖者会提高其价格。卖者愿意而且能够出售的一切买者都愿意而且能够购买时的价格被称为均衡价格或市场出清价格。在这一价格下，买者和卖者都没有理由改变他们的行为。

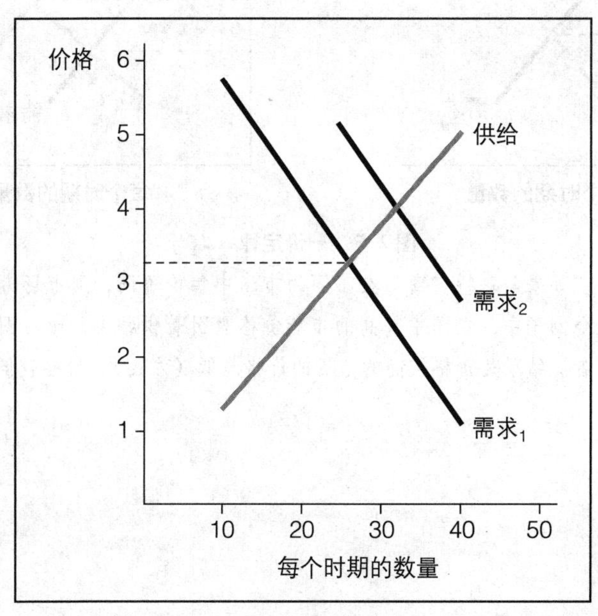

图 2.4　均衡

供给与需求共同决定了市场价格——均衡价格。当需求和/或供给变化时，均衡也会变化。

当某种因素导致需求和/或供给变化时，市场出清价格和数量一般也会变化。在图 2.4 中，消费者收入增加导致需求增加（从需求$_1$ 到需求$_2$），这导致价格上涨。注意当需求增加时，供给数量从 30 增加到 40，但供给（整条曲线）没有变化。

当需求和/或供给变化时，只要价格能够变化，市场将引导卖者和买者改变其行为，并在市场上重新配置资源以趋向新的均衡。在许多市场中，买者或卖者也许不满意市场的结果，希望确定一个价格上限或价格下限。租金控制是价格上限的特殊例子：租金不允许上涨到均衡水平。食糖补贴是价格下限的特殊例子：食糖的价格不允许降到某一特定水平。

现在来考虑一价定律。假设图 2.5 代表同一种商品或服务的两个市场。两个市场上的出清价格不同。将会发生什么？如果这种商品或服务便于移动，而且对于出入两个市场没有限制，两个市场将被迫趋向同一市场出清价格。套利将会发生，人们会在第二个市场中购买然后在第一个市场中销售。这将使第二个市场中的需求量增加，使第一个市场中的供给量增加。资源被配置到对其估价最高的地方，从市场 2 转移到市场 1。市场出清价格将会调整，直到没有套利空间为止。

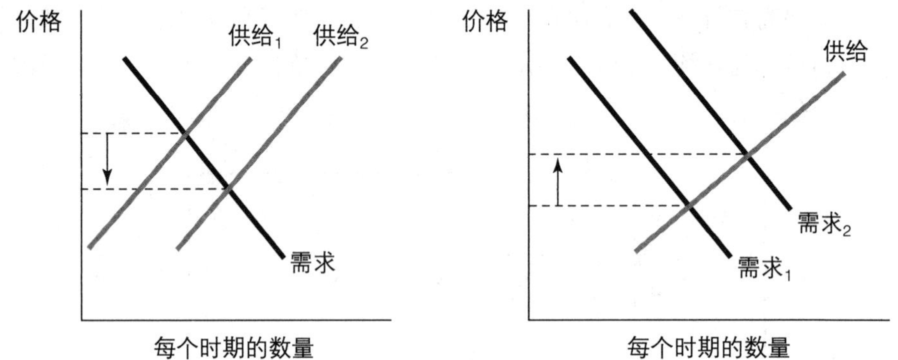

图 2.5　一价定律

一价定律说明，如果某一特定商品在不同的市场中售价不同，则市场力量将迫使价格趋于一致。在这个例子中，左图中较高的市场价格吸引着供给者，而右图中较低的市场价格吸引着购买者。结果是价格较高的市场的价格降低（左图），价格较低的市场的价格提高（右图）。

案例回顾

宝洁公司：新产品发布[12]

这一案例讨论了宝洁公司进入欧洲市场的方式。它表明，宝洁公司需要决定是把欧洲看成一个市场还是把各个国家作为不同的市场，并提出了宝洁公司的经理们应该如何把一种新的洗涤剂推向欧洲市场的问题。

宝洁的几位经理认为，向欧洲推出一种通用洗涤剂的时机已经成熟了。具有单一配方，由同样的生产设备进行生产，并且进行统一的营销活动，这将比在各个国家单独开展这些活动的成本低得多。反对者强调国家的差异，他们认为单一产品会降低生产成本，却不能在各个市场上销售专为其设计的产品。他们注意到各国之间的洗衣习惯大不相同。欧洲典型的洗衣温度比美国的高出很多。然而，在一些国家，洗衣机并不对水进行加热，洗衣温度则要低得多，或者很多人还习惯于用手洗衣服。欧洲的都是前开门滚筒式洗衣机，而美国的则是上开门涡轮式洗衣机。欧洲洗衣机的储水量小，洗衣时间长。德国的杂货店比其他国家少。在英国，电视机每家都有，而在西班牙和葡萄牙，只有 45% 的家庭拥有电视机。影响商业的法规也有很大不同。在芬兰和荷兰，洗涤剂中的含磷量受到限制。在德国，优惠券、返款、赠品是被禁止的。在其他国家，包装重量和标签也受到管制。

问题集中在市场的定义上。一个市场就是一种明确定义（well-defined）的商品或服务买卖的场所。“明确定义”的意思是相似但不相同的产品在消费者的眼中是相互的替代品。例如，意大利使用的洗涤剂的包装与德国的不同，但如果在两个国家都能使用，则这些产品就是替代品。在前面我们提到，对于短距离来说，空运和地面运输是替代品，因此都被包含在短途旅行市场中。如果航空公司在制定政策时没有考虑地面运输的作用，它将遗漏需求的一个重要方面——一种替代品。

那么，宝洁如何对单一市场还是多个市场这一问题作出决策呢？市场的边界是什么——整个欧洲、每个国家，还是完全不同的东西？要作出决策，宝洁需要对消费者进行考察，以找出他们的口味、偏好和收入是否相同。如果发现意大利消费者使用的洗涤剂中必须含有某些成分，而这些成分是德国消费者拒绝使用的，那么宝洁必须区别对待这些市场——当然就不可能出现欧洲品牌了。

宝洁推出新洗涤剂的战略必须考虑推出欧洲品牌的成本与这种统一做法的收益，以及为每个国家量身定制不同洗涤剂的成本与收益。在每种情况下都存在权衡（tradeoff）：选择欧洲品牌可以降低营销和生产成本，但潜在的问题是市场被定义得过于宽泛；选择为不同国家单独制造的方法意味着营销和生产成本较高，但产品与各个市场更协调。这样，在比较了所有的成本与收益后，选择收益比成本高出最多的那一种方法。一种行动的成本不仅是实际的支出，而且还包括每种行动中不可避免的成本。

宝洁的管理层多次召开会议讨论这一决策的成本与收益问题。有意思的是，尽管他们拥有丰富的市场分析经验，但还是不能恰当地确定欧洲品牌的需求。另外，他们也没有能够完全地确定成本。机会成本也没有被考虑在内，如由于产品是“欧洲牌”而不是“西班牙牌”或“英国牌”而销售不掉的成本。结果，欧洲品牌的推出并不成功。相反，宝洁不得不针对各个市场单独制定其全球化战略。它在各个国家设立了子公司，为各个子公司设计产品并展开营销活动。

小　结

1. 根据各自的比较优势进行专业化生产然后再交易，这使得各方都能获益。
2. 效率是这样一种状态：大部分商品和服务以最低的成本进行生产，商品、服务和资源的配置无法在不使某人的境况变得更差的情况下进行改变。
3. 分配机制被用来分配稀缺的商品、服务和资源。当前被使用的分配机制包括价格体系、政府计划、先来先服务和随机分配（运气）。价格体系是主流机制，因为它最有效率。但是，其他机制也被使用。在某些情况下，价格系统的结果可能不令人满意，此时就会采用其他机制。在其他情况下，价格系统可能不是最有效的，可能存在着市场失灵，或者交易价格可能很高。
4. 企业是对市场的一种替代，贸易和交换在企业的内部发生。企业内部不采用价格体系，因为这样做的交易成本会很高。
5. 企业的架构就是它的组织方式。企业的边界和企业的架构是通过效率定义的。在内部完成的活动比在公开市场上进行的贸易更有效率吗？
6. 市场是通过根据不同的产品和地域交换产品和服务的买者和卖者来定义的。
7. 一价定律说明，同种商品在不同的市场上会以同一种价格出售。这一定律有效是因为套利的存在——在价格较低的地方购买，然后到价格较高的地方出售。

关 键 词

生产可能性曲线（PPC）	外部性	垂直整合
比较优势	市场失灵	水平整合
贸易收益	公共品	架构
效率	交易成本	套利
帕累托效率	要挟	一价定律

练　　习

1. 在大多数选举中，候选人都会作出大量的承诺。例如，在 2000 年的美国总统选举中，承诺包括更多更好的医疗保健，更清洁的环境，更好的教育，对道路、桥梁、下水道系统、供水系统、国防和社会安全的改善。在这类竞选活动中忽略了哪些经济概念？
2. 如果某人请你吃饭并由他付费，这对你来说是免费的吗？
3. 评价下列说法："你是一名天生的运动员，你能轻松地学习并进行良好的沟通，在任何事上你都比你的朋友和熟人做得更好。因此，专业化对你来说毫无意义。专业化对你来说是成本而不是收益。"
4. 在小学和中学，大多数学生在一个学年里由固定的教师授课。在高中，不同的课程由不同的教师讲授。在大学，相同的课程由不同的教师按不同的水平讲授——新生、二年级学生、三年级学生、四年级学生或者研究生。教育是不是只在高中利用了专业化的优势？
5. 联邦政府中的高级官员和大公司的高级职员通常有司机送他们穿梭于城市之中或会议之间。这只是他们的职位带给他们的特权之一，还是基于比较优势而配备司机？
6. 当大批高中毕业生或大学生到农村工作时，将如何影响专业化和生产可能性曲线（PPC）？你认为这一做法会导致产出增加吗？
7. 在大多数饭店，男女服务员收入中的很大一部分是来自顾客的小费。小费的数量通常由顾客决定。但是，许多饭店对 6 人以上的团体强制收取账单金额 15% 的小费。解释这种制度为什么有效率。
8. 近年来，商业顾问和商学院特别强调团队，他们认为企业利用团队比依靠个人会更好。评价这一观点。

9. 如果市场体系如此完善，为什么还会有企业存在？

10. 如果交易成本很高，整个经济为什么不成为一个大公司呢？

11. 施乐公司在1992年进行了一次激进的重组以阻止其业绩下滑（其收入、市场份额和每股收益在20世纪80年代有所下降）。重组中，解散了信息管理部门，这是一个对其他部门来说可有可无的部门。结果，公司无法为各种商业决策收集必要的信息。将信息管理外包可行吗？列出信息管理职能在企业内部完成和将其外包的所有成本与收益。

12. 以下是某制造企业的成本函数，该企业的CEO聘请了顾问以协助实现企业再造。其层级结构的成本——此处的层级是指金字塔结构，即副总裁向CEO汇报，经理向副总裁汇报，副经理向经理汇报，等等——定义如下：$C = 28305600 + 460300Q$，其中C是以美元计算的总成本，Q是售出机器的数量。报告层次少一些的层级组织的成本是$C = 22206500 + 480345Q$。关于公司的结构，你对CEO的建议是什么？CEO为了作出决策必须知道什么？

13. 假设需求量和价格之间的关系如下式所示：

$$Q = -500P + 200I - 400C + 0.01A$$

其中P表示价格，I表示收入，C表示互补品的价格，A表示广告支出。

a. 画出Q的需求曲线。

b. 计算$I = 15000$美元、$C = 300$美元、$A = 4000$万美元时的需求量。在问题a中画出的需求曲线上表示出相应的点。

c. 计算$I = 20000$美元、$C = 300$美元、$A = 4000$万美元时的需求量。在问题a的图上画出相应的点。需求发生了什么变化？

14. 假设市场需求如下式所示：

$$Q_d = 3000000 - 700P + 200I$$

市场供给如下式所示：

$$Q_s = 1000000 + 400P$$

a. 你如何决定市场价格？

b. 假设$I = 15000$美元，你能找出市场价格吗？再找出供给量和需求量。

本章注释

[1] Based on Harvard Business School, Case 9-384-139, by Christopher A. Bartlett; and Har-

vard Business School, Case 5 - 388 - 131, by Christopher A. Bartlett.

[2] 在这个图中，PPC 是一条直线，表示农产品和高技术产品具有恒定的替代率，反之亦然。在实际中，PPC 通常是一条向外凸起的曲线，表示随着更多的资源投入这一产品，多生产 1 单位某种产品的额外成本增加。

[3] William J. Baumol, *The Free-Market Innovation Machine*, Princeton: Princeton University Press, 2002, examines the incentives of the free market in terms of economic growth.

[4] It need not be materialistic. A society believing that glorification of the deity is the goal would be evaluated on that basis, as pointed out in Paul Milgrom and John Roberts, *Economics, Organization & Management* (Englewood Cliffs, NJ: Prentice-Hall, 1992), p. 22. A society believing that military prowess is the goal would be evaluated on that basis.

[5] 在政府干预有效性的分析中，需要回答的问题是政府分配机制会不会失灵或无效率。如果是这样，那么就需要评估两个系统的成本/收益。

[6] 实际上，这并不是不可能的。许多公司将它们的会计和预算外包给独立的公司。

[7] 这一观点首先由罗纳德·科斯（Ronald Coase）提出，"The Nature of the Firm," *Economica* 4 (1937): 386 - 405. 阿曼·阿尔钦（Armen Alchian）和哈罗德·德姆塞茨（Harold Demsetz）继承了这一观点，"Production, Information Costs, and Economic Organization," *American Economic Review*, 62 (1972): 777 - 795; and Oliver Williamson, *Markets and Hierarchies: Analysis and Antitrust Implications* (New York: Free Press, 1975).

[8] 我们会在第 10 章详细讨论交易成本和组织结构。

[9] 根据比较优势而进行专业化然后从贸易中获益，这是一个比商业还要老的原理。但许多经理人忘记了这一课，或者与它背道而驰而去追逐某种管理的流行概念。最近的例子是再造（reengineering）。再造在很多情况下被实行，不是因为它充分利用了专业化和比较优势，而是因为它流行。在 1995 年 5 月进行的一项针对美国 80 家大公司首席财务官的调查指出了它有多么流行。29% 的财务官认为，实现再造的主要原因是成本削减，但 26% 的人认为这样做只是因为"某位大人物说我们该这样做"。

[10] "The Domino Effect: Of Foxes, Printers, and Prices," *Channelmarker Letter*, 2, no. 6 (December 1990): 1 - 7.

[11] 当年的一位大经济学家阿尔弗雷德·马歇尔（Alfred Marshall, 1890）说："市场越接近完美，在不同市场为同一种物品支付相同价格的趋势就越强烈。"

[12] Based on Harvard Business School, Case 9 - 384 - 139, by Christopher A. Bartlett; and Harvard Business School, Case 5 - 388 - 131, by Christopher A. Bartlett.

第 2 章附录：

最　优　化

节约（economizing）在许多方面就是最优化。我们希望以最少的投入获得最大的产出。企业最大化利润，而消费者最大化幸福感或满足感。本附录中，我们将讨论分析最优化问题的几个数学工具，并特别说明微积分在分析无约束的最优化（unconstrained optimization）和有约束的最优化（constrained optimization）问题中的应用。我们将从几个基本的数学概念开始讲述。

2A. 1　边际的概念

函数是表示变量间关系的规则。对应于变量 x 的每一个值，函数根据某种规则为变量 y 赋予一个特定的值。例如，函数 $y = 3x$ 表示变量 y 的值等于变量 x 的值的 3 倍。

经济学中，我们常常知道因变量 y 是自变量 x 的函数，但不知道变量之间确切的代数关系。在这种情况下，我们写成 $y = f(x)$，意思是因变量 y 根据规则 f 与自变量 x 发生联系。

表示函数的一种方法是图形。函数的图形以图的形式显示出一个变量与另一个变量的关系。图 2A. 1 显示出函数 $y = 3x$ 的图形。在数学中，横轴通常表示自变量，纵轴通常表示因变量，但在经济学中，我们通常将自变量画在纵轴上，把因变量画在横轴上。例如，需求函数 $Q = f(P)$ 表示需求量随价格的变化而变化。价格是自变量，需求量是因变量。但我们通过用纵轴表示价格、用横轴表示需求量而画出需求曲线，如图 2A. 2 所示。

经济学涉及变化。事实上，经济学中的一个重要术语“边际”（marginal）意思是“增量”（incremental），即“某些变量的变化”。例如，总收入为 PQ，即价格乘以售出的产品数量。**边际收益**（marginal revenue）是指 1 单位的数量变化导致的收益变化。变化可以用希腊字母 Δ 表示，因此边际收益表示如下：

$$\Delta \text{总收益} / \Delta \text{数量} \quad \text{或} \quad \Delta TR / \Delta Q$$

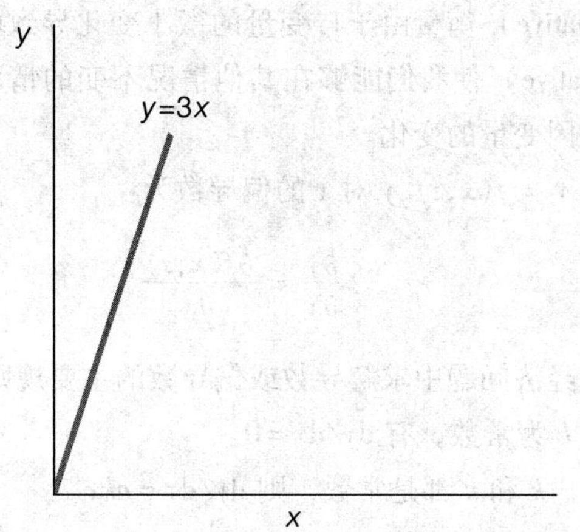

图 2A.1 函数的图形 $y=3x$

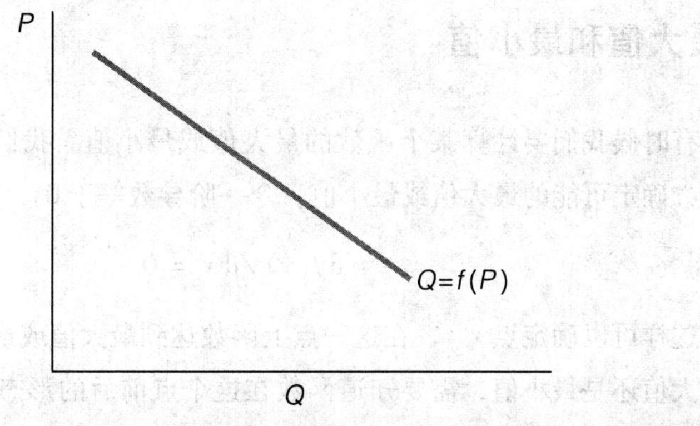

图 2A.2 需求曲线

同样，总成本是生产和/或销售一种产品的成本。边际成本如下所示：

Δ 总成本 /Δ 数量 或 $\Delta TC/\Delta Q$

导 数

边际还可以用导数表示，如 $\mathrm{d}TR/\mathrm{d}Q$ 和 $\mathrm{d}TC/\mathrm{d}Q$，或者用偏导数的形式表示，如 $\partial TR/\partial Q$ 和 $\partial TC/\partial Q$。Δ 表示相对较大的差异或不连续的变化，而偏导数表示非常小的变化。事实上，导数表示趋于 0 的变化。

$$\frac{\mathrm{d}TR}{\mathrm{d}Q}=\lim_{\Delta Q\to 0}\left\{\frac{\Delta TR}{\Delta Q}\right\}$$

导数（derivative）衡量由于自变量的微小变化导致的因变量的变化。偏导数（partial derivative）使我们能够在其他情况不变的情况下衡量一个自变量的微小变化导致的因变量的变化。

假设函数为 $y = f(x,z)$，y 对 x 的偏导数为：

$$\frac{\partial y}{\partial x} = \frac{\partial f(x,z)}{\partial x}$$

我们在解决经济问题中求解导数或偏导数的主要规则如下：

如果 $y = k$，k 为常数，有 $dy/dx = 0$。

如果 $y = kx^n$，k 和 n 都是常数，则 $dy/dx = nkx^{n-1}$

如果 $y = f(x)g(x)$，则 $dy/dx = g(x)[df(x)/dx] + f(x)[dg(x)/dx]$

2A.2 最大值和最小值

有时候我们要计算某个函数的最大值或最小值。我们在函数的斜率等于0的地方确定可能的最大值或最小值。令一阶导数等于0：

$$df(x)/dx = 0$$

这样可以确定点 x^*，在这一点上函数达到最大值或最小值。要想确定到底是最大值还是最小值，需要知道函数在这个点前后的形态，即斜率的斜率是什么。我们利用二阶导数来计算，用符号表示为 $d^2f(x)/dx^2$。如果二阶导数为负，则函数在点 x^* 处是凹的，在点 x^* 处取得最大值。如果二阶导数是正的，则函数是在点 x^* 处是凸的，在点 x^* 处取得最小值。

2A.3 有约束的最优化

在经济学中，最优常常包含约束，例如，我们希望最大化我们的幸福感，但受到我们的收入水平的限制；或者我们希望最大化利润，但受到我们的资源如何被利用的限制。假设我们令幸福感 U 是我们拥有的两种商品数量的函数：

$$U = f(x,z)$$

这一函数被称为目标函数（objective function），受到收入 Y 的限制：

$$Y = g(x,z)$$

这一函数被称为约束（constraint）。这是一个有约束的最优化问题。

有两种方法可以求解有约束的最优化问题。第一种方法是将约束条件中的一个变量用另一个变量表示，然后再代入目标函数。第二种方法是利用拉格朗日乘数（Lagrangian multipliers）。

利用拉格朗日乘数求解问题时，我们先定义拉格朗日函数：

$$L = f(x,z) + \lambda[Y - g(x,z)]$$

即目标函数 $f(x,z)$ 加上拉格朗日乘数 λ 乘以约束条件 $Y - g(x,z)$。然后我们分别对 x、z、λ 求导，并令各个导数等于0：

$$\frac{\partial L}{\partial x} = \frac{\partial f(x,z)}{\partial x} - \frac{\lambda\{\partial g(x,z)\}}{\partial x} = 0$$

$$\frac{\partial L}{\partial z} = \frac{\partial f(x,z)}{\partial z} - \frac{\lambda\{\partial g(x,z)\}}{\partial z} = 0$$

$$\frac{\partial L}{\partial \lambda} = Y - g(x,z) = 0$$

这一组方程被称为一阶条件。注意在此例中，一阶条件包括由三个变量组成的三个方程。因此可以通过这三个方程对三个变量求解。

考虑一个成本最小化的例子。假设 A 公司生产和销售两种产品 x 和 z，其总成本由下式给出：

$$C = f(x,z) = 4x^2 + 8z^2 - 2xz$$

其中，x 是第一种产品每小时的产量，z 是第二种产品每小时的产量。A 公司与生产厂商签署协议每小时的总产出为 40 单位，但任何 x 和 z 的组合都可以。计算出使成本最小化的最优组合。

拉格朗日函数为：

$$L = 4x^2 + 8z^2 - 2xz + \lambda(40 - x - z)$$

$$\frac{\partial L}{\partial x} = 8x - 2z - \lambda = 0$$

$$\frac{\partial L}{\partial z} = 16z - 2x - \lambda = 0$$

$$\frac{\partial L}{\partial \lambda} = 40 - x - z = 0$$

从第一个方程中解出 λ，并带入第二个方程：

$$16z - 2x - 8x + 2z = 0$$

$z = 10x/18 = 5x/9$。将其代入第三个方程，解出 $x = 25.7$。因此 z 的最优值为 $z = 5x/9 = 14.3$。注意到 $x + z = 40$，这就是我们的约束条件。

CHAPTER

3 企业绩效

案例：安然事件

2002年，安然公司由于被控欺诈而破产。公司被指控利用会计漏洞隐藏其真实情况。然而，有许多会计漏洞和花招既不合法也不是庞氏骗局（Ponzi scheme，指骗人向虚设的企业投资，以后来投资者的钱作为快速盈利付给最初投资者以诱使更多人上当）。会计漏洞使得一些公司在结算利润时忽略主要的商业经营成本。西尔斯公司将24亿美元的租赁债务放在表外处理。尽管这样做是合法的，但在这一例子中会计操纵是一个重大的疏漏，因为在西尔斯公司报告的222亿美元债务中没有包括这24亿美元。企业会计操作上的一个微小改变可能会在利润上造成重大的变化。企业可能利用各种方式减少缴税额，改变其计算库存的方法，甚至会利用员工养老金的收益来扩充其利润。RSA安全公司是一家计算机安全系统公司，它在将产品销售给分销商时就登记为收入，而不是等到分销商将产品销售出去之后。这种会计登记的变化在2001年3月31日之前的3个月里为它增加了170万美元的收入。企业之间可能互换货物以使各家的报表都变得好看一些。它们可以将收入立即予以登记，而成本却被分摊到3年的时间里。这种会计操作帮助希柏公司（Siebel）在2001年第1季度实现超过分析师预测的业绩，而同期其他企业却纷纷陷入业绩下降。在此期间，希柏的收入靠的是3800万美元的许可费收入，希柏向商户购买设备，这些商户则向希柏支付许可费。2001年第4季度，惠而浦实现了超越分析师预期的收入，它的利润比一年前增加了63%。但是这一数字却没有包含9100万美元的重组费用，如果将它算进去，那么公司的利润实际上下跌了69%。另一种会计窍门是剥离某些业务，但在剥离出去的业务中保持少于50%的股权。可口可乐就是这样处理装瓶厂业务的。这样做的好处是装瓶厂的债务不会出现在可口可乐公司的财务报表中。在这个意义上，安然公司的做法并非独此一家。

这些会计操作如何影响投资者对企业绩效的衡量？

3.1 价值

在上一章中我们注意到，市场过程使得资源被应用在对其估价最高的地方。我们还看到，公司是某些交易的市场交换的一种替代，它存在的原因是在公司内部进行交换比在公开市场上进行同一交换更有效率。效率是成功的基础。能够更有效率地提供满足人们需要的产品的公司，将比效率较低的公司更成功。

市场过程是动态的，这意味着一个公司永远保持有效率是很困难的。在某一天可能发挥了资源最大的价值，但在另一天却不是。在任何一个时点上，总有一些公司成功而另一些公司不成功。我们怎么知道谁胜谁败呢？答案很明显，对不对？成功的企业是那些获利丰厚的公司，而失败的企业是那些遭遇损失的公司。但答案并不像看起来那样直截了当。利润可以用几种不同的方式来衡量，而且这些方式并不总是真实地反映成功。赢利能力指标并不是唯一的关注焦点，还有许多公司或组织并不是为了盈利，因而它们的成败不能以利润为基础进行判断。本章我们将讨论对绩效（performance）的衡量。

增　值

有很多网站探讨增值或经济价值的问题。最有意思的网站之一是
http://www.eva.com/

增值（added value）是当前时髦的词语之一。它代替了利润最大化（profit maximizing），也许是因为它更加大众化。增值不仅是营利组织的目标，而且还是非营利组织的目标。成立慈善机构、大学、网球或高尔夫球俱乐部的目的是创造大于投入的产出价值。许多非营利组织面临的问题是很难衡量其产出的价值。例如，圣玛丽食品仓库（St. Mary's Food Bank）是一家向无家可归的人提供食物的非营利机构。它的成本相对来说容易衡量——圣玛丽食品仓库使用的资源的成本。它没有出售产品的收入，相反，它的收入来自捐赠品，捐赠

者之所以向它捐赠是因为他们认为圣玛丽食品仓库提供的服务值得购买（值得支持）。由于确切地讲，圣玛丽食品仓库是非营利组织，其收入不会超过其成本。然而，如果其产出的价值——分发的食品和提供的其他服务的价值——超过了使用资源的成本，那么这个慈善机构也在增值。

增值是商业行为的目标。没有增值的组织——产出的价值低于投入的价值——没有长期存在的理由。在长期中，没有增值的组织将无法生存。无效率的决策和资源配置将逐渐被更有效率的决策所替代。

经济利润

营利组织在阐述增值方面比非营利组织更容易一些。然而，对于任何一种类型的组织而言，增加的价值是当充分计算了组织中投入品的成本后保留在产出中的价值。

经济学家将投入分为三大类：土地、劳动和资本。土地指所有的自然资源、原材料、陆地和海洋；劳动力包括熟练的和不熟练的工人；资本包括建筑物、设备和库存。这些投入的成本就是它们的机会成本——阻止资源所有者将资源转作其他用途的必要支付量。例如，如果一位土地所有者能够以比当前租用者支付的价格更高的价格向另一家企业出租土地，那么他就会这样做。为了阻止他向另一家企业出租，第一个租用者必须至少支付给他与第二个租用者相等的金额。如果要保持土地的现有用途，必须把土地的机会成本支付给土地所有者。与此类似，必须向雇员支付他的机会成本，否则他会另谋高就。资本所有者也必须获得其资本的机会成本，否则他们会把这些资本带到其他地方。

资本通过贷款（借债）、出售所有权（对于上市公司是指股份，即权益）和企业的留存收益（没有以红利的形式分配给所有者的收益）获得。当债权人将钱借给公司时，他们预期公司会连本带利归还他们，公司支付的利息取决于债权人对其他机会、通货膨胀和风险的预期。风险越高，预期通货膨胀越容易发生，在其他地方能挣到钱的机会越多，贷款者要求的利息就越高。因此，债务成本就是支付给这些债务的利息。

股东在投资一家公司时也要考虑其他的机会和风险。权益资本成本就是股东没有投资于一种行为或一个公司而投资于其他方面可能获得的收益——投资者的机会成本。例如，由于微软的股东可以投资于其他企业，从这些可选投资中能够获得的最大收益——由于购买微软的股票而放弃的收益——就是投资微软的成本。因此，微软向其股东支付的金额数量必须至少等于股东预期能从其他投资中获得的收益，否则他们就会把资本带到其他地方。

增值是超过所有资源成本的额外收益，经济学家将其称为经济利润（economic profit），以区别于会计利润（accounting profit）。在年度报表、利润表和其他财务报表中报告的数字是会计利润，经常被称为营业利润或净营业利润。会计利润是指产出的价值减去投入的成本，但没有考虑所有者（股东）资本的机会成本。它可能包含借入资本的成本，也可能不包含，这要视使用的会计形式而定。

经济利润是产出的价值和所有投入的机会成本（包括所有者或股东的资本的机会成本）的差额。例如，我们考虑思科公司（Cisco）在1999年报告的数字（单位：百万美元）：

销售收入	12154
税后净收入	2096
权益	11678
债务	0

《财富》杂志提供了一些绩效衡量指标
http://www.fortune.com/

1999年思科公司实现增值了吗？为了明确这一点，必须将资本成本从税后净收入中扣除。假设思科公司的资本成本是10%，这样其权益资本成本为11.68亿美元，其经济利润为9.28亿美元。

单个企业的数据请访问
http://www.hoovers.com/
(注意，一些数据可能需要说明)

会计利润 = 收入 – 土地成本 – 劳动成本
经济利润 = 会计利润 – 资本成本

2001年，思科公司的状况与1999年时大不相同（单位：百万美元）：

销售收入	22293
净收入	(1014)
总资产	35238
权益	27120
债务	8118

对会计利润和经济利润的讨论请见
http://www.itworld.com/Man/2818/CWSTO53001/

思科公司的会计利润是负的，因此其经济利润肯定是负的，因为还要从负的净收入中减去资本成本。其负的经济利润为（1014）+（2712）=（3726）百万美元，其中圆括号表示负值。

负经济利润（negative economic profit）。经济学家称那些价值降低的企业拥有负经济利润。拥有负经济利润的企业如果将其资源用于其他用途将会产生更多的价值。在 1996 年经济繁荣时期，许多著名的企业如百事公司、美孚石油公司、杜邦公司、AT&T、美国石油公司（Amoco）、雪佛龙（Chevron）、波音飞机公司、时代华纳、特纳广播公司都具有负经济利润。1999 年，当国家经济持续增长时，IBM、埃克森石油、时代华纳、惠普、Mobile 公司等都出现了负经济利润。在 2001—2002 年的衰退期间，许多公司都经历了负经济利润。

任何公司都可以在短期内出现负经济利润，但在长期内持续降低价值的企业将无法生存下去[1]。根据《财富》杂志的报道[2]，汽车公司近年来都在摧毁价值，它们创造的收入不足以弥补所有的机会成本。换句话说，它们的经济利润为负已经有几年的时间了。

假设你是通用汽车公司的一位投资者。在最近 10 年来经历了 4% 这一令你无法想象的低年度增长率后，你开始准备改变你的投资。你认识到可以通过卖掉通用汽车的股票而购买其他公司的股票使自己的收入至少加倍。如果很多通用汽车的股东都这样做，通用汽车就无法获得这些资源，它将不得不出局，其资源将被配置到生产率更高的应用中。

如果通用汽车多年来一直在摧毁价值，那么它为什么还没有出局？原因是许多投资者认为投资于其他公司不一定会更好。然而，美国每年有超过企业总数 1% 的公司由于投资者投资于其他公司而出局。

零经济利润（zero economic profit）。既没有实现增值也没有降低价值的企业的收入足以补偿其使用的所有投入品的成本——但什么也没有剩下。这意味着股东或所有者获得了与其他投资相等的收益。经济学家将其称为零经济利润或正常会计利润（normal accounting profit）。

如果微软公司的年收入是 87.5 亿美元，成本是 67.5 亿美元，它的会计利润就是 20 亿美元。但是，如果股东能够在其他投资中获得 10% 的收益，而且他们向微软公司投资 200 亿美元，那么微软的经济利润将为 0。然而，投资者不会有激励去卖掉微软的股票而去购买其他公司的股票，因为他们预期这样做不会比持有微软的股票挣得更多。零经济利润不是一件坏事——它表示投资者现在的收益与他们预期在其他情况下的收益是一样的。

3.2　衡量经济利润

经济学家为长期以来会计不能提供对经济利润的度量而感到悲哀，他们认为会计人员没有提供关于公司绩效的恰当信息。更重要的是，会计人员没有提供有关资源配置的信息。这些资源应该配置到其他地方吗？其他公司有激励进入这一产业并展开竞争吗？只有经济利润能够回答这些问题。如果经济利润为正，则资源挣得的收益超过了它们的机会成本——其他资源所有者也希望这样，因此会重新将资源配置到这一行业中。相反，如果经济利润为负，则资源没有获得其机会成本。如果这种情况持续出现，那么资源就会被配置到其他地方。

资本成本

资本成本计算器请见
http://www.ifinanceadvisor.com/finadv/about_sidebar_coc_info.shtml

分行业和分公司的资本成本计算器请见
http://www.pwcglobal.com/Extweb/pwcpublications.nsf/docid/748F5814D61CC2618525693A007EC870

会计为什么不例行公事地在利润表和资产负债表中提供经济利润的数据？部分原因是他们没有被说服这是必需的，部分原因是他们知道计算权益资本成本的难度太大。他们争辩说，由于权益资本成本是投资者将其资金投入某一特定公司的机会成本，那么每位投资者的数量必然不同。我的机会成本与你的机会成本不会相同。

这固然是一个正当的理由，但它并没有抵消计算与报告经济利润的价值。另外，计算权益资本成本的困难也不是不可克服的，有多种办法可以解决这一问题。最常用的方法被称为资本资产定价模型（capital asset pricing model，CAPM）。资本资产定价模型计算企业的风险程度，并设计一种必须加入平均权益资本成本的风险溢价。

风险是什么？它是指某个事件（通常是不好的事件）发生的概率。假设你正在考虑可供选择的两项投资。对于第一种投资，你确切地知道你将能收回你的投资并获得额外的报酬——你的投资收益。对于第二种投资，你可能获得回报，也可能一无所得。如果你准备选择其中一项投资 2 万美元，你肯定会要求第二种选择的可能回报比第一种高一些。同理，假设你认为向一家刚成立的生物技术公司投资是可行的。你可能获得几倍于初始投资的回报，但也可能一无所获。你正在考虑的另一种选择是投资于现有的公司，如微软公司，其回报率在过去几年中稳定在每年 10% ~25% 之间。很明显，生物技术公司的投资风险高于微软公司，那么它为了诱使投资者向其投资就需要提供高于微软公司的风险溢价。

除了投资于高风险的生物技术公司，或者低风险的微软公司，投资者还可以决定不承担任何风险。他们可以购买美国政府金融工具（各种国库券和公债），它们通常被认为是无风险的，因为实际上美国政府不可能不履约。

研究已经表明，在长期中，一般而言，投资者要求公司股票的年回报率比美国政府证券的年回报率高 4% ~7%[3]。换句话说，长期中平均风险成本（风险溢价）每年为4% ~7%。这意味着对于具有平均风险水平的公司来说，其收益率要比美国财政部公债的收益率高出4% ~7%，以补偿投资者预计的风险。美国长期公债的平均利率在20世纪90年代后期和2000年年初为5.5%。这表明在2002年一个具有平均风险的公司的资本成本为9% ~12%。

上市公司的风险通过将其股票价格的波动与整个市场的价格波动或所有企业的平均进行比较而加以衡量。图3.1显示了在选定的两年期间英特尔公司的股票月回报与整个市场的对比。虚线是英特尔公司的回报，显然，其波动性比由实线表示的整个市场的波动性要大得多。这种波动性意味着英特尔公司比整个市场的风险更高。由于投资者能够在无风险投资中获得5.5%的回报，且平均风险溢价为4% ~7%，以及英特尔公司的波动性比整个市场高1%，英特尔公司必须补偿投资者10% ~14%以使得投资者投资其股票与投资其他公司股票或政府债券无差异。这就是英特尔公司的资本成本。

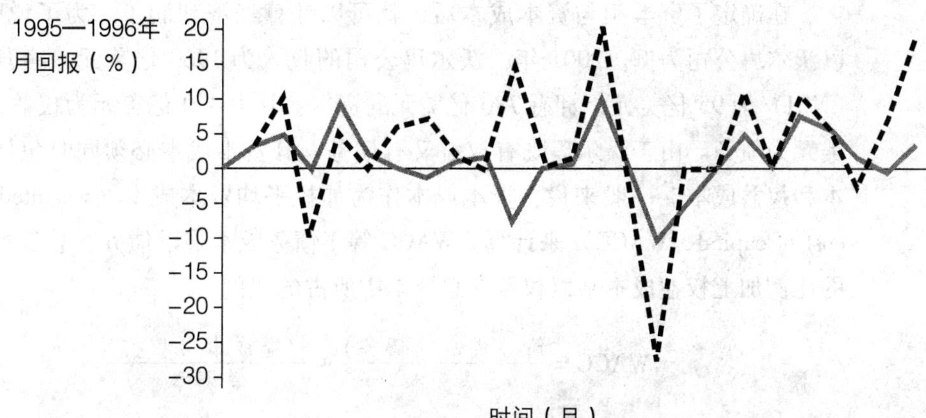

图3.1　英特尔公司与市场的比较

英特尔公司的股票价格在选定的两年中的变化由虚线表示。所有公司股价的平均表现由实线表示。英特尔公司股票更高的波动性表明其风险较高。

利用资本资产定价模型计算的1999年和2001年几家公司的资本成本如表3.1所示。

表3.1　1999年和2001年的资本成本

公　司	1999年的资本成本（%）	2001年的资本成本（%）
英特尔	12	12.19
可口可乐	13	12.31
通用电气	13.5	12.47

（续表）

公　司	1999 年的资本成本（%）	2001 年的资本成本（%）
默克制药	13.5	10.72
麦当劳	11.1	8.83
耐克	13.5	10.07
Micron 公司	15.6	13.47
eBay	15.6	13.55
好时食品	12.8	6.79

经济利润

在确定了资本额与资本成本后，就可以计算经济利润了。为了说明问题，以沃尔玛公司为例。2001 年，沃尔玛公司的收入为 1960 亿美元，净营业收益（NOI）为 95 亿美元，拥有 780 亿美元的资本，其中 470 亿美元为权益，310 亿美元为债务。由于沃尔玛既有权益又有债务，其资本成本必须同时包括债务成本和权益成本。一般来说，资本成本作为加权平均资本成本（weighted average cost of capital，WACC）来计算。WACC 等于债务成本乘以债务在总资本中所占的比例加上权益成本乘以权益在总资本中所占的比例。

$$\text{WACC} = \frac{\text{债务成本（债务）}}{\text{总资本}} + \frac{\text{权益成本（权益）}}{\text{总资本}}$$

2001 年沃尔玛公司的加权平均资本成本为 11.4%。计算如下：

$$0.6 \times 15 + 0.4 \times 6$$

其中债务成本为 6%，权益成本为 15%。

因此，沃尔玛公司 2001 年的经济利润为：

$$\text{经济利润} = 95\text{ 亿美元} - 88.9\text{ 亿美元} = 6.1\text{ 亿美元}$$

这是正的 6.1 亿美元，表明在 2001 年这个衰退的年份，沃尔玛公司为其股东带来的回报超过了他们在同样的风险下在其他地方的预期回报。

经济利润通过在税后净营业利润（net operating profit after tax，NOPAT）中减去资本成本获得。NOPAT 是公司税后但没有支付融资成本和除折旧外的非现金登记项目（noncash book-keeping entries）前的收入。表 3.2 是一家真实公司 2001 年的例子。

表 3.2　经济利润

项　目	百万美元	项目的含义
总收入	16741	本财政年度公司的总收入。
财务报表中的会计净收入	1101	公司利润表中报告的普通股股东的净收入。NOPAT 和经济利润的计算由此开始。
利息支出 税收调整 非正常收入	889 +87 -32	对会计报表进行调整是为了以现金和运营为基础反映公司的账目。只保留现金支出。唯一保留的非现金支出是固定资产的折旧。账面的收益和损失被调整为基于现金的。例如，以 100 万美元出售一个在账面上价值 40 万美元的建筑物，获得 60 万美元的账面收益，但没有给公司带来额外的现金。
NOPAT	2044	NOPAT 是公司除去所有账面损失或收益后基于现金的、扣除所得税的利润。
资本成本	1294	资本成本是向公司提供经营所需的所有资本而向其收取的费用。费用的数额根据投资者和出借人投资该公司所承担的风险而定。在本例中，加权平均资本成本是 7.3%，总资本为 17726220 美元。
经济利润	750	从 NOPAT 中减去资本成本后，剩下的就是经济利润。

经济利润等于 NOPAT 减去资本成本（capital charges）。资本成本等于投资到公司的资本乘以加权平均资本成本（WACC）。WACC 等于每一种资本组成——短期债务、长期债务和股东权益——的成本，根据在公司资本结构中所占比例（以市场价值计）进行加权。投资资本是公司的所有资金的总和，除去短期、无息负债如应付账款、应计工资、应计税。它等于股东权益、有息负债（短期和长期）以及其他长期负债的总和[4]。

3.3　经济利润与股东价值的关系

从概念上讲，与会计利润相比，经济利润是一个衡量企业绩效的更好的指标，因为它考虑了所有的成本。但是有时候概念上的优势并没有转变为实践中的优势。经济利润也是这样吗？我们早就说过，会计人员不愿意衡量经济利润。但那并不是我们讨论的实践中的优势。最重要的实践优势是这些指标能否帮助企业取得成功。作为经理人员，我们希望知道我们是否在有效率地、恰当地使用资源。只有经济利润能告诉我们这一问题的答案。作为所有者，我们希望知道我们的财富是在增值还是在遭受损失。同样只有经济利润能告诉我们答案。

股东价值

自由现金流的讨论与案例请见
http://www.spredgar.com/WebHelp/spredgar/theory_of_free_cash_flow.htm

股东价值（shareholder value）是执行官们头脑中的首要大事。经济利润和股东价值有什么关系呢?

经济利润与股价表现之间有什么联系吗[5]？粗看一下股价，我们的答案是没有。在任何一年中，表现最好的一些企业的股价收益将高于市场平均值，而另一些企业的股价收益将低于市场平均值。原因是股票市场具有前瞻性。股票的价值完全依赖于投资者对公司未来经济利润的预期。过去的利润很重要仅仅是由于它们在建立对未来的预期中扮演着一个角色。

随着我们回溯时期的延长，那些我们今天认为卓越（即产生丰厚的经济利润）的公司似乎更多地超越股票市场的预期，而那些不好的公司则是低于以前股票市场的预期。经济利润是一个快照，是企业一年的绩效情况，而一年不会形成趋势。但是，跨越几年的经济利润则提供了一幅引人注目的图景，而这也正是股票市场所关注的。所有预期未来经济利润的现值就告诉我们公司是在创造财富还是在破坏财富。

如果经济利润与股票价格之间的联系需要很长时间的观察，那么经济利润是有用的信息吗？投资者有耐心等上十来年直到作出对公司表现的评估吗？经济利润非常有用，但投资者没有耐心。投资者在决定是否购买一个公司的股票时，他们自己评估企业在明天、下一周、从现在开始的 6 个月或者下一年的表现。这样，“最大化股东价值”这一术语经常被解释为关注短期利润，甚至不惜牺牲长期利润[6]。

虽然可能看起来像是投资者为了能够获得短期利润而买进然后再卖出时需要这种短期前景，但这种认识是不正确的。这种行为会为其他人创造套利的机会。由于公司在长期中的价值会被低估，而其短期价值被高估，投资者可以在长期内购买股份，并在短期内卖出。这可以通过不同的金融手段实现，如期货与期权，它可以使公司短期与长期的市场价值趋于相等。因此，牺牲长期结果而重视短期结果会导致股东价值下降而不是上升，而股票在短期的表现会较差，以反映出长期的前景。

假设一位投资者在考虑投资两家公司 A 和 B。A 公司的 CEO 准备执行一项能在下一年提高利润但在随后几年会导致损失的计划。B 公司的 CEO 关注于长期并希望增加每一年的利润。这样做的结果是 B 公司在下一年增加的利润不如 A 公司多。

投资者知道了两个 CEO 的经营方向后，会在心里这样想：我只会在下一年持有 A 公司的股票，在那以后我不想持有它。但我不想成为最后一个卖出的。事实上，我希望成为第一个卖出 A 公司股票并购买 B 公司股票的人，以便当每个人都要购买 B 公司的股票时，我可以获得最大的升值。因此，我应该在年底前——或许是 11 月——卖出 A 公司的股票。但其他人可能预期到我的行为，他们会在 10 月卖出。因此我要在 10 月前卖出——9 月、8 月……

将卖出时间提前这一过程会持续下去，直到投资者意识到获利的唯一机会是根本就不购买 A 公司的股票，而是现在就去购买 B 公司的股票。当所有投资者都这样做时，A 公司的股价会立刻开始下降，而不是下一年才开始下降，B 公司的股价也不必等到下一年而是立刻开始上升。股价反映了预期的长期经济利润流。

这一例子假设投资者确切地知道 A 公司与 B 公司会怎样做。但在实际中，这种确定性是不存在的。投资者必须收集信息然后才能形成对未来绩效的预期。由于股价反映了预期的经济利润流，因此股东价值就是公司当前以及预期未来经济利润的反映。这样，最大化股东价值的含义应该和最大化经济利润一致。它不是一个短期的战术行为，而是对长期绩效的关注。它不仅仅是一种增加收益的尝试，而是一种最大化净收益与资本成本的差距的努力。

股价由对这一股票的需求和供给决定。需求者和供给者对这一股票价值的估计都是基于对未来企业绩效的预期。决定股票价格的是对企业未来绩效的市场预期。股价可以由未来经济利润的预期值表示：

$$\text{股价} = \text{预期未来经济利润的现值}$$

$$P = \sum_{i=1}^{n} \frac{E(\text{利润})}{(1+r)^{i}}$$

其中，$\sum$表示 1 ~ n 期所有项目的和，n 代表市场前瞻的时间长度。分母$(1+r)^{i}$是折现系数，r 为资本成本。用语言来叙述，股价公式的意思是：今天股票的价格等于预期未来经济利润的现值。

根据这一公式，导致股价涨跌的因素是什么？答案是对预期的修正。当预期向上修正时，由于更多的投资者愿意购买、更少的投资者愿意卖出，股价将会上涨。当预期向下修正时，由于更少的投资者愿意购买、更多的投资者愿意卖出，股价将会下跌。这样，当一家公司做得比预期的更好时，其股价将上涨，而当一家企业做的比预期差时，其股价将下跌。

从 20 世纪 90 年代中期至 2000 年，思科公司创造了丰厚的经济利润，这可以从其股票的价格中体现出来。思科公司 2001 年市场价值的变动反映了其实现绩效与预期绩效的关系。由于对思科公司的期望较高，公司比预期做得更好非常困难，而且短期内尽管思科公司的利润很高，但股价的涨跌无法确定。实际上，尽管思科公司的收益和利润增长快于市场整体，但从2000年3月至6月，思科的股价下跌了40%，从每股80美元的高点下跌到每股50美元。

你也许已经从公式中注意到，股价依赖于市场预测经济利润的时间长度 n 。投资者会看多远？我们可以通过将公式换一种形式，并询问为了调整股价需要多少年的企业绩效数据来确定。我们在公式的左边插入今天的股价，在右边插入预计的经济利润和资本成本，然后增加期数，直到公式两边相等[7]。

考虑一下计算机生产商 Gateway 公司的例子，Gateway 公司的股票在2001年初是每股52美元。在2001年，分析家们作出了以下估计：

销售增长率	20%
营业毛利润增长率	9%
资本成本	10%

如果税率是35%，那么我们就从 NOPAT 中减去 NOPAT 的35%。我们还要扣除企业的任何额外资本支出。我们计算每一年的数值，直到这一数值与已发行股份数的比值等于当前的股价。在 Gateway 公司的这一例子中，根据预期的增长路径，达到2001年的股价52美元需要7年的时间[8]。这说明市场需要向前展望7年以决定 Gateway 公司的股价。

通过对不同产业进行这一计算，我们发现这一时期的长短随产业的不同而不同，但通常为7年（高科技、变动很快的产业）到至少20年（由于专利和其他壁垒，新企业很难进入的产业，如药品产业）。这又一次证明了股票市场着眼于长期这一观点。

评估 Dot. com 公司

1999年，自从成立以来从未实现正会计利润的 Amazon. com 公司的股价达到113美元。Amazon 不是一个例外，许多所谓的 dot. com 公司在没有产生会计利润的情况下被高估了。没有正利润的公司如何在股市中被高估呢？有两种主要的途径。一是投资者估计或仅仅在赌公司的利润丰厚，或者是其他投资者会把股价抬高。二是公司提供有价值的期权或战略选择，这些期权使得投资者相信公司在未来的利润会很高。

期权是一种选择：它使得公司能够（enable）采取某种行动，但没有义务（obligate）采取这种行动。对企业开放的期权会或多或少地影响公司的价值。

例如，一家拥有继续开发某种特殊药品的期权的制药企业，可能比没有这种期权的企业具有更高的价值，尽管两者都没有执行这一计划。一家因特网零售商由于具有开拓其业务或转向相关商业领域的期权，其价值可能高于销售或利润显示的价值[9]。

20 世纪 90 年代网络股票的繁荣反映了投机与期权。这一点在 2000 年的 dot. com 公司和其他股票的下跌中得到证明。2000 年，有 200 家 dot. com 公司倒闭，网络股票的价格下跌了 90%。2000 年初，网络股部分的股票市场价值为 8810 亿美元；2001 年年初，市值为 2080 亿美元。为什么？怎么会有如此多的人犯下如此重大的错误？列出 dot. com 公司崩溃的原因相对来说容易一些，但本书要花费几章才能把它解释清楚。我们将在第 12 章讨论 Amazon. com 公司和其他期权问题。现在，我们能够说，这一崩溃并不是《X 档案》讲述的故事，它是基本的经济事件。

3. 4　关注经济利润的实际效果

由于股票市场价值评估与经济利润相关，那些声称他们在创造股东价值的执行官们必须关注经济利润。当经济利润被衡量并变成企业财务数据和补偿标准的一部分时，企业也许会发生改变。一种将焦点从会计利润转移到经济利润的变革会改变许多公司的行为[10]。在采用经济利润作为衡量其绩效的标准之前，桂格燕麦公司（Quaker Oats）位于伊利诺伊丹维尔市的燕麦生产厂利用大批量生产（long production runs）来生产不同大小的燕麦片以最小化停工时间和准备成本（setup cost）。这样做提高了营业利润（operating profit），但也造成了大量麦片积压在仓库中等待着慢慢运送到客户手中。然而，库存不是免费的。资金被库存占用了。因此，当公司向经理收取库存费用（即被库存占用的资金的费用）时，他转向了小批量生产，这就降低了净营业利润而增加了经济利润。

在关注经济利润之前，可口可乐公司的软饮料糖浆是利用不锈钢罐运输的。不锈钢罐可以重复利用，但问题是这些钢罐很贵，需要相当数量的资金。当可口可乐公司开始关注经济利润时，他们卖掉了不锈钢罐而换成纸制成的容器。纸制容器增加了营业成本——但低于资本成本下降的数量[11]。结果，经济利润增加了。

案例回顾
安然事件

也许这一案例揭示的最基本的经济原则是资源会流向对其估价最高的地方。安然事件后，审核企业的财务报表和其他商业信息被赋予很高的价值以确保投资者拥有良好的信息。2002 年出版的霍华德·施利特（Howard Schilit）著的《财务骗术》（第 2 版）（*Financial Shenanigans*）一书对这一方面和其他方面进行了分析。这本书指出了企业编造财务报表的方法，1993 年出版的第 1 版只有 191 页，2002 年第 2 版时增加到将近 300 页。这说明在 1993—2002 年间产生了更多的财务骗术，同时也说明对这一行为的审查活动也更多。

在安然事件中，问题并不是公司向投资者提供的信息不完全，这将导致对新法规的需求。也许它只不过是想换一种做法——这在过去和现在都很常见——当市场做得很好的时候，去寻找另一种方式。施利特说安然的做法是“罪有应得”（as bad as it gets），但他也注意到，被审计的公司的财务报告已经显示出了足够多的危险信号。例如，在其最后一份季报中，公司报告净收益超过 10 亿美元，但现金流为 -10 亿美元。施利特问道：“这难道还不够让一些人发出疑问吗?”

我们需要从投资者的角度正确评价安然公司的案例。没有什么新鲜的——似乎在每次股市繁荣时都会发生。我们将时钟拨到 20 世纪 60 年代“联合企业”（conglomerate）兴起的时代。多元化（diversification）是华尔街的一个时髦词语。历史上，高市盈率使得具有进攻性的企业可以轻松获得资金，然后再进行并购。Gulf & Western 公司、ITT 公司、Litton 工业公司、LTV 集团和 Textron 公司是投资者的最佳选择。多元化的公司采用了激进的会计方法来报告极为虚假的每股收益的增长。ITT 公司 10 年内收购了 100 多家公司，成为美国第 11 大公司。但在 20 世纪 60 年代后期市场崩溃后，研究发现，如果利用更保守一些的会计方法，ITT 公司 1964—1968 年的收益将会比它所报告的减少 40%。随着其破产，股市陷入恐慌，但在随后的 12 个月里从低点恢复了 32%。在 20 世纪 70 年代后期和 80 年代初，垃圾债券（junk bond）被创造出来，随之而来的是恶意收购（hostile takeover）和杠杆收购（leveraged buyout，LBO）。在这一时期，几乎有一半的美国公司收到了一份收购的竞价。迈克尔·米尔肯（Michael Milken）是当之无愧的垃圾债券之王，他的公司——Drexel Burnham Lambert 公司主宰着市场。1986 年，Drexel 在 150 多家公司拥有股份，那一年，米尔肯获得了

5.5 亿美元的红利，成为当时美国有史以来收入最高的个人。涉及米尔肯和 Drexel 的内幕交易丑闻曝光后，Drexel 被迫在 1990 年关门大吉，米尔肯被判 10 年监禁。但在米尔肯被判刑时，由于使用新的会计方法而导致的长达 10 余年的利润变化已经很明显，市场开始了新的上升。

似乎每发生一次会计灾难都会导致一段时期的投资者恐慌和谨慎，使得市场衰退。然后，在一两年内，市场会修复并再次好转。这一过程在资本市场确立之日起就在发生。熊市暴露了在繁荣期间积累的过剩。

那么，这些会计行为对投资者衡量企业绩效的能力意味着什么？能不能计算经济利润？显然，这些欺骗性的行为使得分析企业绩效更加困难。未报告的数字加剧了这一困难。由于担心企业毁于一旦、执行官入狱或陷入贫困，企业会尽可能避免明显的非法欺骗。这意味着需要仔细的分析，而不论企业采用何种绩效指标。经济利润对会计实践更加敏感，而且经济利润还提供了会计利润无法衡量的直接利益。还应该指出，即使忽视资产负债表外的资本，安然公司的收益仍然不能超越资本成本——其经济利润为负。

小　　结

1. 企业的目标是增加价值。我们通过销售或产出价值与投入成本（机会成本）的差额来衡量增加的价值。这被称为经济利润。
2. 尽管是一个相当简单的概念，但增值或经济利润的衡量是很困难的。资本的机会成本必须以某种形式进行衡量。实现这一目标的做法之一是利用具有可比风险（comparable risk）的企业的资本成本（可能是产业中相关企业的资本成本）。另一种方法是利用资本资产定价模型（CAPM）来估计资本成本。
3. 简单的会计指标，如资产回报、权益市场价值回报、市盈率，不能提供对经济利润的衡量。

关键词

增值　　零经济利润　　会计利润
经济利润　　正常会计利润　　股东价值
负经济利润

练　习

1. 计算下列企业的增值（单位：百万美元）：

微软公司：	
产出价值	2750
工资与薪金	400
资本成本	40
材料成本	1650
巴克莱银行：	
产出价值	5730
工资与薪金	3953
资本成本	916
材料成本	556
通用汽车：	
产出价值	50091
工资与薪金	29052
资本成本	15528
材料成本	7507

2. 以下是所列公司的标准会计信息。你能说出哪家公司最成功吗？请解释。

	波音公司	固特异公司	Liz Claiborne 公司	Circuit City 公司
销售收入	5610	423	622	1767
利润	254	26.9	56.2	31.6
销售利润率（%）	4.5	5.2	9	1.8
权益回报	10.2	13.9	15	14.5

3. a. 在计算资本成本时，你把下列企业划入哪些企业组中？

摩托罗拉（Motorola）

好时食品（Hershey Foods）

家得宝（Home Depot）

Dillard 百货店（Dillard Department Stores）

可口可乐（Coca-Cola）

b. 上述企业的资本成本如下所示。请解释这一数字的含义。

摩托罗拉	11.6
好时食品	12.8

家得宝	12.2
Dillard 百货店	10.5
可口可乐	12.0

4. 以下所列为 Abbott Labs 公司的财务数据。Abbott Labs 公司的经营如何？解释你的答案。

	1989 年	1990 年	1991 年	1992 年	1993 年	1994 年	1995 年	1996 年
销售收入（百万美元）	5380	6159	6877	7852	8408	9156	10012	11014
净收入	860	966	1089	1239	1399	1517	1689	1882
每股资产（每股账面价值）	3.08	3.30	3.77	4.00	4.48	5.04	5.58	6.15

5. 在衡量经济利润时：
   a. 你如何处理一次性事件？
   b. 你如何处理亲友提供的企业的启动资金？
   c. 你如何处理表外业务——即企业发生的但不列入其资产负债表中的费用？
6. 下面的报告在每季公司报告收益时都会出现：

   “上周埃克森公司报告的低于预期的收益对本周四将要公布的皇家荷兰/壳牌石油公司的结果投下了阴影。华尔街分析师们的共识是雪佛龙德士古公司的收益将是每股 70 美分。不过，该公司说扣除特殊项目和合并业务的费用之后，营业利润为 9.31 亿美元（每股 88 美分）。根据这一计算，该公司的收益比分析师们的预测高 18 美分。该公司报告说，其炼油、营销和运输业务收益比去年同期减少 1.54 亿美元，这一部门的利润降到自 20 世纪 90 年代中期以来的最低点。雪佛龙公司股票昨天在纽约证券交易所报收于 85.90 美元，上涨 90 美分。”

   a. 为什么股票市场对收益报告有反应？
   b. 收益报告说明了什么？
7. Global X 公司正在考虑购买一台价值 30 万美元的新机器，使用期为 5 年。这台设备预计会在第一年降低 Global X 公司的成本 5 万美元，第二年降低 6 万美元，第三年降低 7 万美元，第四年和第五年分别降低 8 万美元。购买这台设备会增加价值吗？
8. 你刚被聘为顾问协助一家公司决定如何在三种增加股东财富的方式中作出选择。下表显示出了每一种选择的年终利润。假设无风险资本成本为 5%，风险溢价为 8%。

选　择	第一年利润（美元）	第二年利润（美元）	第三年利润（美元）
A	70000	80000	90000
B	50000	90000	100000
C	30000	100000	115000

a. 计算每种选择的经济利润。

b. 假设利润是收益的 10%，发行在外的股票为 10 万股，每种选择的每股收益是多少？

9. 我们经常说自由现金流就是经济利润。为自由现金流下定义。证明它到底是不是经济利润。

10. 利用文中给出的股价决定公式，解释为什么股价的涨跌受季度收益报告的影响。

11. 利用下列资产负债表和利润表提供的信息，计算会计利润和经济利润。

资产负债表	2001 年 1 月
现金	57
净应收账款	547
库存	3364
其他流动资产	332
总流动资产	4300
净固定资产	9622
其他非流动资产	2156
总资产	16078
应付账款	2163
短期债务	82
其他流动负债	1150
总流动负债	3395
长期债务	5942
其他非流动负债	931
总负债	10384
总权益	5694
发行在外股份（百万）	405
利润表	
收入	36762
销货成本	25335
毛利	11427
毛利率	31.1%

一般管理费用	8740
折旧与摊销	1001
运营收入	1686
非营运支出	385
税前收入	1274
所得税	509
税后净收入	765

12. 利用下列数据计算第 1 年的经济利润。

年　份	0	1
销售收入		1000
除利息外的支出		500
折旧		200
息税前利润（EBIT）		300
EBIT 的税款@40%		120
息前税后利润（EBIAT）		180
流动资产减超额现金和证券	300	340
无息流动负债	100	120
调整后净营运资本	200	220
总资产、厂房和设备	2000	2300
累积折旧	1000	1200
净资产、厂房和设备	1000	1100
投入资本	1200	1320
投入资本收益率（EBIAT/投资资本）		15%

基于上一年的投入资本。

13. 利用下列数据计算加权平均资本成本（WACC）：

债务的市场价值 = 3000 万美元

权益的市场价值 = 5000 万美元

债务成本 = 9%

税率 = 40%

权益成本 = 15%

本章注释

[1] 除非政府支持这一企业。

[2] 1996 年 12 月。

[3] Bradford Cornell, *The Equity Risk Premium: The Long-Run Future of the Stock Market* (New York: John Wiley & Sons), July 1999.

[4] 许多分析者认为注意力应该集中到自由现金流上，因为自由现金流是企业已经获得的，用以支付利息、偿还债务本金、支付红利和回购股份的现金，换句话说就是向资本提供者返还现金。自由现金流的计算如下：

NOPAT

+折旧和摊销

-资本支出

-营运资本要求的变化

=自由现金流

从计算中可以看出，自由现金流实际上与经济利润没有区别。它只不过是计算经济利润的另一种方式。在计算自由现金流时，资本支出加上营运资本要求的变化与从 NOPAT 中减去资本成本获得经济利润是一样的。

投入资本=超额现金+要求的营运资本+固定投资

要求的营运资本=必须用于为库存和应收账款融资的资金+营运现金总量-应付账款、应计费用和客户预付款

因此：

投入资本=总资产-无息短期负债

也就是：

投入资本=短期债务+长期债务+其他长期负债+股东权益

[5] 一些研究已经对经济利润［由经济附加值（Economic Value Added, EVA）衡量］和股价表现的关系进行了分析。一项研究针对 1987—1993 年间 241 家企业进行了跟踪，发现三个会计指标——资产收益率、权益收益率和销售收益率——与 EVA 一样与股票收益有关。然而，研究发现 EVA 与股价的关系比其他指标更密切。或许经济利润的重要性更具启发性的一点是：管理者的更替与 EVA 的关系比与财务指标的关系更大，这提示管理者更多地关注经济利润而不是会计利润会更好一些。Kenneth Lehn, and Anil K. Makhija, "EVA & MVA as Performance Measures," *Strategy and Leadership* 24, no. 3 (May 1996): 34.

[6] 许多管理者都声称由于受到季度报告的压力而忽视长期盈利，只关注短期的结果。Bell & Howell 公司的 CEO 说："美国一般机构的领导人年更替率为 50%，小型机构超过 200%，因此，美国企业比国外竞争对手更不稳定也就不足为奇了。短期结果的压力在通向良好管理之路上设置了不必要的障碍。"另一位 CEO 说："我唯一的压力就是短期压力。我宣布我们将在阿拉巴马州考特兰投资 5 亿美元翻修一家工厂，我的股票价格下降了两个点。因此我不得不投降，宣布回购部分股票，但没有用处。" Stewart Ⅲ, G. B., *The Quest for Value* (New York; HarperCollins, 1991), p. 56. 迈克尔·波特的一项研究指出，过度关注短期结果抑制了投资，破坏了美国的竞争力，这一问题在 20 世纪 70 年代和 80 年代机构的接管高涨时更加恶化。波特谴责了无耐心的美国投资者，并赞扬

了有耐心的德国和日本投资者。Michael Porter, *Capital Choices* (Cambridge, Mass.: Harvard Business School Press, 1992); and "Capital Choices: Changing the Way America Invests in Industry," *Journal of Applied Corporate Finance*, vol. 5, no. 2, 1992.

[7] 阿尔弗雷德·拉帕波特(Alfred Rappaport)和迈克尔·毛波辛(Michael J. Mauboussin)建议投资者利用这一方法选择股票进行投资。*Expectations Investing* (Cambridge, Mass.: Harvard Business School Press, 2002).

[8] 对于其他公司的详细计算,参见注释 7 中文献第 74 页。

[9] 期权将在第 12 章详细讨论。

[10] 经济利润非常重要,这一认识使得管理咨询的生意兴隆。受到高额顾问费的激励,顾问们纷纷帮助企业建立全新的以价值为基础的绩效衡量指标,以替代旧的指标,如每股收益、权益收益等等。这一领域的领先公司斯腾斯特公司(Stern-Stewart)推广其经济增加值(EVA)。这一领域的另一家重要的公司是波士顿咨询集团,其专家将投资现金流收益(CFROI)和他们所谓的总营业收入(total business return)联系起来。麦肯锡公司使用经济利润(economic profit)这一术语,而 LEK/Alcar 集团则推广股东增加值(shareholder value added, SVA)。咨询公司多如牛毛。这一领域实在太拥挤了,各个企业提供的管理工具或指标大同小异。即使在某种程度上存在差别,但所有这些指标都试图提供对经济利润的衡量。

[11] 这些例子引自 Al Ehrbar, *EVA: The Real Key to Creating Wealth* (New York: John Wiley & Sons, 1999), p. 141.

第 3 章附录：

计算经济利润

用最简单的方式来描述，经济利润与个人净值的概念很相似。下表的左边是个人净值的定义，右边是相应的经济利润的定义。

个　人	企　业
工资	收入
减	减
非财务支出（食品、衣服、电器、保险等）	运营支出（销货成本、管理费用等）
税	税
息前收益	NOPAT
减	减
有利息的贷款	资本支出
等于	等于
净值的变化	经济利润

经济利润可以通过标准的资产负债表和利润表计算。

销售收入	11645	
减		
销售成本		7037
等于		
营业收入		4608
加		
利息收入		65
等于		
税前收入		4673
减		

（续表）

所得税	665
等于	
税后净收入或 NOPAT	4008
减	
资本支出（平均 IC × 资本成本）	4010. 14
投入资本(IC) = 总负债和股东权益	32870
加权资本平均成本	12. 2%
等于	
经济利润	-2. 14

经济利润的计算可以利用几种直观的方式进行。首先，收入或资本成本中没有复杂的因素。其次，它不包括有些分析者认为是必须的会计调整——延期的税务支出、无形资产的摊销、应计坏账、一次性注销（one-time writeoffs）、重组费用（restructuring charges）。许多分析者宣称，这些调整是必须的，因为它们是企业必不可少的一部分，指出了企业在未来取得成功的战略。其他人反对这些调整，宣称它们是被操纵的，并不能真实地反映未来企业的表现。

请记住，我们真正要衡量的是企业总体的增加值：售出产品的总价值减去使用的所有资源的全部机会成本。哪些因素应该包括在内，哪些不应该包括在内，取决于与产出价值和所有资源的全部机会成本相关的要求。

3A. 1　资本成本[1]

为计算企业的资本成本，我们必须估计权益资本成本并把它加到债务资本的利息支出中。权益资本成本通常通过资本资产定价模型（CAPM）进行计算，这一模型清楚地说明了期望的资产回报与相关资产的风险间的关系。期望回报是投资者要求的回报，即资本的机会成本。CAPM 是将风险与回报联系起来的简单模型。令 R^i 表示资产的回报，R^f 表示无风险资产的回报，R^m 表示整个资产市场的回报。CAPM 说明某一资产的期望回报等于无风险的利率加上 β 与市场风险的乘积：

$$E[R^i] = R^f + \beta^i(E[R^m] - R^f)$$

其中 E 代表预期。

证券的 beta 值（计为β^i）是对证券风险 i 的相关度量。beta 值是证券回报与市场回报的协方差，再除以市场回报的方差。换句话说，beta 值衡量一家公司的股票与整个市场相比的波动性。如果一家公司的 beta 值恰好等于 1，则公司和市场本身具有相同的风险。如果一家公司的 beta 值大于 1，当市场上升时，其股票价格上涨幅度更大；当市场下跌时，其股票价格的下跌幅度更深。当公司的 beta 值小于 1 时，情况正好反过来，即当市场上升时，其股票价格也可能上升，但涨幅低于市场的涨幅；当市场下跌时，其股票价格也可能下跌，但跌幅小于市场的跌幅。beta 值低的企业对市场的变化不敏感。

beta 值代表个别股票与整个市场股票月度回报的关系，它衡量了个别股票与整个市场的波动性。如果 beta 值等于 1，则股票的波动性与整个市场相同。如果 beta 值大于 1，则股票的波动性比整个市场的波动性更大——投资者会要求更高的溢价才会持有波动性大于整个市场的股票。英特尔公司 2000 年的 beta 值为 1，这意味着在那一时期，整个市场与英特尔的股票以相同的比率涨跌。

为了利用 CAPM 衡量公司的权益成本，我们必须对市场的 beta 值、无风险利率和预期市场溢价 $E[R^m - R^f]$ 进行估计。

估计公司 beta 值的方法有几种，最简单的一种是从已经公开发布的资源中寻找。这些资源包括《Value Line 投资调查》（Value Line Investment Survey）、雅虎财经（Yahoo! Finance）和 Hoovers（美国知名的新股上市网站 Hoovers. com）。另一种方法是你自己估计 beta 值。最常用的方法是利用普通最小二乘法回归分析（ordinary least squares regression），将公司的回报作为因变量，市场的回报作为自变量。回归的斜率就是对 beta 值的估计。

为了评估回归方程，你要做的第一件事是选择一个市场回报的指标。有三个理论建议：（1）市场投资组合应该包含尽可能多的证券；（2）证券的回报应该包括所有红利支付和价格变化；（3）市场投资组合中的证券的权重不应相同，而应该采用市值加权指数（market-value-weighted index）。像道琼斯之类的指数无法满足上面的三个要求，标准普尔指数也好不到哪里去，但它包括了更多的股票。许多学术研究者利用芝加哥证券价格研究中心（Chicago Center for Research in Security Prices，CRSP）的价值加权指数（value-weighted index），这一指数包含了红利，并包含了纽约股票交易所的所有公司。

大多数计算都是将美国政府长期债券利率（如 10 年期国债）作为无风险的替代品，并将风险溢价设定为 4% ~6.5%。无风险替代品和风险溢价的选择会在很大程度上影响资本成本的计算。作出这一选择不可能没有争议。最近人们认为，经济的重要改变使得股市的风险降低，而且美国政府债券也不是完全无风险的——需要针对所谓的系统风险对这一比率进行一些调整[2]。

利用不同的时期和不同的数据，人们计算出了多种 beta 值。Hoover 提供了它所报告的每个企业的 60 个月的 beta 值，并利用标准普尔 500 指数作为其对市场的衡量。Value Line 提供了它报告的企业的短期 beta 值，但基于比标准普尔更多的股票。每一家经纪行都提供对 beta 值的某种衡量。在使用一个 beta 值时，要保证时期一致，并且对市场的衡量要恰当。

有了 beta 值后，企业的权益资本成本就可以利用 beta 值乘以风险溢价然后加上无风险利率得到：

$$无风险利率 + \beta(风险溢价)$$

给定一个 beta 估计值、一个无风险溢价，你就可以利用资本资产定价模型计算资本成本。假设我们要对上面的公司计算其经济利润：

$$beta = 1.2$$
$$无风险利率 = 5\%$$
$$风险溢价 = 6\%$$

这意味着资本成本为：

$$5 + 1.2 \times 6 = 12.2\ (\%)$$

应用于全部资本，资本支出（平均投入资本 × 资本成本）为 32870 × 0.122 = 4010.14。经济利润为 NOPAT 减去资本支出。

由于税后净营业利润（NOPAT）是 4005，所以经济利润为：

$$4005 - 4010.14 = -5.14$$

练　　习

1. 有如下一些企业的 beta 值。计算每个企业的资本成本。

英特尔	1
通用电气	1.26
IBM	1.2
默克	1.4
通用汽车	1.1

2. 你正在分析惠普公司的 beta 值，并已经将这一企业分为 4 个商业组，每个部分都有相应的权益价值和 beta 值。计算惠普公司的总体 beta 值。如果国债的利率是 7.5%，计算资本成本。

商业组	权益（10 亿美元）	Beta 值
大型机	2	1.1
个人计算机	2	1.5
软件	1	2.0
打印机	3	1.0

3. 用美国政府长期利率和短期利率作为你的无风险利率对计算资本成本有影响吗？在什么情况下你会选择长期利率？在什么情况下选择短期利率？

本章附录注释

[1] Ibbotson. com 提供收费的资本成本估计。beta 值可以从很多来源获得，有一些是免费的，有一些则收取少量费用，如 Value Line、标准普尔、Barra. com 和 Yahoo！Finance。市场风险溢价的估计可以从经纪行如 Alcar. com 获得。

[2] 关于资本成本估计的讨论包含在 Shannon P. Pratt：*Cost of Capital：Estimation and Applications*（New York：John Wiley & Sons，1998）。估价技术网站 http：//www. valtechs. com/r3. shtml 提供了对资本成本的定义、讨论和计算。我们可以通过 http：//www. ibbotson. com/Default. asp 中的“cost of capital”部分获得资本成本的数据和信息。

2

PART 2

寻求竞争优势

资源所有者希望利用其资源时获得最大回报。这包括资本所有者和上市公司的股东，他们向预期能获得最高经济利润的领域投资。企业如何获得正的经济利润？它必须提供消费者愿意且能够购买的商品，而且要以最有效率的方式进行生产。企业只有通过做其他企业没有做的事（即创建竞争优势）才能获得经济利润。在这一部分，我们开始学习企业获得竞争优势的战略。

第 4 章研究了消费者以及企业要了解消费者的哪些方面。第 5 章讨论做生意的成本问题。成本并不只是在资产负债表或利润表上直接反映出来的支出，还包括没有执行的期权（options not undertaken）、放弃的战略（strategies forgone）以及本来不应该采取的行动。一家企业应该尽可能有效率地运行，以尽可能低的价格生产消费者需要并愿意购买的产品。一家没有效率的企业不可能在竞争中长久地生存下去。因此，企业必须考虑所有的机会，必须保证它作出的选择比它可选而未选的选择更好。

在第 6 章中，我们分析利润最大化。我们看一看管理人员决定以何种价格出售多少产品的步骤。有趣的是，不论企业所处的销售环境如何，它都会遵循利润最大化原则。但除了这些基本原则外，企业最大化利润的战略视其竞争对手的多少而有很大不同。

CHAPTER

4 需求

案例：理解消费者

典型的超级市场在任何时候都有3万种商品在出售。超市的经理不仅必须确定持有哪些商品的组合，还要确定把它们存放在哪里，以及在某一时间以何种价格出售。典型的做法是以产品的成本为基础制定价格，在成本改变以前，价格就保持不变。一家典型的宾馆必须维持76%的入住率才能实现盈亏平衡。宾馆的经理必须确定对每个房间收取的价格，要根据顾客住宿时间长短、人数的多少、是否需要提供其他服务等制定价格。制定每个房间的系列价格的常规步骤是依据顾客是不是常客、住宿时间是否超过一晚、出差还是旅游等，但通常报一个最高的价格然后等待顾客索要某种折扣。一家电话服务提供商每年会接到700万个查询服务与价格的电话。公司的代表经常需要查询消费者的付账记录和一长串产品或服务清单，以试图向消费者销售其产品，但他们并不确定消费者对这些产品中的哪一种感兴趣。

这些例子只是企业面对消费者时遇到的问题中的一小部分，公司似乎不太了解其消费者。例如，公司经常根据几个销售人员或产品经理的道听途说制定价格。就连梅塞德斯—奔驰公司在德国市场上推出其顶级车时，价格也定在29500德国马克，因为他们相信3万德国马克在人们心里是一个很重要的价格界线。咨询人员指出，价格对于底线具有极大的影响，大大超过了产量或削减固定成本与可变成本的影响。

假设产量保持不变，价格上涨1%，营业利润会增加8%～11%。这是否意味着大部分企业应该提高价格？这些企业是否在桌子上留下了钱——即它们由于没有更好地理解消费者而没能使收益最大化？

4.1 理解你的消费者

有很多关于企业不了解其消费者而付出代价的故事，令人惊讶的是，今天大多数企业仍然不了解其消费者。消费者的口味是什么？消费者在什么价位上会购买产品，他们愿意支付的价格有多高？有多少消费者会购买这一产品？消费者会从老企业中购买产品吗，或者他们忠诚于某一企业或产品吗？企业需要将资源分配到广告、促销、包装或定价上吗？要回答这些问题，我们要理解需求。理解需求的第一步是理解弹性（elasticity）。

4.2 弹　性

关于价格弹性的说明请见
http://www.toolkit.cch.com/Text/P03_5230.asp

对于经理来说，知道公司的消费者是否对价格敏感或是否愿意支付更高一点的价格来购买公司的产品是极其重要的。拜耳、可口可乐、柯达、施乐、IBM和微软公司都是知名的品牌。这些公司的产品价格一般来说都高于不太知名的企业的产品价格。这是由于与普通产品相比，人们更喜欢使用名牌产品。品牌产品的价格能够比其竞争对手的高出多少？答案依赖于消费者对价格的敏感程度。

对于经理来说，知道是否存在需要用不同的方式去吸引的消费者细分，以及哪些细分为他们带来了最大的收入，也是很重要的。另外，经理必须确定能否通过个性化产品——为每个消费者或消费者细分市场确定产品的摆放（placement）、包装和价格，以获得收益。

了解这些因素就是了解消费者。经济学家已经设计出了衡量消费者根据企业的产品或服务的不同属性而改变购买行为的指标。这些指标被称为弹性。弹性是通过产品或服务的某一属性改变一个固定的百分比而导致的购买量变化衡量的。用百分比的形式表示弹性是为了把所有的商品和服务放置于同一基础之上。例如，比较汉堡包价格的1美元变化与汽车价格1美元的变化没有什么意义，但比较汉堡包价格发生10%的变化与汽车价格发生10%的变化却是有意义的。让我们来看一看最经常使用的弹性指标。

需求的价格弹性

需求的价格弹性（price elasticity of demand）是衡量当产品的价格发生变化时消费者改变购买量的一个指标。需求的价格弹性越大，消费者对价格变化的反应也越大——即当价格发生变化时他们对该产品的购买量的变化越大。相反，需求的价格弹性越小，消费者对价格变化的反应也越小。

需求的价格弹性是需求数量的百分比变化与产品价格百分比变化的比值[1]。

全球星加拿大公司（Globastar Canada）是一家在加拿大提供卫星无线通信服务的公司。当公司试图收取每分钟 1.5 美元的费用而其他公司每分钟收取 0.8 美元的费用时，公司发现消费者对价格是敏感的。消费者纷纷转向费用较低的公司，导致全球星加拿大公司几乎破产。如果每分钟通话的价格上涨 1%，打电话的次数下降 3%，则电话需求的价格弹性为 3。[2]

$$e^d = 3\%/1\% = 3$$

需求可以**有弹性**（elastic）、**单位弹性**（unit-elastic），或者**无弹性**（inelastic）。当需求的价格弹性大于 1 时，我们就说需求是有弹性的。例如，如果录像带租赁的需求价格弹性是 $e^d = 3$，则是有弹性的。当需求的价格弹性等于 1 时，则需求被称为具有单位弹性。例如，如果私人教育的价格上涨 1%，私人教育的需求量下降 1%，则需求的价格弹性等于 1。当需求的价格弹性小于 1 时，我们说需求无弹性。在这种情况下，价格上涨 1%，需求量的下降小于 1%。例如，如果汽油的价格上涨 1%，而汽油的购买量降低 0.2%，则需求的价格弹性为 0.2。

需求曲线的形状依赖于需求的价格弹性。完全弹性的需求曲线是一条水平线，表示消费者可以在单一主导价格下购买他们想要的任何数量，如图4.1（a）所示。完全弹性需求的一个例子可能是计算机中的磁盘驱动器。生产磁盘驱动器的厂商很多，计算机生产商并不关心自己的机器里面安装了谁的磁盘驱动器，消费者也不知道自己的磁盘驱动器是谁生产的。因此，当一个品牌的磁盘驱动器价格上涨时，计算机生产商将转向另一个品牌。一个完全弹性的需求意味着即使价格发生最小的变化，也会导致消费者以极大的数量改变其消费，事实上，他们会全部转向价格最低的生产商。

完全无弹性需求曲线是一条垂直的线，表明消费者在价格发生变化时不能或不愿意改变他们购买一种商品的数量。也许瘾君子对海洛因的需求就是一个商品的需求完全无弹性的合理、形象的例子。瘾君子愿意支付任何价格来购买能够满足其烟瘾的海洛因。图 4.1（b）显示了完全无弹性的需求曲线。

在两个极端之间是大多数商品的需求曲线。图 4.1（c）中画出了两条需求曲线。一条比较平缓（D_2），另一条较陡峭（D_1），D_2 比 D_1 更富有价格弹性[3]。

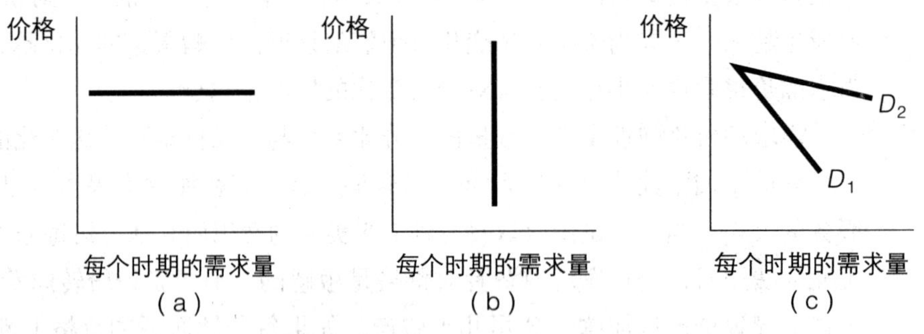

图 4.1　需求曲线

（a）完全弹性需求：需求对价格非常敏感，只要价格发生极小的变化，就会导致需求数量完全的变化。（b）完全无弹性需求：不论价格如何变化，需求量保持不变。需求完全对价格的变化不敏感。（c）选择性的需求曲线：D_1 和 D_2 代表向下倾斜的需求曲线。D_2 比 D_1 具有更大的弹性，因为 D_2 在每一价格下的需求弹性都比 D_1 大。

价格弹性与收入

为什么需求的价格弹性对经理人很重要？因为需求的价格弹性与总收入间的关系非常密切。总收入（以 TR 表示）等于产品价格乘以销售量：$TR = P \times Q$。如果 P 上涨 10% 而 Q 下降超过 10%，则总收入会由于价格的上涨而下降。如果 P 上涨 10% 而 Q 下降小于 10%，则总收入会由于价格的上涨而增加。如果 P 上涨 10% 而 Q 下降 10%，则总需求不随价格的变化而变化[4]。因此，如果需求无弹性，则价格上涨会导致收入增加；如果需求有弹性，则价格上涨会导致收入下降；如果需求是单位弹性的，则价格变化不会引起收入的变化。如果需求有弹性，则企业为了增加总收入会降低价格；如果需求无弹性，则企业为了增加收入会提高价格。

一些企业以收益管理的形式关注价格弹性，如
http://www.khimetrics.com
http://www.revenuemanagement.com/whatisrm.htm

是什么原因使得一种产品的需求有价格弹性而另一种产品的需求无价格弹性？这依赖于有多少替代品（substitutes）、这一商品有多贵以及我们讨论的时期有多长。对 Amazon.com 和 BN.com 提供的服务的需求具有很强的价格弹性。能够转向其他产品而不会丧失最初商品的质量或其

他品质的消费者对价格的敏感性很高，他们的需求非常有弹性。同样，Amadeus 石油公司正在西澳大利亚的佩斯建造一座生物柴油提炼厂，可以把家畜饲养业的副产品——低价值的动物脂肪转化成高质量的柴油燃料，直接替代从石油中提炼出的柴油。一旦投入运营，柴油的需求价格弹性将极大地提高。相比之下，当一种产品的替代品很少时，其需求的价格弹性就很低。毒品上瘾的人很难找到替代品满足他们的毒瘾；商务旅行者对他们的旅行航线和次数也无法找到很多替代品。结果，对这些商品的需求相对来说是无弹性的。

需求弹性对于商业战略来说非常重要。例如，你会说对某一种媒体——报纸、期刊或电视——的需求是有价格弹性的吗？如果消费者将这些媒体视为相近的替代品，那么对它们的需求将具有价格弹性，其中任何一种媒体的价格上涨将使得消费者转向其他媒体而导致收入降低。在加拿大，竞争局（Competition Bureau）于 2002 年对是否允许 Astral Media 公司收购由 Telemedia Radio 公司拥有的电台进行了讨论。竞争局裁决，媒体不能相互替代，因此收购不能进行。竞争局担心 Astral 公司有能力在不损失很多销售的情况下大幅提高价格。

在大多数情况下，经理人会希望对其公司产品的需求无价格弹性。当对一种产品的需求无价格弹性时，公司可以在不失去大量业务的情况下提高价格。正是基于这一原因，企业都试图建立品牌名称和消费者忠诚度。提高品牌名称的认知度和对品牌的忠诚度意味着相近的替代品更少。正是由于品牌名称的认知度较高，可口可乐的价格才能比 Safeway 可乐的价格高，拜耳公司的阿司匹林才能比 Walgreen 公司的阿司匹林的定价高。由于购买一辆新车和到国外度假都非常昂贵，其价格的微小变化都会拿走一个家庭很大一部分收入。结果，价格上涨 1% 将导致许多家庭推迟购买新车或度假。另一方面，咖啡只占一个家庭一周总支出的很小一部分，因此咖啡价格大幅上涨对其购买量的影响很小。一种产品在家庭预算中所占的比重越大，对它的需求的价格弹性就越大。这通常意味着一个物品越贵，对它的需求似乎就越具有价格弹性。

衡量价格弹性的时期长短也很重要。如果我们指的是一个很短的时期，那么大多数商品和服务相对来说都是无价格弹性的。在更长的时期中，会有更多的替代品。例如，在 1 个月内对汽油的需求价格弹性很低，在这么短的时期内找不到好的替代品。然而，在 10 年中，对汽油需求的弹性就会大得多。多出来的时间使消费者有机会改变其行为以更好地利用汽油，并找出汽油的替代品。考虑的时期越长，对任何产品的需求弹性就越大。

4.3 其他需求弹性

由于需求不仅仅受价格的影响，还受其他因素的影响，所以还有一些弹性指标来衡量当其他因素中的一个发生变化时对需求产生的影响。我们可以计算需求的收入弹性（income elasticity of demand）、需求的交叉价格弹性（cross-price elasticity of demand）、广告弹性、促销弹性等等。正如我们将要看到的，这些指标中的每一个对于经理来说都非常有用。

需求的收入弹性

加拿大的经济数据请见
http://www.statcan.ca/english/Pgdb/

欲获取全球经济数据请访问
http://rfe.wustl.edu/Data/World/

1929—2002 年美国经济的总产出（实际国内生产总值，RGDP）如图 4.2 所示。你在这张图中观察到了什么？它显示了美国经济的两个重要特征。一个是美国经济多年来一直在增长；另一个是增长是不稳定的。在有些时期经济快速增长，在有些时期则增长缓慢，有些时期甚至下降。经济学家对这两个特征进行了研究。他们希望知道为什么经济会增长，以及为什么在某些时期增长较快，而某些时期增长缓慢。他们还研究了通货膨胀，希望搞清楚衰退与高涨的原因。

剔除增长而只留下商业周期，结果如图 4.3 所示。实际上，图 4.3 是美国商业周期图。商业周期对于绝大多数企业来说都很重要。在经济活动高涨时期，收入增长，很多产品的销售增加。在低迷时期，收入无法增长，而很多产品的销售可能下降。但也有一些企业在低迷时期的销售增长，还有一些企业在高涨时期销售下降。对其他企业来说，销售不依赖于商业周期。

当经济景气、收入增加时，专门从事厨房设计、橱柜、厨房用具的 Goldstar 厨房设计公司的经营就非常好。对新橱柜和厨房用具的需求增长远远超过收入的增长。问题在于，当经济陷入衰退时，Goldstar 公司就会陷入困境。价格是 Goldstar 公司考虑的一个因素，但价格对其业务的影响不如收入的影响大。Goldstar 必须知道当收入变化时需求会发生什么变化。相比之下，澳大利亚生产冲浪和其他休闲服装的 Billabong 公司的销售似乎对收入增长不敏感。该公司在日本的销售很好，而当时日本的经济正处于衰退之中。经理希望知道收入水平或国民收入增长率是否对其公司的销售有影响。**需求的收入弹性**（income elasticity of demand）这一指标会告诉经理销售对收入变化的敏感程度。需求的收入弹

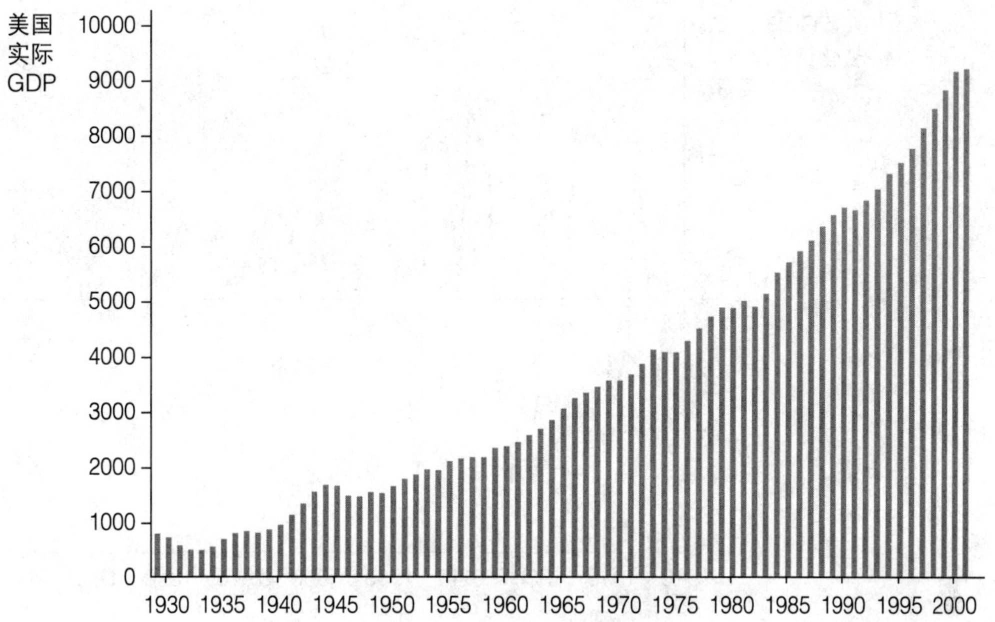

图 4.2　经济增长与商业周期

本图描绘了美国经济每年的真实产出或 GDP。该图指出两个问题：总产出在多年来持续增长，而增长并不稳定。

经济数据可以在以下网站获得
www.economagic.com

性是一个衡量消费者购买对收入变化的反应的指标，它被定义为需求变化百分比除以收入变化的百分比，而其他条件不变[5]。

当谈到收入弹性时，我们不说需求有弹性或无弹性，而是说某些物品是奢侈品或劣等品，或者说某商品是周期性商品或反周期性商品。奢侈品（luxury goods）是收入弹性很高的商品——其值远远大于 1.0。高收入弹性值告诉我们，收入增加 1% 将导致大于 1% 的需求增长。高收入弹性意味着在经济增长和收入增加时，销售就会增长。但是如果经济下滑和/或收入下降，销售就会下降。正常品（normal goods）的收入弹性为正但可能小于 1.0 或接近于 1.0。旅馆的客户是正常品——收入增加，入住率也增加；收入下降，入住率也下降。这些商品也被称为**周期性商品**（cyclical goods），因为其销售在商业周期（收入水平）的各个阶段各不相同。劣等品（inferior goods）的收入弹性为负，意味着当收入增加时，需求下降。破产服务就是一种劣等品——当收入下降时破产服务的销售增加，而当收入增加时它的销售下降。这些商品还被称为**反周期性商品**（countercyclical goods），因为当经济处于上升阶段（收入增加）时，其需求减

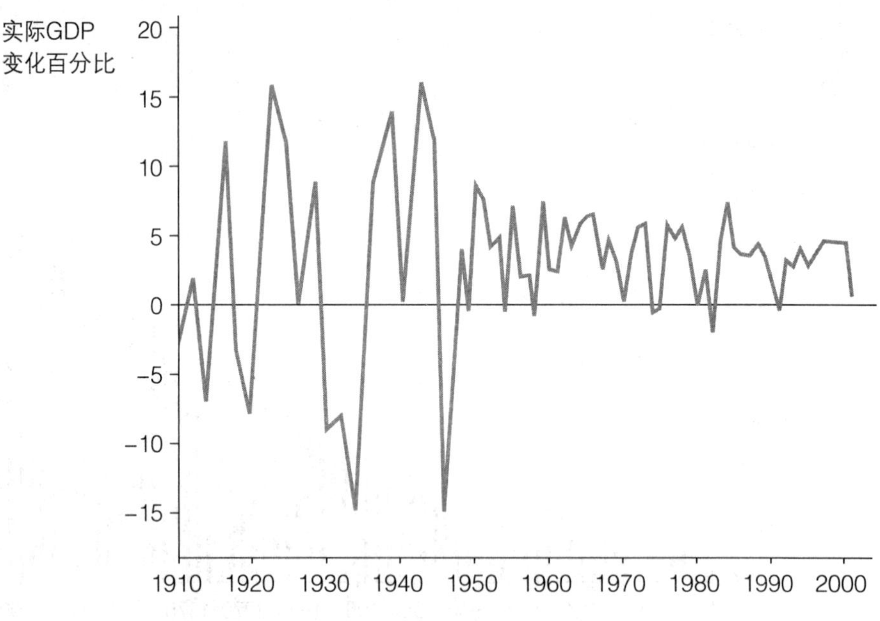

图 4.3 经济周期

将图 4.2 中的增长部分去掉，只留下周期性。

少，而当经济处于衰退阶段时，其需求增加。Billabong 公司的服装似乎是无周期的，甚至在收入没有增加时其需求也会上升，至少在 2001 年和 2002 年是这样的。这可能是由于 Billabong 公司处在潮流的中心，全世界的年轻人都想加入 Billabong 公司的革命中，或者可能由于 Billabong 进入了一些新市场，因而 2001 年公司在澳大利亚或北美的收入没有增长的情况下实现了发展。

交叉价格弹性

在配备了最强大的微处理器的计算机上，最新的 Windows 操作系统才能充分发挥其效能。操作系统和微处理器是互补品（complement）。一种产品或服务的互补品是使这种产品或服务更具吸引力的商品或服务。热狗和芥末、汽车和汽车贷款、电视和录像机、电视节目和《电视指南》都是互补的例子。加拿大快餐包装系统生产商 Liqui-Box 公司与生产食品的杜邦加拿大公司就是互补的。当对食品的需求上升时，对包装系统的需求也上升。

生产互补品的企业被称为互补者（complementor）。杜邦加拿大公司和 Liqui-Box 公司就是互补者。微软和英特尔是互补者。当英特尔公司开发出一种更快的芯片时，微软会从中受益；而微软开发出新的软件时，英特尔也会从中获利。除非消费者感到了升级的必要，他们不会继续购买新的英特尔芯片。由于这个原因，英特尔找到了一些其他的互补者如 ProShare 公司和当地的电话公司，以增加对视频应用的需求，扩展其微处理器芯片的应用范围。

1913 年，通用汽车、哈德逊公司（Hudson，1908 年开始生产汽车，1954 年并入美国汽车公司）、Pacrard 公司、威利斯—奥夫兰德公司（Willys-Overland，成立于 1912 年的汽车公司）、联合固特异轮胎公司与 Prest-O-Lite 车用灯具公司，组建了林肯高速公路协会，修建美国第一条由大西洋海岸至太平洋海岸的高速公路[6]。公路与汽车是很好的互补品，因此汽车销量大增，这反过来又增加了对道路的需求。1916 年，联邦政府第一次开始投资修建公路，到 1922 年，第一批 5 条横贯大陆的高速公路竣工。

互补品与替代品是商业中的重要方面。企业会寻找互补者而远离替代者。一家企业不希望自己的产品有大量的替代品。替代品越多，需求的价格弹性越大。

需求的交叉价格弹性衡量产品和服务是互补品还是替代品。相近的替代品相互都具有很高的正交叉价格弹性。当一种产品（比如说 Trek 牌自行车）的价格上涨，对其他自行车（如 Specialized 牌自行车）的需求量就会上升。如果两种品牌的自行车被大多数消费者认为是相同的，那么一种品牌的价格发生微小的变化会极大地影响另一个品牌的需求量。互补品具有负的交叉价格弹性。如果电影票的价格上涨，爆米花的消费量就会下降。电影和爆米花是同时消费的——它们是互补品。如果交叉价格弹性接近 0，则这些商品的相关性不大——实际上它们既不是替代品也不是互补品。

交叉价格弹性被定义为一种商品需求变化的百分比除以另一种相关商品价格变化的百分比[7]。

如果一家企业生产的产品与其他产品具有很高的正交叉价格弹性，那么它必须清楚相关企业在干什么。一种改变需求的战略会显著地影响相关企业。联合百货公司（Federated Department Stores）使用的价值定价法（value pricing）和每日低价策略影响了其他的百货店和专业商店。竞争对手需要快速响应，否则就会受到联合百货改变需求战略的挤压。然而，即使可口可乐的价格上涨，对煤炭、石油和其他能源的需求也不大可能改变。这些产品不是替代品。位于加拿大安大略的 Genesis 微芯片公司涉足微芯片领域仅仅几年的时间。作为一家相对较小的公司，它不得不时刻对英特尔这样的大公司保持警惕。英特尔产品的价格下降会极大地影响对 Genesis 公司产品的需求。

对任何影响需求的因素都可以计算弹性指标。例如，企业希望得到广告支出对需求的影响或销售人员如何影响需求之类的信息是很正常的，对这些弹性的计算与价格弹性、收入弹性和交叉价格弹性的计算类似。

弹性估计

针对美国主要企业进行的市场战略对利润的影响（profit impact of market strategies，PIMS）调查获得了大约1500个商业单位的年度支出与绩效数据。利用这些数据，可以计算出需求的价格弹性以及需求与广告、促销和销售人员的弹性[8]。需求对广告的弹性是对媒体的支出增加1%导致的销售量增加的百分比。需求对促销的弹性是促销费用增加1%导致的销售量增加的百分比。需求对销售人员的弹性是对销售人员的支出增加1%导致的销售量增加的百分比。平均估计值为：

价格弹性	0.985
广告弹性	0.003
促销弹性	0.008
销售人员弹性	0.304

这些弹性意味着什么？需求的价格弹性为0.985意味着，在研究中考察的价格范围内，价格变化1%将只导致小于1%的销售下降。

广告弹性与广告支出对销售的影响有关。广告支出增加1%只会增加0.03%的销售。这是否意味着公司对广告的支出太多了？不。这一低弹性只衡量了广告支出增加1%对销售的影响，并没有涉及广告费用。同样，促销支出增加1%将产生0.08%的销售增长。这是否意味着资源应该从广告转向促销？不，所有的数字都只是告诉我们广告支出或促销支出增加1%对销售的影响。我们并不知道广告或促销的支出总额。也许花在促销上的钱比花在广告上的钱多得多。例如，假设在促销上花费了1亿美元而在广告上只花费了100万美元。这样，促销支出增加1%就是100万美元，而广告支出增加1%是1万美元。在这种情况下，也许将钱投入广告而不是促销中可能更好一些。

计算机技术使得企业能够获得更多的关于消费者和需求弹性的信息。考虑一下石油产业。一些石油公司由于其品牌而定价较高，而其他企业则将目标定为提供最低价格。更多的零售商则考虑其地理位置、管理费用因素，试图将价格定在略低于其竞争对手价格的水平上，并且按相对统一的标准提高或降低各种等级石油的价格。“在石油行业，定价一直被看成是一种艺术，有时要根据其他人的行动而决定你的行动。如果你提高或降低价格，通常要对所有等级的汽油价格都调整几分钱。”MPSI系统公司的定价系统与咨询主管唐·斯皮尔斯说[9]。

计算机技术使得零售商可能很容易地确定价格弹性关系。通过每天对存储在一个持续更新的数据库中不同现场的定价因素的评估信息来建立弹性模型。这一过程始于输入模型要用到的历史价格、数量和竞争数据，并通过每天更新数据进行微调。根据定价研究公司 MPSI 系统公司的研究，单个零售商的弹性，一般的为 6，中等的为 4.5，最好的为 3，即价格变化 1%，将导致一般零售商的销售下降 6%，中等零售商的销售下降 4.5%，最好零售商的销售下降 3%。

计算机技术正在使许多低利润行业通过更好地理解其消费者而提高利润。超市就是一个很好的例子。KhiMetrics 和 Customer Analyst 等公司提供可以从结账柜台收集详细信息的技术手段，然后将这些信息反馈到中央计算机并进行分析。分析结果可以用来在明天、下一周或下个月为产品进行定价。

软件公司为企业提供定价模型——甚至为那些同时销售超过 3 万种商品的企业如超市提供定价模型。这些软件公司提供一种它们称之为“收益管理”的服务。它们的成果是显著地改善了收入。KhiMetrics 公司发现其客户的毛利润率提高了 1.9%，由 3% 增加到将近 5%。

石油零售商、超级市场和许多其他企业由于更好地了解了其消费者而正在提高利润。计算机技术使得企业可以保存每个消费者的记录——他们喜欢什么、不喜欢什么，他们对价格的敏感性，等等。企业的经理不懂得弹性，则企业在竞争中将处于劣势。

案例回顾
理解消费者

企业在桌子上留下钱了吗？简短的答案是“对，它们留下了”。正如我们在这一章中看到的，消费者如何对价格作出反应依赖于几个特征，这些就是所谓的理解消费者行为。价格上涨只有在需求的价格弹性小于 1 或无弹性时才能提高收入。非常有意思的是，大多数公司都使用特别的定价程序。2001 年 10 月美国的专业定价协会进行的一项调查发现，38% 的企业试图基于价值、成本和竞争来确定价格；25% 的企业简化为依据价值而不依据竞争来确定价格；18% 的企业依据成本加成法或其他基于利润率或投资回报率的公式确定价格；其他企业则使用另外的方法。

利用当今的技术，这些特别程序的成本很高。理解消费者需要超越猜测或凭借某种心理方面的感觉。它需要能够得到的和能够被利用的信息。理解消费者理论被称为"收益管理"。例如，收益管理系统（revenue management system, RMS）开发商正在将团体费率（group rates）、客户历史资料和应用服务提供商（ASP）技术组合在一起为宾馆提供一种可负担得起的、自动化的提高收入的途径。数据被收集、分析然后以一种容易检索的方式存储。

大多数收益管理系统是"实时的"，即每一次交易都会立即反馈到一个大型数据库中，并能立即响应。例如，贝尔加拿大公司（Bell Canada）的数据库不仅可以提取出消费者的历史资料，而且还有心理学、人口统计学方面的资料和其他一些销售信息。理解消费者在某种程度上就是知道消费者什么时候满意，或者什么时候转向竞争对手，以及应该如何应对。

越来越多的企业提供收益管理系统。Satmetrix 公司为企业提供一种衡量消费者忠诚度的指标，以及决定企业如何保持或改善忠诚度。从本质上说，公司衡量的是需求的价格弹性：它足够低吗，也就是说，消费者对企业或产品的忠诚度如何？KhiMetrics 公司提供大型零售活动科学实时定价系统。收集、分析扫描器数据后，计算出价格弹性、交叉价格弹性和其他一些指标，以便确定价格。KhiMetrics 公司发现其客户仅仅通过采纳理解消费者的技术方法就显著地提高了利润。

小　结

1. 理解你的消费者。这一术语意味着理解需求曲线并清楚弹性指标的价值。
2. 需求的价格弹性是关于消费者对价格变化的敏感度的衡量指标。
3. 在收入和需求价格弹性之间存在着一种关系。当需求的价格弹性小于 1（无弹性）时，提高价格会增加收入。当需求的价格弹性大于 1（有弹性）时，提高价格会减少收入。
4. 替代品越多，时间越长，某一物品在消费者预算中的比重越大，需求的价格弹性越大。
5. 收入弹性衡量需求对收入变化的敏感程度（价格和其他因素保持不变）。周期性商品是需求的收入弹性为正的商品。非周期性商品是需求的收入弹性接近 0 的商品。反周期商品是需求的收入弹性为负的商品。
6. 交叉价格弹性衡量两种商品间的关系。负交叉价格弹性意味着一种商品或服务的价格提高，另一种商品或服务的需求下降。这些商品被称为互补品。正的需求的交叉价格弹性意味着商品是替代的——当一种产品的价格提高时，另一个产品的需求增加。

关 键 词

需求的价格弹性　　替代品　　互补品
有弹性　　需求的收入弹性　　需求的交叉价格弹性
单位弹性　　周期商品　　反周期商品
无弹性

练　习

1. HD 公司推出了一种在图像、声音和程序控制方面具有重大突破的新电视机。HD 公司决定开始时只以很高的价格推出少量产品，然后以较低的价格推出更多的产品。这一定价战略的依据是什么？这种战略与以很低的价格供应大量产品相比，成功的基本条件是什么？
2. 对于下列商品或服务配对，确定哪一种的需求价格弹性更大，并解释原因。
   咖啡/星巴克咖啡
   公立大学的学费/私立大学的学费
   急救室的医疗服务/常规身体检查
   下午的电影/晚上的电影
   处方药/非处方药
3. 不管一个人生活在哪里，水都是必不可少的，但不同地区对水的需求是不同的。一项研究发现，美国各地区对水的需求的价格弹性在 0.39 ~ 0.69 之间。
   a. 为什么水的需求对价格无弹性？
   b. 在那些户外用水占相对较大部分的地区，价格弹性高一些，为什么？
   c. 在夏天人们对水的需求比在冬天大。解释原因。
4. 公共交通的支持者认为，这一服务在大都市中应该免费提供，以降低污染和交通堵塞。经济学家的推测认为，公共交通需求的价格弹性为 0.17。经济学家还发现，它与汽车的交叉价格弹性为 0.10。
   a. 公共交通免费对于使用公共交通服务意味着什么？

b. 公共交通免费对于使用汽车意味着什么?

5. 在美国，政府机构估计汽车需求的收入弹性在2.5~3.9之间。

 a. 这意味着什么?

 b. 如果收入增加10%，汽车的购买会发生什么变化?

6. 假设你是一个公司的经理，你的公司发现了一种使微处理器性能提高1000倍的方法。你将如何利用这一独特的资源——你的创新?你会把这一芯片卖给英特尔和摩托罗拉并以它们自己的品牌(私有品牌)在市场上销售这种芯片吗?你会把这种芯片以你自己的品牌直接卖给计算机生产商如IBM和苹果计算机公司吗?

7. 许多零售商会利用短期降价以吸引消费者，包括短期内赔本销售某些商品。企业为什么会赔本销售?

8. 需求曲线向下倾斜，说明了需求法则。所谓的声望品(prestige goods)，即一种商品的价格越高，达到某一点时，其需求量越大，声望品的需求曲线是什么样的?

 声望品是否违背了需求法则?答案是“否”。解释原因。

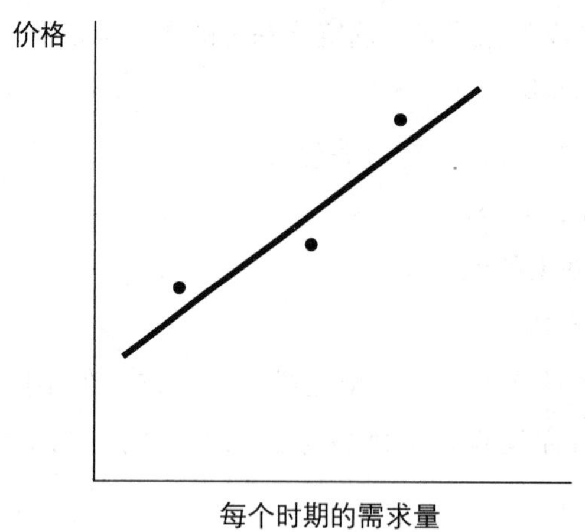

9. 1998年，美国的一些州和烟草产业达成了一个被称为“烟草解决方案”(Tobacco Resolution)的协议。该协议要求烟草公司在25年内向这些州支付2460亿美元。烟草公司将不得不提高价格以支付这笔费用。经济学家发现，烟的价格上升10%，吸烟者会减少4%。烟草公司能够在不影响其利润的情况下支付2460亿美元吗?为什么?

10. 为一家面积有限的商店制定营销战略，这家商店销售的商品具有如下所示的交叉价格弹性：

第一种物品	第二种物品	交叉价格弹性
咖啡豆研磨器	咖啡壶	-0.04
咖啡过滤网	咖啡壶	-2.70

11. 生产航空发动机的罗尔斯罗伊斯公司确定其产品的需求曲线为：

$$P = 2000 - 50Q$$

其中，P 是发动机的价格，Q 是每个月售出的发动机数量。

a. 为了每个月卖出 20 台发动机，罗尔斯罗伊斯公司将如何改变其价格？

b. 如果它将价格定为 500 美元，罗尔斯罗伊斯公司每个月将卖出多少台发动机？

c. 如果价格等于 500 美元，需求的价格弹性是多少？

d. 在什么价格下需求的价格弹性为单位弹性？

e. 为了最大化收入，价格需要定为多少？

12. XYZ 公司的营销部门向 CEO 汇报，公司的需求曲线为：

$$P = 3000 - 40Q$$

其中，P 是每单位产品的价格，Q 是每月售出的数量。

a. 画出需求曲线。

b. 标出有弹性区间、无弹性区间和单位弹性点。

c. 为了最大化收入，价格需要定为多少？

13. 一家公司的营销部门发现，公司产品的需求函数是：

$$Q = 500 - 3P + 2P_r + 0.1I$$

其中，Q 是对其产品的需求量，P 是产品的价格，P_r 是竞争对手产品的价格，I 是人均可支配收入。现在，$P=10$ 美元，$P_r=20$ 美元，$I=6000$ 美元。

a. 公司产品的需求价格弹性是多少？

b. 公司产品的收入价格弹性是多少？

c. 公司的产品与其竞争对手的产品的交叉价格弹性是多少？

本章注释

[1] $e^d = \partial \ln Q_d / \partial \ln P = [\partial Q_d / Q_d] / [\partial P / P]$，其中 e^d 代表需求的价格弹性。$\partial \ln Q_d$ 为需求

数量的百分比变化（需求数量对数的导数，即 Q_d 的变化除以初始的需求量），$\partial \ln P$ 为价格的百分比变化（价格对数的导数，即价格的变化除以初始价格）。

[2] 注意我们说 3 而不是 -3。根据需求法则，当一种商品的价格提高时，其需求量下降。因此，需求的价格弹性永远为负，这在我们说“弹性非常高”（一个很大的负数）或“低弹性”（一个很小的负数）时会引起混乱。为了避免这一问题，经济学家利用需求的价格弹性的绝对值，这就避免了负号。

[3] 需求曲线不一定是直线。利用直线表示需求概念是因为它融合了需求的大部分重要方面。

[4] 这些是基于很小的递增变化。如果利用很大的离散量，结果将只能是近似的。例如，如果价格是 1 美元，销售量为 100 单位，则收入为 100 美元。价格上涨 10% 即 1.10 美元，销量下降 10% 即 90 单位，则收入为 99 美元。

[5] 需求的收入弹性为：

$$Y_e = \partial \ln Q_d / \partial \ln Y = [\partial Q_d / Q_d] / [\partial Y / Y]$$

即需求量的百分比变化除以收入的百分比变化。

[6] Drake Hokanson, *The Lincoln Highway: Main Street Across America* (Iowa City: University of Iowa Press, 1988).

[7] 用数学方法表示为：

$$cp_e = \partial \ln Q_d^a / \partial \ln P^b = [\partial Q^a / Q^a] / [\partial P^b / P^b]$$

其中，Q_d^a 是对商品 a 的需求，P^b 是产品 b 的价格。

[8] M. Hagerty, J. Carman, and G. Russell, “Estimating Elasticities with PIMS Data: Methodological Issues and Substantive Implications,” *Journal of Marketing Research* 25, no. 1 (February 1988): 1-9.

[9] Quoted in Keith Reid, “The Science of Pricing,” *Business and Management Practices* 5, no. 2 (March 2000): 33-35.

第 4 章附录 A：

消费者行为

消费者行为是价格和其他需求弹性的基础。在本附录中，我们将更深入地研究消费者行为。我们还要利用第 2 章附录中讨论的数学材料来分析弹性。

4A. 1 消费者选择

我们中的大多数人相信，所有我们需要的——所有有理智的人需要的——比我们已经拥有的要多一点。但不管你是每年只消费 500 美元的秘鲁农民，还是每年要花费 50 万美元的美国医生，你作出的消费决策都适合你的收入水平，而且你对你想要的一切仍然不满足。这导致人们要在不同的事物间依据他们的价值标准进行选择。人们选择多消费一种物品，就要以少消费其他物品为代价。正是需要作出选择导致了需求法则和不同的需求弹性的产生。

无差异分析

需求法则告诉我们，当一种物品的价格上涨而其他条件不变时，人们会愿意并且能够购买更少数量的该物品。为了表示出人们作出的选择与需求法则之间的关系，我们再假设人们都是理性的——他们能够比较成本与收益并且他们愿意获得更多的商品或服务，在这一前提下分析消费者的行为。在这一假设下，并且面临有限的收入，我们可以证明在其他条件不变的情况下，当一种物品的价格下降时，消费者会增加对该物品需求的数量。我们演示需求法则的方法被称为无差异分析（indifference analysis）。利用无差异分析，我们可以使得消费者通过选择来显示他们的偏好。我们要展示出所有的商品组合。消费者将从中选出他们更偏好的组合，并指出哪些对他们来说是无差异的。但仅仅拥有一组受偏好的组合并不意味着消费者拥有足够的收入购买那些组合。他们必须决定如何在这些商品组合中分配其预算或收入。在给定的商品价格和消费者收入下，消费者实际选择的是为他们带来最大幸福感［称为效用（utility）］的那个组合。

让我们以定义无差异曲线作为开始。无差异曲线（indifference curve）是描绘对于消费者来说无差异的不同商品组合的图形。假设我们考虑阿尔伯塔对于牛奶和肉这两种食品的偏好。在图4A.1中，我们用纵轴表示牛奶的数量，横轴表示肉的数量。这两种商品的组合有无数种——由两条轴围成的区域内的任一点，也包括两条轴上的点。无差异曲线是通过找到对阿尔伯塔来说无差异的那些组合而画出的。例如，图4A.1中，商品束A由10磅肉和15升牛奶组成，商品束B是由15磅肉和10升牛奶组成。阿尔伯塔认为这两种组合对他来说无差异，他并不介意拥有哪一个组合。将这两个组合以及所有阿尔伯塔认为无差异的这两种商品的组合连在一起，就生成了无差异曲线。无差异曲线向右下方倾斜，是因为如果一种组合中含有较少的肉，但对阿尔伯塔具有同样的吸引力，那么它必然含有更多的牛奶。阿尔伯塔在放弃肉和牛奶之间进行权衡。他不会认为拥有10升牛奶和20磅肉的商品束与拥有10升牛奶和10磅肉的商品束是无差异的。消费者总是希望得到更多。

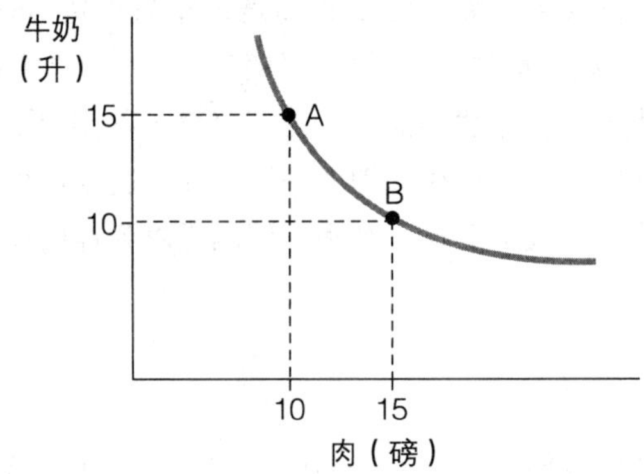

图4A.1　商品束与无差异

尽管消费者总是喜欢多的而不是少的，但消费者拥有一种商品的数量越多，再增加一点这种商品对消费者的价值就越低。当沿着无差异曲线向右下方移动时（商品束中的牛奶越来越少，而肉越来越多），额外的牛奶的价值越来越高，而额外的肉的价值越来越低。注意图4A.2中，在起始点商品束A处，阿尔伯塔愿意放弃12升牛奶以获得5磅肉，但随后只愿意用7升牛奶交换5磅肉，最后是用5升牛奶交换8磅肉。经济学家说，消费者拥有一种商品的数量越多，这一商品的边际效用就越少。这就是为什么无差异曲线拥有相同的一般形式——当向右下方移动时曲线越来越平坦。每一个可能的商品束都会落在一条无差异曲线上，曲线表示所有与那一商品束等价的商品束。如果把这些曲线都画出来，整张图就会全部成为黑色。图 4A. 2 中的曲线 I_1、I_2 和 I_3 只是其中的 3 条。注意与无差异曲线相关的几点。

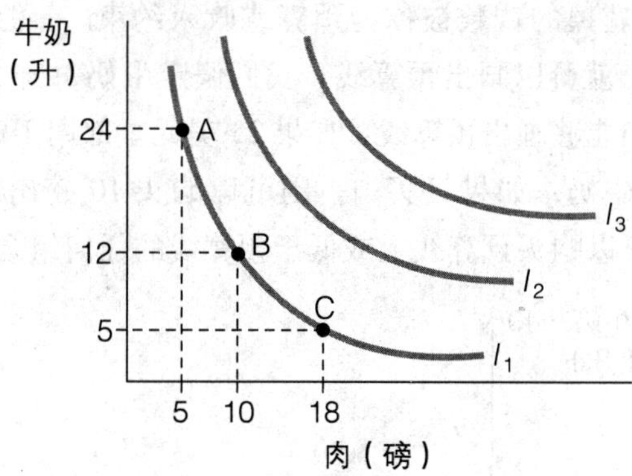

图 4A. 2　无差异曲线

1. 只要消费者对每一种商品都想得到更多而不是更少，那么任一条无差异曲线一定是向右下方倾斜的。
2. 无差异曲线不能相交。如果相交，则会与商品越多越好的假设冲突。例如，在图 4A. 3 中的两条无差异曲线 I_1 和 I_2 相交于 C 点，在两条无差异曲线上，这一点表示的商品束是相同的。但是，E 点比 D 点更受偏好，这就违背了 C、D、E 点无差异的观点。

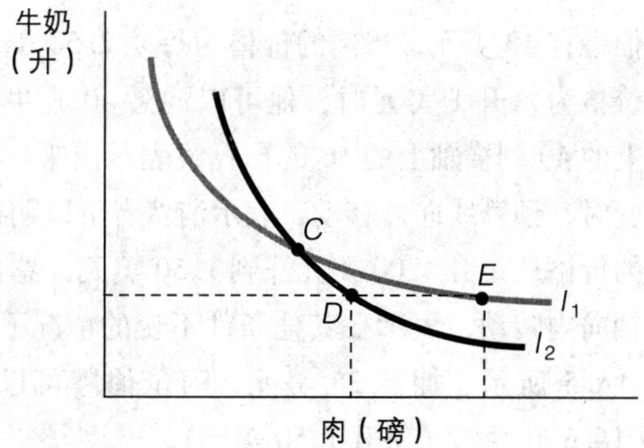

图 4A. 3　无差异曲线的交叉

3. 一条无差异曲线离原点越远，它上面的商品束就越受偏好。在图 4A. 2 中，I_3 上所有的商品组合比 I_2 上所有的商品组合更受偏好，而 I_2 上的所有商品组合比 I_1 上所有的商品组合更受偏好。换句话说，就是多比少好。

尽管我们都希望得到更多，但我们不可能得到我们想要的一切。例如，假设阿尔伯塔在走进 Safeway 商店时只有 25 美元（我们假设他没有办法立即弄到钱）。消费者要花掉的钱数被称为预算或收入约束。一旦确定了商品束（牛奶和肉）的价格，就可以画出预算线。我们假定牛奶每升 1 美元，肉每磅 2.5 美元。这就使我们能够画出预算线：如果 25 美元全部用于购买牛奶，阿尔伯塔将可以购买 25 升牛奶，如果只买肉，则可以购买 10 磅肉。预算线如图 4A.4 所示。阿尔伯塔可以购买预算线上或低于预算线的任何组合。

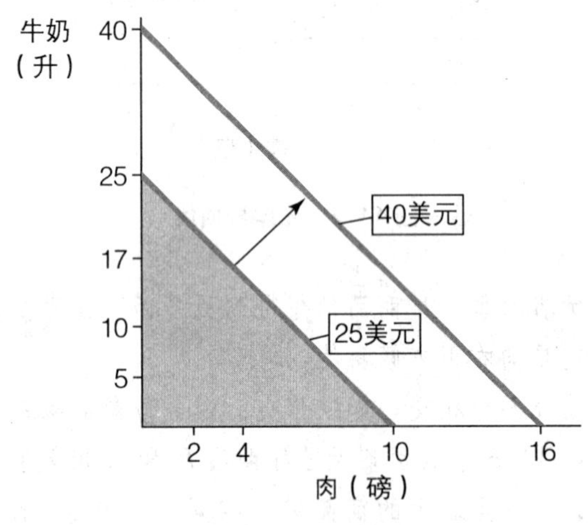

图 4A.4　预算线

如果阿尔伯塔有 40 美元，当肉的价格为每磅 2.50 美元时，他可以购买 16 磅肉；当牛奶价格为每升 1 美元时，他可以购买 40 升牛奶。如图 4A.4 所示，这能用从纵轴上的 40 到横轴上的 16 的预算线表示出来。当收入（预算）增加而其他条件不变时，预算线向外移动，表示消费者可以购买更多的商品。

如果牛奶的价格从每升 1.00 美元涨到 1.50 美元，总预算为 25 美元，则预算线会沿着纵轴向内转动，表示在其他条件不变的情况下，消费者能购买的牛奶减少，如图 4A.5 所示。拥有 25 美元，阿尔伯塔可以购买 10 磅肉（每磅 2.50 美元）或 16.6 升牛奶（每升 1.50 美元）。

通过将预算线与无差异曲线放在同一张图上，我们可以表示出消费者的最大化点——在这一点上消费者以最少的支出获得了最大的幸福感（效用）。

在图 4A.6 中，注意阿尔伯塔能够购买预算线及其下的任何数量，但他在最高的无差异曲线上获得最大的满意度。那个点是无差异曲线 I_2 上的 A 点。他可能愿意位于更高的无差异曲线如 I_3 上，但他没有那么多钱。能够位于 I_2 上比位于任何低于 I_2 的无差异曲线上对他来说更好。

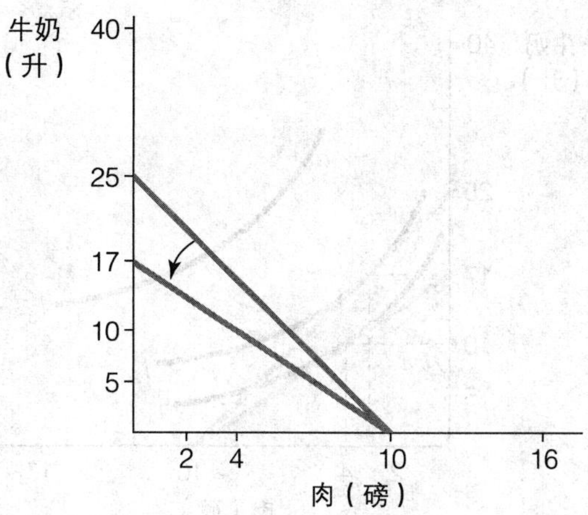

图 4A.5 价格上涨与预算线

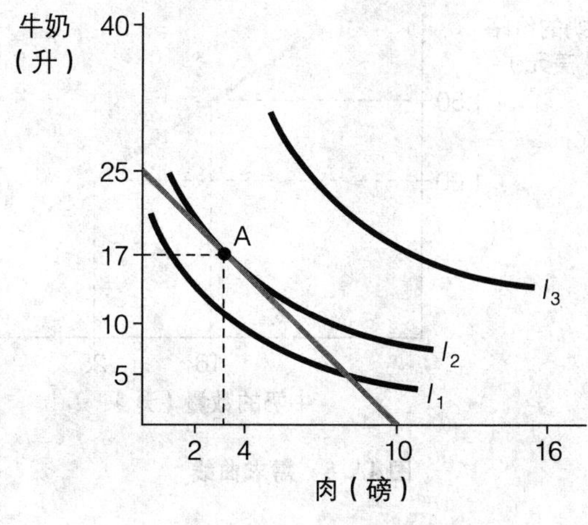

图 4A.6 最优点

获得最大化点后，我们现在就可以揭示当一种产品的价格变化而其他条件不变时会发生什么。当牛奶的价格上涨时，阿尔伯塔购买更少的牛奶，而购买更多的相对较便宜的肉。如图 4A.7 所示。当牛奶价格上涨时，阿尔伯塔在牛奶和肉之间进行权衡或替代。当一种物品的价格上涨而其他条件不变时，消费者会进行替代，减少现在相对较贵的物品的购买量。如果我们画出牛奶价格与阿尔伯塔的需求量，我们就会得到他的需求曲线。如图 4A.8 所示。

我们已经分析了阿尔伯塔的选择和他在牛奶与肉之间进行的权衡，其需求曲线的陡峭程度取决于当价格发生变化时阿尔伯塔愿意改变其购买量的程度。另一位消费者会有不同的偏好和不同的权衡。我们可以为每一位消费者推导出

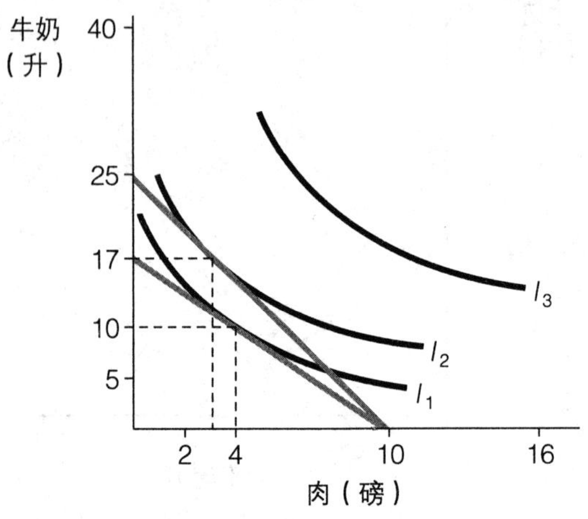

图 4A.7　价格上涨

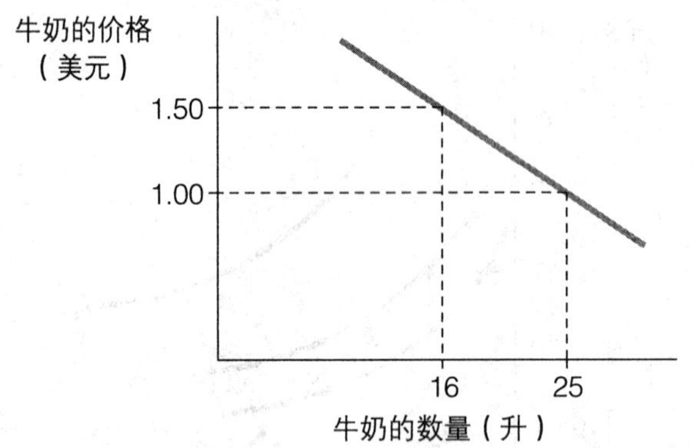

图 4A.8　需求曲线

需求曲线，然后加总（水平）所有的个人需求曲线，就会得到市场需求曲线。市场需求曲线的陡峭程度取决于所有消费者如何一起对价格变化作出反应。如果当牛奶的价格上涨时他们愿意放弃很多牛奶，那么需求曲线就比价格上涨时只愿意放弃很少牛奶时更平坦。

微积分方法

消费者选择可以用微积分方法来表示。假设消费者具有一个偏好方程或者所谓的效用函数（utility function）——$U = U(x_1, x_2)$，其中 x_1，x_2 表示两种商品（牛奶和肉）。预算约束为 $B = p_1x_1 + p_2x_2$，其中 p_1、p_2 是两种商品 x_1、x_2 的价格。最优化可以由以下方法求得（被称为拉格朗日最优化或有约束的最优化问题，参见第 2 章附录）：

$$L = U(x_1, x_2) + \lambda[B - p_1x_1 + p_2x_2]$$

为了找到在预算允许的情况下使消费者获得最大满意度或效用的商品束，我们分别对 x_1、x_2 和 λ 求微分，并令其为 0。结果一阶条件为：

$$\frac{\partial U(x_1, x_2)}{\partial x_1} - \lambda p_1 = 0 \qquad (1)$$

$$\frac{\partial U(x_1, x_2)}{\partial x_2} - \lambda p_2 = 0 \qquad (2)$$

$$B - p_1x_1 - p_2x_2 = 0 \qquad (3)$$

我们可以利用这三个方程式解出三个未知数 x_1、x_2 和 λ。当我们求解时，我们可以得到两种商品的需求函数。一阶条件还可以展现出其他一些有意思的结果。注意，如果我们用方程（1）除以方程（2），我们就可以得到消费者会以何种比率替代两种商品：

$$\frac{\partial U(x_1, x_2)/\partial x_1}{\partial U(x_1, x_2)/\partial x_2} = MRS = \frac{p_1}{p_2} \qquad (4)$$

方程（4）左边的比率，即 x_1 的边际效用与 x_2 的边际效用之比，是一位消费者愿意用 x_2 来替换 x_1 并保持无差异的比率。这被称为边际替代率（marginal rate of substitution，MRS）。MRS 是无差异曲线的斜率。价格比率是预算线的斜率。当两个斜率相等时，就达到了最优。消费者在两种商品的边际替代率等于其价格之比这一点处获得了最大的幸福感（最大的效用）。

方程（4）告诉我们，当一种物品的价格上涨而其他条件不变时，消费者会放弃一些相对更贵的商品。例如，假设 x_1 的价格上涨，这会导致 p_1/p_2 增大。这意味着边际效用的比率小于价格的比率。消费者会重新分配支出。通过购买更少的 x_1，x_1 的边际效用降低——你拥有的某一物品越多，多获得一单位这一物品对你来说价值就越低。这样，当消费者降低对 x_1 的支出时，边际效用比率就会上升。消费者会持续重新分配其支出直到价格的比率重新等于边际效用的比率为止。

4A.2　消费者行为的心理学

你可能认为我们利用无差异曲线和边际替代率描述的消费者行为不太真实。

“没人计算边际效用的比率和价格的比率以保证它们相等。人们并不是那么理性——谁也不是计算机，而要求进行这样的计算非得计算机不可。”然而，尽管这一理论被认为不现实，但它仍然很好地描述了消费者如何行动。人们的确会倾向于像具有完全理性那样行事（能够而且确实计算边际效用和价格比率），并似乎掌握了完全的信息。但这种趋势并不表示他们会永远这样做。

消费者永远理性吗?

人们开车 20 分钟到一家折扣杂货店购物以节省 10 美元，而每年驾驶着这些油老虎去杂货店要花费成百上千美元，这样做理性吗？你冒着汽油耗尽的风险驶过一家加油站，因为你知道前面 1 英里处的一家加油站每加仑汽油比这里便宜 2 美分，这样做理性吗？仅仅因为衣服“时髦”就多花很多钱，这样做理性吗？只是由于其他人正在购买一家公司的股票，你便在没有更好的理由时投资于这家公司的股票，这样做理性吗?

为了做成一笔小生意而拒绝一笔大生意，这样做理性吗？例如，考虑一家银行提供免费支票账户。免费支票账户要求账户中有 1500 美元的余额，没有这一余额，则每月收取 5 美元的账户费。人们例行公事地选择免费支票账户。这样做理性吗？免费支票账户意味着你要放弃那 1500 美元带来的利息收入，利息率为 5%。每月 5 美元的成本是 5/1500 = 0.0033，每年为 3.5%。选择 5% 的成本而不选择 3.5% 不是更没有理性吗?

这些类型的决策随时都可以作出，它们并不是非理性的。它们不像经济学家对这个词的定义那样精确，但不是非理性的。一个关于一对在拉斯维加斯度蜜月的夫妇的故事说明了为什么这种行为不是非理性的。由于知道要去拉斯维加斯而且没有多少钱，这对夫妇决定只花一个确定的数量。一旦花完这一数量的钱，他们就不得不回家。几天后，那一数量的钱花完了。在回家前的最后一个晚上，这对夫妇住在宾馆里，妻子睡着了，而丈夫却睡不着，因为他想到了作为纪念品而留下来的一个 5 美元的筹码。非常奇怪的是，这位新郎的脑海里总是闪现出 12 这个数字。他把这件事当成一种征兆，飞快地跑到轮盘赌桌旁，把 5 美元的筹码放在 12 上，赢家果然是 12，赔率为35:1。他用赢的钱继续赌博，并继续获胜，直到赢了 2.62 亿美元。他又下了一次注，结果输了。身无分文、垂头丧气的他走回自己的房间。“你去哪儿了?”新娘问道。“去玩轮盘赌了。”他答道。“怎么样?”新娘问。“不太糟，我只输了 5 美元。”

这个故事说明了所谓的“用赌场的钱赌博”。它说明，除非是从自己的口袋里拿出来的，否则人们就不认为这些东西属于他们，机会成本不总是和实际支出相同。所以有一些零售商请消费者“拿回家看一看”。其他零售商“在 12 个月内不收利息”或“90 天免费”。当然，我们还听到过“你早就是赢家了”。一个完全理性的人永远不会区分从口袋中拿出来的钱与机会成本。

下面这个小测试也说明人们的行为并不是完全理性的。

谁更快乐？

A. 在办公室赌橄榄球赢了 100 美元，并且在保龄球比赛中又赢了 50 美元。
B. 在办公室赌橄榄球赢了 150 美元。

谁在下面的情形下更不懊丧？

A. 把房间里的地毯弄坏了，必须赔房主 100 美元。
B. 丢了 25 美元，并且把房间里的地毯弄坏了，必须赔房主 75 美元。

大多数人在两种情况下都会选择 A，尽管在两种情况下 A 和 B 的结果是一样的。在第一种情况下，A 由于获得了两场胜利而更幸福。在第二种情况下，A 由于只有一次损失因而懊丧的程度低一些。尽管 A 和 B 的输赢都是一样的，人们还是喜欢“分开收益”（separate gains）、“合并损失”（combine losses）。下面这句话很好地说明了这一点：“不要把圣诞礼物放在一个盒子里”。人们喜欢多赢几次，而不太喜欢一次全部赢到手。相反，如果必须支付一些钱或必须承受损失，人们更喜欢所有的钱或损失一次付清。一个完全理性的人会认为一次输（赢）1 美元与两次各输（赢）50 美分是相同的，一次赢 1 美元与两次各赢 50 美分也是一样的。

框架（framing）

另一个被认为是不理性的行为是人们倾向于将价格和产品与服务的其他方面放在一个框架中，即他们将其他参照物与一种商品或服务的价格与其他方面进行比较（我们在第 8 章中将从价格战略方面讨论框架）。一个框架就是一个参照点（a point of reference）。人们根据问题出现的背景作出决策。这就是交易、价格等等都有一个消费者可以对比不同选择的参照框架的观点。

大多数人都可以隐含地获得的一种感觉是“公平”。有一个简单的练习被称为“最后通牒游戏”，它说明了框架是如何发挥作用的。你有固定数量的钱，比如说是10美元。你要把你所有的钱交给游戏中的一半人，我们把这些人称为给予者。你告诉他们可以保留任何数量，从1美元到10美元。剩下的一半人我们称之为接受者，他们接受给予者愿意给他们的钱。给予者需要决定自己保留多少以及给接受者多少。每一位给予者都把他们的分配方案写在一张纸上。这些纸被收集起来然后随机分发给接受者。如果接受者接受了给予者的提议，则两个人就可以把10美元按分配方案进行分配。如果接受者拒绝了，则给予者和接受者什么也得不到。

由于1美元甚至1美分总比0好一些，你会猜想给予者留下几乎所有的钱，只给接受者最小的可能数量。但有意思的是，给予者倾向于向接受者提供4美元或5美元，他们很少选择1美元、2美元或3美元。他们给出的钱从不超过5美元。1美元、2美元或3美元的方案几乎总是被接受者拒绝，4美元偶尔被拒绝。这意味着什么？这说明人们不认为1美元是比0更好的数量——他们的参照物不是0而是某种程度上的更加“公平”。实际上，公平是重要的一方面。公平的分配是各拥有5美元，这是人们心里的参照物。

如果人们能感觉到某件事不公平，他们就会拒绝。在暴风雪中，当地的五金商店会提高雪铲的价格吗？在一场飓风中，杂货店会提高食品和水的价格吗？如果他们想继续经营下去，答案就是“不会”。有一句古老的谚语：“如果你在圣诞节欺骗了他们，他们在3月份就不会回来。”

当人们必须在不完全信息下作出决策时，他们总会利用自己熟悉的事物，或者习惯于超越经济理论的描述。熟悉会导致看起来可能不理性的决策，因为与不熟悉的情况相比，人们更喜欢熟悉的情况。考虑下面的小测试：

（1）在一个4页的小说（约2000字）中，你估计有多少个词是“_ _ _ _ing”形式的（7个字母并以ing结尾）？

0　1~2　3~4　5~7　8~10　11~15　多于16

回答了上面的问题后，再回答下面的问题：

（2）在一个4页的小说（约2000字）中，你估计有多少个词是“_ _ _ _ _n_”形式的（7个字母，第6个是n）？

0　1~2　3~4　5~7　8~10　11~15　多于16

也许你已经注意到，第二种情况包含了第一种情况，换句话说，第二个问题的答案应该大于第一个问题的答案。但是，由于人们熟悉-ing的形式，因此他们倾向于认为这种形式的单词更多一些。这一熟悉性选择还体现在对下面的问题的回答中：

> 在纽约，自杀多还是谋杀多？

尽管自杀比谋杀更普遍，但很多人认为谋杀更多。关键在于，人们对某一事物越熟悉（新闻报道纽约的谋杀案），人们越倾向于选择它。

锚　定

人们作出决策的另一种方式被称为锚定（Anchoring）。这里还有一个小测试：

> 请你用 5 秒钟估计 1 ×2 ×3 ×4 ×5 ×6 ×7 ×8 的值。

现在，如果再给你 5 秒钟估计 8 ×7 ×6 ×5 ×4 ×3 ×2 ×1 的值，你很可能给出一个不同的答案。第一个答案总是比第二个答案小。原因在于估计已经被锚定在开头更大的数字上（但离正确的答案 40320 还差很远）。

这些决策规则和其他类似的规则是由两位心理学家发现的，他们是普林斯顿大学的丹尼尔・卡尼曼（Daniel Kahneman）以及后来的斯坦福大学的阿莫斯・托沃斯基（Amos Tversky）。20 世纪 70 年代，他们进行了一系列开创性的研究以揭示人类面对不确定性时的行为。在标准经济学理论中，人类是完全理性的。但卡尼曼和托沃斯基通过实验室的实验研究了真实的人类行为。试验显示，人类可能会作出一些对他们来说结果明显不是最佳的决策。这些研究的结果表明，人们倾向于利用经验法则（rules of thumb）——直观推断法（heuristics），这会误导他们基于有限的或不确定的信息作出决策。但是，被误导并不意味着人们没有最大化他们的效用或幸福感。最大化在利用直观推断法制定决策的过程中实现了。

经济学家将卡尼曼和托沃斯基的研究成果纳入了对人类行为的理解。现在，经济学家谈论的更多的是“有限理性”（bounded rationality），而不是严格的理性。有限理性理论认为，在没有完全信息的情况下，人们确实利用框架、熟悉性、锚定和其他直观推断法的规则作出决策。但有限理性并没有改变制定决策的基础——在有限的收入和资源的情况下，人们希望获得最大的幸福感。2002 年，卡尼曼由于这一研究获得了诺贝尔经济学奖。

边际收益和需求弹性：微积分方法

不论人们如何作出决策，当一种物品的价格上涨而其他条件不变时，他们购买这种物品的数量确实减少了。减少的数量由需求的价格弹性来衡量。需求的价格弹性被定义为需求数量变化的百分比除以价格变化的百分比。百分比变化是变化量除以基数：$\Delta Q/Q$ 表示 Q 的百分比变化，而 $\Delta P/P$ 表示价格的百分比变化。因此，需求的价格弹性 e^d 可以表示为：

$$e^d = \frac{\Delta Q/Q}{\Delta P/P}$$

还可以写成：

$$e^d = (\Delta Q/\Delta P)(P/Q)$$

用导数的方法表示，需求的价格弹性可以表示为：

$$e^d = (\partial Q/\partial P)(P/Q)$$

边际收益与需求的价格弹性之间的关系可以利用边际收益的定义表示出来：

$$MR = \partial TR/\partial Q = P + Q(\partial P/\partial Q)$$

边际收益等于最后被售出的一单位商品的价格 P 再加上 $Q(\partial P/\partial Q)$（由于现在所有的商品都按最后一单位的价格出售而导致的收入下降）。将 P 提出来，整理公式得：

$$MR = P[1 + (Q/P)(\partial P/\partial Q)]$$

由于价格弹性是 $(P/Q)(\partial Q/\partial P)$，我们可以将边际收益写成：

$$MR = P(1 - 1/e^d)$$

你可以看出，当 $e^d = 1$ 时，$MR = 0$；当 $e^d = \infty$，$MR = P$；当 $e^d > 1$ 时，$MR < P$。

考虑一个例子。假设需求函数为：

$$Q = 400P + 200Y - 400S + 0.01C$$

其中，P 是 Q 的价格，Y 是收入，S 是替代品的价格，C 是互补品的价格。假设 $Y = 20000$ 美元，$S = 400$ 美元，$C = 3000$ 美元：

$$Q = 400P + 200(20000) - 400(400) + 0.01(3000) = 3840030 + 400P$$

假设我们希望计算当 $P = 5000$ 美元时的价格弹性。Q 对 P 的导数为 $\partial Q/\partial P = 400$。$\partial Q/\partial P$ 乘以 P/Q 为价格弹性，$P/Q = 5000/(3840030 + 400P)$，用 400 乘以 P/Q 的值得：

$$400 \times 0.000856 = 0.34$$

那一点的需求的价格弹性为 0.34。

收入弹性和交叉价格弹性可以用计算价格弹性的方法进行计算。需求的收入弹性为 $(\partial Q/\partial Y)(Y/Q)$，需求的交叉价格弹性为：

$$(\partial Q_a/\partial Q_b)(P_b/Q_a)$$

其中，a 和 b 为两种商品。

第 4 章附录 B：

市场调研

1985 年 4 月，可口可乐公司宣布将用一种新配方的可乐替代原来的可乐，它被称为新可乐。以前还没有一个公司自愿停止生产一种最畅销的产品，并用一种全新的产品来代替。是什么激励公司采取这么大胆的行为？市场调研。在大约两年的时间里，公司进行了 18 万次没有标识的商品测试。测试结果表明百事可乐更受欢迎，因为它更甜一些。为了应对“百事挑战”，可口可乐不得不制作得更甜。这是新可乐的基础——它的配方使它成为一种更甜的可乐。正如我们后来看到的，消费者激烈地反对新可乐以及把老可乐撤出市场的计划。可口可乐公司耗资 400 万美元、用时两年的市场调研为什么如此强烈地歪曲了消费者的反应呢？

简单的答案是，市场调研很困难。市场调研的目标是理解消费者，但如何解决问题本质上是一个科学问题。本附录讨论了市场调研中的一些方法与问题。这只是对这一问题的概述，还有更完整的关于这一问题的教材和论文。

4B.1 数 据

我们知道，需求与产品的价格、相关产品的价格、口味、偏好、市场规模、收入和其他因素有关。我们还知道，弹性衡量的是一种因素发生变化而其他条件不变的情况下消费者的反应。但是如果我们要为一家企业制定战略，我们就必须在这个理论中加入实际的数字。我们怎样获得这些数据呢？

有两种数据来源：一手数据和二手数据。一手数据是专门为某一用途收集的数据；二手数据是为一种用途收集并用于其他用途的数据。

4B.2 一手数据

大量的市场调研需要获取市场的信息。获取任何信息的最直接方式是索取。

为了找到需求的影响因素，一种方法是拜访消费者："如果这一产品的价格是 X，你愿意买多少？如果是 Y 呢？"可以问消费者当前的消费行为，以及当某种产品可以用 10% 的折扣购买时他会如何做。还可以向被访者提问他们预期其他人的反应如何。大量的市场调研只询问了消费者的态度以及他们的行为。通过这种方式收集的数据被称为一手数据。

一手数据还可以通过观察相关参与者和环境而获得。为航空公司做调研的人可能会在机场、机场办公室和旅行社四处巡视以便听到旅行者谈论其他航空公司，他们可能乘坐不同的飞机以观察机上的服务质量。可以从利用信用卡购票或通过因特网购买电子机票的人那里收集数据。这一调研可能会产生某些有用的关于旅行者如何选择航空公司的假设。下一步是改进这些假设。这经常利用焦点小组（focus group）来完成。

焦点小组。焦点小组是一组被召集在一起的为数不多的人（通常为 6~12 人），请他们就一个事件、一件产品或其他一些主题发表想法或感受。焦点小组通常用在诸如新产品开发、测试、包装设计、品牌名称选择、广告词、促销调研等方面。

通用汽车公司的别克车部门利用焦点小组以协助开发 1987 年上市的双门六座君威车（Regal）。这一努力早在这款车推出前 3 年就开始了，当时别克车部门在全国组建了 20 个焦点小组，征求消费者对新车特色的需求。谁是消费者？那些能够支付得起 14000 美元车款的人。这一价格比一辆新车的平均价格高出 1000~2000 美元。这意味着年收入不低于 4 万美元。来自美国主要地区的参与者都在过去 4 年内买过新车。这些小组显示，消费者希望后座更舒适一些，每加仑汽油至少行驶 20 英里，从静止到每小时 60 英里的加速时间不应大于 11 秒。他们还希望自己的车很时髦，但也不想让自己的车看上去是刚从外太空着陆的怪物。

当别克的工程师制作出内部的泥塑模型和实体模型后，公司又去征求另外的焦点小组的意见。这一小组认为悬架系统非常出色，但不喜欢过大的保险杠和过于倾斜的引擎盖。这样，我们就看到了今天的君威车。

焦点小组还帮助改进了君威的广告活动。参与者首先被问到哪种车与别克的汽车在外观和特色上最接近。答案是通用汽车的另一个部门奥斯莫比尔（Oldsmobile）。作为响应，别克车部门通过舒适性和豪华性如宽松的六人座位、木纹仪表板、天鹅绒织物和特殊的音响设备将其定位在比奥斯莫比尔更高的层次上。

消费品公司利用焦点小组已经有很多年了，而且更多的服务性企业——报纸、律师事务所、医院、公共服务机构——也开始利用焦点小组。焦点小组访谈是对许多类型问题进行调研的第一步。由于焦点小组是在调研过程的早期阶段应用，所以它们的作用不是提供精确的数量信息，而是提供定性的描述信息。

焦点小组是一个有价值的调研工具，但也有严格的限制。第一，焦点小组在很大程度上是由人控制的。与封闭的环境中一系列固定的问题相比，现实中人们的选择更多。第二，结果在很大程度上依赖于小组负责人的能力。第三，人们在公共场合里所说的常常与他们在商店里购物时的做法完全不同。例如，询问一组母亲更喜欢谷物、坚果和浆果的混合食物还是含糖量高两倍的夹心甜点。推测她们会买哪一种食物，以及哪一种食物的销售更好。

焦点小组告诉通用汽车公司的凯迪拉克部门，与宝马和梅塞德斯—奔驰运动型汽车相比，他们更喜欢 Allante 型车。Allante 型车的外观更圆滑，焦点小组更喜欢这种造型，但当在驾驶过程中发现它的动力、空间、防漏性能、噪音等性能都不如欧洲车好时，这种车的销量被远远地抛在了后面。另外，Allante 型车在 1987 年面世时顽固地将价格定在 57000 美元，这一价格比宝马和梅塞德斯—奔驰车的价格高很多。

调查。调查可以通过多种方法进行——信件或电子邮件、电话、直接的或个人的访谈。个人访谈是三种方法中的万能方法。访谈者可以提问更多的问题并记录下被访者额外的反应，如衣着和身体语言。与其他两种方法相比，个人访谈是最昂贵的一种方法，并且需要更多的管理规划和控制。它同样受到访谈者的偏见或歪曲的影响。

个人访谈有两种形式：安排的访谈和拦截式访谈。在安排的访谈中，首先与选定的被访者联系，约定访谈的安排。拦截式访谈包括在商场或繁忙的街角拦住被访者进行访谈。

并不是所有的访谈者都是真正的人。一些公司利用免费电话号码通过电话获取市场信息。例如，1993 年，百事可乐向 100 万个喝健怡可乐（Diet Coke）的家庭发出了直接邮件，为他们提供了一个拨打 800 免费电话与雷·查尔斯（Ray Charles）交谈并可能获得奖品的机会。但他们必须首先用按键式电话回答一系列百事公司设计好的有助于公司理解健怡可乐用户的问题。超过 50 万人拨打了电话，接受了雷·查尔斯和女接线生的问候。

安排的访谈试图揭示对某些敏感问题的潜在激励、偏见和态度。它已经被用于品牌名称研究，以便理解消费者的感知、对品牌名称和文字的反应、概念的演进，其中会请被访者回忆或说出当他听过一个广告后的感受。

在典型的应用中，购买者被要求说出他们对于一种类别的产品和/或品牌的购买意向。通常他们可以大致说出购买意向，并说出大致的时间范围。然后，购买者的反应被汇总起来，形成对潜在市场和市场份额的估计。典型的意向问题是：

> 你在下一年有多大的可能性去购买一台电视机？画出恰当的可能性：
>
> 0　0.1　0.2　0.3　0.4　0.5　0.6　0.7　0.8　0.9　1.0

有时候技术设备也被用于市场研究。检流计（galvanometers）可以测量当受试验者看到一个特定的广告或图片时的兴趣或情绪。视速仪（tachistoscope）可以向受试验者展示一个广告，时间间隔从小于1%秒到几秒不等。每次闪现后，受测试者要描述他能回忆起什么。眼球追踪仪（eye camera）研究被测试者眼球的运动以找出他们的目光最先落在哪里，以及在某一物品上停留多长时间，等等。播音记录装置（audiometer）被安装在参与测试者家中的电视机上，以记录何时打开电视以及观看哪个频道。

购买者意向。利用一手数据进行市场调研的基本问题之一是人们说的与做的常常不同。意向并不总是与行为强烈相关。一个原因是人们的需要、判断和评估在他进行衡量时和他实际行动时发生了变化，还有时事变化、经济波动、竞争对手的变化、价格的涨跌等等。另外，人们通常不愿意承认他们的真实感受或他们想怎么做，而是说一些访谈者愿意听的话。

Oobie 是一种形状像蚌一样长着两只眼、上面有一个地址签的塑料玩具，它说明了这一问题。Parker 兄弟公司在 20 世纪 70 年代初开发出了这种代表友情的玩具。创意始于小孩子为他的朋友写了一个便条，放在 Oobie 上，然后再把它放在某个公共地点。碰巧见到这个 Oobie 的人会把它拣起来带到下一个地点。Parker 兄弟公司所作的调查显示，玩具在这一点上会做得很好。父母们说，他们很喜欢这一玩具，并且一定会给他们的孩子购买。然而，一旦进入商场，父母们的观点完全变了。他们开始觉得信任潜在的陌生好心人是一个问题。一个坏蛋可以很容易地拣起 Oobie 并“拜访”小孩子在地址签上写出的地址。

利用购买意向预测一种新口味的谷类食品、土豆片或一种新产品如无脂肪小点心的销售是常规的做法。但这些调查能够预测的东西很少。事实上，人们在预言其对任何商品（不管是新的还是旧的，是耐用品或非耐用品）的长期购买行为时都不可靠。例如，询问消费者会不会在今后一两年内购买电脑并不能与实际销售相符。一项调查发现，在过去发表的 100 多篇学术论文和产业资助的调研中（这些调研涵盖了200种产品和65000位消费者），尽管消费者在被问及是否会首先试用某一产品时作出的回答似乎很诚实，但他们的实际行为与他们的意向基本无关[1]。

另一个例子是针对可能推出的新型运动型多功能汽车（SUV）的研究[2]。调查和焦点小组指出，如果SUV车安全，消费者就会购买。但实际的购买并不是完全基于安全性。

在新可乐溃败中，调研集中于人们的口味偏好，但它并没有衡量人们寄托在可乐上的情感。大部分口味测试只是在不知道是何种商品的情况下进行的，并没有考虑产品的完全形态——名称、历史、包装、形象等。还有，被测试者并没有被告知老可乐会被清出市场，取而代之的是新可乐。另外，意向调查和口味测试并没有直接针对恰当的市场细分。尽管可乐的主要消费者是年轻人，但可乐的拥护者是年纪较大的人。尽管年轻人喜欢较甜的口味，但可乐的核心市场更喜欢不太甜的配方。

实验。实验性调研要求选出与主题相匹配的小组，对他们区别对待，控制无关的变量，并检查观察到的反应差异是否具有统计显著性。在取消或控制无关因素的意义上，观察到的结果能够与处理方式联系起来。实验性研究的目的是消除对观察到的现象的不同解释而把握其因果关系。

真正的实验通常是在实验室进行的，在那里，可以最大限度地控制实验条件并消除外部偏差。现场实验与实验室实验类似，但它是在真实世界中完成的。现场实验中能够控制的因素较少，无法控制的力量可能对结果产生影响，但现场实验提供了在真实环境中进行实验的优势，因此克服了实验室中人造环境的不足。

企业应用现场实验主要是为了测试新产品、价格或广告。例如，美国航空公司可能会在其从纽约到洛杉矶的正常航班上提供电话服务，每次通话25美元。而在第二天的同一航班上，它可能宣布每次通话的价格为15美元。如果飞机搭载的旅客人数和类别都相同，而且一周中的哪一天对结果没有影响，那么打电话次数的任何显著变化都会与收取的价格有关。这一实验还可以通过尝试其他价格、在不同的航班上尝试相同的价格或在其他航线上进行试验以使实验更加精细。在这一意义上，设计和进行实验消除了可能解释这些结果的其他假设，调研与营销经理对这些结论会更有信心。

Dick超市在花生酱、橘子汁、蔬菜罐头和婴儿食品类别中选出75～100个扫描器号码，或SKUs。3家商店被设计成测试点，并轮流作为控制商店（control stores，价格无变化）和价格变化商店。某种橘子汁的价格被降低，而一种品牌的蔬菜罐头的价格上涨，时间持续了 4 个星期。比较控制商店和价格变化商店，Dick 超市发现橘子汁的销售增加了 29%，蔬菜罐头的销售增加了 20%。Dick 超市还计算出了交叉价格弹性。它发现酸奶与麦片的交叉价格弹性是 -10%，即消费者对一种物品的购买与其他物品有关。在其他测试中，全价的罐装乳制品被摆放在打折的馅饼附近，测试商店发现那些商品的销售收入增加了 24.5%[3]。

4B.3　二手数据

二手数据是指那些为一种目的收集的并被用于另一目的的数据。企业获取估计其需求的二手数据的途径之一是企业实际销售、价格和相关信息的历史资料。另一个途径是可比企业的历史记录或可比产品的历史记录。政府统计提供了很多用于经济研究的二手数据。这些数据通常可以在不同的政府机构网站上获得。私人企业也提供数据，通常是收费的。这些也可以通过网络获得。

二手数据在克服了一手数据中人们心口不一这一问题的同时，其应用同样也有限制。如果一家现存企业想要得到当价格上涨时消费者的反应，二手数据可以提供很好的答案。基于真实价格和销售的推测的需求函数会提供一个非常好且非常可靠的价格变化反应模式。然而，如果一种全新的产品即将推向市场，生产商想要知道消费者会如何反应，则二手数据就不太可靠。市场调研者可能会找到一种十分相关的产品并用它的历史记录为新产品提供信息。但新产品必然具有不同的特点，或者它可能根本就没有可比产品。那么，需求该如何估计呢？在这种情况下，企业通常会依赖一手数据，它们通常会在一些选定的、有限的地点推出新产品，然后改变价格和产品的其他重要属性。这些“测试市场”的功能就像实验一样，能够带来估计需求所需的数据。

本章附录注释

[1] Andrea Ovans, “The Customer Doesn’t Always Know Best,” *Harvard Business Review*, Vol. 76 (May/June 1998): 12 -13.

[2] 参见 Harvard Business School, Case 596 -0036, Land Rover North America, Inc.

[3] Kenneth L. Robb, “Data Warehouse Success Story: A DataSage Solution for Dick’s Supermarkets,” *Business and Management Practices* 9, no. 8 (September 1999): 86 -87.

CHAPTER

5 成本

案例：菲尔兹夫人甜饼店[1]

19 岁时，戴比·西维尔（Debbi Sivyer）和当时 29 岁的经济学家兼金融顾问兰迪·菲尔兹（Randy Fields）结婚。戴比经常把她做的甜饼带到兰迪的办公室里，兰迪的客户非常喜欢这些甜饼。由于厌倦了只是把做甜饼作为一种业余爱好，戴比说服兰迪，要开一间她自己的甜饼店。他们借了 5 万美元，1977 年 8 月在加利福尼亚帕洛阿尔托市（Palo Alto）开设了第一家菲尔兹夫人甜饼店。到 1982 年，她的甜饼店已经开到旧金山和北加利福尼亚州的其他地方，并在夏威夷开设了一家澳洲坚果店。

戴比的目标是像经营最初的帕洛阿尔托店那样经营每一家商店。商店的第一个特征是店面的结构。每一家商店都被分割成两部分：烘烤区和零售区。顾客被商店开放的设计和刚出炉的点心的诱人香味吸引进来。每家商店都通过连入公司总部的计算机系统实现标准化的经营。每家商店的计算机都连接到由兰迪和信息管理系统公司开发的复杂的商店管理系统中。这一程序包括工作日计划、考勤钟、商店会计与库存等等。店面的计算机连接到总部的计算机上，存储当天的交易，收取发给职员的信件。商店经理的一天是从计算机室开始的。输入完工作日描述如星期几、上学日还是假日、气候状况等等，经理要回答一系列问题，使得系统可以利用一个特别的数学模型制定当天的计划。然后，经理会得到一系列提示，如每小时烘烤多少甜饼，以及每小时的目标销售量是多少。经理输入当天要制作的甜饼类型，系统可以提供一个每炉小甜饼如何进行调制以及何时进行调制的建议。甜饼面团的调制工作是在位于犹他州帕克城的公司总部完成的，然后再运到其他商店。

一直到 1982 年，公司的运营很顺利，以至于开始考虑进行国际扩张。日本、中国香港和澳大利亚被确定为菲尔兹夫人甜饼店的第一批国际竞技场。到 1990 年，菲尔兹夫人甜饼店成为一个在 8 个国家和地区拥有近 1000 家商店的大型公司。但 1990 年，公司宣布，尽管收入为 1.3 亿美元，但净亏损 880 万美元。1991 年，公司以大大低于 20 世纪 80 年代巅峰价格的价格出售。发生了什么？为什么公司以惊人的速度增长而最后却发现其成本增加更快？

5.1　成本与产出

电信企业在 20 世纪 90 年代末和 21 世纪初实际上已经垮台。20 世纪 90 年代，世通（WorldCom）公司被作为一个典型，其 CEO 伯尼 · 埃伯斯（Bernie Ebbers）被赞美为一位模范领导人。埃伯斯开始购买长途电话时间，并通过长途电话折扣服务公司（LDDS）转售。通过在 1995 年将公司改名为 LDDS WorldCom，埃伯斯开始关注增长。在短短的 3 年中，他收购了 75 家公司，成为电信巨人。1998 年，世通收购了 MCI 公司，并于 1999 年试图收购 Sprint 公司，但遭到反托拉斯法的拒绝。结果，底线被击穿了，2002 年 4 月 30 日，世通公司的市值只有其最高时的 4%。为什么？世通公司的债务压倒了一切，仅仅在收购 MCI 公司时就欠下了数十亿美元的债务。2002 年 7 月，公司宣布破产，并试图以较低的成本进行重组。

通用电气公司多年来曾经是受人尊敬的公司，其 CEO 杰克 · 韦尔奇被誉为企业最好的领导人。通用电气大致上是两个公司——产业部门和金融部门，后者即通用电气金融公司（GE Capital）。通用电气金融公司每年收购超过 100 家企业，保留或重组能够带来利润的，而放弃那些无利可图的企业。在过去 20 年间，它拥有最快的增长速度和最稳定的收入流。2000 年 8 月，通用电气的股价高达 60 美元。在 2002 年 4 月 24 日，通用电气的股价跌到 33 美元以下，市值比最高时减少了 2600 亿美元。原因是什么？很多人认为是通用电气的快速增长造成的，其他人则认为它成为安然公司破产的受害者，通用电气公司可能存在的收入操纵行为被严重夸大了。通用电气公司开始关注成本。

了解消费者就是理解需求。但需求只不过是收入，而不是利润。利润是收入减去成本，因此了解消费者只不过是企业必须考虑的问题的一个方面。就像上面两家公司的例子所说明的一样，公司不能忽视其成本。这类故事在商业出版物中几乎每天都会出现。公司发现它们没有增值，于是就开始解决其成本问题。它们开始收缩而不是扩张，廉价出售其业务的一部分，减少员工数量——降低经营规模或重组业务。一些企业经历了重大的变革，而其他企业的变化则相对较小。有些企业能够解决自己的问题并增加利润，有些则不能。它们似乎永远也解决不了其成本过高的问题。在本章中我们开始考察成本。一旦理解了成本，我们就会明白为什么当管理人员关注成本时，他们常常失去自己的目标——增加价值。我们还会明白为什么当管理人员关注公司的其他行为时，常常看不到成本。

边际报酬递减规律

经营中的成本是经营中所使用资源的成本。一个企业可能拥有一个经理和一些职工，可能要利用建筑物和设备，可能要消耗电力、水和原材料。每一种资源都有成本，企业的总成本是所有资源的成本之和。

当一家企业生产更多产品时成本如何变化？这依赖于企业生产产品所需资源的组合以及这些资源的成本。Amazon. com 自从成立以来每年的销售都在增加，但同时它并没有获得正利润。在销售以及收入增加时，成本也增加。

成本与产出的关系依赖于投入与产出之间的内在关系。WMX 公司拥有16000 辆垃圾车和 18 万名员工，联邦快递拥有 25000 架飞机、5 万辆汽车和 28 万名员工，Rayovac 公司拥有 2400 名员工，而 J. Crew 公司拥有 6000 名员工。是不是联邦快递减少飞机数量并增加汽车数量会更好一些？是不是 WMX 公司拥有更多的汽车而降低员工数量会更好一些？Rayovac 公司或 J. Crew 公司增加员工数量会更好一些吗？答案依赖于投入与产出之间的关系。

假设一家小型航空公司的技术可能性（technological possibility）如表 5. 1 所示。有一位机械师为飞机服务时，如果公司拥有 5 架飞机，就可以创造 3 万人—英里；如果有 10 架飞机，就可以创造 10 万人—英里；有 15 架飞机时为 25 万人—英里；等等。再增加一名机械师，在每一个飞机数量下产出都会增加，5 架飞机时现在可以创造 6 万人—英里，等等。航空公司可以利用不同的机械师和飞机数量的组合来创造相同的产出，比如 34 万人—英里到 36 万人—英里，可以由 3 位机械师和 10 架飞机的组合得到，也可以由 2 位机械师和 15 架飞机的组合得到，或者由 1 位机械师和 20 架飞机的组合得到。不同的产出水平可以由不同的飞机和机械师的组合得到。

表 5.1　产品组合（千人—英里）

机械师数量	飞机数量							
	5	10	15	20	25	30	35	40
0	0	0	0	0	0	0	0	0
1	30	100	250	340	410	400	400	390
2	60	250	360	450	520	530	520	500
3	100	360	480	570	610	620	620	610
4	130	440	580	640	690	700	700	690
5	130	500	650	710	760	770	780	770
6	110	540	700	760	800	820	830	840
7	100	550	720	790	820	850	870	890
8	80	540	680	800	830	860	880	900

航空公司应该选择哪一个或哪几个组合，这取决于航空公司目前的状况。假设这家航空公司以前租赁或购买了 10 架飞机，而且至少在 1 年内不可能改变飞机的数量。在 1 年内公司可以改变机械师的数量但不能改变飞机的数量。这样，向航空公司开放的选择只有表 5.1 中“10 架飞机”那一列。这被称为短期，因为至少有一种投入是固定的。短期（short run）不仅指按年代计算的时间长短，而且还指时间短到至少有一种投入品保持不变。长期（long run）是指时间长到所有的资源都可以发生变化。在此，这同样不是指按年代计算的时期，而是指能够使得一切都发生变化的足够长的时期——这一时期的长度因公司而异。

可变投资的数量与产出的数量之间的关系被称为边际报酬递减规律（law of diminishing returns，DMR）。边际报酬递减规律说明，当在一种不变的资源与其他可变资源的组合中增加额外 1 单位可变资源时，总产出先增长，起初增长很快，随后减慢，最后下降。

边际报酬递减是一个自然规律，适用于任何地方。它描述了这样一种情况：一粒花种被放到一个小容器里并覆盖上优质的土壤，当浇上水后，它就开始生长。我们可以说水越多它长得越好吗？显然不是，谁都知道不停地浇水花会死掉。在《纽约时报》（*New York Time*）针对麦当娜在麦迪逊广场花园进行的演出采访中，作者琼·帕里莱斯（Jon Pareles）注意到，“麦当娜的‘The Girlie Show’支持了着装暴露的报酬递减规律”[2]，即着装更暴露一些会降低额外带给观众的价值。

边际报酬递减限制了为了在发生事故时增加乘客的安全性而在汽车内加装气囊的努力。当撞车时气囊会自动打开以防止乘客与汽车接触。在汽车中安装第一个气囊在很大程度上提高了汽车的保护性能。第二个气囊增加了一点安全性——特别是对坐在前排的成年人。继续安装气囊也会增加安全性——如在侧面的气囊可以在车门被撞时保护乘客免受伤害。每增加一个额外的气囊，它所带来的额外的安全性就越少，直到再增加一个气囊会造成安全性降低，因为气囊可能互相干扰。连续地在固定资源（汽车）中加入可变资源（气囊），由气囊提供的额外数量的保护就会递减。这就是边际报酬递减。

每当一种资源不变而另一种资源可变时，就会出现如表 5.1 所示的边际报酬递减。例如，如果飞机数量固定为 10 架，则第一位机械师将产出从 0 增加到 10 万人—公里。机械师的人数从 1 增加到 2，总产出增加到 25 万人—公里，增加了 15 万人—公里。第三位机械师将产出增加到 36 万人—公里，增加了 11 万人—公里。第四位机械师将产出增加到 44 万人—公里，增加了 8 万人—公里。额外 1 单位可变资源的增加导致的额外产出递减。

从产出到成本

为了说明收益递减规律如何确定了成本与产出之间的关系，让我们考虑一个很简单的例子。假设每位机械师的成本是 1000 美元，而这也是航空公司唯一的成本。那么，总成本可以通过用生产产出所需要的机械师人数乘以 1000 美元得到。注意到产出增加，总成本上升，但两者不是成比例地增加。最初总产出的增长大大快于成本的上升，之后成本的上升大大快于产出的增加。如表 5.2 所示。

表 5.2　总成本、平均成本和边际成本

总成本（美元）	产　出	平均总成本（美元）	边际成本[a]（美元）
0	0	—	—
1000	100	10	10
2000	250	8	6.67
3000	360	8.33	9.09
4000	440	9.09	12.50
5000	500	10	16.67
6000	540	11.11	25
7000	550	12.73	100
8000	540	14.81	—

a. 这是单位边际成本的平均值。最初 99 单位的边际成本为 10 美元说明，从 1～100 单位的平均边际成本是 101 美元，101～250 单位与 251～360 单位依此类推。

总成本是如表 5. 1 所示的机械师的数量乘以 1000 美元。产出可以从表 5. 1 中的第三列提取——产出是由不同的机械师和 10 架飞机的各种组合产生的。**平均总成本**（average total cost，ATC）是每单位产出的成本，是由总成本除以产出数量而得。平均总成本显示在表 5. 2 的第 3 列：注意到平均总成本首先下降，然后随着产出增加而上升。**边际成本**（marginal cost，MC）是产出的变化导致的成本变化。它是由总成本的变化除以产出量的变化而得。从本质上说，它是生产额外一单位产出导致的额外成本。边际成本显示在表 5. 2 的最后一栏中，它同样是先下降，然后随着产出增加而上升。平均总成本先下降再上升的原因是边际报酬递减规律在起作用。增加一位机械师，产出最初会大幅度增长（增加的成本是 1000 美元，导致的产出增加很多）。渐渐地，每增加一位机械师就增加 1000 美元的成本，而产出只增加很少的数量——生产给定数量的产出的成本增加了。

固定成本和可变成本。成本在财务报表上可以由多种形式表现出来。最常见的办法是把它们区分为间接成本（overhead cost）和直接成本（direct cost）。间接成本是指那些不是直接在生产过程中产生的成本，包括税收、保险、奖金、管理层工资、文书工作、不是用于生产过程的电费等项目。直接成本是生产中直接产生的成本——原料、物料、设备等的成本。

经济学家发现，对于他们的研究来说，将成本分为间接成本和直接成本的作用不如将其分为固定成本与可变成本更好。固定成本（fixed cost）是不随产量变化的成本，而可变成本（variable cost）则是与产量有关的成本。保险费、税、管理费用是固定成本，不管生产多少产品这些成本都是必须支付的。用于生产过程的电是可变成本，随着产出量的增加而增加。许多资源成本既是固定成本也是可变成本。如果员工加班或在企业增加产量时招收更多的员工，而在产量降低时解雇他们，则劳动成本就是可变的。但长期劳动合同使得劳动成本在合同期内是固定的，因此在比合同期短的时期内，劳动成本是固定的。

到目前为止，我们简单地假设航空公司的成本仅仅是劳动成本。显然，经营航空公司还有其他成本。对于大部分航空公司而言，土地、材料和燃料约占总成本的50%，工资和薪水约占33%，资本成本约占17%。因此，我们需要考虑其他的成本。

假设劳动、资本和土地成本被分配给可变成本或固定成本，如表 5. 3 的前三列所示。第一列给出了总产出（Q）。第二列给出了**总固定成本**（total fixed

关于管理企业以及固定成本和可变成本的教程请见
http://www.toolkit.cch.com/text/P06_7510.asp

cost，TFC）——不管企业是否进行生产都要支付的成本。固定成本是10美元，不管产出是多少都必须支付。第三列是**总可变成本**（total variable cost，TVC），它随产量的增减而变化。总成本（total cost，TC）是总可变成本与总固定成本之和，如表中第四列所示。

表5.3　成本表

产出（Q）	总固定成本（TFC）	总可变成本（TVC）	总成本（TC）	平均固定成本（AFC）	平均可变成本（AVC）	平均总成本（ATC）	边际成本（MC）
0	$10	0	10				
1	10	10	20	10	10	20	10
2	10	18	28	5	9	14	8
3	10	25	35	3.33	8.33	11.6	7
4	10	30	40	2.5	7.5	10	5
5	10	35	45	2	7	9	5
6	10	42	52	1.66	7	8.66	7
7	10	50.6	60.6	1.44	7.2	8.6	8.6
8	10	60	70	1.25	7.5	8.75	9.4
9	10	80	90	1.1	8.8	10	20

将成本分成固定成本和可变成本后，我们可以用三种方法衡量单位成本——平均总成本、平均固定成本和平均可变成本，分别由相应的总成本除以产量得到。**平均固定成本**（average fixed cost，AFC）随着产量的增加而降低，因为随着产量越来越高，总固定成本10美元平均分摊到越来越多的产量中。**平均可变成本**（average variable cost，AVC）和**平均总成本**（average total cost，ATC）首先下降，然后上升，这是由于边际报酬递减规律作用的结果。边际成本（marginal cost，MC）如第八列所示，它先下降然后随着产量的增加而上升。

航空业可变成本的应用
http://www.conservativemonitor.com/opinion/2001009.shtml

平均成本曲线与边际成本曲线如图5.1所示。AVC曲线在产出水平为5~6之间达到最小值。由于ATC = AFC + AVC，ATC曲线比AVC曲线高出平均固定成本的高度。ATC曲线在产出为7以前都在下降，随后开始上升。MC曲线最初低于AVC曲线和ATC曲线，在产出水平达到5以前一直在下降，从产出为5时开始上升。MC曲线穿过AVC曲线的最低点，然后一直上升，并穿过ATC曲线的最低点。

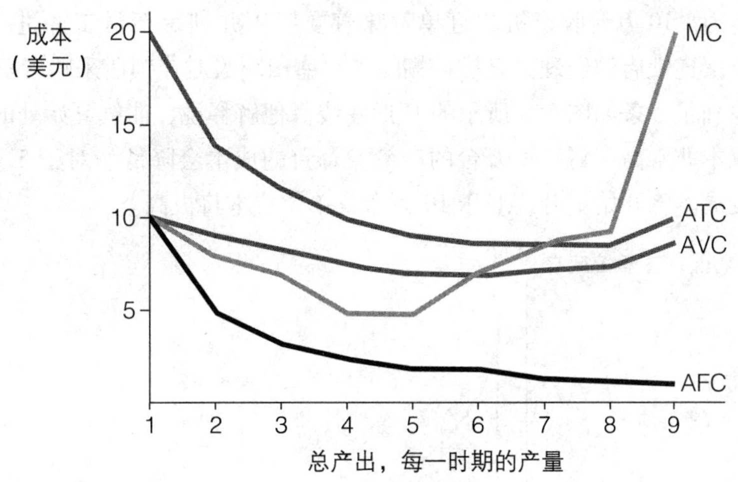

图 5.1 成本曲线

利用表 5.3 中的数据画出平均成本曲线和边际成本曲线。AVC 曲线和 ATC 曲线是 U 形的，反映了边际报酬递减规律。AFC 曲线一直下降是因为一个固定的量被越来越大的产量去除。MC 曲线最初位于平均成本曲线之下，随后上升，先与 AVC 曲线后与 ATC 曲线相交于它们的最低点。

注意：像“我们需要分散间接成本”听起来在某种程度上与降低平均固定成本的概念类似——单位产出的固定成本随着产出的增加而降低。但间接成本也可能包含可变成本。这样，分散间接成本的需要就涉及降低不仅仅是用于直接生产过程的总成本。企业越能在提高产量的同时将间接成本维持在不变的水平，这些间接成本就越像是固定成本。但两者不是同一类别。

边际报酬递减规律为每个企业定义了短期内成本与产出的关系，不管这家企业每年的收益是超过 10 亿美元还是小型的独资企业。显然，企业的大小或规模各不相同，但短期内成本与产出关系的本质是相同的。

5.2 规划的范围：长期

索尼公司的创始人盛田昭夫（Akio Morita）在 1955 年到美国去销售一种由他的公司开发的小型收音机[3]。他获得了一个极为诱人的机会：一家连锁店要购买将近 10 万台收音机。但令人吃惊的是，盛田昭夫拒绝了。为什么？盛田昭夫知道索尼公司没有能力生产这么多的收音机，它只有每月不到 1000 台的生产能力。10万台收音机的订单意味着要雇用并训练新员工并进一步扩大设备规模。连锁店的经理完全被搞糊涂了。盛田昭夫对连锁店采购者解释了他的处境。他画了一条如图5.2所示的U形曲线。他解释说，曲线开始处的5000台的单位成本非常高，对于1万台的产量，每台的成本会降低。对于5万台的产量，单位成本将开始上升。对于10万台，单位成本将极高。

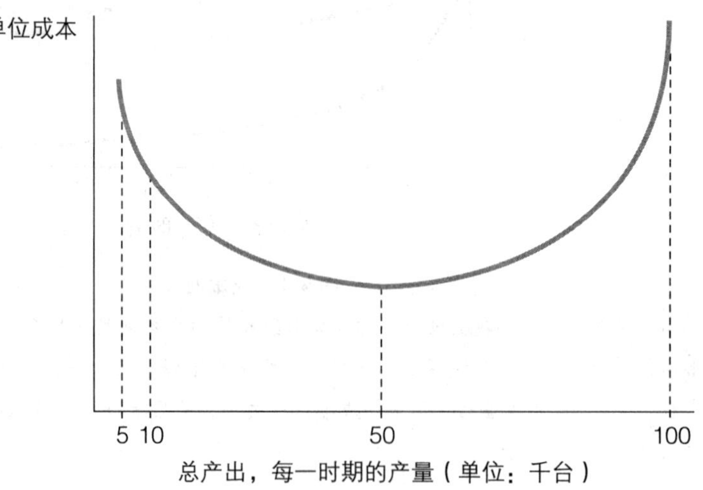

图5.2 盛田昭夫画出的曲线

盛田昭夫画的这一简图表明，企业的成本是一条U形曲线。但盛田昭夫谈的是长期而不是短期。

如果索尼公司不得不增加产量以完成10万台收音机的订单，而第二年接不到重复订单，这会是一个大麻烦。购买方最终同意为其商店购买1万台收音机。这一决定对索尼公司至关重要。如果盛田昭夫经不住诱惑而接下了那个大订单，索尼公司也许今天就不存在了。

尽管盛田昭夫画出了一条U形成本曲线，但他考虑的是长期。他还必须决定是否扩大规模，而不仅仅是增加工人或购买更多原料。企业只有在长期内才可以选择搬迁或建一座新工厂或购买额外的飞机。经理在制定企业规划时可以选择任何规模的工厂，或者利用任何资源的组合，因为在长期内所有资源都是可变的。实际上，在长期中经理要对比所有的短期情况。在短期中或经营期，经理能够决定是否生产或生产多少，但不能扩大生产工厂的规模或改变地理位置。在长期中，经理可以扩充、收缩、改变地点、进入一个新领域、退出某些行业或停止做生意。

长期成本曲线

图 5.3 显示了几条短期成本曲线。图 5.3 中的 $SRATC_1$ 曲线是盛田昭夫画出的成本曲线（图 5.2）。ATC 前面的 SR 表明这一曲线是**短期平均总成本**（short-run average total cost，SRATC）曲线。每一条短期成本曲线都是针对某一特定的资本资源数量（特定的工厂规模、产品线数量，等等）画出的。一旦选定了资本资源的数量，企业就会将各种其他资源与固定资源进行组合以生产产品。例如，如果选择了少量的资本资源，如能有效率地生产 5000 单位产品的资本资源，企业将沿着 $SRATC_1$ 运行。如果企业选择了较大数量的资本资源，如足够生产 10 万单位产品，则企业将沿着 $SRATC_2$ 运营。

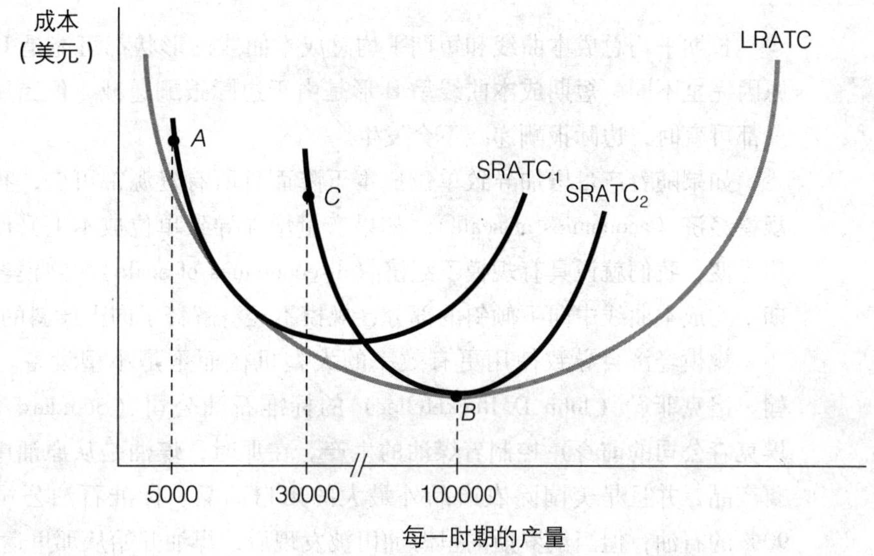

图 5.3　长期平均成本曲线

长期平均成本曲线与各短期平均成本曲线相切。对于任意的固定资源数量，都能描绘出一条不同的短期平均成本曲线。

1995 年，索尼公司只拥有 $SRATC_1$ 所示生产能力。索尼能以成本 *A* 生产 5000 台收音机。如果生产超过 5000 台，它将沿 $SRATC_1$ 移动。当超过 3 万台时，单位成本将上升。在长期中，企业可以通过获得更多的资本来扩大其规模。如果它选择了如 $SRATC_2$ 所示的规模以生产 10 万台收音机，单位成本将为 *B*。但是，生产设备的规模扩大到这种程度后，如果索尼的生产量下降，比如说降为 3 万台，它将很容易受到伤害。索尼公司将通过减少可变资源而沿着 $SRATC_2$

曲线移动，直到它有机会卖出其一部分固定资源。在它改变规模前的这段时间里，单位成本将非常高（C 点）[4]。

长期是一个计划期——任何资源的组合方式都可以选择。一旦选定了一种特定的组合，即选择了一种经营规模后，企业必须沿着某一特殊的短期成本曲线经营。在长期中，企业可以选择沿着任意一条 SRATC 曲线经营。它需要做的就是选择一个它希望生产的产出量，然后针对选定的产出量选择成本最低的资源组合。最低成本组合用图 5.3 中的一条与各 SRATC 曲线相切的曲线表示。这条曲线就是**长期平均总成本**（long-run average total cost，LRATC）曲线，它表示各种产出水平下当所有的资源都可以获得时每单位产出的最低成本。

规模经济与规模不经济

长期平均总成本曲线和短期平均总成本曲线的形状都可能是 U 形的，但其原因完全不同。短期成本曲线呈 U 形是由于边际报酬递减，但当所有资源的数量都可变时，边际报酬递减不会发生。

如果随着产量增加导致单位成本下降而且所有资源都可变，我们就说具有**规模经济**（economies of scale）。如果产量增加导致单位成本上升而且所有资源均可变，我们就说具有**规模不经济**（diseconomies of scale）。规模经济解释了长期平均成本曲线中向下倾斜的部分，规模不经济解释了向上倾斜的部分。

规模经济会导致使用更有效率的大型机械而不是小型设备。1892 年，约翰·洛克菲勒（John D. Rockefeller）的标准石油公司（Standard Oil Company，埃克森公司的前身）控制着煤油的生产。在那时，煤油是从原油中提炼出的主要产品，并且是美国除农产品外最大的出口商品。标准石油公司生产了美国 90% 的石油，但当俄罗斯的里海油田被发现后，煤油开始从那里运到欧洲市场，标准石油公司担心会失去在欧洲市场的地位，企业不得不变得更有效率。它通过关闭几家小型炼油厂并建立了三个巨型炼油厂来做到这一点。这三个炼油厂巨大的产量使得其成本显著降低。1880 年，每天能生产 2000 桶煤油的炼油厂每加仑煤油的成本是 2.5 美分。1885 年，标准石油公司日生产 6000 桶煤油的新工厂能够以每加仑煤油低于半美分的成本进行生产。这使得公司的煤油能够以低于俄罗斯煤油的价格在欧洲出售，尽管美国煤油的运费要高得多。

有时候规模经济来自专业化。规模大可以使企业以专业的方式使用其受过专业训练的工人，而不是让他们做各种工作。这正是 20 世纪 90 年代滑雪行业并购事件的原因。美国滑雪公司（American Skiing Company）占领了新英格兰地区的绝大部分市场；Intrawest 公司占领着魁北克的 Mont Tremblant 和佛蒙特的

利用外包实现规模经济效应
http://www.outsourcing-journal.com/issues/may2001/insights.html

Stratton 山；英属哥伦比亚的 Blackcomb 公司购买了 Mammoth 山 33% 的权益；等等。所有者们都声称并购会使企业的运营标准化、工作合并，并获得更高的购买力。

然而，规模并不能自动提高效率。随着规模增大而来的专业化通常需要额外的专业化经理人。雇员增加 10% 可能要求经理人员的数量增加大大超过 10%。可能需要管理其他经理人的经理。文书工作增加了。会议更加频繁。没有直接用于生产的时间和人力增加了。管理无效率不一定是规模不经济的唯一原因，但通常是主要原因。

当先是规模经济而后是规模不经济时，就会形成 U 形 LRATC 曲线。这种情况通常发生在既生产又销售其产品的企业中。发电行业具有传统上的规模经济性，一个大型发电厂能够比几家小型发电厂以更低的成本发电。但电力传输则完全不同。需要传输的距离越远，电力的损失就越大，每千瓦时的传输成本就越高。在某种规模上，边际传输成本的增加大于边际发电成本的降低。规模不经济战胜了规模经济。

许多不同类型的企业面临相似的问题。菲尔兹夫人甜饼店在其位于犹他州帕克城的总部培训了其所有的店面经理，培训期被称为是就读“甜饼大学”。通过将“甜饼大学”的成本在 700 多家商店中进行分摊，菲尔兹夫人甜饼店能够达到规模经济。然而，公司面临着更多的规模不经济，因为制作甜饼用的生面团是在一个地方生产并混合好然后再运到各个商店。生面团厂可能很大，但生面团的配送产生的规模不经济随着商店开得越来越远而更加恶化。

边际报酬递减规律适用于任何资源、任何企业以及任何产业，不管是规模经济、规模不经济，还是根据不同产业的具体情况而得到的某种组合。没有任何物理定律要求一个产业先具有规模经济然后具有规模不经济，如 U 形短期平均成本曲线所描述的那样。从理论上说，存在这样的可能性，即一个产业只存在规模不经济，或只存在规模经济。

规模大并不总是好的

规模经济导致随着产量的增加单位产出的成本降低，那么，看起来大企业似乎总是优于小企业，但实际上并非如此。效率和专业化受到市场规模的限制，如图 5.4 所示。具有规模 C（$SRATC_C$）的企业不会比具有规模 B（$SRATC_B$）的企业更有优势。大企业 C 无法售出实现其最有效率产出要求的数量。如果需求不足以购买大企业生产的所有产出，那么生产大量产出是没有意义的。

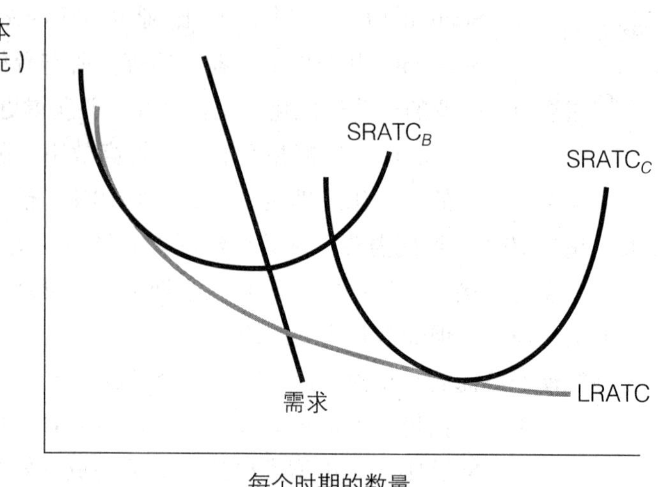

图 5.4　专业化限制了市场的规模

生产受到市场规模限制的案例常常发生在发展中的小国中，其国内市场对于生产的产品来说非常有限。某种最现代化的技术可能会导致其产出超过一个国家的需求。例如，斯里兰卡请前苏联协助修建一座炼钢厂。前苏联最小的炼钢厂每年生产 6 万吨钢材，但斯里兰卡全国一年的钢材需求量只有 3.5 万吨。结果，由前苏联修建的炼钢厂的生产能力只被利用了 58%。在那样的产出率下，炼钢厂的运营是无效率的。

由于不同国家的市场可能不支持一家企业或工厂最有效率的规模，你可能奇怪各国为什么不专注于发展那些能够达到某种规模（这种规模使其能够与最有效率的生产企业进行竞争）的行业，并从其他国家购买那些国内市场过于狭窄从而不足以支撑其进行竞争性生产的产品。事实上，有证据表明，规模经济有助于决定国家间贸易的模式。在某个产业（如钢铁或汽车）能够达到有效生产规模的国家可以向那些不能实现规模经济的国家出售这些产品。这一方法的问题在于，许多国家不允许从国外购买某些产品或服务，结果，国内厂商成为这些产品和服务的唯一来源。当保护主义限制了市场规模时，会造成受保护的较小的国内市场利用陈旧的和无效率的方式进行生产。

小企业如何创造规模经济的讨论请见
http://www.credit-to-cash.com/small_business/economies_of scale.shtml

大企业和小企业哪一个更好？在 20 世纪 80 年代，管理咨询人员相信小企业更好一些。《追求卓越》（*In Search of Excellence*）一书的作者汤姆·彼得斯（Tom Peters）认为，20 世纪 80 年代 IBM 和通用汽车的经验明确地显示出小企业比大企业更好。众所周知，美国的小企业创造了

80%的新工作岗位。然而，就像在大多数情况下发生的一样，一般性声明受到一些特例的挑战。例如，当20世纪80年代和90年代初IBM和戴姆勒—奔驰公司在困难中挣扎时（IBM在90年代后期重振雄风），其他大企业——如可口可乐、麦当劳、丰田——早已蒸蒸日上。

大企业发现，小企业的灵活性值得它们学习。大企业正在外包很多活动，这使得小企业可以在大企业核心业务之外的领域为其提供服务。同样，小企业发现它们需要大企业所拥有的规模经济。越来越多的企业与其他公司建立联盟或者将公司建立在产业群中以模仿大企业的规模经济。合资企业、联盟、产业群或网络使得单个企业能够不必进行兼并或合并成一个企业就可以将力量联合起来以获得大企业拥有的优势。在能源产业中，新技术如微型燃气轮机、燃料电池等可以用来与拥有规模经济的大型电站进行竞争。小企业通过在一个地点建立大量小型工厂以获得竞争所必需的规模经济。最近的两个项目（一个在洛杉矶附近，另一个在丹佛附近）说明了这一方法。在两个例子中，小型燃气设备被连接起来以生产足够的能源抗衡大企业的生产设备。同样的事情也发生在某些农业地区和医药企业中。许多提高了谷物产量的农业实体正在组成合资企业如机械辛迪加（machinery syndicate）和合约农业协定（contract farming arrangement）以实现规模经济。一些药厂外包了许多活动，然后加入到存在规模经济的联盟或网络中，以实现规模经济。

范围经济

生产多于一种产品的企业可能会发现其产品存在协同效应。例如，诸如埃克森和美孚之类的石油公司生产汽油和化工品；医药公司生产很多种药物；许多企业生产各式各样的产品。当一家企业获得了由于生产多于一种产品而带来的生产优势后，我们就说具有范围经济（economies of scope）。这些优势的产生是由于一种设备可以用于生产一种产品，也可以用于生产另一种产品，或者是一种产品的副产品对于另一种产品的生产有益，或者一个人为生产一种产品而接受的培训有利于其他产品的生产。

19世纪90年代，三家大型化学公司——拜耳、Hoechst和BASF——正在建立大型染料工厂。在建立这些大型工厂前，各种染料是在各自独立的小厂中生产的。新工厂可以利用相同的基本化学品库存生产成百上千种不同的染料，导致成本的显著下降。这是范围经济的一个实例。

当两种（或更多种）产品联合生产比单独生产的成本更低时，就会产生范围经济。例如，假设化学制品公司Boschst公司每年生产1000吨化学品和

500 吨染料，成本为 1500 万美元，而单独生产化学品需要 1200 万美元，单独生产染料需要 600 万美元。这样我们就可以说这家化学品公司获得了范围经济。

人们常说，与仅专注于一种产品相比，广告代理商能够以更低的单位成本提供多种产品。换句话说，它们可以同时在多种不同的媒体上做广告——如网络电视、插播广告、杂志、专业印刷媒体、收音机、户外设备等等——或者只利用一种广告形式。广告公司联合产品的成本可以降低 5% ~70%[5]。

企业并不总是具有范围经济——同样会发生范围不经济。澳大利亚的电力零售业在过去的 10 多年来就是一个价值破坏行业。结果，两大主要零售商 Pulse 公司和 CitiPower 公司在 2002 年被出售。有人认为，另一家公司收购这些公司会使得购买者能够进行重组而从范围经济中获益。但是，只有当规模经济能够超越相应的范围不经济时，并购才能成功。范围不经济产生的原因，是由于这些公司都有几个不同的呼叫中心（call center）和计费系统（billing system），而整合这些系统将非常困难。结果，这些系统的合并可能意味着需要支出不成比例的成本来管理这一更加复杂的系统，这就是范围不经济，会导致更高的成本。这样，为了使并购获得成功，由规模经济导致的单位成本降低必须超过由范围不经济导致的单位成本增加[6]。

经验曲线

规模经济导致了向下倾斜的长期平均成本曲线。这就是为什么规模经济这一概念常常与经验曲线（experience curve）或学习曲线（learning curve）混淆。20 世纪 70 年代早期，一家大型咨询公司——波士顿咨询集团（Boston Consulting Group）公布了它对于随着产出增加成本降低现象的观察。公司宣称，总产出每增加 1 倍，单位成本下降大约 15%，如图 5.5 所示。他们将其称为经验曲线，因为他们相信成本降低是学习或获得经验的结果[7]。事实上，经验曲线混合了或融合了几种不同的因素。例如，它包含针对某一企业的知识和针对某一行业的一般知识的影响，还包括一家企业随着一段时期内累积产出的增加导致的成本降低以及随着每单位时间产出率（规模经济）的提高而导致的成本降低。

图 5.5 显示了两个产业的经验曲线——飞机制造业和养鸡业。两条曲线非常相似，但其原因和含义却大不相同[8]。航空公司成本下降是经验学习的结果。养鸡业没有经验曲线。在养鸡业，鸡的单位成本下降是由于整个行业采用了一种通过利用抗生素而大批量生产肉鸡的新技术（而不是提供在农场自由放养的

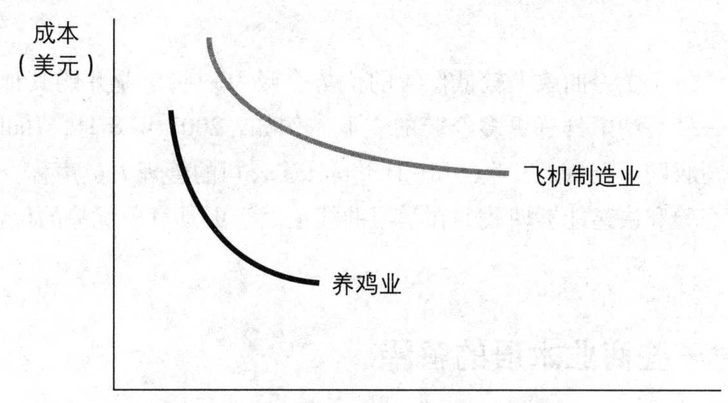

图 5.5 经验曲线

如果一家企业由于在某一特定产品的生产上具有更多的经验而导致单位成本降低，那么这一企业就具有向下倾斜的经验曲线或学习曲线。本图画出了两个产业的经验曲线，一条是飞机制造业的，另一条是养鸡业的。

鸡）。这样，图 5.5 所示的养鸡业的经验曲线就会产生误导。实际上，这是平均总成本曲线向下移动。

经验对一个企业来说是重要的优势。阿斯巴甜（Aspartame）是一种低热量的甜味剂，孟山都公司（Monsanto）的品牌 NutraSweet 使其名扬四海。阿斯巴甜是偶然发现的。1965 年，G. D. Searle 公司的科学家詹姆斯·施拉特（James Schlatter）试图开发一种抗腐烂的药物。在实验中，他发现当两种化学物品混合在一起时会产生一种甜味。1970 年，Searle 公司为阿斯巴甜申请了专利，并于 1983 年开始生产。1985 年，孟山都公司收购了 Searle 公司。1986 年，荷兰甜味剂公司（Holland Sweetener Company）开始在荷兰的 Geleen 建立阿斯巴甜的生产厂，以向孟山都公司的市场垄断地位发起挑战。荷兰甜味剂公司是由日本 Tosoh 公司和荷兰 State Mines 公司组建的合资公司。随着 1987 年 NutraSweet 在欧洲的专利到期，荷兰甜味剂公司开始争夺欧洲市场。孟山都公司以攻击性的价格作为回应。在荷兰甜味剂公司进入之前，阿斯巴甜的价格是每磅 70 美元。荷兰甜味剂公司进入后，其价格下降到每磅 22 ~ 30 美元。在这一价格下，荷兰甜味剂公司是赔钱的。

荷兰甜味剂公司的问题在于，孟山都公司具有巨大的成本优势。它花了几十年的时间学习如何降低生产成本，"正在沿学习曲线下降"[9]。孟山都公司已经开发出了一个名牌产品，生产成本只有荷兰甜味剂公司的 30%，并建立了一个分销网络。这些因素表明，荷兰甜味剂公司没有能力与孟山都公司竞争。

位于学习曲线上较低位置的优势会吸引一些企业并购其他企业——那些在某一种活动中具有更多经验的企业。例如，2002 年 8 月，Halliburton 能源服务公司收购了 Pruett 工业公司，Halliburton 公司的管理人员声称："Pruett 公司的重要经验和诀窍能够使我们在学习曲线上处于更具竞争优势的位置。"[10]

5.3 对一些商业术语的解释

企业再造（reengineering）、减小规模（downsizing）、外包（outsourcing）、合资（joint-venture）——这些商业术语的数量呈指数增长。事实上，这些词汇突然冒出来，似乎无处不在，被称为"企业的涂鸦"（corporate graffiti）[11]。就像街头帮派中的成功一员一样，成为商业帮派中的成功一员必须要懂得"涂鸦"。既然我们熟悉了成本，我们就可以考察几个常用商业术语的含义。

减小规模

20 世纪 90 年代早期及 21 世纪初，减小规模是美国最重要的商业政策。减小规模是指剥离不相关的业务并集中于核心业务，但是在实践中，这通常意味着减少工作岗位，特别是中层管理职位。在美国，1989 年减少了 10 万个工作岗位，1990 年减少了 30 万个，1991—1994 年每年减少将近 60 万个。职位削减狂潮在 1994 年达到顶峰，1995 年开始降低，1996 年又有所上升，在 1996—2000 年美国、澳大利亚和加拿大经济健康增长时期保持稳定，并在 2001 年和 2002 年衰退时期有所上升。

减小规模伴随着沿现有的短期平均成本曲线（如果一个变量保持不变）下移，或者移到另一条新的短期平均成本曲线上，这条曲线离原点更近，包含的产出范围更小（如果减小规模是发生在所有资源都可以改变的长期之中）。减小规模既可能降低单位成本，也可能提高单位成本，这要看瘦身（entrenchment）发生的方式。企业从事减小规模活动的典型假设是企业太大、太没有效率。例如，企业运营在图 5.6 中 $SRATC_5$ 曲线上的 A 点处，而它本来应该沿着 $SRATC_4$ 运行以生产 Q_5 的产量。因此，企业需要减小规模，它要通过解雇员工以便转移到更低的成本曲线 $SRATC_4$ 上。然而，如果不是出于恰当的原因或采用恰当的方法，减小规模有可能增加成本。假设一家企业减少了中层管理者的数量，并且将这些被解雇的中层管理者的工作推给仍然在职的员工。如果没有技术变革或其他减小规模的理由，那么剩下的员工就会变得缺乏效率，他们的士气会由于要做更多的工作而只能领到同样的薪水而下降。另外，由于每一个剩下的员工都要做更多的工作，专业化的好处也会降低。

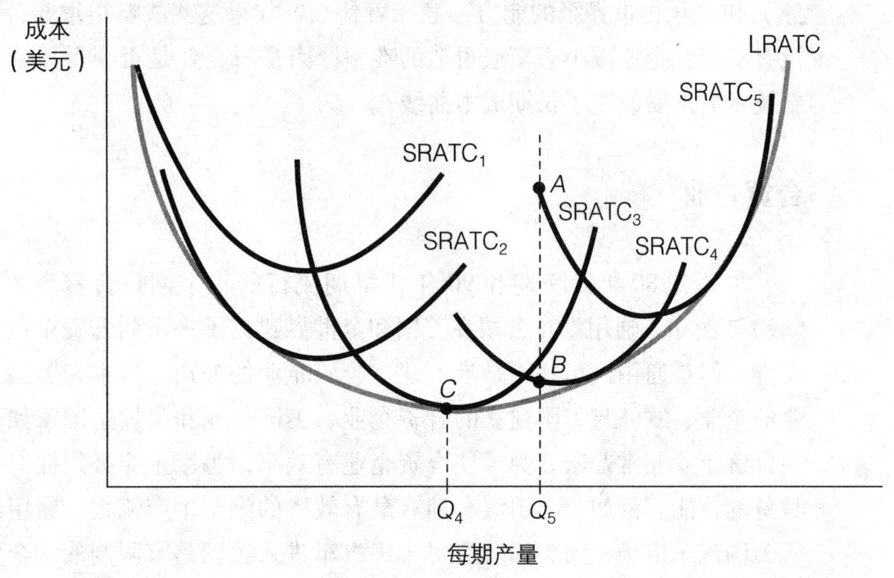

图 5.6 减小规模

减小规模的假设是企业运营无效率——如运行在 $SRATC_5$ 上。减小规模使得企业移动到一个有效率的点——如 $SRATC_4$ 上的 *B* 点处。

大多数企业减小规模后，会计成本立刻就会降低。为什么？因为需要付费的资源减少了。但是，除非减小规模导致效率提高，也就是说，除非减小规模的企业能够在 6 个月至 1 年内提高效率——即除非企业原来的效率较低，否则就连会计成本也会上升。事实上，20 世纪 80 年代和 90 年代经历过再造的企业中大约有 75% 发现其会计成本在再造后的 6 个月至 1 年时间内上升了。其他国家减小规模的企业也发现这一行为降低了企业的活力[12]。

外包。减小规模和再造过程通常包括外包（outsourcing）。外包是购买原来在企业内部完成的服务的过程。超过 75% 的企业外包其工作的某些方面。纽约 Jericho 外包研究所最近发现，54% 的加拿大企业拥有适当的外包战略，其中，91% 的企业至少战略性地外包一些支持性的以及非核心的职能。最常被外包的活动是 IT，为 57%；人力资源、退休金和设备管理各为 41%[13]。这一结果与其他工业化国家大致相同。外包可能是短期行为，也可能是长期行为。它可能意味着企业内部某种任务的减少，或者是企业规模的变化。

外包经常是减小规模过程的一部分，这是由于企业决定购买而不是生产。当购买一种活动而不是自己在内部完成时，外包就会发生。两种最常见的外包原因是“改善企业的核心业务”和“获得世界级的能力”。“改善企业的核心业务”和“获得世界级的能力”意味着什么？如果这些战略很重要，为什么以前没有实行？企业减小规模或再造的唯一原因是看企业是否变得无效率（或者是新技术的发展改变了长期成本曲线）。

合资企业

20 世纪 80 年代晚期和 90 年代早期流行的一个词是**合资企业**（joint venture）。例如，通用汽车公司在美国和全世界建立了一系列合资企业和其他合作安排。但是通用汽车并不是唯一建立合资企业的公司。日本和美国之间建立的合资企业、欧洲与美国建立的合资企业、美国企业和欠发达国家如越南等建立的合资企业非常普遍。为了使合资企业有效率，每家企业必须拥有其他企业不具备的技能。例如，丰田汽车拥有最有效率的汽车生产流程，通用汽车能够进入美国汽车市场，而美国政府对丰田汽车进入美国是有限制的。合资企业使得通用汽车掌握了更有效率的生产流程，而丰田汽车则可以进入美国市场。从本质上说，合资企业使得两家公司都能在比单独生产时更低的平均成本曲线上进行生产（更有效率地进行生产和销售）。

进入市场是建立合资企业的共同理由。美国企业发现，如果不与一家中国企业建立关系，则几乎不可能在中国进行经营。合资企业使得美国公司能够在国外开展经营活动——从本质上说，如果没有合资企业，建立长期和短期成本曲线就会是一句空话。在这种情况下，合资的一方拥有的就是进入市场的能力，而另一方拥有产品、专家和经验。事实上，并不是只有美国公司通过建立合资企业以进入所在国的市场，这几乎是所有国家都采用的一种战略。例如，加拿大 Bravo Venture 集团公司 2002 年与中国的企业建立了生产和销售冰酒（ice wine）的合资企业，并尝试向其他亚洲国家出口。2002 年，Altachem Pharma 公司计划与中国鄂尔多斯羊绒集团建立合资企业，以向 Altachem 公司的血液技术提供资金并加速其发展。

供应链

供应链管理（supply chain management）一词已经使用了 10 年左右，并已经成为了一个商业术语。今天，几乎所有的公司经理——据一项调查，为

86%——认为，供应链管理是企业需要优先考虑的事项之一[14]。然而，几乎同样多的管理人员不知道供应链为何物，以及如何管理它。供应链是指从原材料到最终产品的生产与销售的整个过程。例如，考虑一下如图 5.7 所示的汽油零售企业的供应链。

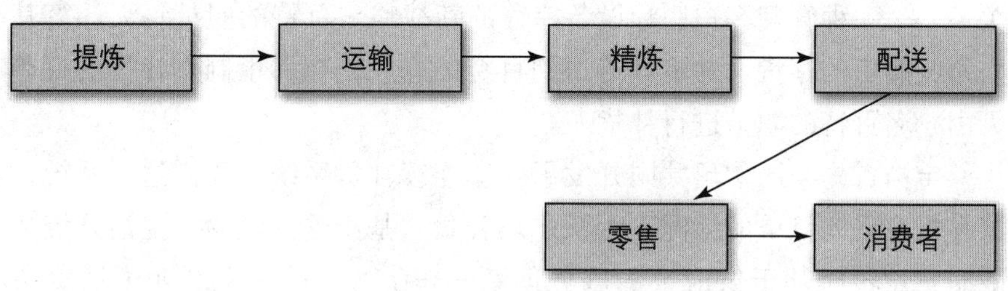

图 5.7 石油公司供应链结构图

在图 5.7 中我们看到，第一步是对原油进行提炼，而最后一步是把汽油装进消费者的油箱中。原材料经过提炼，运送到精炼厂，配送到零售渠道中，最后销售给消费者。不同的步骤被称为其他步骤的上游（upstream）或下游（downstream）。提炼是其他步骤的上游，而零售是下游。整个供应链或至少是供应链中的多个环节可以在企业内部完成，但并不一定如此，而且通常也不是在企业内部完成的。哥伦比亚国营的石油公司 Ecopetrol 公司与巴西的 Braspetro 石油公司和加拿大石油公司签订合同，共同开采和提炼石油。经过提炼后，原油被输送到 Ecopetrol 公司，然后被英国的 Stelmar 公司运送到芝加哥等地的雪佛龙德士古（ChevronTexaco）等公司进行精炼，并在汽油中加入添加剂。精炼完成后，汽油被利用管道或油轮运送到存储中心，然后再用卡车运送到零售地点。这样，这些公司中的每一家都与供应链的上游和/或下游企业做生意。在企业间进行的交易被称为 B-2-B。

供应链管理是指确保沿着供应链进行的每一次交易都有效率。供应链管理可能是指下游企业为上游企业提供培训或技术输入以降低上游企业的成本或提高其产品质量的情况，显然下游企业希望这一行为能够降低自身的成本。供应链管理可能是指下游企业强迫上游企业只有当下游企业需要的时候再交送货物——这就是所谓的准时制（just-in-time，JIT）库存控制。这会降低下游企业的成本，但强加给上游企业额外的成本。供应链管理还可以指上游企业提高下游企业的效率以使下游企业购买上游企业更多的产品。这会影响下游企业的成本曲线和上游企业的需求曲线。

戴尔公司、百特公司（Baxter）、宝洁公司提供了三个成功利用供应链管理的案例。1994 年，戴尔公司正在为成为第二集团的计算机制造商而努力。公司预先订购组件并生产成库存。随后，戴尔公司开始实施一种新的商业模式，它将其运营转变为一种按订单生产（build-to-order）的过程，在准时制系统中消除了库存，并直接向消费者销售其产品。结果是单位成本降低，销量增加。

20 世纪 80 年代中期，医疗用品公司百特开发出一种与下游企业的新合作关系——一种管理客户医疗设备库存的新战略。百特的职员每天计算其客户医院每间病房的存货，并将其传送到百特的仓库，在那里制作补货的订单，第二天由一名百特的职员进行补货。

宝洁首先与沃尔玛共同开发了一套连续补货系统，凭借这一系统，宝洁可以在没有采购订单的情况下为沃尔玛补货。基于这一经验，宝洁系统性地将其战略重点转向基于供应链的服务创新——在这一过程中改变了消费品和零售产业[15]。

在这三个例子中，供应链重点的改变导致更低的成本和下游企业的需求增加。但是，2/3 的生产企业不能成功地将其供应链运作与其伙伴协同，最终导致既增加了配送和规划时间，也提高了成本[16]。

案例回顾
菲尔兹夫人甜饼店

为什么菲尔兹夫人甜饼店在公司扩张期间成本增长如此巨大？到 1990 年，甜饼店成了一个巨型公司，在 8 个国家和地区拥有将近 1000 个商店。但这种扩张远远超出了规模经济，公司不可能像只有 300 家商店时那样经营。经理们需要有更多的自由决定权，但菲尔兹一家不想放弃那些曾经令他们成功的经验，做甜饼的面团的配方是一种秘密，因此必须在美国统一配制和配送。商店非常分散，一家配送中心无法有效地完成。结果是成本大幅上升。1990 年，尽管公司的收入为 1.3 亿美元，但仍然净亏损 880 万美元。没有意识到规模的限制导致戴比·菲尔兹将公司将近 80% 的股票卖给了 4 个放款人，并从公司辞职。

小　结

1. 短期是指短到至少有一种资源的数量不能发生变化的时期。长期是指时间长到所有的资源都是可变的。
2. 根据边际报酬递减规律，连续、等量地增加一种可变资源的数量，而另一种资源的数量保持不变，在这一过程中存在这样一个点，即超过这个点后，额外增加可变资源的数量会导致边际产品（marginal product）下降。

3. 总成本是固定成本与可变成本之和，同样也等于直接成本与间接成本之和。
4. 平均总成本是每单位产出的成本——总成本除以产出的数量。
5. 固定成本是不随商品生产数量而改变的成本。
6. 总可变成本随着商品生产数量的增加而增加。
7. 平均总成本与平均可变成本在边际成本低于平均值时下降，在边际成本高于平均值时上升。
8. U 形短期平均成本曲线遵循边际报酬递减规律。
9. 边际报酬递减规律是一个短期的规律，而规模经济与规模不经济指的是长期。
10. 当所有的资源都可变时，增加产出导致单位成本下降，这时就会出现规模经济。
11. 当所有的资源都可变时，增加产出导致单位成本上升，这时就会出现规模不经济。
12. 规模大并不总是好的。最优规模依赖于成本结构和市场的范围。
13. 减小规模、再造、外包、合资企业可能是短期行为，也可能是长期行为。只有当某些情况发生变化使得改变资源的组合或生产技术更有效率时，这些活动才有意义。
14. 供应链管理关注的重点是降低成本。供应链是指从原材料或资源到产成品并销售给消费者的所有步骤。

关键词

短期	平均固定成本（AFC）	规模报酬不变
长期	平均可变成本（AVC）	减小规模
边际报酬递减规律	短期平均总成本（SRATC）	外包
平均总成本（ATC）	长期平均总成本（LRATC）	合资企业
边际成本（MC）	规模经济	供应链管理
总固定成本（TFC）	规模不经济	
总可变成本（TVC）	范围经济	

练　　习

1. 利用下列信息列出总固定成本、总可变成本、平均固定成本、平均可变成本、平均总成本和边际成本（单位：美元）。

产出	TC	TFC	TVC	AFC	AVC	ATC	MC
0	100						
1	150						
2	225						
3	230						
4	300						

2. 利用下表回答下面的问题（单位：美元）。

产出	TC	TFC	TVC	AFC	AVC	ATC	MC
0	20						
10	40						
20	60						
30	90						
40	120						
50	180						
60	280						

a. 列出总固定成本、总可变成本、平均固定成本、平均可变成本、平均总成本和边际成本。

b. 画出每一条成本曲线。

c. 在哪一个产量上边际成本等于平均总成本和平均可变成本？

3. 找出一些导致大企业无效率而小企业有效率的情况。
4. 为什么不同的行业具有不同程度的规模经济或规模不经济？
5. 描述边际成本和平均成本、边际成本和平均固定成本、边际成本与平均可变成本间的关系。
6. 解释为什么短期边际成本曲线必须与短期平均总成本曲线和平均可变成本曲

线相交于其最低点？为什么边际成本曲线不与平均固定成本曲线也相交于其最低点？

7. 考虑一家由其现有的成本曲线描述的拥有给定生产能力的生产设备的企业。
   a. 如果向所有的企业强制性地增加健康保险项目，对这些成本曲线有什么影响？
   b. 如果要求企业按员工工资的 10% 为员工提供健康保险，会发生什么？
   c. 如果不管有多少员工，企业只需要办理一个 10 万美元的覆盖全体职员的团体保险，这一计划与上一个计划相比如何？
8. 解释以下说法：我们要增加产量以分摊一般管理费用。
9. Express Mail 公司为客户提供隔夜递送服务。它正在试图确定是否应该扩大设备规模。现在其固定成本为每月 200 万美元，可变成本为每包裹 2 美元。公司对每个包裹收取 12 美元的费用，每月可以递送 200 万个包裹。如果扩大规模，其固定成本将增加 100 万美元，每个包裹的递送成本将降至 1.5 美元。它应该扩张吗？
10. 解释再造对企业的成本意味着什么。
11. 解释外包以及它对企业的成本意味着什么。你能看出再造、减小规模和外包的区别吗？描述一种情况，在那种情况下，减小规模是一种短期行为。再描述一种情况，在那种情况下，减小规模是一种长期行为。
12. 在什么情况下合资企业有意义？在什么情况下企业不希望进行合资？
13. Amazon. com 的 CEO 杰夫·贝佐斯（Jeff Bezos）说："许多人对电子商务不理解的，是它要达到多大的规模。"传统的零售商可能需要使其资本支出加倍以使销售增加一倍，而 Amazon 成本的绝大部分是固定成本。"一旦我们编写好软件，就可以用它处理许多客户。"解释这段话的意思。
14. 假设一家公司的长期成本可以由下述函数表示：

$$C = 28400300 + 460200Q$$

    其中：C 为总成本，Q 为产品数量。
   a. 如果 $Q=500$，平均总成本是多少？
   b. 如果 $Q=200$，平均总成本是多少？
   c. 如果市场规模为 1000 单位的产品，而且所有企业都具有相同的成本函数，那么一家占市场份额 50% 的企业与一家占市场份额 20% 的企业相比有优势吗？
   d. 边际成本是多少？
15. 假设大型喷气式客机飞行 1200 英里和 2500 英里，乘客分别为 250 人、300

人和350人的每乘客—英里的成本（单位为美分）如下[17]：

乘客数量	里程数	
	1200	2500
250	4.3	3.4
300	3.8	3.0
350	3.5	2.7

a. 飞行里程为1200英里、乘客人数在250~300之间时，增加1名乘客的边际成本是多少？

b. 如果乘客人数为300，飞行里程在1200英里和2500英里之间，多飞1英里的边际成本是多少？

c. 当飞行里程为2500英里时，公司要收取多少费用才能弥补其运营成本？

16. 假设长期总成本函数如下：

$$LRTC = 200Q - 24Q^2 + Q^3$$

a. 当产量水平为多少时公司可以实现规模经济？

b. 当产量水平超过多少时公司面临规模不经济？

17. 一个在球场外面卖热狗的小商贩的短期总成本函数如下：

$$C = 2Q^2 + 130$$

a. 小贩的边际成本是多少？

b. 小贩需要制作多少热狗才能最小化其单位成本？

本章注释

[1] Based on Harvard Business School, Case 9-189-056; and Tom Richman, "Mrs. Fields' Secret Ingredient," *Inc.* (October 1987): 67-72.

[2] Quoted in Cal Thomas, "Have We Hit Bottom on Immorality?" *Arizona Republic*, 20 October 1993, p. B7.

[3] Shlomo Maital, *Executive Economics* (New York: Free Press, 1994).

[4] 再考虑一个例子，但结论是相反的。1998年，John Deere与Home Depot联合以Scott的品牌为大众市场生产除草机，而这一品牌是Home Depot拥有的。John Deere同意为Home Depot提供一种高质量、价格适中的除草机。Home Depot预计2002年的需求量为20万部，到2006年，需求量将上升到34.9万部。John Deere决定专门为Home Depot生产这种除草机而建立一家工厂，资本投资大约为2340万美元，支出投资1270万美元。

这家专门化的工厂建成后在 5 个月之内可以生产 17.5 万部除草机，但问题是 Home Depot将其预计值降低了一半，仅为 10 万部，这使得 John Deere 的生产能力过剩。

[5] A. Silk and E. Berndt, "Scale and Scope Effects on Advertising Agency Costs," National Bureau of Economic Research, Cambridge, MA, Working Paper No. 3463, October 1990.

[6] Conor Wynn, "Scope Costs Could Lessen Electricity Scale Savings," *Australian Financial Review*, June 4, 2002; p. 71.

[7] Boston Consulting Group, "Perspectives on Experience," Boston Consulting Group, Boston, Mass., 1968.

[8] 正如某人所说，两个产业唯一相同的地方是都有翅膀。

[9] *Co-Opetition*, by Adam M. Brandenburger, Barry J. Nalebuff, and Ada Brandenberger (New York: Doubleday, 1997), p. 70.

[10] "Halliburton Advances Strategy in Reservoir Performance Monitoring" *PR Newswire*, August 15, 2002.

[11] These buzzwords are referred to as graffiti in Thomas S. Robertson, "Corporate Graffiti," *Business Strategy Review*, 6, no. 1 (Spring 1995): 27-44.

[12] Emma Connors And Stephen Long, "When Downsizing Becomes Risky Business," *Australian Financial Review*, June 4, 2002, p. 1.

[13] "Outsourcing: Buying Best Practices," *Canadian Business*, August 5, 2002.

[14] "Bain & Company Survey Shows Supply Chain Still Mismanaged by Most Companies," *Business Wire*, May 28, 2002.

[15] William C. Copacino and Jonathan L. S. Byrnes, "How to Become a Supply Chain Master," *Supply Chain Management Review*, March 30, 2002, p. 37.

[16] "Industry Survey Reveals a Majority of Manufacturing Companies Fail to Synchronize Supply Chain Operations," *PR Newswire*, August 7, 2002.

[17] S. Breyer, *Regulation and Its Reform* (Cambridge, Mass.: Harvard University Press, 1982). 这些数据是波音 747 在 1997 年的运营成本。*Applied Microeconomics* (New York: Norton, 1997).

第 5 章附录：

成本与生产

在本附录中，我们将用微积分来表示边际产品与边际成本之间的关系，还会说明为什么边际报酬递减规律决定了边际成本曲线的形状。

一家企业所能生产的总产出或出售的产品决定于它如何利用其资源。这一关系由生产函数表示：

$$Q = f(K,L)$$

这表明，产出 Q 决定于资源——资本（K）和劳动（L）（生产函数反映了表 5.1 中的关系，表 5.1 显示了机械师与飞机数量的组合，以生成旅客—飞行里程数据）。

劳动的边际产品是额外增加一个工人而增加的产出：

$$\partial f(K,L)/\partial L = MP_L$$

资本的边际产品是增加一个单位资本而增加的产出：

$$\partial f(K,L)/\partial K = MP_K$$

边际报酬递减规律告诉我们，向固定的资本中添加越来越多的劳动，我们获得的额外产出会在开始时增加，但将逐渐减少。因此，MP_L 最初上升，然后随着 L 不断添加到固定的 K 中而下降。同样，MP_K 也是先上升，然后随着 K 不断添加到固定的 L 中而下降。

总成本是所有资源成本的总和。假设只有劳动（L）和资本（K）两种资源，总成本函数为：

$$TC = C(Q) = rK + wL$$

其中，r 是资本成本，w 是劳动成本。

企业希望最小化其成本，但受到生产关系的限制，即资源如何组合以生产产出。最小化成本受到生产关系的限制可以通过拉格朗日函数表示：

$$H = (rK + wL) + \lambda[Q - f(K,L)]$$

分别对 K、L 和 λ 求微分：

$$\frac{\partial H}{\partial K} = r - \lambda \frac{\{\partial f(K,L)\}}{\partial K} = 0 \qquad (1)$$

$$\frac{\partial H}{\partial L} = w - \lambda \frac{\{\partial f(K,L)\}}{\partial L} = 0 \qquad (2)$$

$$\frac{\partial L}{\partial \lambda} = Q - f(K,L) = 0 \qquad (3)$$

用方程（1）除以方程（2），我们得到：

$$\frac{r}{w} = \frac{\partial f(K,L)/\partial K}{\partial f(K,L)/\partial L} = \frac{MP_K}{MP_L}$$

或者可以写成：

$$r/MP_K = w/MP_L$$

这告诉我们，当在任何一种资源上花费额外 1 美元产生的额外产出相同时，在这一点上我们就实现了成本最小化。

边际成本是由于企业增加一个单位产出或销售而带来的成本变化。用符号表示为 $MC = \partial TC/\partial Q$。在短期内，当某些成本固定时，边际成本是可变成本的变化量（因为固定成本不发生变化）：$MC = \partial TC/\partial Q = \partial TVC/\partial Q$。

正如我们在本章中讨论的，边际成本曲线的形状是由边际报酬递减规律决定的。边际报酬递减规律说明，当我们向固定资源中加入额外一个单位可变资源时，产出先是增加，但增加的速度越来越慢。因此，如果劳动是可变资源，同时由于边际成本就是可变成本的变化，则当我们改变产出时，边际成本就是劳动成本的变化。

劳动成本是工人每小时的成本乘以工人的数量：

$$\text{劳动成本} = wL$$

因此劳动成本的变化为 $w(\partial L/\partial Q)$。这说明边际成本就是小时工资乘以增加产出需要的小时数。

$$\text{边际成本} = w(\partial L/\partial Q)$$

注意，这种对边际成本的表达方式包含了边际产品。$\partial L/\partial Q$ 是边际产品 $\partial Q/\partial L$的倒数，边际产品是每单位劳动带来的额外产出。因此：

$$\text{边际成本} = w(\partial L/\partial Q) = w(1/MP_L)$$

边际产品递减规律告诉我们，当我们在短期内增加劳动时，最初我们会获得大量的额外产出：MP_L 将增加。但渐渐地，对于额外增加的劳动，我们获得的额外产出数量不断递减：MP_L 在下降。这告诉我们，$1/MP_L$ 最初会下降，之后逐渐上升，这意味着边际成本开始时会下降，之后逐渐上升，结果，我们就得到了 U 形边际成本曲线。

CHAPTER

6 利润最大化：寻求竞争优势

案例分析：凯马特

美国人需要凯马特（Kmart）吗？在其2001—2002年破产申请期间，凯马特有时间关闭经营不佳的商店、削减债务。许多分析家希望凯马特能够生存下来——至少多活一段时间。但它在长期中如何兴旺发达？一些人认为它必须降价。但凯马特应该已经接受了这一教训：试图通过价格进行竞争是一个错误，因为不论它把价格降低到多少，沃尔玛都能降到更低的价格。凯马特希望通过利用城市中分类齐全并按各个社区不同的生活习惯进行调配的杂货店——包括鲜肉、农产品和面包等——实现其销售的戏剧性增长。这样做有意义吗？凯马特已经在食品上做了10年的试验，却无法让这一战略奏效。2002年，它只有124家大型购物中心，而沃尔玛却拥有1060家。这是沃尔玛在销售方面迅速超越凯马特的原因之一。购物者每周光顾大型购物中心两三次，而每个月光顾折扣店的次数只有三次。凯马特能够生存吗？

6.1 寻求竞争优势

公司应该这样使用自己掌握的资源：如果用其他方式利用这些资源或由其他公司使用这些资源，资源的价值将达不到现在的价值。换句话说，公司必须最大化其添加到资源中的价值。如果做不到，资源就会重新配置到更有价值的使用者手中。最大化股东价值、最大化利润、最大化增加值——这些术语反映了企业的目标是创造价值这样一个理念。问题在于，企业如何创造价值？它应该以什么价格卖掉多少产品？

利润最大化：*MR* = *MC* 规则

众所周知，如果额外生产一个单位产出增加的成本低于增加的收入，那么生产（并卖掉）这一单位产出会增加利润。在这里以及全书中，“生产”（production）这一术语都包含“服务”，而不仅仅是生产的产出。提供另外一单位服务、提供另一份资产负债表或会计报表、提供更多的运输服务或者企业的任何产出，只要其利润的增加高于成本的增加，就是值得的。相反，如果生产一单位产出增加的成本高于销售这一单位产出获得的收入，那么生产这一单位产出将降低利润。这一常识使我们得出了经济学家所谓的黄金法则：当销售额外一单位产出获得的收益等于额外的成本时，利益达到最大化。这可以表示为 $MR = MC$，即边际收益等于边际成本。

边际成本是生产额外一单位产出增加的成本；边际收益（marginal revenue）是多销售一单位产出获得的收益。当边际收益大于边际成本时，生产更多则会增加利润。相反，当边际收益低于边际成本时，生产更多则会降低利润。因此，当供销售的数量产生的边际收益等于边际成本，即 $MR = MC$ 时，利润就达到最大化。

利润最大化法则（$MR = MC$）如图 6.1 所示，其中画出了平均总成本曲线与生产和销售一件产品（比如说自行车）的边际成本曲线，另外还画出了需求曲线与边际收益曲线。根据表 6.1 中的数据，第一单位产出需要 1000 美元的成本才能销售出去，因此第一单位的边际成本（额外成本）为 1000 美元。售出后，第一单位产出带来的收益为 1700 美元，因此边际收益为 1700 美元。由于边际收益大于边际成本，所以企业卖出第一辆自行车比不卖出好。

第二单位产出需要额外的 800 美元（表 6.1 第 8 列）才能卖出，带来 1500 美元的额外收益。对于第二单位产出，边际收益超过边际成本。因此企业生产两单位产出比不生产或只生产一单位更好。

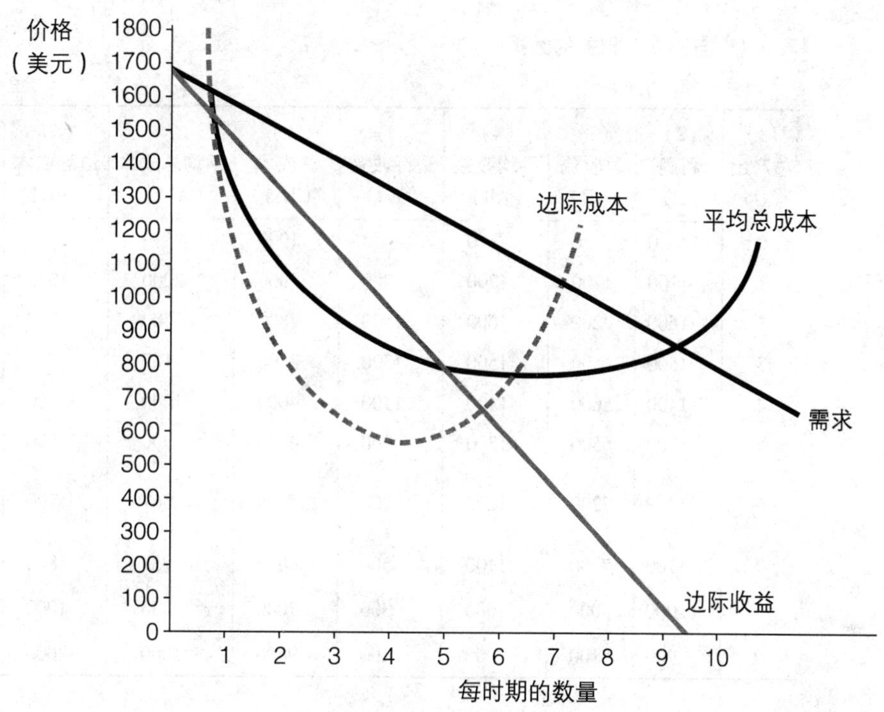

图 6.1　收益、成本与利润

利润在边际收益等于边际成本处达到最大。

直到第六单位产出被出售，利润一直在增长。销售第七单位产出的边际成本为 800 美元，而边际收益为 500 美元。由于边际成本大于边际收益，如果卖出第七单位产出，利润会下降。公司可以通过出售 6 单位产出实现利润最大化，此时的边际收益等于边际成本。

图 6.1 提供了大量关于商业行为的信息。需求曲线会根据需求弹性的不同而不同（更陡峭或更平坦），成本曲线的位置也会根据成本条件而变化，但无论如何，利润在 $MR = MC$ 时实现最大化。企业经理或所有者作出的任何决策都归结为边际收益与边际成本的比较。企业应该增加广告支出吗？如果增加广告支出的边际收益大于边际成本，那就应该增加。企业需要再雇用一位职员吗？如果增雇一位职员的边际收益大于边际成本，那就应该雇用。你不应该对这种决策方法感到惊讶。这也是你制定决策的方式。你比较做某事的边际收益（你的额外收益）与边际成本，如果边际收益超过边际成本，你就会做。耐克公司经常说“Just Do It”，其实他们应该说：“如果边际收益超过边际成本，就去做。”

表 6.1　与图 6.1 相关的数据

单位：美元

(1) 总产出 (Q)	(2) 利润 (P)	(3) 总收益 (TR)	(4) 平均收益 (AR)	(5) 边际收益 (MR)	(6) 总成本 (TC)	(7) 平均总成本 (ATC)	(8) 边际成本 (MC)	(9) 总利润 (TR - TC)
0	0	0	0	0	1000	—	—	-1000
1	1700	1700	1700	1700	2000	2000	1000	-300
2	1600	3200	1600	1500	2800	1400	800	400
3	1500	4500	1500	1300	3500	1167	700	1000
4	1400	5600	1400	1100	4000	1000	500	1600
5	1300	6500	1300	900	4500	900	500	2000
6	1200	7200	1200	700	5200	867	700	2000 (利润最大化)
7	1100	7700	1100	500	6000	857	800	1700
8	1000	8000	1000	300	7000	875	1000	1000
9	900	8100	900	100	9000	1000	2000	-900

MR = *MC* 规则在现实世界中有用吗？

如果我们知道边际收益和边际成本，确定销售数量和应收取的价格就非常简单。问题在于边际收益和边际成本通常是不知道的。会计不报告这些数据。会计在活动和部门间分配成本，他们不计算多生产一单位产出而增加的成本。而且，如我们在前面的章节中看到的，所有的机会成本都没有反映在会计报表中。因此计算边际成本并不那么简单。另外，对于一家生产上百万单位产出的企业来说，额外一单位产出看起来微不足道。为了强调经济学家的黄金法则（*MR* = *MC*）没有获得商业上的认可，本书作者以“边际收益”和“边际成本”为关键字针对 1998—2001 年间的报纸和杂志进行了查找，找到了 21 篇文章。在这些文章中，*MR* = *MC* 这一问题从未被讨论过。如果在现实世界中没有得到应用，为什么经济学家如此重视边际收益与边际成本呢？

尽管会计没有提供边际成本的信息，而且尽管管理者声称他们不关注边际成本与边际收益，这些概念还是要在他们的决策制定中发挥作用。例如，考虑航空公司如何为其服务定价。座位的价格由于飞行时间、周六是否过夜、在哪里买票等而有很大的差异。通常，航空公司会以很低的价格在飞机起飞前卖掉空的座位，事实上，这一价格会低于每位乘客的平均飞行成本。西南航空公司的每乘客平均成本是产业中最低的成本之一，大约为每英里 0.07 美元，而公司仍然将飞行距离为 1000 英里的座位以 25 美元的价格出售，为什么？因为 25 美元比 1 分钱都挣不到好多了。另外，增加 1 位乘客而增加的成本几乎为 0。这样，这一座位的边际收益（25 美元）远远超过了边际成本（几乎为 0）。西南航空公司的管理者明白这一点，不是因为他们知道边际收益大于边际成本，也不是因为他们计算了边际成本，而是因为他们明白这样做能获得更多的利润。

另一个例子是汽车零部件分销商 CarQuest 的管理者约翰·阿巴诺（John Albano），他获得过商学院的学位，知道 $MC = MR$ 这一原理。然而他说，为零部件定价更多的是一门艺术，而不是科学。他说，经理对顾客作出响应，如果顾客们抱怨价格太高，我们就把价格降低一些。相反，如果某一部件的销售很好，我们就把价格提高一些。从本质上说，阿巴诺描述的是找到 $MR = MC$ 时的销售数量并按需求定价的方法。

利润最大化规则 $MR = MC$ 可能不会挂在经理人的嘴边，或写在他们的手册里，或者写在墙上，但它确实描绘出了他们的行为。它提供了一个理解商业行为的框架。

6.2　销售环境：市场结构

企业的行为受到销售环境的制约。销售环境就是经济学家所谓的**市场结构**（market structures）。经济学家考虑的市场结构有 4 种，可以代表几乎所有的商业行为：完全竞争、垄断、垄断竞争和寡头垄断。

表 6.2 总结了这 4 种描述商业行为的市场结构模型的特点。第 1 栏是市场结构的名称，后面 3 栏是市场结构的特征——进入条件、企业数量和企业的产品类型。**差异化产品**（differentiated products）是消费者能够察觉到的由一家企业提供而其他企业不提供的有特色的产品。**标准化产品**（standardized product）是消费者认为一样的产品，通常是指大路货（commodities）。

表 6.2　销售环境的特征

市场结构	进入条件	企业数量	产品类型
完全竞争	容易进入	很多	同一的
垄断	无法进入	只有一家	只有一种
垄断竞争	容易进入	很多	差异化的
寡头垄断	受到阻碍	很少	同一的或差异化的

完全竞争

完全竞争（perfect competition）是一种具有大量企业的市场结构。企业数量是如此之多以致不管一家企业如何做，都不可能影响到市场。在完全竞争市场结构中，所有的企业都销售同一的产品，任何人都可以毫不费力地进入或退出一个行业。由于企业的数量巨大，消费者拥有很多关于在哪里购买产品或服务的选择，而且消费者到其他地方购买也没有成本。由于产品是同一的，消费者不会更喜欢某一家商店或某一个品牌。事实上，根本就没有品牌——只有同一类别的产品。例如，一个农场种植的小麦和另一个农场种植的小麦是同一的；一家工厂的金属废料与另一家工厂的金属废料是同一的；一家工厂生产的个人计算机磁盘驱动器与另一个工厂生产的是同一的。买方和卖方都拥有完全的信息：买方知道其他厂商的价格和提供的数量，每家企业都知道对方收取的费用以及它们的行为。

区分单个厂商和市场。学习完全竞争时，经常令学生们感到困惑的一个问题是单个厂商与整个市场的区别。市场是所有厂商和所有消费者的总和。它由我们熟悉的向下倾斜的需求曲线和向上倾斜的供给曲线表示，是当人们提到市场时想到的。再强调一下，市场是所有厂商和所有消费者的总和。当我们观察一家企业在完全竞争的市场上进行销售时，我们只是选择了无数的参与者中的一个并将其分离出来。

完全竞争市场中的单个企业都是**价格接受者**（price taker），因为企业必须根据市场决定的价格出售其产品和服务。单个企业不能收取更高的价格，因为没人会买它的产品，它也不会降低价格，因为它可以以市场价格卖出任意多的产品。图 6.2 显示了市场需求和单个企业的需求。

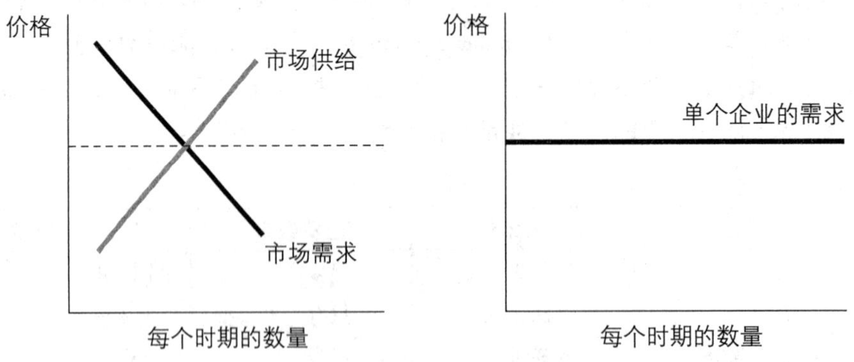

图 6.2　完全竞争的市场与企业

然而，市场上的产品数量以数十亿计，而单个企业可能只能以百计，单个企业只占市场的极小部分。水平的需求曲线意味着边际收益就是产品价格——每售出额外一单位产出带来的收益等于出售的价格，而且所有产出都是以市场价格出售。需求曲线和边际收益曲线是同一条水平线。

完全竞争市场的利润最大化。完全竞争市场经常被称为大路货市场（commodity market），意思是说消费者看不出产品之间的差异，而且单个企业对价格没有控制力。当人们提到完全竞争市场时暗含的另一个意思是企业都不可能获得正经济利润。为了说明这一点，让我们考虑当一家企业能够获得正经济利润时的情况。

图 6.3 说明了在完全竞争市场中最大化利润的企业。企业在价格 P_p 时愿意销售 Q_p。企业获得的收益由长方形 $0Q_pAP_p$ 表示，而其成本由长方形 $0Q_pCP_c$ 表示，由此得出经济利润为长方形 P_cCAP_p。

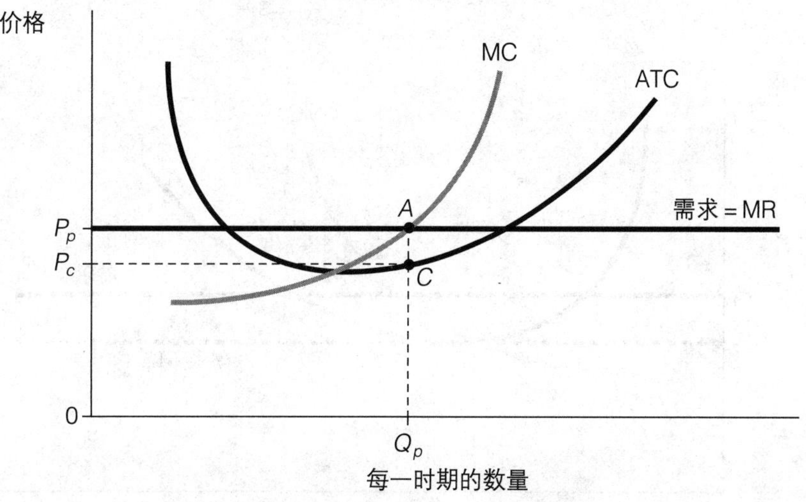

图 6.3　完全竞争市场中的企业的利润最大化

企业获得了正经济利润，这意味着所有的机会成本都被支付了，而且投资者还获得了超过机会成本的收益。其他投资者也希望获得这一部分利润，因而会建立企业进入这一领域进行竞争。新进入的企业会做什么？它增加了市场供给，降低了市场价格，并使对单个企业的需求降低，如图 6.4 所示。

对于单个企业来说，需求降低意味着利润降低。企业会持续进入，直到利润为 0。当需求曲线（ = 边际收益曲线）与平均成本曲线相切于其最低点并等于边际成本时利润为 0，如图 6.5 所示。

这就是新企业进入市场的步骤，它增加了市场供给，并迫使其他单个企业降低价格，直到经济利润为 0，此时人们就会退出市场，因为它变得无利可图。这就是英特尔公司所做的，它从 DRAM 的生产转到微芯片的生产然后再从微芯

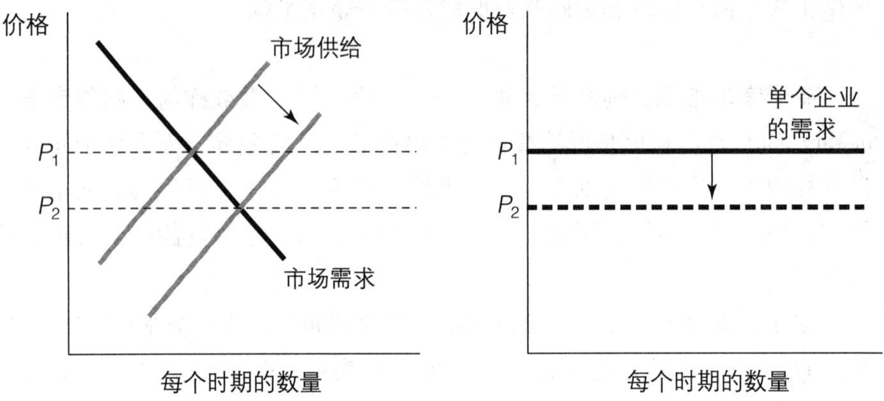

图 6.4　进入完全竞争市场

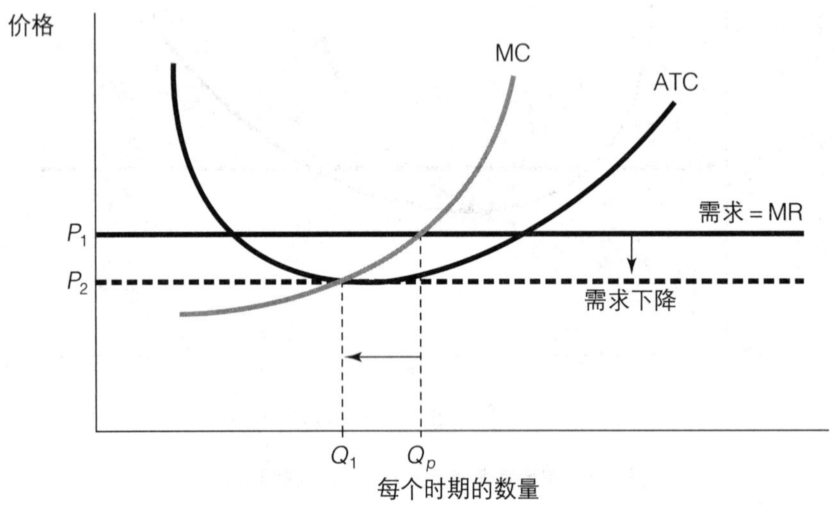

图 6.5　完全竞争市场中的零经济利润

片转到另一种技术。这也是摩托罗拉在 20 世纪 90 年代末和 21 世纪初生产便携式电话时体验到的。

正经济利润吸引着竞争对手增加供给、降低价格，并迫使所有企业到达经济利润为 0 的点。

垄　断

新企业的进入与竞争迫使经济利润趋向于 0。当然，只有新企业可能进入时这才能发生。为了描述新企业不可能进入的情况，经济学家设计了一个垄断模型——市场上只有一家企业存在而且没有其他企业能够进入那一市场与其竞争的极端情况。

在垄断（monopoly）情况下，单个企业就是整个市场。仍然存在着一个由所有的单个消费需求之和组成的市场需求，但是，由于单个企业是唯一的供应者，市场供给就是单个企业在各个价格下选择的供给量。垄断是一种只有一个企业而且其他企业无法进入的市场结构。消费者只能在一个地方购买商品，而且没有替代品。只要存在垄断，由于其他企业无法进入，垄断者就可以获得正经济利润。

垄断存在的主要原因是政府，许多垄断是政府创造的。在 15 世纪至 17 世纪，政府通过授予特殊利益集团垄断的权利以换取它们的部分利润而提高了收入。哥伦布（Christopher Columbus）从西班牙女王依莎贝拉（Queen Isabella）那里得到了垄断的权利；哈得逊湾公司从英国君主那里得到了垄断的权利；那个年代大多数的探险者和商船都被授权垄断。现在，政府授权的垄断包括美国邮政服务公司（U. S. Postal Service）——一家垄断的邮件递送公司、联邦储备银行——垄断的美国货币供应者。另外，专利可以提供政府创造的垄断。例如，葛兰素威康获得了艾滋病防护药（AZT）的专利，这样它就合法地成为 17 年间这种药物的唯一供应商。许可证和执照也可能产生诸如机场外的出租车服务和在球场外面开小卖部的垄断。

从理论上说，垄断可能是由于成本条件而不是政府行为产生的。如果市场中始终存在规模经济，那么大企业就可以用比小企业更低的单位成本提供产品。结果，大企业可以将价格定得低于小企业而迫使它们退出市场。这样，大企业就变成了唯一的供给者。由于规模经济而产生的垄断被称为自然垄断（natural monopoly）。电力事业通常被认为是自然垄断部门，因为在电力的生产与传输中存在规模经济。这一观点在近年来有所变化，因为技术改变了大规模带来的收益。

尽管在全国范围内或在全球范围内有很多家企业提供一种产品，人们还是倾向于把一个企业称为垄断企业。大学、旅馆、有线电视公司、报纸、电力事业公司常常被称为垄断者。从一种商品或服务的唯一供给者这一严格的定义来看，它们并不是垄断者，但它们在有限的地理范围内具有相当大的市场权利。市中心可能只有一家旅馆，而且实际上不可能再修建其他旅馆。一座城市可能只有一家主要报社。有线电视公司可能是一座城市或部分城市的唯一供给者。

垄断的利润最大化。消费者可能找不到某些商品或服务的相近的替代品，但这不是说他们会支付任何价格购买垄断企业的产品。如果价格上涨，售出的产品或服务数量就会下降。例如，如果电价上涨，尽管人们不能转向另一个供给者，但他们可以降低使用量。因此对垄断企业的产品或服务的需求曲线是一条向下倾斜的曲线。在这种需求下，存在着相关的边际收益，边际收益曲线位于需求曲线的下方。假设需求与价格的关系如表 6.3 所示。你可以看到，当为了卖出额外一些单位而降低价格时，边际收益下降并且低于价格。对于这一垄断企业来说，问题在于它要收取什么价格以及要卖出多少单位的产品。答案与所有利润最大化的企业相同——找到 $MR = MC$ 时的数量，根据需求确定一个价格。

表 6.3　垄断企业的需求与边际收益

价格（美元）	购买数量	总收入（美元）	边际收益（美元）
20	1	20	20
15	2	30	10
10	3	30	0
5	4	20	-10

假设在利润最大化的数量下，垄断企业获得了正经济利润。尽管其他企业想要加入竞争，但它们做不到——因为不允许进入。结果，只要不允许进入，则垄断企业就可以持续获得正经济利润。

比较自由竞争与垄断这两种极端情况，我们就能发现自由进入与为进入制造壁垒的作用。只要允许进入，竞争就会迫使价格降到可能的最低点，经济利润降为 0。当进入被阻止或很困难时，直到进入发生之前，经济利润就可以保持为正值。

暂时关闭。垄断企业可能获得负经济利润吗？是的——想一想美国邮政服务公司。在它的历史中，很少获得正经济利润。垄断企业获得负经济利润时会发生什么呢？这要视情况而定：政府可能会向垄断企业提供补贴，或者垄断企业暂时关闭，或者彻底退出这一行业。在后面的场合中，垄断企业与其他企业没什么不同。企业是暂时关闭还是彻底退出取决于一系列因素，这些因素涉及企业是完全竞争者、垄断者，还是其他类型的企业。

考虑拥有如表 6.4 所示的固定成本、可变成本和收益的 3 家企业。尽管这 3 家企业都损失 300 美元，但它们作出的决策却大不相同。第一家企业决定继续生产并销售其产品；第二家企业决定停止一段时间的经营；第三家企业决定尽快撤出。差别在于第一家企业的收益足以支付其可变成本。如果停止经营，它的损失将更大——1100 美元与 300 美元。第二家企业的情况不同，因为它不能支付其可变成本。如果停止经营，它只损失 100 美元，而如果继续经营会损失

300 美元。第三家企业的收益足以支付其可变成本，但企业认为未来只能亏损。它可以继续经营到被清算为止，然后退出这一行业。对于前两家企业而言，除非长期前景一定会得到改善，否则它们也会退出这一行业。

表 6.4　暂时关闭（单位：美元）

固定成本	可变成本	收　入	利　润	决　策
1000	100	800	(300)	继续经营
100	1000	800	(300)	暂时关闭
600	500	800	(300)	退出

垄断与完全竞争的比较

关于垄断与政府管制的分析请见 http://www.lawguru.com/ilawlib/315.htm

将垄断与完全竞争进行比较对于公共政策和理解某些商业行为很有帮助。考虑如图 6.6 左图所示的市场。在完全竞争市场中，价格为 P_{pc}。这意味着愿意而且能够支付 P_{pc} 或者更高价格的消费者只需支付 P_{pc}。作为一个整体，消费者获得了一个低于需求、高于价格的意外收益，这一收益被称为**消费者剩余**（consumer surplus）。与此相似，愿意而且能够以等于或低于 P_{pc} 的价格出售产品的企业也获得了意外收益，因为它们可以以 P_{pc} 的价格出售产品。作为一个整体，生产者获得了低于市场价格 P_{pc}、高于供给曲线的意外收益。这被称为**生产者剩余**（producer surplus）。

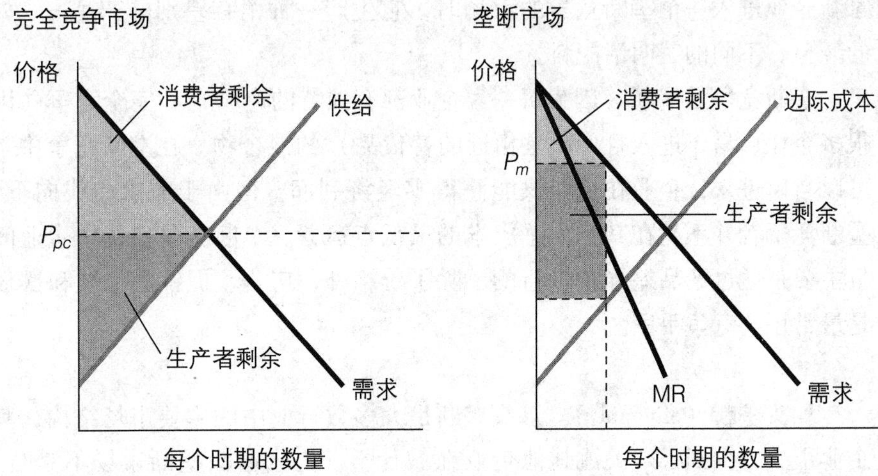

图 6.6　垄断与完全竞争的比较

如果左图所示的完全竞争市场与右图所示的垄断市场除了向市场提供产品

的企业数量不同外，其他方面是一样的，那么，垄断与完全竞争相比，消费者剩余更少，而生产者剩余更多。

垄断竞争与寡头垄断

完全竞争与垄断都是现实世界中的极端情况。它们没有很好地描述真实情况，而是描绘了真实世界可能的趋势。在大多数市场中，生产者并不是同一的。大多数企业至少由于企业的行为方式不同或品牌、包装、在商店的摆放位置或其他方面的不同而在替代品之间创造了差异。竞争确实发生了，进入也是可能的，经济利润被迫降为0。在大多数市场中，既不是有无数家企业，也不是只有一家企业。为了把握更真实的商业世界，经济学家设计了两种市场结构模型，这两种模型既包括垄断的成分，也包括完全竞争的成分。这两个更好地描述真实世界的市场结构是垄断竞争和寡头垄断。

垄断竞争（monopolistic competition）。垄断竞争的特征是存在大量的企业、容易进入且产品存在差异。每一种产品与其他产品都存在一定的不同。作为相近替代品的不同产品或企业由不同的品牌代表，如麦当劳和玩偶匣、可口可乐与百事可乐等。

产品差异将完全竞争市场与垄断竞争市场区分开来。当一家新企业进入完全竞争市场后，它生产一种同一的产品——如更多的废金属或更多小麦。当一家新企业进入一个垄断竞争的市场时，它生产一种稍有差别的产品——如不同的颜色、不同的三明治配料。

垄断竞争是垄断（因为每一家企业都有独特的产品）和完全竞争（因为有很多企业、易于进入且产品是相近的替代品）的混合物。在垄断竞争中，由于可以自由进入，企业在长期只能获得零经济利润，但由于需求曲线向下倾斜，垄断竞争者并不是在其平均总成本的最低点运营。垄断竞争市场中企业间的竞争主要是通过产品差异化进行的。除了价格外，广告、促销、包装和摆放可能是最常用的竞争手段。

寡头垄断（oligopoly）。寡头垄断是大多数行业中的主要市场结构，其中的企业很少，少到必须关注其他企业在做什么。进入寡头垄断市场不是自由的，也不容易，但不是不可能的。当一家企业获得正经济利润时，其他企业的进入越慢，这家企业维持其利润的时间就越长。

寡头垄断市场中的企业提供的产品可能具有差异性（与垄断竞争一样），

也可能没有差异（与完全竞争一样）。别克汽车与福特汽车和日产汽车不同。然而，USX 公司生产的钢与伯利恒钢铁公司（Bethlehem Steel）生产的钢就没有什么差别。汽车生产商组成了一个寡头垄断市场，钢铁生产商是另一个。进入寡头垄断市场比进入完全竞争市场或垄断竞争市场更困难，但是，与垄断相比，进入还是可以发生的。

由于垄断市场只包含少数几家企业，每家企业或垄断者必须考虑其他公司采取的行动。例如，正在试图决定是否降低产品价格的寡头垄断者要考虑其竞争对手是否会仿效。如果一家企业降低其产品价格而竞争对手也跟着做，寡头垄断市场中的任何企业都不会大幅增加其销售。然而，如果竞争对手不跟进，降低价格的企业将显著增加销售额。寡头垄断者之间这种互动关系可以由所谓的弯折的需求曲线描述。

战略行为实例：弯折的需求曲线。经理人根据需求法则可知，如果他们降低自己销售的产品的价格，销量将会增加。但是，寡头垄断市场中的企业可能不知道其需求曲线的形状，因为它依赖于竞争对手间如何相互作用。它们必须预测竞争对手如何对价格的变化作出反应，以确定需求曲线的形状。

让我们以汽车产业为例。假设通用汽车公司的成本下降了（其边际成本曲线下移了），企业正在决定是否要降低车价。如果通用汽车不需要考虑其他汽车生产厂家如何应对，它只需降低价格以确保新的 *MC* 曲线与 *MR* 曲线相交，如图 6.7 所示，价格从 P_1 降为 P_2，销售数量由 Q_1 增加到 Q_3。但通用汽车相信，如果它降低当前的价格 P_1，其他汽车生产厂家也会降价。如果其他汽车生产商同样降低其车价，通用汽车的销量可能会有一点增加，但并不是由于更低的价格将丰田和福特的买家吸引过来。通用并没有赢得如图 6.7 中 *A* 点（Q_3）所示的市场，而只是略有增加，如 *B* 点（Q_2）所示。如果竞争对手降低价格，那么通用汽车的需求曲线就是一条弯折的曲线 *BCD*，而不是直线 *ACD*。

弯折的需求曲线是对战略行为的简单描述。大多数经济学家都因为它不现实而没有采纳它，但它具有一定的价值，因为它描述了各家企业采取的措施对各自需求曲线的相互影响。在寡头垄断市场中，我们确实发现了基于价格的竞争，但更多的是差异化产品或创新、技术变革、研究与开发和其他非价格方面的竞争[1]。同样在寡头垄断条件下，我们也发现了一些例子，在这些例子中，企业与其竞争对手合作而不是竞争才能获得最大利益。我们会在第 8 章、第 9 章和第 11 章详细讨论这些行为。为了描述寡头垄断企业可能面临的情况，让我们考虑一下“囚徒困境”问题。

战略行为实例：囚徒困境。经济学家描述和分析企业之间相互作用的另一

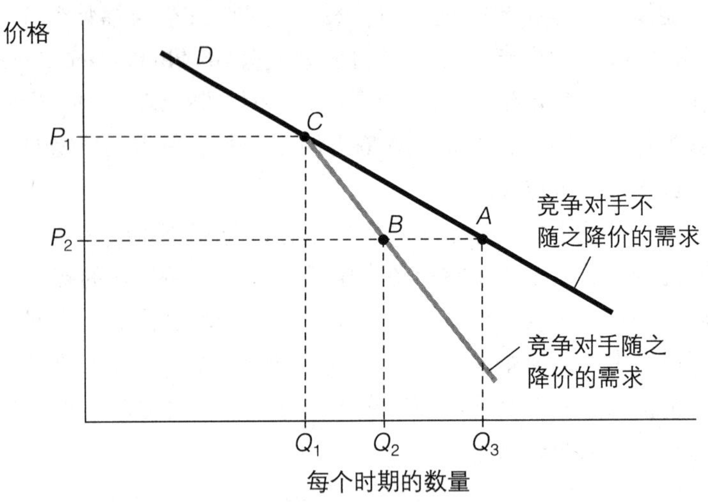

图 6.7　弯折的需求曲线

弯折的需求曲线描述了企业之间的一种相互作用。企业拥有这样的竞争对手：在当前价格 P_1 下，它会跟随降价，但不会跟随提价。

种方法是利用“博弈”（game）来表示相互作用。博弈论是为战略行为的数学描述起的名字，由数学家约翰·冯·诺伊曼（John Von Neuman）创立。冯·诺伊曼建立了数学模型来描述扑克牌玩家可能采取的战略与行动，然后他将这些概念应用于政治问题如冷战中[2]。这些模型已经被经济学家采纳以帮助他们理解寡头垄断企业的行为。博弈中涉及的数学模型可以非常简单，也可以极其复杂。最简单的且经常发生在商业领域的博弈之一被称为“囚徒困境”。在“囚徒困境”中，两家企业需要预测对方的行为，同时制定战略。例如，考虑企业正在试图决定是否增加广告支出的情况。当一家企业为其产品做广告时，其产品的需求增加可能基于两个原因：第一，以前没有使用过这种产品的人知道了它，其中一些会去购买。第二，使用不同品牌的这类产品的人可能转换品牌。第一种效应会增加整个产业的销售量，而第二种效应是在产业内重新分配现有的销售量。

假设烟草行业中的单个企业正在分析增加广告支出的潜在支付（payoff）。支付如图 6.8 所示。左上方的矩形代表 A 公司和 B 公司都做广告时的支付；左下方的矩形表示 A 公司做广告而 B 公司不做广告时的支付；右上方的矩形表示 B 公司做广告而 A 公司不做广告时的支付；右下方的矩形表示两家公司都不做广告时的支付。A 公司通过对矩阵左右两边进行比较发现，不管 B 公司做什么，做广告都会提高其收入。如果 B 公司做广告，A 公司也做广告，那么 A 公司获得 70 的收益；如果 A 公司不做广告，它只能获得 40 的收益。如果 B 公司不做广告而 A 公司做广告，那么 A 公司获得 100 的收益；但如果 A 公司不做广告，那么它只能获得 80 的收益。A 公司会做广告。同样，B 公司认为 A 公司会做广告，因此它也必须做广告。结果是两家公司都做广告，由于广告成本上升，两家公司都会比不做广告时的收入低。企业陷入了一个困境中。我们将在第 11 章讨论如何突破这一困境。

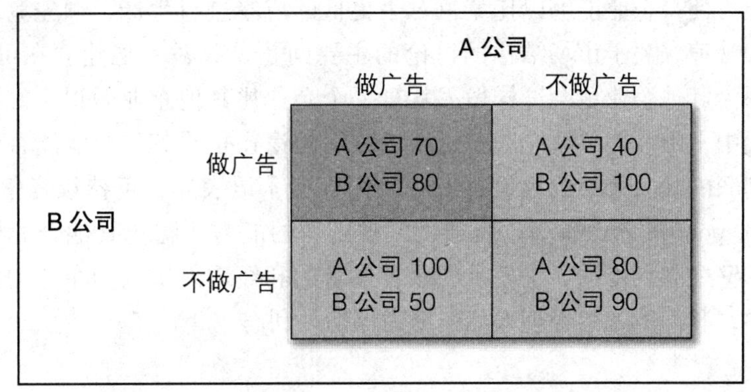

图 6.8　囚徒困境

可供企业选择的是做广告或不做广告。在本例中，尽管两家企业都不做广告会更好一些，但两家企业都会做广告。

企业间的相互作用描述了在寡头垄断中的情况。每家企业都要通过分析其对手正在做什么以及它们将如何应对以制定自己的战略。与完全竞争甚至垄断竞争中的企业不同，寡头垄断企业需要考虑其竞争对手的行动与反应。

弯折的需求曲线和囚徒困境只是刻画寡头垄断相互作用性质的两个例子。讨论这两个例子的目的在于引入战略行为（strategic behavior）的概念——你的行为会影响我，我的行为会影响你，因此我们双方都要考虑对方针对我们的行动而作出的响应。这正是多数企业面临的问题，也是我们将在后面的章节中讨论的问题。

保持经济利润

当企业获得正经济利润时，它的收益足以支付所有成本，包括投资者（所有者）资本的机会成本。看到正经济利润的其他投资者也希望进入这一领域。它们能否进入要看市场结构。如果能够进入——就像在完全竞争或垄断竞争的情形下，或者在寡头垄断的情形下（进入比较困难）——那么投资者或者成立企业与获得利润的企业竞争，或者向获得利润的企业投资。当新企业与原有企业展开竞争时，会从原有企业手中夺走一部分生意，这会导致原有企业产品需求的下降。另外，随着新企业的进入，市场供给增加，市场价格下降。渐渐地，利润被迫下降，直到只能获得正常的会计利润（零经济利润）。当企业只能获得零经济利润时，其他企业就没有激励进入这一领域了。

经济利润来源于特殊的能力——一些独一无二的、无法模仿的能力。特殊能力使得企业能够以比竞争对手更低的成本进行生产，领先竞争对手强化产品的价值。关于市场结构的讨论的主要问题是收益不能建立在可持续的基础上，因为其他企业也会这样做，就算一个企业比其他企业做得更好也是如此。在长期中，唯一能够持续获得正经济利润的途径是看其他企业能否模仿为企业创造利润的独一无二的活动或产品。用商业术语表述，**可持续竞争优势**（sustained competitive advantage）是通过保护创新的能力、防止其他企业模仿，即创造进入壁垒来获得的。这就是创业者追求的和经理人试图为企业创造的。在下一章中，我们将考察经理人如何努力保持盈利。

6.3 长期内利润最大化：现值

> 网上现值计算器请见
> http://www.arachnoid.com/lutusp/finance_old.html
> http://www.1040tools.com/html/tax_calculators.htm

经理人应该从长远考虑，而不能只看到眼前。股东根据预期的绩效来评估企业，而不只是根据当前的业绩。利润并不是某一时刻的行动带来的，而是通过多个时期的决策获得的。在未来支付或接收到的货币数量在今天的价值被称为**现值**（present value）。从现在算起一年后收到的一定数量的钱，其价值低于今天收到的同样数量的钱。经理人不仅希望今天获得利润，更希望在未来同样获得利润，资源不仅是今天的成本，也代表未来的成本。为了制定恰当的决策，需要将所有价值都以现值衡量。

例如，设想购买一台用于生产并能带来数年现金的设备。为了决定是否购买，必须对两种价值进行比较：今天的购买价格和未来几年的回报现值。为了进行这一比较，必须考虑到人们更喜欢当前消费而不愿意等到明天，还要考虑到未来不进行交易的风险，或者货币在未来能够买到的东西不如今天多。

如果你现在有10万美元，你可以把这10万美元存入你的账户，一段时期后，你会得到本金（最初为10万美元）和利息。如果年利率为9%，1年后你会获得利息收入9000美元。因此，在年利率为9%的情况下，1年后的10.9万美元是当前10万美元的未来价值，也可以说是在年利率9%的情况下1年后的10.9万美元的现值为10万美元。我们用FV（future value，终值）表示“未来1年”，用PV（present value，现值）表示“当前”。我们可以得出：

$$FV = PV(1 + 利率)$$

如果两边都除以（1 + 利率），我们得到：

$$PV = FV/(1 + 利率)$$

因此，现值为 PV = 10.9 万美元/1.09 = 10 万美元

本例中的利率被称为贴现率（discount rate），它是终值转换成等价的当前价值的比率。

对支付流进行估价

如果只考虑未来 1 年的时间，计算现值和终值会很简单。如果考虑未来几年的时间，计算就会复杂一些。如果存在一个价值流（stream of value），如一台设备能够在未来 20 年中产生稳定的现金流，你需要计算每一支付的现值，并把这些值加总起来，才能得到整个现金流的现值。或者你也可以利用已经计算好的表格来查出未来特定数量的现值。

表 6.5 提供了未来不同年数 1 美元年金的现值。为了计算一定利率下的 20 年期、每年 10 万美元的现值，找到 20 年期所在的列，在栏中找到特定的利率。例如，利率为 8% 时的数字为 9.8181。这个数字就是利率为 8%、20 年内每年支付 1 美元的现值。为了获得利率为 8%、20 年期每年支付 10 万美元的现值，用 10 万美元乘以 9.8181，结果是 981810 美元。从表中可以看出，利率提高，未来收到的现金的现值将降低。表中年利率 10%、20 年期的数值为 8.5136，因而年利率 10%、每年 10 万美元、20 年期的现值是 851360 美元。

现在让我们考虑企业是否应该购买一单位的资本品。假设一家航空公司正在考虑购买一架宽体客机，每年可以产生 10 万美元的现金流，使用期为 20 年。当利率为 8% 时，这架飞机产生的现金流的现值是 981810 美元。如果这架飞机的价格是 90 万美元，公司就会购买它。当利率提高时，飞机产生的现金流的现值会降低。当利率为 10% 时，现金流的现值为 851360 美元。在这种情况下，航空公司将不会购买这架飞机。

假设你要计算利率为 10%、第 1 年末 3000 美元、第 2 年末 1000 美元、第 5 年末 4000 美元的收入流的现值。为了说明如何解答这类问题，可以先考虑一个简单的情况，你在 n 年中每年收入 1 美元，利率为 r。这 1 美元收入的现值为：

$$\frac{1}{1+r} + \frac{1}{(1+r)^2} + \frac{1}{(1+r)^3} + \cdots + \frac{1}{(1+r)^n}$$

表 6.5　1 美元年金的现值（折算）系数

时期	1%	2%	3%	4%	5%	6%	7%	8%	9%	10%	12%	14%	15%	16%	18%	20%	24%	28%	32%
1	0.9901	0.9804	0.9709	0.9615	0.9524	0.9434	0.9346	0.9259	0.9174	0.9091	0.8929	0.8772	0.8696	0.8621	0.8475	0.8333	0.8065	0.7813	0.7576
2	1.9704	1.9416	1.9135	1.8861	1.8594	1.8334	1.8080	1.7833	1.7591	1.7355	1.6901	1.6467	1.6257	1.6052	1.5656	1.5278	1.4568	1.3916	1.3315
3	2.9410	2.8839	2.8286	2.7751	2.7232	2.6730	2.6243	2.5771	2.5313	2.4869	2.4018	2.3216	2.2832	2.2459	2.1743	2.1065	1.9813	1.8684	1.7663
4	3.9020	3.8077	3.7171	3.6299	3.5460	3.4651	3.3872	3.3121	3.2397	3.1699	3.0373	2.9137	2.8550	2.7982	2.6901	2.5887	2.4043	2.2410	2.0957
5	4.8534	4.7135	4.5797	4.4518	4.3295	4.2124	4.1002	3.9927	3.8897	3.7908	3.6048	3.4331	3.3522	3.2743	3.1272	2.9906	2.7454	2.5320	2.3452
6	5.7955	5.6014	5.4172	5.2421	5.0757	4.9173	4.7665	4.6229	4.4859	4.3553	4.1114	3.8887	3.7845	3.6847	3.4976	3.3255	3.0205	2.7594	2.5342
7	6.7282	6.4720	6.2303	6.0021	5.7864	5.5824	5.3893	5.2064	5.0330	4.8684	4.5638	4.2883	4.1604	4.0386	3.8115	3.6046	3.2423	2.9370	2.6775
8	7.6517	7.3255	7.0197	6.7327	6.4632	6.2098	5.9713	5.7466	5.5348	5.3349	4.9676	4.6389	4.4873	4.3436	4.0776	3.8372	3.4212	3.0758	2.7860
9	8.5660	8.1622	7.7861	7.4353	7.1078	6.8017	6.5152	6.2469	5.9952	5.7590	5.3282	4.9464	4.7716	4.6065	4.3030	4.0310	3.5655	3.1842	2.8681
10	9.4713	8.9826	8.5302	8.1109	7.7217	7.3601	7.0236	6.7101	6.4177	6.1446	5.6502	5.2161	5.0188	4.8332	4.4941	4.1925	3.6819	3.2689	2.9304
11	10.3676	9.7868	9.2526	8.7605	8.3064	7.8869	7.4987	7.1390	6.8052	6.4951	5.9377	5.4527	5.2337	5.0286	4.6560	4.3271	3.7757	3.3351	2.9776
12	11.2551	10.5753	9.9540	9.3851	8.8633	8.3838	7.9427	7.5361	7.1607	6.8137	6.1944	5.6603	5.4206	5.1971	4.7932	4.4392	3.8514	3.3868	3.0133
13	12.1337	11.3484	10.6350	9.9856	9.3936	8.8527	8.3577	7.9038	7.4869	7.1034	6.4235	5.8424	5.5831	5.3423	4.9095	4.5327	3.9124	3.4272	3.0404
14	13.0037	12.1062	11.2961	10.5631	9.8986	9.2590	8.7455	8.2442	7.7862	7.3667	6.6282	6.0021	5.7245	5.4675	5.0081	4.6106	3.9616	3.4587	3.0609
15	13.8651	12.8493	11.9379	11.1184	10.3797	9.7122	9.1079	8.5595	8.0607	7.6061	6.8109	6.1422	5.8474	5.5755	5.0916	4.6755	4.0013	3.4834	3.0764
16	14.7179	13.5777	12.5611	11.6523	10.8378	10.1059	9.4466	8.8514	8.3120	7.8237	6.9740	6.2651	5.9542	5.6685	5.1624	4.7296	4.0333	3.5026	3.0882
17	15.5623	14.2919	13.1661	12.1657	11.2741	10.4773	9.7632	9.1216	8.5436	8.0216	7.1196	6.3729	6.0472	5.7487	5.2223	4.7746	4.0591	3.5177	3.0971
18	16.3983	14.9920	13.7535	12.6593	11.6896	10.8276	10.0591	9.3719	8.7556	8.2014	7.2497	6.4674	6.1280	5.8178	5.2732	4.8122	4.0799	3.5294	3.1039
19	17.2260	15.6785	14.3238	13.1339	12.0853	11.1581	10.3356	9.6036	8.9501	8.3649	7.3658	6.5504	6.1982	5.8775	5.3162	4.8435	4.0967	3.5386	3.1090
20	18.0456	16.3514	14.8775	13.5903	12.4622	11.4699	10.5940	9.8181	9.1285	8.5136	7.4694	6.6231	6.2593	5.9288	5.3527	4.8696	4.1103	3.5458	3.1129
21	18.8570	17.0112	15.4150	14.0292	12.8212	11.7641	10.8355	10.0168	9.2922	8.6487	7.5620	6.6870	6.3125	5.9731	5.3837	4.8913	4.1212	3.5514	3.1158
22	19.6604	17.6580	15.9369	14.4511	13.1630	12.0416	11.0612	10.2007	9.4424	8.7715	7.6446	6.7429	6.3587	6.0113	5.4099	4.9094	4.1300	3.5558	3.1180
23	20.4558	18.2922	16.4436	14.8568	13.4886	12.3034	11.2722	10.3711	9.5802	8.8832	7.7184	6.7921	6.3988	6.0442	5.4321	4.9245	4.1371	3.5592	3.1197

从现在开始 1 年后 2000 美元的现值为：

$$\frac{1}{(1+0.1)} \times 2000 = 2000 \times 0.90909$$

2 年后 1000 美元的现值为：

$$\frac{1}{(1+0.1)^2} \times 1000 = 1000 \times 0.82645$$

第 5 年末 4000 美元的现值为：

$$\frac{1}{(1+0.1)^5} \times 4000 = 4000 \times 0.62092$$

这样，收入流的现值是把以上各项加在一起：

$$2000 \times 0.90909 + 1000 \times 0.82645 + 4000 \times 0.62092 = 5128.31(\text{美元})$$

收到货币的时间距离现在越近，利率或贴现率越低，未来收到的货币的现值就越高。因此，如果与未来某一笔钱的支付相关的风险增加了——例如，如果你对可能收不到这笔钱的预期增加了——现值会有什么变化？当然会下降。贴现率——将未来价值折算成与当前价值等价的比率——必须随着风险的增加而提高。

在考察商业和企业行为时，我们确实要比较不同行动的现值。企业不只是希望最大化当前股东收益或利润，而是希望在长期中做到这一点。企业对其资本的配置需要对潜在收入流的现值和不同支付流的现值进行比较。因此，请记住，当我们谈到收入、成本和利润时，尽管把这些概念作为只覆盖一个时期处理似乎更易于讨论，但我们所指的都是它们的现值。

案例回顾
凯马特

凯马特能够生存下去吗？在分析这一案例的事实时，你可能发现突然遇到了本章讨论的许多话题：寻求竞争优势、定价、市场结构、现值以及创造独一无二的能力。有一段时间，凯马特具有竞争优势。最初是西尔斯公司（Sears）主宰着百货商店市场。到 20 世纪 60 年代，西尔斯百货店遍布各大城市，它的目录将其商品带到了美国的每一个小城镇。凯马特在城市的郊区建立了名牌商品折扣店，开始从西尔斯手中夺取大量业务。但是，那时沃尔玛提供了一种更加友好的方式，它用“天天平价”（everyday low prices）代替了凯马特的“蓝光特别行动”（Blue Light Special），将生意从凯马特手中夺走了。凯马特试图通过降价进行竞争，但生意还是没有起色，而且降低价格意味着毛利也会降低，在很多情况下，销售价格低于成本。当市场进入相对容易时，竞争优势并不能维持价值。当凯马特进入时，西尔斯失去了竞争优势，而当沃尔玛进入时，又从凯马特手中夺走了竞争优势。这 3 家企业都处在垄断竞争市场中——易于进入而且产品具有差异。在垄断竞争中，竞争更多地基于差异化而不是价格。沃尔玛通过商店的布局和天天平价使其与众不同。正如我们在后面将要讨论的，沃尔玛之所以能够支撑更低的价格，是由于它有一套高效的库存控制系统。沃尔玛开始建立特大型购物中心，在销售百货商品的同时也出售食品杂货，以试图维持增长并提高毛利。凯马特也采取了这种策略，但它达不到沃尔玛的天天平价。

凯马特能够生存吗？宣布破产可以减轻债务负担，这几乎使得公司从头再来。许多债权人同意减少偿还额，其他债务干脆被取消了。但是，没有竞争优势，它无法获得利润。它的竞争优势是什么？

小　　结

1. 所有企业的供给法则都是提供边际收益等于边际成本时的产量。这是利润最大化点。
2. 企业为了创造利润，必须具有独特的优势——竞争优势。
3. 市场结构或销售环境都是描述企业可能行为的理论模型。
4. 当拥有大量企业、每家企业都销售一样的产品、市场容易进入时，存在完全竞争。
5. 当只有一家企业销售产品时，则存在垄断。市场无法进入。
6. 当市场中有很多企业、每家企业的产品略有不同、市场易于进入时，存在垄断竞争。
7. 当市场中有少数相互依赖的企业时，存在寡头垄断。一家企业的行为会影响到其竞争对手，因此，一家企业的选择依赖于其竞争对手的行为。这被称为战略行为。

关键词

市场结构	大路货市场	寡头垄断
差异化产品	垄断	战略行为
标准化产品	消费者剩余	保持竞争优势
完全竞争	生产者剩余	现值
价格接受者	垄断竞争	

练　习

1. 企业数量众多对竞争意味着什么？
2. 在一条标准的 U 形平均总成本曲线上画出一条完全弹性的需求曲线。现在，加入边际成本曲线和边际收益曲线。找出利润最大化点 $MR = MC$。指出企业的总收入和总成本。
3. 利用边际收益和边际成本描述利润最大化。
4. 利用下面的信息计算总收入、边际收益、边际成本。指出利润最大化时的产出水平。如果价格为 3 美元，固定成本为 5 美元，可变成本是多少？企业生产多少产品？

产　出	价格（美元）	总成本（美元）	总收入（价格 × 数量）
1	5	10	
2	5	12	
3	5	15	
4	5	19	
5	5	24	
6	5	30	
7	5	45	

5. “Ben & Jerry 冰激凌店不重视利润。它对环境、员工的健康和安全的关注超过了利润。”解释这种说法是否有道理。
6. 画出两组成本曲线。对于第一组，假设固定成本很高，具有显著的规模经

济。对于第二组，假设固定成本很少，规模经济不明显。现在，在每一组成本曲线上画出一条向下倾斜的需求曲线。找出每种情况下的利润最大化点。

7. 两家企业在降低各自销售的产品的价格时面临如下图所示的支付。确定两家企业将会采取的策略。

		A 公司	
		降低价格	维持原价
B 公司	降低价格	A 公司 70 B 公司 80	A 公司 40 B 公司 100
	维持原价	A 公司 100 B 公司 50	A 公司 80 B 公司 90

8. 假设航空产业的市场结构为寡头垄断。A 航空公司观察到，如果它提高价格，其他航空公司不会跟进，但如果它降低价格，其他航空公司就会跟着降价。描述 A 航空公司的需求曲线的形状。描述 A 航空公司会如何改变需求曲线的形状以获得更大的收益。
9. 解释为什么当收购的风险加大时，由企业收购带来的预期现金流的现值会降低。
10. 解释为什么今天的投资依赖于投资成本与投资收益现值的比较。
11. 两家企业决定合作以增加利润。如果两家企业都遵守它们的协议，每家企业将获得 10 万美元的利润。如果两家企业都不遵守协议，两家企业各获得 2. 5 万美元。如果一家企业不遵守协议而另一家企业遵守协议，不遵守协议的企业将获得 15 万美元的利润，而遵守协议的企业将损失 12. 5 万美元。
    a. 构建这一问题的支付矩阵并描述结果。
    b. 假设两家企业在很多期间都要用这种方式互相面对。这会改变结果吗？请解释。
    c. 假设两家企业在很多期间都要用这种方式互相面对。再假设一家企业必须在另一家企业之前作出决策。这会改变结果吗？请解释。
12. 企业的利润是收入与成本之间的差额，如下式所示：

$$\pi = P(Q)Q - C(Q)$$

其中，π 表示利润。P 表示价格，由供销售的产量确定，即 $P(Q)$。Q 表示产量。C 表示成本，由产量确定，即 $C(Q)$。

利润最大化的产量可以通过求利润对产出的导数并令其为 0 得到：

$$\partial\pi/\partial Q = \partial P(Q)Q/\partial Q - \partial C(Q)/\partial Q = 0$$

a. 证明这就是经济黄金法则：$MR = MC$。

b. 推导出边际收益与需求的价格弹性之间的关系，并说明利润最大化定价和产量不可能是需求曲线上的单位弹性点。

c. 利用问题 b 的信息，证明利润最大化价格与产量永远不会出现在需求曲线的无弹性部分。

13. 计算下列各题的现值：

a. 10 年期、每年支付 1 万美元，利率分别为：(1) 5%；(2) 10%。

b. 第 1 年支付 1 万美元，第 2 年支付 2 万美元，第 3 年支付 3 万美元，第 4 年支付 4 万美元，利率为 5%。

c. 第 1 年支付 4 万美元，第 2 年支付 3 万美元，第 3 年支付 2 万美元，第 4 年支付 1 万美元，利率为 5%。

d. 第 1 年支付 1 万美元，第 2 年支付 4 万美元，第 3 年支付 2 万美元，第 4 年支付 3 万美元，利率为 5%。

比较问题 b、c、d，哪个值比较大？为什么？

本章注释

[1] 关于寡头垄断竞争与创新在竞争中的作用，参见 William J. Baumol, *The Free Market Innovation Machine* (Princeton, N. J.: Princeton University Press, 2002).

[2] 关于冯·诺伊曼在冷战中的作用，参见 Paul Strathern, *A Brief History of Economic Genius* (New York: Texere Publishing, 2002).

第 6 章附录：

利润最大化

利润最大化是找到使总收入和总成本差额最大的价格与产量的过程。它与企业处于完全竞争、垄断、垄断竞争和寡头垄断市场无关——利润最大化的过程都是一样的。在本附录中我们将说明如何利用微积分求解利润最大化。

我们用 π 表示利润，则：

$$\pi = TR - TC = PQ - C(Q)$$

为了找到利润最大化数量，我们令利润对数量的导数为 0：

$$\frac{\partial \pi}{\partial Q} = \frac{\partial PQ}{\partial Q} - \frac{\partial C(Q)}{\partial Q} = 0 \qquad (1)$$

$\partial PQ/\partial Q$ 为边际收益，$\partial C(Q)/\partial Q$ 为边际成本。等式（1）告诉我们，为了最大化利润，我们令边际收益等于边际成本。

如果价格与数量无关（即我们计算完全竞争企业的边际收益），那么：

$$\frac{\partial PQ}{\partial Q} = P = \frac{\partial C(Q)}{\partial Q}$$

当价格等于边际成本时，完全竞争企业将实现利润最大化。

如果价格确实与数量有关 $[P = P(Q)]$，如所有非完全竞争市场中的企业面临的情况，则：

$$\frac{\partial PQ}{\partial Q} = P + Q\frac{\partial P}{\partial Q} = \frac{\partial C(Q)}{\partial Q}$$

边际收益等于边际成本，但非完全竞争企业的边际收益包括两部分：额外销售的单位产品的价格 P 和由于所有销售的商品价格下降产生的收入效应 $Q\,[\partial P/\partial Q]$。

3 PART 3 保持竞争优势

一旦一个企业创造了竞争优势，它就必须找到保持竞争优势的方法。第 3 部分将讨论企业保持竞争优势的战略，经济学家称之为“创建进入壁垒”。

第 7 章讨论非价格战略。企业能够从根本上忽视价格而只是关注产品的其他方面并仍然取得成功吗？我们将在第 7 章中找出价格竞争无效率或不能带来利润的情况，并讨论除价格以外的其他战略。

第 8 章关注价格，将讨论企业为增加利润和增加企业价值而采取的定价战略。

第 9 章讨论新经济以及企业对研究、开发和创新的应用。新经济中企业的战略与传统经济中的战略不同吗？我们分析了这一问题，答案是“并非如此”。

第 10 章讨论了企业的内部结构、组织，以及作为维持竞争优势的一种方法的企业文化。有些企业由于工作环境良好而能够吸引最优秀的人才，有些企业凭借企业组织而能更有效率地传递信息。它们是如何实现的？我们将回答这一问题。

第 11 章讨论企业中的人——雇员。企业可能会发现，为了保持竞争优势，它就必须能够吸引并留住高质量的人才。企业可能希望建立一种能够增强自力更生或确保团队合作的支付结构。它作出的选择将对企业的成功产生决定性的影响。

CHAPTER

7 创建进入壁垒

案例：沃尔玛

1987年，沃尔玛只占9%的市场份额。到1995年，它赢得了27%的市场份额。沃尔玛创造了大量或大包装（big-box）的形式、“天天平价”、与供应商的电子数据交换（EDI）以及围绕中央配送中心的扩张战略。这些创新可以使公司将自己的节约传递给消费者。竞争对手开始在20世纪90年代认真地采纳沃尔玛的创新。1994年，西尔斯公司启动了一次重大的转变。Target公司认为自己是世界上沃尔玛公司最好的学生。如Family Dollar和Tuesday Morning之类的小型公司也采纳了大包装的形式。结果，1995—1999年，竞争者的生产率提高了28%。沃尔玛成功的主要原因似乎是提高商店效率的管理创新，与信息技术（IT）无关；受过交叉培训的员工可以同时有效地应对多个部门的工作，接受良好培训的收银员和监视设备的有效利用可以使收银台的效率提高10%~20%。尽管如此，信息技术是沃尔玛成功必不可少的一部分。公司比其竞争对手更早、更积极地投资于零售IT系统：它是第一批使用计算机跟踪库存的公司之一（1969年），它是最早采用条形码的公司之一（1980年），为了更好地与供应商沟通而采用了EDI，并采用了无线扫描枪（20世纪80年代后期）。这些投资大幅降低了公司的库存，推动了其资本和劳动生产率的提高。如果其他公司正在学习沃尔玛并模仿它，那沃尔玛到底为什么能够维持其经济利润呢？

7.1 利用规模维持利润

经济利润来自独特的能力，这种能力可以使企业以比竞争对手更低的价格生产产品，或使它们能够以领先于对手的方法强化产品的价值。除非这些优势保持独一无二，否则利润是无法维持的。保持竞争优势可以通过保护创新的能力而获得，即防止他人模仿，也就是建立进入壁垒。哪些因素能够成为进入壁垒呢？

规模经济作为进入壁垒

企业与市场的相对规模可以成为一个重要的进入壁垒。如果企业要进入一个领域并提供商品和服务，它的规模必须很大，那么进入可能会非常困难。在这种情况下，现有企业也许能够维持正经济利润。规模经济意味着随着企业规模增大（所有资源都增加），其单位成本将下降。如果存在规模经济，与规模较小的企业相比，规模更大的企业能够以更低的单位成本进行生产。因此，为了与现存企业进行竞争，新进入者必须是一个大企业。

在那些随着规模的扩大企业先具有规模经济然后出现规模不经济的领域，长期平均总成本曲线是U形的，如图7.1所示。如果长期成本曲线具有如下特征，即当产出水平较低时就能产生规模经济而产出水平较高时会产生规模不经济，规模较大的企业与相对较小的企业相比，或许有或许没有成本优势。例如，如果需求曲线与LRAC曲线相交于大于LRAC曲线最低点的某一数量，如图7.1中的需求$_1$所示，那么能够在最低点Q_m进行生产的企业与较小的企业相比具有优势。但那一企业与更大的企业相比也具有优势。如果一家企业试图生产Q_n数量的产出，其单位成本将高于产量在Q_s和Q_n之间的企业。如果需求如需求$_2$曲线所示，与LRAC曲线相交于需求曲线上低于最低点的某一数量，那么产出水平为Q_m的公司与更小的企业相比具有优势。如果需求只是需求$_2$，那么数量Q_1就是最优数量。在Q_1处，单位成本为1美元，因此生产Q_1产量的企业可以将价格定得比任何较小企业的成本更低。

企业规模如何扩大？一种途径是收购同一领域中的其他企业。例如，在过去几年间，CA公司（Computer Associates）收购了Platinum软件公司，这两家企业都是软件公司。会计公司安永马来西亚公司与安达信马来西亚公司合并，这两家公司都从事会计与咨询服务。2002年，Comcast公司计划以720亿美元

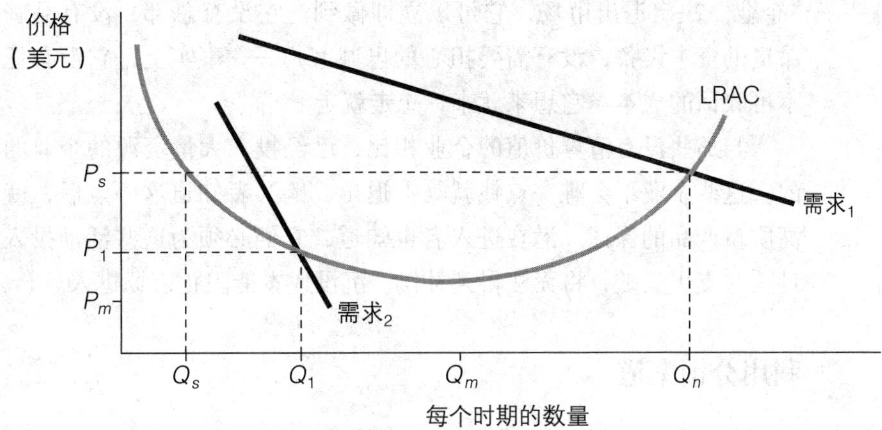

图 7.1　规模经济与规模不经济

如果企业生产 Q_m，其单位成本低于生产 Q_1 时，或高于生产 Q_n 时。

收购 AT&T 公司的有线电视业务。DirecTV 公司与 Dish 网络公司在 2001 年 10 月宣布了一项 250 亿美元的合并计划。

资本需求

当 Folgers 公司决定从一个区域咖啡零售商转变为全国性的零售商时，Maxwell House 公司通过显著增加广告和生产设备进行回应。Maxwell House 公司还宣布自己的广告预算将比 Folgers 公司的预算高出 50%，如果 Folgers 公司增加广告支出，Maxwell House 公司也会增加。这些支出提高了进入市场的企业的成本。潜在进入者需要考虑承担比现有企业更高的支出。如果这些支出失败了，那么进入壁垒将更高。**沉没成本**（sunk cost）是对没有流动价值的资产的支出。例如，一家企业的广告支出不可能卖给另一家企业。沉没成本是一种有效的进入壁垒，因为它告诉潜在的新企业，如果想要竞争，就必须投入与类似沉没支出同样多的钱。

广告支出可能是最显著的竞争沉没成本。当一家企业做广告时，它是在说："我们刚刚花费了数百万美元以吸引你对我们产品的注意力。如果我们让你失望，如果我们要退出市场，或者生产的产品质量低下，对我们来说花那笔钱是一件蠢事。"广告向其受众保证产品是优秀的，不是因为它说产品很好，而是由于企业已经发生了广告的沉没成本这一事实。

以在大城市走街串巷卖领带的小贩为例。如果这样一家"企业"告诉消费者它会保证领带的质量，消费者当然会怀疑这些保证的有效性，因为如果这家

“企业”决定退出市场，它可以立即做到。它没有总部，没有品牌名称，没有昂贵的资本设备，没有需要担心的忠诚客户——事实上，它没有任何沉没的或不可收回的成本。它想来就来，想走就走。

与那些没有清算价值的企业相比，已经投入大量资源的企业的激励是不同的。这些企业不会赚一点钱就马上退出。购买者知道这一点后，就可以更相信高质量产品的保证。潜在进入者也知道，它们必须为这些活动投入资源，而一旦这些支出失败，将无法得到补偿。沉没成本能阻止市场进入。

利用分销渠道

已经建立分销渠道且不易被模仿的企业与潜在竞争对手相比具有优势。汽车产业是一个很好的例子。经销商网络非常广泛，且建立成本高昂。20 世纪 70 年代，当富士公司试图进入胶卷市场时，柯达公司早已建立起了分销网络。富士公司试图利用柯达公司的供应商，以极低的价格向他们销售富士公司的产品。柯达公司以向其分销商发出最后通牒的方式警告它们，它们只能销售柯达的产品，否则将得不到柯达产品。

7.2 差异化

每一家企业——生产商、装配厂、销售商、经纪人、代理商和批发商——都试图将自己的产品与其他产品区分开来，就连那些生产所谓的大路货的企业和生产没有差别的产品如自然金属、谷物、化学品、塑料和货币的企业也是如此。企业努力使其自身或其产品实现差异化的原因是为了使竞争对手难以抢走它们的生意。

成功的差异化可以降低需求的价格弹性。这对企业意味着什么？它意味着企业可以在不发生收入损失（弹性较高）的情况下提高价格。在图 7.2 中，考虑价格由 P_1 上涨到 P_2。对于需求曲线 D_1 来说，价格变化会导致需求量的很大变化，从 Q_A 到 Q_B。但对于需求曲线 D_2 来说，价格变化导致的需求量变化较小，从 Q_C 到 Q_D。在需求曲线 D_2 的情况下，价格上涨导致总收入增加，但在 D_1 的情况下，则导致总收入下降。多年来，英特尔公司对其微芯片收取的价格高于竞争对手，而这些微芯片大同小异。英特尔能够做到这一点是由于其成功地实现了自己的差异化——Intel Inside。英特尔有能力改变其产品的需求曲线，使它更缺乏弹性。

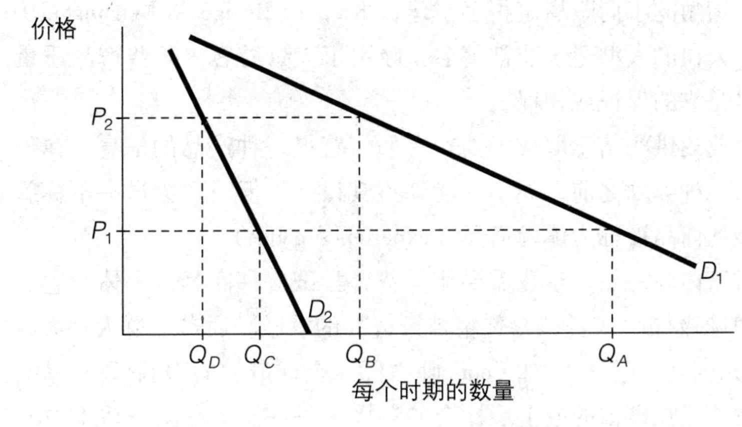

图 7.2　改变价格弹性

声誉与品牌

品牌使得一种产品与其他产品区分开来。无商标的商品或大路货的差别不大。品牌的创立很重要吗？麦肯锡公司的一项研究发现品牌确实很重要[1]。基于对美国、欧洲、亚洲超过 5000 位客户的采访，它揭示出在消费者市场和 B2B 市场中，品牌是购买决策背后的一个关键因素。此外，最强势品牌（根据品牌在决定购买中的重要程度来衡量）的价格平均起来比最弱势品牌的价格高出 19%。品牌是从哪里来的？如何创立它？

大多数商品具有很多不同的属性——外观、感觉、口味、可靠性、性能等。有一些属性需要探索才能发现，有一些则在消费时立刻就能发现，其他属性可以在长期体验中发现，还有一些永远也不为我们所知。如果一家企业能够比其他地方以更低的价格提供这些属性的信息，那个企业就可以由于提供这些信息而获利。同样，如果一家企业能够提供更好或更廉价的关于其产品的信息，那么那家企业就会具有优势。

当人们没有完整、充分的信息时，经济学家就会说获得信息的成本很高，或者说消费者要通过仔细阅读杂志或亲自到商店里比较产品、试用不同类型的产品或者从专家手中购买建议而搜寻信息。所有这些活动都需要时间，在某些情况下还要花钱。认识到消费者搜寻信息的成本很高，企业就可以通过提供信息和提高其产品的熟悉程度以差异化其产品，从而有机会扩大生意。这可以通过促销、摆放和包装即营销实现，还可以通过投入资源建立一种形象或品牌来实现。例如，希望公众认识到自己非常稳定的企业可以投入资源建立一座巨型的建筑、漂亮的办公室或大型广告牌。大型购物商场中的服装店尽管是租来的，但它比街角的小商贩稳定得多。建在 Knight's Bridge 和 Kensington High Street 的 Harrod 公司的大型建筑非常著名，吸引了大量游客。某些产品质量高的一个重要信号是它的保证或担保。

企业提供的信息取决于消费者如何获得一种产品的信息。在你品尝一种汤或购买一种啤酒之前，你不可能知道其口味，但只要尝试一下你就知道了。这些类型的商品被称为**体验商品**（experience goods）。

对于体验商品，企业需要让消费者尝试这种商品，去体验它。卖出的通常是“口味极佳”或者“令你精神振奋”的承诺。通过一群人在海滩或高山上享受来为商品做广告——如 Coors 啤酒厂（全球最大的啤酒厂——译者注）。商品可以被放置在富裕的或上层社会的环境中——如坐在豪华轿车中的旅客要 Grey Poupon 牌芥末。Gatorade 牌饮料是通过一个高强度锻炼后寻找营养和恢复体力的人狂饮这种饮料进行宣传的。

可靠性是体验商品的关键因素。可靠性可以通过麦当劳汉堡包始终如一的口味、机器不经常出故障或者专业咨询人员完美的建议来代表。消费者需要在一个相对较长的时期内体验这些产品才能确立可靠性。因此，企业希望提高消费者忠诚度并确保消费者持续购买其产品。为了引导消费者在开始时购买产品，企业需要向消费者提供关于可靠性的信息。麦当劳餐厅形式的一致性暗示着食品的一致性，一间镶嵌木板、富丽堂皇的办公室暗示着一位成功的顾问。

一旦消费者获得了一种商品的体验，那种商品的需求价格弹性就会下降——消费者开始忠诚于那种产品。可口可乐和百事可乐的饮用者通常对其中一种忠诚。这就是为什么可口可乐和百事可乐进行口味测试的原因。百事可乐会在超市中建立一个售货亭，并询问消费者喜欢可口可乐还是百事可乐。如果他们说喜欢可口可乐，那他们就被邀请进行蒙眼测试。百事可乐和可口可乐对于饮用者来说是一样的。基于这一结果，公司将刊登广告声称，60% 的百事可乐饮用者喜欢可口可乐，或者 60% 的可口可乐饮用者喜欢百事可乐。其依据是，如果 60% 的百事可乐饮用者真的喜欢可口可乐，或者相反，公众也许就会在选择可口可乐还是百事可乐时依据其他人的口味进行。

体验对于经常购买的商品有效，但对不经常购买的商品用处不大。当一位消费者准备购买一台洗碗机或一辆汽车时，以前的产品体验对他来说意义不大。要了解这些产品需要进行一些研究——阅读《消费者报告》（*Consumer Reports*）、问问周围的人或者去商店。这些商品被称为**搜寻商品**（search goods）。

搜寻商品通常是预算很高、不经常购买的商品。汽车和家用电器都是搜寻商品的例子。消费者更愿意花费资源——时间和金钱——去搜寻这些产品的信息，而不像对体验商品那样。从前的体验可能会带来一些信息——汽车或电器的可靠性、与产品相关的服务质量等等，但那些信息通常是过时的，消费者需要新信息。因此，搜寻商品的需求价格弹性通常都很高。

通常搜寻包括一个保留的（reservation）价格或质量特征。潜在购买者都会在心中有一个他们愿意支付的最高价格或可以接受的最低质量，然后他们就去寻找——对比价格和产品。一旦有一种产品符合那些保留的特征，搜寻就会停止。

企业希望消费者在找到它们的产品时就停止搜寻。企业需要证明其产品符合消费者的保留特征。企业如何发现保留特征？它们可以通过焦点小组向消费者进行调查。例如，这类消费者小组可能已经指出，他们关注的洗碗机的最重要的方面是没有噪音。不同的生产厂家都各自进行了噪音等级测试，并通过消费者焦点小组测试了这些机器。当消费者焦点小组指出他们更喜欢噪音较低的机器 A 而不喜欢机器 B 时，这会被当成信息的一部分提供给消费者。对于某些消费者而言，这些信息就足以使他们停止搜寻。对于其他人，这些信息还不够，他们还会继续搜寻。一旦消费者进入了企业的经营场所，企业就希望搜寻停止下来。诸如低价和产品质量保证等实践试图让消费者相信，继续搜寻下去将没有什么用处。当然，销售人员在实现交易和停止继续搜寻方面扮演着重要的角色。

医生、律师、水管工、老师、电气技师、银行出纳、零售店职员和许多其他人提供一种被称为**服务**（service）的产品。服务通常是一种立即消费的产品，是一种包括行为、表演或努力在内的无形产品，不能实际拥有。服务可能包含搜寻和体验的成分，但服务的主要方面是在提交的同时就被消费了。

由于是无形的——服务是看不到、摸不着、无色无味而且不能实际拥有的，所以在使用前消费者很难评估服务。你不可能在理发前就评估你的头发理得好不好。通常将服务转换成某种更切实的东西如可靠性会是问题的关键。利用这种方法，服务变得更像是一种体验商品。保诚保险公司（Prudential Insurance）用“石头”（the rock）、Allstate 公司用“友好之手”（good hands）表示它们的可靠性。

律师和金融咨询师需要展示成功的形象。谁愿意聘用不成功的律师或金融咨询师呢？因此，这些律师和咨询师们会花大笔钱把办公室设在市中心的建筑物里，他们会穿着昂贵的衣服，提着昂贵的公文包。想象一位著名的经纪商穿着休闲服装出现在纽约银行中谈论金融工具是一种什么效果。显然，他差异化了（实际上是贬低了）自己的产品。银行官员不可能相信一个不认真的人作出的决策。难怪在 IBM 早期，托马斯·沃特森（Thomas Watson）要求其销售人员穿着成为 IBM 标志的套装——白色衬衫、黑色领带和黑色西装。

企业通过广告和品牌向消费者传递其产品的信息。在拥有不同质量标准的市场中，商品名称如亨氏、安飞士（Avis）等代表着很高的价值。当消费者难以预先评估一种产品或服务的质量时，品牌就很重要，拥有强势品牌的企业可以主导这些市场。

当消费者无法预先搜集产品质量的属性时，声誉或品牌名称在这种市场中就具有很高的价值。如果消费者拥有完全信息，那么企业就没有动力去创立品牌或差异化其产品。阿司匹林就是阿司匹林，而不会出现拜耳的阿司匹林。品牌向消费者提供了信息，它是质量或可靠性的信号。

许多消费者宣称，营销或广告会创造产品之间虚假的或人造的差异，由品牌产生的利益是一种幻觉。这些批评说明，汰渍（Tide）牌的洗涤剂与店有品牌的普通洗涤剂可能没有什么区别；Ralph Lauren's Polo 牌的衬衫与一些低价品牌的衬衫是由同一种纤维和工艺生产的；不管是不是拜耳牌的，阿司匹林就是阿司匹林。但是，消费者却常常愿意为有品牌的产品支付更高的价格。为什么？因为品牌传递出了一些有价值的东西。尽管有品牌的药品与普通无品牌的药品在化学成分上是相同的，但购买有品牌药品的消费者相信品牌中包含着一些可能有价值的东西。花费大量金钱创造品牌的医药公司与没有品牌的医药公司相比，生产劣质或危险药品的可能性更低。

创立品牌的目的是提高消费者忠诚度，并降低需求的价格弹性。消费者转换品牌的意愿越低，需求的价格弹性就越低。尽管其价格高于竞争品牌的价格，对某一品牌或企业忠诚的消费者仍然会购买这一品牌或企业的产品。

通常，建立品牌的成本很高，且需要很长时间才能建立起来。因此，现有企业由于担心会损害其品牌，通常不愿意改变其产品或进入新的市场。液体皂市场就是一个很好的例子。1964 年，罗伯特·泰勒（Robert Taylor）利用 3000 美元创立了 Minnetonka 公司。在后来的 20 年中，泰勒将公司从一个生产新奇而廉价的化妆品的利基生产者（niche producer）发展成为一家在肥皂、牙膏和香水行业举足轻重的企业。1977 年，公司开始生产 Incredible Soap Machine，它通过一个塑料的泵式瓶来分配液体肥皂。Incredible Soap Machine 被重新命名为 Softsoap。销量开始大幅增长。在测试市场中，Softsoap 获得了块状肥皂 5% ~ 9% 的份额。1981 年，Softsoap 的销售额接近 4000 万美元，而且还在继续增长，直到行业中的大型企业——Armour-Dial 公司、宝洁公司、利华兄弟公司（Lever Brothers）和高露洁—棕榄公司（Colgate-Palmolive）——最终进入这一市场。尽管宝洁拥有闻名已久的 Ivory 牌肥皂，但它却是以 Rejoice 的品牌名称进入液体皂市场。直到 1983 年，宝洁才推出了 Ivory 牌液体皂。Jergens 紧随其后进入市场，成为市场上的老三。两年后，高露洁—棕榄公司通过以 6000 万美元的价格收购 Softsoap 而奋起直追。

为什么大公司迟迟不敢进入？原因就是为了保护其品牌。宝洁尝试 Rejoice 这一品牌仅仅是为了万一失败时不会危及 Ivory 品牌。一旦产品看起来很成功，则 Ivory 固体皂向 Ivory 液体皂的延伸就有意义了。Ivory 液化皂几乎立刻占领了 36% 的市场份额。

声誉的价值在于重复购买的可能性。在长期中，声誉只能通过提供经得起反复考验的高质量产品获得。由于需要很长时间才能建立起声誉，因此一些企业试图将在一个市场中已经建立起来的声誉“租借到”另一个新市场中。名人的签名就是一个明显的例子。谁都知道，名人愿意签名并不是因为他们找到了市场中最好的产品，而是因为他们研究了潜在出资人能够给出的最高价。那么消费者为什么会受到名人签名的影响呢？在某种程度上，签名者在以他的声誉冒险。如果那种产品的质量低劣，那么签名者的声誉和对其他出资人的价值就会受到损害。对于生产商来说，为名人签名付费是一种向市场作出承诺的表示。因此，愿意为签名付费的程度是对产品质量的一种衡量。

尽管如液体皂的例子所示，这种战略存在很大的风险，但企业有时候还是会将自己在一个市场中建立的声誉作为进入一个新市场的敲门砖。宝马公司在汽车生产领域的声誉强化了其在摩托车生产方面的声誉，反之亦然。宝马公司还支持一系列“Active Line”运动服装的生产。卡特皮勒公司（Caterpillar）有一条“CAT”牌服装生产线，这种服装倡导一种坚强、认真的形象。很难有理由相信，使宝马汽车或卡特皮勒设备产生差异的能力能够用于服装生产，但对于这两家企业来说，把它们的名字与质量低劣的产品联系在一起是很愚蠢的。

担　保

担保（guarantee）和保证（warranty）可以成为进入壁垒。当日本汽车厂商在 20 世纪 60 年代刚刚进入美国市场时，它们面临着说服消费者认可其汽车质量的困难。尽管生产厂商知道其产品质量很高，但潜在消费者并不知道。事实上，许多人认为日本产品是对西方产品的劣质的仿冒。“日本制造”成为了廉价和劣质的同义词。相应地，日本生产厂商在市场上提供了更广泛的担保。

担保很难伪造。劣质产品经常出故障，使得企业的担保成本极高。因此，产品质量越高，企业提供的担保就越好。

如果一家企业制定了担保政策，其他企业要么跟进，要么必须承认自己的产品质量较低。如果一个潜在的竞争对手不能模仿现有企业的担保，它就会首先考虑不进入市场。如果企业能够作出类似的保证并能胜过它，那么当这家企业进入市场时，它会提供更好的担保。这就是日本汽车生产商在 20 世纪 70 年代对美国汽车生产商所做的。美国汽车生产商没有提供日本生产商那样广泛的担保，结果，消费者很快就发现“日本制造”意味着高质量。同样的事情发生在 20 世纪 90 年代末和 21 世纪初的韩国现代汽车。现代汽车提供 10 万英里的完全担保，而其他汽车生产商只提供 36000 英里的担保。

7.3 其他阻止进入的战略

规模和差异化不是仅有的阻止进入的战略。厂商还可能寻求法律、获得独特资源甚至利用价格手段产生的限制而阻止其他企业的进入。

政府作为战略优势的来源

联邦贸易委员会网站地址是
www.ftc.gov/opp/ecommerce/anticompetitive

向政府寻求战略优势是一个常用的商业战略——这被称为寻租（rent seeking）。企业向政府寻求进口限制和新企业进入的限制，它们寻求产品补贴，指望对手接受不公平的成本负担，将资源用于获得许多其他的利益。

专利可以在几年中限制其他厂商的进入。经营许可、在某一特定地点做生意的许可，或者从事某种活动的许可，是政府提供的战略优势。直到 20 世纪 80 年代中期，美国的银行还只允许在一个州内经营，而不能跨州经营。在一些州内，银行不允许有分支机构。这些限制为已经建立的银行提供了优势。航空管制使得航线许可证的价值很高。能够获得在主要城市如洛杉矶和纽约间飞行的许可是一种显著的优势。当在纽约运营的出租车数量受到严格限制时，经营许可——驾驶执照章——的价值就非常高。

美国专利局网站地址是
http://www.uspto.gov/

哈雷摩托车公司（Harley-Davidson）从政府手中获得了防止日本企业竞争的保护。日本企业只允许销售小型摩托车，而将大型摩托车市场留给了哈雷公司。布什政府在 2002 年对进口钢材征收关税以保护本国钢铁生产企业免受外国企业的竞争。

政府经常为企业提供垄断。有线电视是一系列的地区性的垄断，这种垄断使得每个地区只有一家企业提供服务。电台要按分配的特定波段进行广播。飞机要沿着指定的航线飞行。在一个地区可能只允许一家出租车公司运营。

小一些的公司经常要求政府限制主导企业的行为。20 世纪 60 年代，IBM

就遇到了这种问题。几家企业开发出与 IBM 计算机兼容的磁带和磁盘驱动器，这使得它们可以在外部设备方面与 IBM 直接竞争。IBM 公司控制外设市场价格和产出的能力被削弱，但是由于这些外设生产商不能生产兼容的中央处理器，IBM 保持了在系统市场中的价格和产出控制能力。IBM 将外部设备的价格降到其他企业无法与其竞争的地步，同时维持中央处理器的高价格。IBM 由于这种行为被其竞争对手推上了法庭。

美国司法部与全球反托拉斯活动请见
http://www.usdoj.gov/atr/pubdocs.html

微软公司在网络浏览器上的反竞争行为被认为是有罪的。这一诉讼是由其竞争对手网景公司（Netscape）和政府提起的。微软公司还受到 AOL 的起诉，理由是微软公司利用 MSN 与 AOL 竞争。大体来说，微软由于不公平的行为受到了联邦司法部、州首席检察官及一些私有企业如网景、Sun 公司、AOL 和 RealNetwork 公司的起诉。美国航空公司（U. S. Air）和联合航空公司（United Airlines）同意合并，但直到政府认为这一合并不会妨害竞争时才得以进行。

独特的资源

如果市场中所有的企业都拥有同样的资源和生产能力，那么能够使一家企业获得经济利润的战略，其他所有的企业同样可以利用。任何能够带来优势的战略会立即被其他任何企业模仿。然而，如果一家企业拥有独特的资源，那么这种资源就可以成为进入壁垒。

一个家族拥有一座唯一的生产干燥黏土的矿，这种黏土是生产包装防潮剂的重要成分。多年来，这种黏土是唯一能够满足某种特定标准的材料。渐渐地，人们开发出一种人造黏土，干燥黏土的价值就下降了。

在前苏联时期，DeBeers 公司控制着全球近 80% 的非俄罗斯产钻石的销售。俄罗斯拥有全球钻石储藏量的 40%，但不允许这些钻石在国外销售。DeBeers 因而拥有了独特的资源——获得并分销非俄罗斯产的钻石。随着苏联的解体，DeBeers 开始担心会有大量钻石涌入市场。它开始尝试为其所有的钻石配备质量和真品证书以延续其独特性，希望钻石经纪人只销售具有证书的钻石。

技术变革常常可以使竞争者克服资源限制。例如，20 世纪 70 年代，施乐在普通纸复印机市场中的优势是基于提供现场服务的经销商网络的超级服务能力。佳能通过制造出高度可靠、很少出故障的复印机而成功地向施乐发起了挑战。佳能的超级产品设计消除了施乐的优势，同时降低了施乐的服务能力和经销商网络的价值。佳能没有模仿施乐的超级服务和经销商网络这一独特资源，相反，佳能利用技术进步跃过了这一独特资源。

内部战略资产

限制进入的方法请见
http://www.census.gov/epcd/www/concentration.html

企业拥有的任何不容易被模仿的优势都是战略资产（strategic asset）——一种可以限制进入的资产。上面讨论的一切——专利、证书、品牌等，都可以成为战略资产。对某些企业来说，内部组织和结构也可以成为战略资产。惠普公司的“loose-knit”（松散）结构在公司内运行良好。微软公司不拘礼仪的作风有助于培养创造性。甚至公司文化也可以成为一种战略资产。西南航空公司比竞争对手做得更好，部分原因就是它的企业文化。薪酬结构也可能是一种战略资产。林肯电气由于其独特的薪酬结构而非常成功地作为小型发动机生产商经营了几十年。我们会在以后的章节中详细讨论这些内容。

案例回顾
沃尔玛

沃尔玛公司如何在激烈竞争中维持其经济利润？现有企业利用其他企业无法马上复制的理念创建了进入壁垒，使得现有企业可以在更长的时期内获得正经济利润。但是当正经济利润存在时，其他企业也想加入成功者的行列中。创业者会寻找打破这种壁垒的途径。如果规模经济成为一种进入壁垒，那么新企业会试图扩大规模或重新定义市场以改变规模经济，或者开发新技术使得规模经济的作用最小化。如果品牌成为一种进入壁垒，其他企业会压制那一品牌或创立一个可以与现有品牌竞争的品牌。资源总是流向对其估价最高的地方。

在沃尔玛的例子中，一种成功是不能依赖的。沃尔玛的库存管理成为了传奇，其他企业复制了其库存管理技术，沃尔玛的优势消失了。沃尔玛需要不断创新才能保持竞争优势，公司已经在管理职能和 IT 职能方面进行了创新。在执行这些创新时，沃尔玛创造了一个有价值的品牌。品牌是不容易复制的。其他企业未能做到持续创新以实现如沃尔玛那样提供天天平价。竞争者将继续寻找突破沃尔玛进入壁垒的缺口。

小　结

1. 保持竞争优势意味着创建进入壁垒，即做一些其他企业不能做的事。
2. 当存在规模经济时，规模可以成为进入壁垒。对资本的需求可能成为进入壁垒。沉没成本可能成为进入壁垒。分销渠道的限制可能成为进入壁垒。
3. 品牌和声誉可能成为进入壁垒。
4. 产品差异可能成为进入壁垒。产品或服务的差异化方式依赖于其交易的方式。有三种类型的产品——体验商品、搜寻商品和服务。
5. 体验商品是消费者必须试用才能进行评估的产品。通过提供可能获得的体验的信息——如利用他人的体验，体验商品的需求价格弹性会降低。
6. 搜寻商品是在消费前可以进行评估的产品。消费者在不试用商品的情况下就可以了解这一产品——通过从其他人、独立代理商、生产商那里获得信息。搜寻过程是一个比较成本与收益的过程，当额外一单位的时间和支出的成本明显大于收益时，搜寻就会停止。企业希望降低消费者进行搜寻的倾向。
7. 服务通常是一种立即消费的、无形的且不能实际拥有的产品。
8. 战略资产不容易被模仿，使得企业可以维持利润——创建进入壁垒。

关键词

沉没成本	搜寻商品	寻租
体验商品	服务	战略资产

练　习

1. 美国的电力生产商正在进行根本性的变革。消费者拥有向任何生产商购买电力的能力。事实上，可以在消费者的电表盒里装上一台电脑，就能自动购买最便宜的电力。这对电力生产商意味着什么？
2. 电话服务和电力是哪种类型的产品？
3. 服务营销（services marketing）是当前流行的一个商业术语。它是营销的一个分支，关注于服务。为什么它与商品的营销不同?

4. 广告实际上并没有向消费者提供任何信息，企业为什么还要花大笔资金做广告呢?
5. 企业为什么建造无数的建筑或摩天楼，而它们本来可以租用普通得多、便宜得多的建筑?
6. 消费者知道拜耳的阿司匹林和普通的阿司匹林的化学成分是相同的，他们为什么还愿意支付两倍的价钱购买拜耳的阿司匹林?
7. 企业为什么要请名人为自己的产品做广告——为什么要关心大鲨鱼奥尼尔（篮球运动员）是否在Taco Bell用餐，或者老虎伍兹（高尔夫球运动员）是否穿耐克的鞋?
8. 在什么条件下规模是一种进入壁垒?
9. 我们可能会看到这样的广告:

   我们的价格将低于或等于竞争对手的价格。如果对于同一种商品我们的价格高于竞争对手的价格，我们就会降低价格。如果你在购买后30天内发现更低的价格，差额部分我们将双倍赔偿。

   这种低价格担保对于非价格战略的应用意味着什么? 这类担保是进入壁垒吗?
10. 一家企业正打算迁移总部。上一年它花费了50万美元购买了一个期权。该期权使企业可以用500万美元的价格购买一座大楼。现在它发现了一座价格为520万美元的类似大楼。它应该购买哪一座? 请解释。
11. 1972年，杜邦公司和National Lead公司各占美国二氧化钛（一种用于涂料、纸张和其他产品中的增白剂）市场的1/3，其他7家企业占据了剩余的份额。杜邦公司计划投资将近4亿美元以扩大生产能力，并在几年内占据64%的市场份额。由于政府施行了新的环境法规，市场发生了变化，生产二氧化钛的原材料价格也上升了。杜邦公司的投资意味着可获得的生产能力将会超过实际需求。解释在什么情况下杜邦的战略会为其带来利润。
12. 空中客车公司（Airbus）在1990年开始探讨生产一种巨型喷气式客机的可能性。最初，波音公司和空中客车公司共同进行可行性分析，但由于这一项目的成本和风险过高，需求不确定，波音公司1995年退出了这一项目。空中客车继续从事研究，最终于1999年完成了设计。管理层认为公司在不折现现金流的情况下盈亏平衡点为250架飞机。在超大型飞行器市场中，空中客车没有能够与波音 747 竞争的产品。假设在波音 747 以前波音公司和空中客车的情况如下列支付矩阵所示。前面的数据是空中客车的，后面的是波音的。

		空中客车	
		生产	不生产
波音	生产	-10，-10	0，100
	不生产	100，0	0，0

a. 两家企业会怎么做？

b. 波音 747 的存在如何改变支付矩阵？

c. 波音公司如何阻止空中客车进入市场？

13. 沃尔玛公司需要进行许多讨论以确定是否进入一个新市场。假设沃尔玛和凯马特各自决定是否进入一处特定的市场。两家商场的支付矩阵如下所示，其中沃尔玛的数据在前面，凯马特的数据在后面。

		凯马特	
		进入	不进入
沃尔玛	进入	-10，-10	0，20
	不进入	20，0	0，0

a. 给定这一支付矩阵，如果两家公司同时进入，结果会如何？

b. 沃尔玛如何占优凯马特？换句话说，沃尔玛如何做才能保证沃尔玛公司获得最大的支付？

14. 拥有两家企业的特定市场的需求为：

$$P = 1000 - 50Q$$

A 企业的成本函数如下：

$$C = 20000 + 1Q$$

B 企业的成本函数如下：

$$C = 20000 + 20Q$$

a. A 企业如何将 B 企业驱逐出市场？

b. B 企业如何将 A 企业驱逐出市场？

本章注释

[1] Stephanie Coyles and Timothy C. Gokey, "Customer Retention Is Not Enough," *The McKinsey Quarterly*, 2002, Number 2 (http://www.mckinseyquarterly.com/search_result.asp); December 18, 2002.

CHAPTER

8 价格战略

案例：为玉米饼定价

亚利桑那州凤凰城的一家玉米饼生产商与全国品牌生产商 Frito-Lay 相比具有竞争优势，与 Frito-Lay 的 Tostitos 品牌相比，其价格更低而质量更高。然而，本地玉米饼生产商还是非常关注 Frito-Lay，因为与本地企业相比，它的规模太大了。因此，当 Frito-Lay 升级其 Tostitos 牌玉米饼时，凤凰城的企业认为应当以某种方式进行回应。它选择了降低质量以降低成本。它认为通过这种方法可以维持价格优势。凤凰城企业在一年内就被挤出市场。咨询人员认为问题出在本地制造的玉米饼的低价格上。

几年前，一种特定大小的全国品牌玉米饼的价格为 1.59 美元，而相应大小的本地品牌的价格为 1.29 美元，差距为 30 美分。随着时间的推移，全国品牌的价格上涨了几次，最后零售价为 1.89 美元。在全国品牌的带领下，本地品牌的价格也上涨到 1.59 美元。然而，尽管本地企业维持了 30 美分的价格差距，但全国品牌获得了更大的市场份额。

一家企业的产品拥有比竞争产品更低的价格，为什么还会败在其手里呢？为什么两种产品上涨同样的价格会导致消费者更多地购买价格较高的产品，而较少购买价格相对较低的产品呢？

8.1 如何定价

最有效的商业战略包括削减成本、推出新产品、剥离或合并，但企业最重要的战略也许是价格战略。图 8.1 显示了一个针对范围很广的企业进行调查后得出的结论，这项调查的问题是：哪种营销问题最重要（5 代表非常重要，0 代表不重要）[1]。

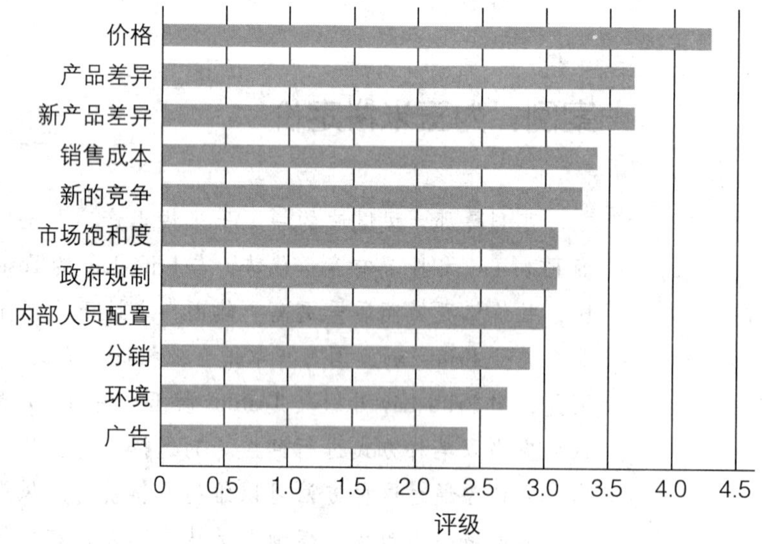

图 8.1 最重要的营销问题

尽管经理人员认识到定价的极端重要性，但只有 8% ~12% 的企业进行了认真的价格研究，其中的 1/3 在拥有了研究结果后却不知道如何利用它们[2],[3]。结果，许多企业取消了定价职责，而是“让市场来定价”或者“我们必须与竞争对手的价格相似”或者“它取决于我们的成本”。当决定一种商品的价格时，经理人员需要考虑哪些因素呢？大多数人考虑的是成本和竞争对手的价格，但很少有人知道价格弹性。如图 8.2 所示，大约 80% 的经理人员认为他们非常了解可变成本和固定成本，大约 75% 的人知道竞争对手的价格，但知道消费者对价格的反应的经理人员则少得多[4]。

如果经理人员不知道这些，企业如何定价呢？

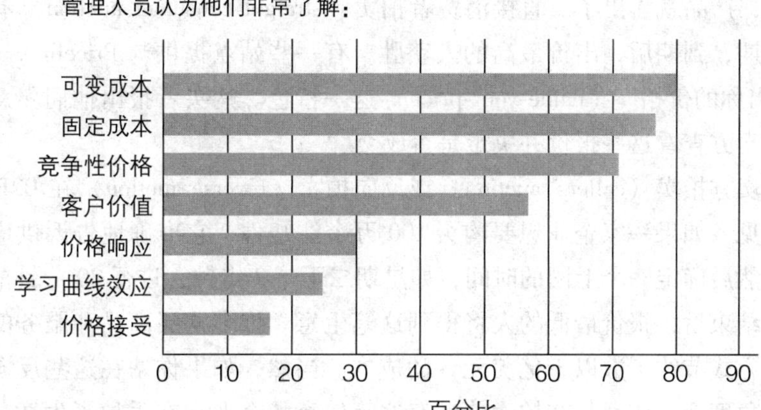

图 8.2 管理知识

因特网、拍卖和定价

因特网使得企业和个人能够通过拍卖进行购买和销售。网络拍卖是不是将所有的企业都变成了价格接受者，并且将所有的产品都变成了大路货？定价是否成为一个更加困难的问题？对第一个问题的回答是“错”，对第二个问题的回答是“对”。在线拍卖使得定价过程发生了显著的变化，但还没有将所有人都转变成价格接受者，也没有将每种产品都变成大路货。

> 网上购物与价格弹性请见
> http://ecommerce.internet.com/news/insights/ebiz/article/0,3371,10379_759511,00.html

农民们需要时刻关注降低成本的方法，最近这些年他们把注意力转向了因特网。农民的在线交易在降低种子、饲料、化工产品价格的同时，提高了农产品的价格。网络还为农民们提供了一个在全球销售其产品的平台。不用再驱车跨越两三个州到销售地点——既要支付旅馆费，又减少了两三天在田间劳动的时间——农民们坐在家庭办公室里上网进行销售。

福特、通用汽车和戴姆勒—克莱斯勒已经为购买大量零部件建立了交易平台；零售商们也建立了全球零售交易平台（WorldWide Retail Exchange）和全球网络销售平台（Global Net Xchange）；几十个类似的服务平台也在运行中或正在规划当中。FreeMarkets 最初只销售金属和塑料零部件，现在开始提供拍卖税款申报服务（tax-preparation services）、重新安置服务、临时帮助和其他服务。美国第二大零售商 Sears Roebuck 公司和全球第二大零售商法国的家乐福公司通过互联网向全球大约 5 万家供应商采购——每年将近 800 亿美元，以降低成本。

越来越多的 B2B 交易通过网络拍卖来完成，形式多种多样。在出价/询价（bid/ask）方式中，卖方设定一个要价，买方互相竞价。当要价与当前出价吻合时，产品就卖出了。直接消费者拍卖（straight consumer auction）有一个特定的时期，到期后，出价最高的人获胜。有一些站点提供与 Priceline. com 类似的“报出你的价格”（name-your-price）这一特色。购买者报出他们愿意支付的数额，卖方查看这些报价并决定是否成交。

卖方拍卖（sellers' auction）或反向拍卖（reverse auction）在 B2B 交易中十分常见。如果一家企业想要购买 100 万个注塑件，它准确地告诉供应商它的需求，然后确定一个上网的时间，如星期二下午 2 点钟，进行 20 分钟的招标。当时间结束后，报价最低的人将得到这笔生意。许多购买商品和服务的企业通过这种方式节约了数以十亿美元计的成本。当然，如果你站在这些反向拍卖的卖方的角度看，或者是在拍卖前拥有这笔生意的企业现在丢掉了生意，或者是卖方销售产品的毛利被压低了。如果买方能够由于卖方的相互竞争而压低价格，那么卖方会比没有竞争时损失更多。

B2B 交易不是在线拍卖的唯一一种类型，消费者正在利用拍卖购买任何物品，从钓鱼竿、整形手术到器官移植。如果你想做面部整形手术或者想做眼部的激光手术，MedicineOnline. com 会聚集一大群医生进行竞价。超市的职员肯定不允许消费者对装到购物篮中的每一件商品讨价还价，但现在，你可以在网上对几乎每一件你想要购买的商品讨价还价。

如果交易是通过拍卖进行的，那么商品和服务如何定价呢？拍卖在很多方面与完全竞争市场非常相似，其中有许多买者与卖者在交易同一种商品或服务。买方和卖方对一种产品出价——如果更多的买方愿意在这一价格下购买的数量超过了在这一价格下可获得的数量，卖方就会提高价格，并生产更多的商品以供销售。相反，如果在这一价格下需求小于供给，价格就会降低，卖方销售的数量也会减少。价格由市场出清水平决定——此时的供给量和需求量相等，对于单个卖方来说，这意味着 $P=MR=MC$，并且只能获得正常利润。

从表面上看，消费者获得价格信息的能力以及网上“可能的最低价格”的保证似乎可以使所有的市场都转变为大路货市场——完全竞争市场。而且毫无疑问，一些市场已经或即将成为大路货市场。但是，在大多数市场中，增加的信息和拍卖的存在提高了差异化的收益。消费者愿意为服务、送货或其他事情付费。例如，当网上的平均价格比类似商品的离线价格低 10% 时，在线价格的差异是真实的。在线产品或服务不再和那些离线的产品或服务相同，把业务放到网络上并不意味着商品或服务变成了完全竞争性的。在大多数情况下，由于产品差异化的存在，价格会超过边际收益与边际成本（$P>MR=MC$），获得正经济利润是可能的。在完全竞争市场中，$P=MR=MC$，经济利润为 0。正如我们将在第 9 章中将看到的，与网络经济出现前的经济一样，网络经济中也有许多差异化战略和定价战略。

不管是在线还是离线，定价似乎都非常容易，不是吗？找到边际收益等于边际成本时的数量，然后根据此时的需求定价不就行了吗？尽管这是一个基本的定价方法，但还有许多复杂的因素：企业可能提供多种产品；企业可能面对不同的需要进行营销的消费者；企业需要考虑提高或降低价格后竞争对手的反应；企业需要考虑价格的高低是否意味着产品质量的不同；企业需要考虑高价格是否会吸引定价低的竞争者；企业需要决定低价是否意味着产品质量低劣，等等。实际上，所有这些和其他复杂因素都在起作用，这意味着经理人员很难在制定价格时考虑到所有的因素。许多企业将这些复杂的问题交给计算机处理。

例如，石油零售商正在利用技术帮助他们确定价格。一些零售商凭借其品牌的力量定价较高，而其他零售商则将目标定在提供最低价格上。但一般来说，大多数零售商只是尝试将价格定在比竞争对手略低一些的水平上，并且所有等级的燃料价格的涨跌是相当一致的。MPSI 系统公司的价格体系经理和顾问唐·斯皮尔斯说："石油产业的定价更像是一种艺术，有些事情是靠内心的感觉，别人怎么做我们也怎么做。"[5]

"内心感觉"这种方法现在已经不再使用了，使用这种方法表明汽油零售业将钱"留在了桌子上"。计算机技术使得零售商能够计算价格弹性。这一过程始于输入历史价格、产量和竞争数据，利用每天更新数据进行微调。预期的产量、价格变化对产量的影响、竞争对手价格变化的影响等都可以计算出来。技术使得加油站可以在一天内改变 5 次或更多次价格。在每天两个小时的高峰期，通勤者不太关注价格，而更注重方便。这些消费者可能被收取较高的价格，因为他们不愿意到处乱逛。在非高峰期间，留在家里的人不必着急，他们对价格更敏感。在正常营业时间之外——比如凌晨 3 点，数英里之内只有一家加油站营业时——价格可能高得离谱。

使用定价技术的不仅是汽油零售商。1999 年 10 月，可口可乐的管理人员考虑使用一种根据室外温度改变软饮料价格的自动售货机——天气越热，价格越高。超市开始使用定价软件进行分析。为一个典型超市中的 3 万种商品定价几乎是不可能的。没有哪个人能够跟踪每一种产品，以确保 $MR = MC$。计算机软件使得企业能够通过跟踪价格弹性以制定价格和留住客户。

加油站、超市甚至可口可乐公司的经理们可能没有意识到定价技术能够让他们找到利润最大化的价格水平。但实际情况就是如此。对于每一种产品的价格，都是通过找到边际收益等于边际成本时的产量而确定的。

个性化定价

技术使得企业的定价更精确。在许多情况下，它们可以针对每一位消费者进行定价，每天不同时间的价格也不相同，或者根据天气的炎热程度或其他变量进行定价。

目录零售商甚至可以在没有技术的情况下使用个性化定价（personalized pricing）。它们寄出销售同种商品的目录，只是价格不同。那些不幸生活在挥金如土地区的消费者或许只能看到更高的价格。维多利亚的秘密内衣公司和Staples公司多年来一直在使用这一战术。这种邮寄名单法正在被计算机分析取代。当消费者通过因特网购买或通过信用卡或会员卡在收款机交款时，消费者的信息被收集起来。

网站被设计成能够识别出个别消费者，记住他们买过哪些物品，并基于过去的历史向他们收取一个定制化的（customized）价格。当一个消费者在Amazon. com上购买时，这位消费者对书籍和音乐的品位被记录下来，当下次登录时，网站建议他购买一些互补的或可替代的商品。在很短的时间内，Amazon. com测试了根据消费者的价格需求弹性而提供不同的价格。当收到负面的批评后，Amazon公司放弃了这种做法。在Peapod. com，消费者可以在网上订购杂货，Peapod提供单价、成分和营养信息，这就为消费者提供了一个比较购物的机会。当消费者点击并考虑价格、营养信息或产品的其他方面时，在每件商品上花费的时间被记录下来。营销者就可以利用这些信息设计出吸引消费者的方法。消费者因而成为了一个单独的实体而不是一群消费者中的一员。

通过在线应对每一个消费者（按专业术语来说就是“一对一营销”），企业能够进行个性化定价。从本质上说，企业所做的就是找到任一给定的消费者愿意且能够支付的价格，并根据每位消费者制定价格[6]。

如果对每个消费者的价格都是不相同的，那么就产生了**完全价格歧视**（perfect price discrimination）。如果将消费者按价格弹性分为不同的组，每个组具有相同的价格弹性，而且针对每个组销售同种产品的价格是不同的，这种歧视被称为**三级价格歧视**（third-degree price discrimination）。当企业无法确定每个消费者对每单位商品的估价时，则产生**二级价格歧视**（second-degree discrimination）。企业代之以将产品进行分组，并对不同组收取不同的价格。在二级价格歧视下，数量折扣下降，消费者为少量的产品支付高价，对大量产品支付较低的价格，数量越大价格越低。

当以超出所有成本的价格提供一种商品或服务时，企业就能获得经济利润。

为了最大化利润，企业会制定一个价格，并销售由边际收益等于边际成本决定的数量。当每个消费者支付的价格相同时，价格战略被称为单一价格或统一价格。

关于电信定价原则的讨论请见 http://www.firstmonday.dk/issues/issue2/different

当两个细分市场的需求的价格弹性不同时，对两个细分市场收取同样的价格就会“把钱留在桌子上”。如果针对需求价格弹性低的细分市场提高价格，则可以增加利润。

对一家航空公司来说，如果两种客舱比一种好，那么三种客舱是不是比两种更好？四种是不是比三种更好？对每一位消费者收取不同的价格是不是比对不同的消费者组收取不同的价格更好？如果企业能够建立起将各细分市场分隔开的围墙，那么对这些问题的回答就是肯定的。换句话说，卖方必须确保各细分市场不能越过自己而互相交易。例如，如果 Circuit City 以半价向老年市民提供计算机，则非老年市民也会购买这种计算机，因为不是老年市民的潜在消费者会请一位老年市民为他购买计算机。

自我选择：产品线扩展

Proctor-Silex 公司顶级电熨斗售价为 54.95 美元，而次好的电熨斗定价为 49.95 美元。两者的生产成本相差不到 1 美元，顶级型号只不过添加了一个小指示灯，显示电熨斗可以使用了。根据 Proctor-Silex 公司营销经理的说法，产品线的扩展使得公司可以获得更高的毛利，因为市场上有一部分人“要买最好的”。Proctor-Silex 公司如何找到这部分人并把他们与其他消费者区别开来？它没有这样做。公司让消费者自己选择。

当福特公司推出新设计的两款 Taurus 型车——标准的 GL 型和更高档的 LX 型时，一些消费者抱怨 GL 型的价格对于 Taurus 车的传统消费者来说太高了。福特公司对价格敏感的消费者作出了回应，不是降低 GL 车的价格，而是宣布推出一种新型低价 G 型车。

柯达在市场上出售三种等级的胶片，顶级胶片 Royal Gold 比 Gold Plus 的价格高出 20%。出版商会首先出版精装版的书，然后才会出版平装版。这些被称为“产品线扩展”（product-line extension）。产品线扩展与价格歧视相似。但是由于企业不能轻易识别出消费者，因此企业推出一种新产品以引导消费者自己选择，把自己区分出来，并因此对基本相同的产品支付不同的价格。

你也许会说，产品线扩展不是将价格定在 $MR = MC$ 处的过程。但它是通过设定产品的价格和产品线扩展使得每个产品的边际收益等于生产每个产品的边际成本而使利润实现最大化。

$$MR_1 = MC_1$$
$$MR_2 = MC_2$$

高峰负荷定价

可口可乐的管理人员无意中说出了他们正考虑在自动售货机中加上一块计算机芯片，当温度上升时，它会提高可乐的价格。尽管可口可乐公司由于公众的强烈反对退出了这个战略，但企业的确经常采用所谓的高峰负荷定价（peak-load pricing）。企业用同样的工厂或设备提供一种商品或服务，其需求在不同的时间是不同的，通过利用高峰负荷定价法，企业可以增加利润。高峰负荷定价是价格歧视的一种形式，消费者在高峰时期购买产品要支付比非高峰时期更高的价格。

长途电话定价就是一个高峰负荷定价的很好的例子。大多数长途电话是在工作日下午打出的。电话公司需要足够的设备满足这一需求，但这意味着公司的很多设备在非高峰期会被闲置。电话公司希望需求水平更加平均，这样其设备在一周中可以更平均地使用。

如果电话呼叫能够以可忽略的成本存储起来，那么电话公司就可以配备供平均使用的设备，而不是供高峰期使用的设备。在这种情况下，提供电话呼叫的边际成本会与呼叫是否发生在高峰时期无关。问题在于，高峰时期的许多电话都是商务电话，几乎没有人愿意在非高峰时期才听到企业本应在高峰时期打来的电话的录音。

成本加成定价

考虑下列命题：（1）产品必须以生产成本的 2 倍或 1.5 倍的价格卖出。（2）在一家饭店，食物的标价是直接成本的 3 倍，啤酒是 4 倍，酒精饮料为 6 倍[7]。这些论点代表了很大一部分企业制定价格的方法，被称为成本加成定价［cost-plus pricing，也叫完全成本定价（full-cost pricing）或加成定价（markup pricing）］。成本加成定价的形式很多，但都具有两个基本步骤。首先，企业要估计生产和销售产品的单位成本。其次，在估计的成本上增加一定的加成。加成的意思是将无法分摊到任何特定产品中的某些成本包括进来，并为企业的投资带来收益。英特尔公司预测出对微芯片的需求，然后确定生产成本，最后基于预测和成本确定价格，并时刻关注其主要竞争对手 AMD 公司的动向。John Deere 公司确定生产成本并制定一个 Moline 价格——提供给经销商的价格。经销商根据自己特定的市场状况改变价格。雪佛龙/德士古公司根据原油价格、精炼的附加成本和其他零售商收取的价格来确定自己的零售价格。

当企业使用成本加成定价战略时，价格由下式给出：

$$P = \text{平均成本} \times (1 + \text{加成})$$

其中，加成为一个百分比。例如，加成可能代表一个预先确定的毛利率或投资的目标收益率。

成本加成法能够最大化利润吗？大多数情况下不会。加成必须是一个非常特别的数字，使得由成本加成法得到的价格与由边际收益等于边际成本确定的价格相等。只有当使用边际成本而不是平均成本，以及加成等于 $[1/(1-1/e)]-1$ 时，成本加成定价规则才是利润最大化战略[8]。

公司经理对这一特定加成的认识程度如何？非常肤浅。然而，如果经理对消费者的所有需求很敏感，则最终结果就不会相差那么大。当需求的弹性降低时，加成提高，因而价格提高。相反，需求的弹性越高，加成越低，价格越低。

框　架

1987 年，Burroughs-Wellcome 公司［现在叫葛兰素—威康（Glaxo-Wellcome）］推出了抗艾滋病药物 AZT，但遭到了市场的反对。作为一个医学突破，AZT 为艾滋病患者和医生提供了第一种能够延长生命的药物。AZT 的推广价格为每年 12000 美元。尽管 Burroughs-Wellcome 公司的市场营销部门宣称其价格是正当的——由于 AZT 的研究和生产成本高昂，公众强烈的负面反应还是威胁到这一产品甚至公司本身。1999 年，百时美施贵宝公司（Bristol Myers Sqibb）推出了一种类似的名为 Videx 的抗艾滋病药品。它不如 AZT 的效果好，价格为每月 150 美元，每年为 1800 美元，但公众反应非常积极。同性恋权益保障组织认为百时美公司的行为是一个榜样。

差别在哪里？Videx 与 AZT 相比获得了显著的优势。人们在比较 Videx 的价格时有了参照物，而当 AZT 推向市场时却没有这样的参照物。作出决策的背景对于决策者非常重要。背景将影响需求的价格弹性。简而言之，感觉很重要。

例如，当消费者打电话预订旅馆房间时，旅馆预订员通常会报出高峰时期的最高价格，然后再打折，试图为消费者创造一个高参考价格。如果最初报出的高价格是购买者的参考价格，那么购买者会把实际支付的价格作为一种收益。与之相似，航空公司预订员先报出一条航线在打折和相关旅行限制前的最高费用。在印刷广告或广播、电视广告中，旅馆和航空公司都会报出最低价格和它们希望消费者进行对比的参考价格。“这一费用是原费用的一半”和“朋友免费”表明50%的折扣，这是常见的广告。

人们通常希望用更少的钱买到更多的东西。但是，有时候“多”和“少”代表的意义会有所不同。考虑人们对下列情况有何反应：

> 谁更幸福——A在办公室足球赌博中赢了100美元，但同一天他弄脏了公寓的地毯而要向房东支付75美元。B在办公室足球赌博中赢得了25美元。

尽管A和B最终都获得了同样的25美元，但大多数人认为A更幸福一些。考虑下面稍微不同的情况：

> 谁更幸福——A弄脏了公寓的地毯从而必须向房东支付100美元。B在办公室足球赌博中赢了25美元，但由于弄脏了公寓的地毯必须向房东支付125美元。

在这个例子中，尽管A和B必须支付相同的数额100美元，但大多数人认为B更幸福。在这些情况下，进行比较的个人市场篮子中包括对篮子中商品的描述。如果市场篮子中包含收益，人们更喜欢分开表示行动导致的结果，以使收益看起来更大一些——100美元的收益和25美元的损失，而不是75美元的收益。但如果市场篮子中包含损失，人们更喜欢将损失加在一起或只出现一次。

2001年6月29日的《今日美国》（*USA Today*）刊登了一篇关于旅馆收取能源费的文章，文章写道，由于能源成本上升，而旅馆只想简单地将其转嫁到消费者身上，因此旅馆每晚向住宿者收取1.5~7美元的“能源费”。旅馆认为它们可以提高客房的价格而不必遭到指责。消费者反对这种做法。根据消费者喜欢一次得到所有坏消息这一理念，这种定价战略非常糟糕。旅馆经营者应该将所有的费用加在一起。他们错误地以为消费者会将对能源价格上涨的抱怨发泄到别人而不是旅馆身上。

尾数定价法（odd pricing）是指定价格中最右边的数字以使总值低于整数价格的行为。如2.98美元与3美元、499美元与500美元相比都是尾数定价。尾数定价法的应用基于参考价格。标价499美元与500美元这一参考价格相比，消费者会认为自己获得了一些收益。另外，由于损失比等量的收益显得更多，因此我们没有看到过超过整数参考价格的尾数价格[9]。

消费者放弃拥有的资产感到的痛苦比得到一种没有拥有过的资产获得的快

乐更强烈。购买者希望维持现状，保持他们已经拥有的资产。这意味着需求的价格弹性可以改变——弹性更低——如果消费者感觉自己拥有了这一产品。因此，在购买前哪怕是暂时让消费者拥有这种产品都会影响购买决策。如果能够说服购买者将产品带回家试用，他们会调整自己的参考点，将这一新资产包括在内。当该付款时，他们会不愿意将产品退回，因为这样做他们要放弃一种他们感觉自己曾经拥有的东西。家庭装修和家具店常用的策略是鼓励消费者拿一件家具或地毯回家看看其"效果如何"。这也是"现在买，以后付款"计划采用的做法。例如，在假日里，零售商经常提供分期付款计划，将付款日期推迟 90 天，以使购买者将新购买的物品整合到他们的参考点中。健康俱乐部、健身中心和减肥中心经常提供免费或者只收取少量费用的最初的体验性会员资格。

阻止进入的定价

企业可以利用价格来阻止潜在竞争对手进入市场。阻止或防止进入的价格被称为**限制价格**（limit price）。限制价格是可以阻止潜在对手进入市场而又使现有企业获得一定利润的价格。限制价格如何起作用？只有当现有企业的成本比潜在进入者的成本更低时它才有效。

假设 Middle 公司是一家成本很低的管道设备生产商。如果潜在进入者知道它的成本有多低，那么它们不会傻到还要进入这一产业，因为它们知道自己根本就没有生存的机会。但是它们无法准确说出 Middle 公司的成本，因为管道设备只是其产品之一。为了向潜在进入者发出自己是一家成本极低的生产商这种信号，Middle 公司会发现设定一个相对低的价格是值得的。尽管这会在短期内降低 Middle 公司的利润，但由于减少了公司可能面临的与市场进入者的竞争，这样公司可以在长期内获得更多的利润。为什么 Middle 公司不能仅仅宣布其成本很低？因为潜在进入者会认为这些声明是为了阻止其进入而撒的谎。

在限制性定价成为一种阻止潜在进入者的手段时，采用这一战略的公司可能要付出巨大的代价。企业在降低价格期间遭受的损失可能永远也得不到补偿，或者低价格会成为公司的标准——在未来，它不可能在不丢失客户的情况下提高价格。

关于微软公司与掠夺性定价的一篇趣文请见 www.businessweek.com/magazine/content/1998/47/b3605129.htm.

限制性定价有时被称为**掠夺性定价**（predatory pricing）。掠夺性定价是设定一个很低的价格（低于平均可变成本的价格）以将竞争者驱逐出市场，然后再提高价格以补偿损失的收益。企业可以这样做吗？它可以将价格定在低于其成本的水平上以将竞争者赶出市场，然后在竞争者离开市场后再提高价格吗？较高的价格会不会吸引潜在进入者而迫使现有企业再一次降低价格，如此循环往复？

一项研究表明，在枢纽机场近乎处于垄断状态的航空公司可以利用其规模将低成本航空公司赶出市场[10]。例如，1995 年 Spirit 航空公司进入了由西北航空公司控制的底特律—费城的运输市场。Spirit 公司开始时提供每天的往返飞行，费用为 49 ~ 139 美元。西北航空公司通过使价格与 Spirit 公司的相同进行回击。结果是：西北航空公司的收入大幅下降，但重新赢得了整个市场。1996 年后期，Spirit 公司退出。几个月后，西北航空公司取消了几乎所有低价航线，其收入恢复到竞争前的水平。这一研究还引用了 12 个例子，在这些例子中，都是挑战者以现有主导企业一半的价格提供服务，受到威胁的航空公司会降低价格进行回击。两年之内，一半新航空公司退出了市场，因为它们无法获利，并且大多数现有企业补偿了其损失。

关于掠夺性定价的讨论请见
www.businessweek.com/magazine/content/01_20/b3732075.htm

那么，为什么其他新航空公司不在现有企业提高费用时进入，或者现有企业由于担心新航空公司的进入而不敢提高费用？原因之一是新企业的表现不佳，投资者不会投资让航空公司开始经营。由于知道现有航空公司拥有雄厚的资产，如果能在以后弥补的话，它能够应对一时的亏损，所以投资者拒绝卷入与现有企业的竞争中。但真正的问题在于进入航空业受到联邦政府和航空管理当局的严格限制，现有企业几乎处于垄断状态。新企业很难进入这一行业[11]。除非很难进入，否则掠夺性定价难以生效，就算现有企业将其对手赶出市场，它也无法弥补损失。一旦现有企业提高价格，新竞争对手会卷土重来。

航空公司是唯一存在掠夺性定价的行业吗？如我们在下一章将要看到的，掠夺性定价在新经济中的应用比传统经济中更普遍。

8.2 更复杂的问题

到目前为止我们讨论的都是企业只销售一种产品、只需要确定一种价格的情况。让我们考虑一些更复杂的情况。

捆 绑

有线电视提供商有一个困难的定价情况。它们有几个频道（几种产品）需要销售，消费者对各个频道的兴趣有很大的不同。为了便于描述，我们假设 Cox 有线电视公司只有两个频道：频道 1 和频道 2。细分 A 比细分 B 更喜欢频道 1，而细分 B 比细分 A 更喜欢频道 2。

假设细分 B 的成员每月最多为频道 1 支付 12 美元，最多为频道 2 支付 12 美元。细分 A 的成员每月最多为频道 1 支付 20 美元，最多为频道 2 支付 4 美元。

如果两个频道单独出售，那么 Cox 公司可以从频道中获得的最大收入就是两个细分市场愿意支付的价格之和。如果 Cox 公司将频道 1 的价格定为 20 美元，那么它只能销售给细分 A。为了让细分 B 购买频道 1，Cox 公司需要将价格定在不高于 12 美元的水平。由于 Cox 公司无法区分细分 A 和细分 B，它需要对所有的消费者制定同样的价格。因此，从频道 1 获得的总收入为：

$$TR = (Q_A + Q_B) \times 12 \text{ 美元}$$

其中，Q_A 是细分 A 中的人数，Q_B 是细分 B 中的人数。

同样，Cox 公司对频道 2 只能收取 4 美元才能吸引细分 A 购买，因此它对频道 2 不能收取超过 4 美元的价格。从频道 2 获得的总收入为：

$$TR = (Q_A + Q_B) \times 4 \text{ 美元}$$

现在，考虑如果 Cox 公司将两个频道捆绑销售会发生什么？Cox 公司可以设定一个 24 美元的价格，这是一个吸引两组人购买频道 1 和频道 2 组合的最低价格。在捆绑的例子中，$TR = (Q_A + Q_B) \times 24$ 美元。这被称为**完全捆绑**（pure bundling），因为购买这些频道的唯一方法就是打包购买。完全捆绑不对消费者细分造成歧视——所有的消费者支付相同的价格。

混合捆绑（mixed bundling）。在前面的例子中，卖方 Cox 有线电视公司只以捆绑的方式提供频道。通常，企业通过允许购买者在打包产品和单一产品之间进行选择而获得更多的利润。为了便于说明，假设 Cox 公司每个消费者每月每频道的边际成本为 5 美元。5 美元的边际成本超过了细分 A 愿意为频道 2 支付的价格。以低于边际成本的价格向细分 A 销售频道 2 是没有意义的。因为细分 A 愿意以不高于 20 美元的价格购买频道 1，以 20 美元的价格销售频道 1 是有意义的。细分 B 不会以高于 12 美元的价格单独购买频道 1，但愿意以 24 美元的价格同时购买两个频道。如果将频道 1 的价格设定为 20 美元而将频道 1 和频道 2 组合的价格设定为 24 美元，则总收入将为 $TR = Q_A \times 20$ 美元 $+ Q_B \times 24$ 美元，利润为 Q_A（20 美元 − 5 美元）$+ Q_B$（24 美元 − 10 美元）。

将其与只以24美元的价格提供捆绑销售相比较。在完全捆绑和每个频道的边际成本为5美元的情况下的利润为：

$$TR = Q_A(24\text{ 美元} - 10\text{ 美元}) + Q_B(24\text{ 美元} - 10\text{ 美元})$$

Cox公司提供混合捆绑的利润高于只提供完全捆绑的利润。

事实上，捆绑是一种相当常用的定价战略。在旅游产业中，一个包括机票和海滨度假胜地旅馆房间的组合对休假者的吸引力比对商务旅行者的吸引力大得多。给定一个在飞机旅行和价格相对较高的休假组合之间的选择，商务旅行者更愿意选择单独的飞机旅行，而休假者更喜欢休假组合。有线电视在捆绑上做了许多工作，它们提供一种“基本”的组合，即频道的捆绑，然后以额外的价格提供各种组合。宝洁、吉列和舒适（Schick）以及其他公司经常将产品捆绑在一起。剃须刀与剃须膏组合在一起，洗衣剂与香皂组合在一起，等等。微软的Office办公软件包括几个软件——Word、Excel和PowerPoint等，还有网络浏览器。每个软件都可以单独购买。麦当劳和其他快餐店提供不同的组合，如食物和饮料的组合，其价格比单独购买时要低。

搭售（tying）。搭售是捆绑的一种形式，是指以某种组合购买或出售产品。主产品（搭售商品）的购买者同意购买一种或几种与主产品互补的商品（被搭售的商品）。一般来说，搭售商品是耐用品，如复印机，而被搭售商品是非耐用品，如墨粉和纸张。移动电话公司也将其产品和服务捆绑在一起。

知道消费者关注的基本点在构造恰当的搭售商品和为搭售商品正确定价方面非常重要。如果消费者对商品束中一方的价格更敏感，那么企业就要依此定价，通过使价格敏感的商品显得价格较低而吸引消费者去购买。

自相残杀（cannibalization）。当一个企业生产或销售的产品或服务不止一种时，它在确定一种产品或服务的价格时，必须考虑到所有商品与服务的价格和产量对这种产品与服务的影响。考虑一家生产两种相互依赖的产品A和B的企业，一种产品的销售会影响到另一种商品。与产品A销售量变化相关的边际收益由两部分组成：与产品A销售量边际变化（增加或减少）相关的产品A总收入的变化，以及与产品A销售量边际变化（增加或减少）相关的产品B的总收入变化。同样，产品B的边际收益也是由两部分组成的。产品A和产品B的相关性可以是正的、负的或为0。如果这两种产品是互补品，一种产品销售量的增加会导致另一种产品总收入的增加。如果两种产品是替代品，那么一种产品销售量的增加会导致另一种产品总收入的降低。

举例来说，假设宝洁公司为其洗涤剂确定了两个细分市场：单身一族和家庭。假设宝洁生产两种包装大小不同的洗涤剂，分别为 5 盎司和 10 盎司。我们还假设洗涤剂的边际成本恒为每盎司 10 美分，没有其他费用。

如果宝洁将 5 盎司的洗涤剂定价为 2.5 美元，而将 10 盎司的定价为 6 美元，则家庭将用小包装替代大包装。用营销的语言来说，小包装洗涤剂“残杀”了大包装洗涤剂。当一种产品的销售会降低同一厂家生产的另一种产品的需求时，“自相残杀”就会发生。

宝洁之所以会发生“自相残杀”，是由于它没有办法区分出两个细分市场，即区分出家庭和单身一族。相应地，宝洁必须对两种容积的包装进行设计和定价，以使家庭用户愿意选择大包装。宝洁将其产量和价格设定在 $MR_A = MC = MR_B$ 的水平上。问题的复杂性在于，两种产品是相互依赖的。这意味着小包装的销售会影响大包装的销售，反之亦然。边际收益等于边际成本这一规则因而具有如下形式：

$$MR_A + MR_{AB} = MC = MR_B + MR_{BA}$$

其中，MR_{AB} 代表产品 B 的销售对产品 A 的边际收益的影响，MR_{BA} 也是这个意思。

现在我们来看一看吉列公司的例子，这是一家销售剃须刀架、剃须刀片、化妆品、文具用品、Braun 个人护理用品、Braun 家用电器和 Oral-B 牙齿护理产品的企业。其剃须刀架和刀片包括 Sensor、Altra、Trac Ⅱ、Good News 以及 Daisy Plus，而且各个部门还拥有几个不同的品牌。在钢笔和电动剃须刀之间可能没有相关性，但在 Altra 和 Trac Ⅱ 剃须刀之间是有依赖关系的。事实上，当吉列在美国推出 Sensor 剃须刀时，Trac Ⅱ 剃须刀的销售下降了。当吉列为新型 Trac Ⅱ 剃须刀定价时，它不得不考虑到“自相残杀”效应。

多种产品（multiple products）。对于拥有多种产品的企业而言，利润最大化战略非常简单——针对每一产品 i 找到 $MR_i = MC$ 的点，将价格定在产品边际收益等于企业边际成本的水平上。

超级市场很好地展示了这种战略。货架空间可以摆放许多不同的产品，如肉类、日用品、罐头食品、冷冻食品和农产品。超级市场显然提供多种产品。它通过找到每种产品的 $MR = MC$ 点而使利润最大化。假设一种产品的边际收益低于边际成本，而另一种产品的边际收益高于边际成本。显然，增加第二种产品而减少第一种产品是有意义的。这也是超级市场所做的，它们增加高毛利的类别，如熟食品、店内的面包烘烤店和花卉部门，而减少低毛利的产品对货架的占用。

联产品

相对于生产几种不同的产品而言，企业经常生产**联产品**(joint products)——产品在生产阶段而不是在消费者层面上相互依赖。一种产品生产的变化会引起另一种产品生产成本或可获得性的改变。这类例子包括从空气中制取液氧和液氮、从食用牛身上获得牛肉和牛皮、从原油中提炼出汽油和燃料油。

当联产品以固定的比例进行生产时，它们应当作为一个产品组合进行分析。在这种情况下，生产这一产品组合的成本不能被分配到单一产品中。这意味着产出和价格是由边际收益等于边际成本时的水平决定的，而不是找到单个产品的边际收益和边际成本，然后令它们相等。

利润中心和转移价格

企业经常根据利润中心（profit center）进行组织。每一个利润中心制定企业在那一部分的利润最大化决策。当产品或服务由一个利润中心转移到另一个利润中心时，这种组织形式会产生一个困难。让我们考虑一个部门向另一个部门销售时的情况。在雪佛龙/德士古公司，采购部门即供应商管理与整合部门（SM&I）向其他部门提供服务——它为每个部门采购物料。SM&I 部门以何种价格向其他部门出售其服务？在英特尔公司，商品管理部门是工厂和购买者、原始设备制造商（OEM）的中间人。这一部门如何对其管理英特尔产品的配送与库存的服务收费？必须确定转移价格（transfer price）——产品或服务从一个利润中心转移到另一个利润中心时的价格。

如果由雪佛龙/德士古公司 SM&I 部门和英特尔公司商品管理部门提供的产品或服务能够向任何企业提供，那么我们说这一服务具有一个外部市场。如果企业将产品或服务限制在企业内部的另一个部门，那么我们说它只有一个内部市场。如果存在外部市场，那么转移价格很容易确定，就是与外部市场中利润最大化价格相同的价格。但是如果中间产品没有外部市场，即一个部门向另一个部门提供的服务不能向其他企业销售，那么转移价格如何确定呢?

转移价格通过令生产和销售这一产品的企业的边际成本等于边际收益而确定。假设有两个部门，一个部门向另一个部门提供中间产品。那么企业的边际成本就是每个部门边际成本之和。通过令边际成本之和等于边际收益，就可以确定企业利润最大化的价格和产量。在雪佛龙/德士古公司和英特尔公司，部门服务只能在内部市场销售，在这两个例子中都对服务收取一个固定的年费。这种安排的问题在于，如果下游部门认为它们支付的费用过高，它们会采用一些效率比较低的方法获得这些服务，而不利用公司提供的服务。公司要做的事就是找到每个部门的边际成本，使它们等于边际收益。因此，如果 SM&I 部门对每一交易都有一个边际成本，那么企业应该将那一边际成本与下游部门活动的边际成本加总起来，令其等于企业的边际收益，以确定有效价格。

8.3　企业间的依赖性

到目前为止，我们讨论的都是一家企业独立于其他企业制定价格战略。在大多数市场中，企业不能如此独立地采取行动。这就是寡头垄断市场的含义：一家企业的所作所为会影响其他企业的行为。在这些情况下，我们说企业在制定战略决策时是相互依赖的。

正如你想象的，当企业之间相互依赖时，决定均衡价格和数量并不总是容易的。最终的均衡价格和数量取决于市场中企业的数量、每家企业可获得的信息、支付、竞争对手选择的战略以及企业所有者是单独行动还是相互合作。

在第 6 章讲述寡头垄断时，我们举了两个相互依赖的例子——弯折的需求曲线和囚徒困境。弯折的需求曲线说明当竞争对手企业跟着降低价格而不跟着涨价时的情形。囚徒困境说明了一个更复杂的依赖关系——企业在预言竞争对手的行动后采取自己的行动。

让我们考虑一场两家办公用品超市 Staples 和 Office Max 之间潜在的价格战。两家超市都有一个核心用户群，但同时也有一些价格敏感的人。两家企业都在考虑如何为一种很受欢迎的文具定价。通过市场调研，它们知道当对方以某种方式回应自己的定价战略时自己该怎么办。但两家企业必须在不知道对方会采取什么行动的情况下制定价格并发布出去。它们利润的多少取决于两家企业采取了什么行动。结果如图 8.3 所示。

如果 Staples 公司和 Office Max 公司都选择低价，那么 Office Max 赚取 70 而 Staples 赚取 80（我们没有说明 70 或 80 意味着什么，只是说明多比少好）。如果 Staples 选择低价而 Office Max 选择高价，则 Staples 赚取 100 而 Office Max 只赚取 40。如果 Staples 定高价而 Office Max 定低价，则 Office Max 赚得最多。如果两家超市都选择高价，结果都不错。显然，如果它们都选择高价，它们将获得最好的结果。但是，由于不知道对方会如何做，结果谁也不愿成为高价的商店而让对手夺走大部分市场。因此，双方看到支付矩阵后都认为对方会选择低

		Office Max 低价	Office Max 高价
Staples	低价	Office Max 70 Staples 80	Office Max 40 Staples 100
	高价	Office Max 100 Staples 50	Office Max 80 Staples 90

图 8.3 价格战

Office Max 发现，不管 Staples 怎么做，低价格都是它的最佳选择。同样，Staples 也发现低价格是它的最佳选择。

价。假设对方也会选择低价，则自己选择低价的结果在任何情况下都比选择高价好。

矩阵左上方部分的解说明，两家超市的收益都低于它们全部选择高价时的收益。它们陷入了所谓的囚徒困境。

两家企业可以通过合作摆脱困境并增加利润。例如，它们可以就高价达成协议，即“操纵”价格（fix price）。问题在于，在美国和大多数工业化国家，操纵价格是非法的。因此，企业必须找到一种能带来同样结果但又不是直接操纵价格的办法。

一种“暗中”操纵价格的办法是设立一条**适应竞争条款**（meet-the-competition clause），即当消费者从竞争对手那里获得任何好处时，公司具有给予同样好处的选择权。这降低了一家公司从另一家公司手中偷走顾客的激励。适应竞争条款会以“我们不能低价抛售”和“低价保证”之类的词句表达出来。公司告诉消费者，如果他在其他任何商店发现更低的价格，那么公司就会执行那一价格。由于知道每家公司都会使价格一致，竞争对手就没有提供更低价格的激励，而由于高价会导致销售上的损失，因此企业会保持同样的价格。

另一种避免价格操纵而结果使价格保持不变的方法被称为**最惠消费者条款**（most-favored-customer clause）。它向消费者保证会向他提供公司向任何人提供的最优价格。如果消费者接受了一个更低的价格，那么所有最惠消费者同样会得到这个更低的价格。当公司执行最惠消费者政策时，应该能够承受低价格的压力。企业可以对消费者说：“我们真的想为你提供一个更低的价格，但我们不能。如果我们那样做，我们就得向所有人提供更低的价格。”

当企业暗中操纵价格时，如何改变价格呢？有时候企业间的竞争使一家企业成为价格领导者，这家企业怎么做，产业中的其他企业就会跟着做。在Staples 和 Office Max 的例子中，如果 Office Max 成为价格领导者，它就会定高价，Staples 也会跟进。这样做的结果比纵容价格战的结果更好。价格领导者在不同情况下会有所不同。在航空业，领导者通常是最大的航空公司，但在一些情况下会是新进入的公司。你常常会看到一家航空公司试水看看能否成为价值领导者：它先提高价格，如果其他企业不跟进，就再把价格降到初始水平。

案例回顾
为玉米饼定价

为什么降低价格会成为企业的一个问题，甚至成为其失败的原因？为什么咨询者认为本地玉米饼生产企业的问题就在于它的低价？凤凰城玉米饼生产商改变了其产品，降低了质量。从本质上说，这一行为具有在实际上提高消费者成本的效果。尽管价格没有改变，但玉米饼的质量变了。对低质量的产品维持价格不变从本质上说就是维持高价。如果消费者的需求具有价格弹性，则更高的实际价格意味着更低的销售额和收入。如果凤凰城玉米饼生产商能够维持价格和质量，那么与 Frito-Lay 进行竞争不成问题。凤凰城玉米饼生产商应该采取的一种战略是通过将其玉米饼定位为高质量玉米饼而将市场划分为不同需求价格弹性的细分。缺乏弹性的利基市场或许能够使凤凰城公司维持盈利。另一种战略是提供两种玉米饼，一种质量较高，一种质量较低，以吸引不同的消费者。

为什么两种产品相同的价格增长会使消费者购买更多相对较贵的产品，而购买较少相对较便宜的产品呢？全国品牌的价格增加了 30 美分，从 1.59 美元增加到 1.89 美元，同时本地公司的价格也增长了 30 美分，从 1.29 美元增加到 1.59 美元。不同点在于，从 1.59 美元增加到 1.89 美元涨幅是19%，而从 1.29 美元增加到 1.59 美元涨幅是23%。更大的价格变化意味着更大的需求变化。定价较高的企业的价格涨幅相对较低，因此会从价格较低的企业手中夺取市场份额。

小　结

1. 当一家企业只销售一种产品时，如果无法根据价格敏感性对消费者进行区分，它就可以设定一个单一或统一的价格（边际收益等于边际成本时的价格）以最大化利润。

2. 当消费者或消费者细分能够根据需求的价格弹性进行划分时，而且消费者之间的转售能够被禁止时，企业可以通过价格歧视提高利润，这被称为价格定制或个性化定价。
3. 由于存在因特网，拍卖已经成为一种日益流行的进行商品和服务交易的机制。在因特网改变大多数企业的同时，拍卖的流行并没有将所有市场变成完全的竞争市场。当企业寻求对价格更大的控制力时，差异化的重要性更加明显。
4. 由于企业可以利用因特网更多地了解消费者以及他们喜欢什么、不喜欢什么，因此个性化定价越来越流行。
5. 有各种各样的价格歧视。三级价格歧视是将消费者分成两组；完全价格歧视是对每一个消费者进行个性化定价，使其支付不同的价格；二级价格歧视是对不同数量的价格或服务制定不同的价格。
6. 价格歧视的利润最大化规则是制定一个价格，在这一价格下，企业从各市场细分中获得的边际收益相同，并且等于边际成本。
7. 产品线扩展是一种歧视——以不同的价格提供一种稍有不同的产品。利润最大化法则是制定一个价格，在这一价格下，每一产品的边际收益等于各自的边际成本。
8. 高峰负荷定价是一种价格歧视，它是指在一天当中的不同时段或不同的时期有不同的价格。高峰负荷定价的利润最大化法则是制定一个价格，使得每个时期的边际收益等于相应时期的边际成本。
9. 成本加成定价是在成本上进行加成以确定价格的行为。如果加成等于 $[1/(1-1/e)]-1$，而且基于边际成本，则成本加成定价战略就是利润最大化战略。
10. 捆绑是以单一的价格提供超过一种商品或服务组合的行为。
11. 完全捆绑就是只提供一种商品组合以供销售的行为。混合捆绑是既提供捆绑成一个组合的商品束，也至少单独出售商品束的一些商品。
12. 搭售是指对互补产品组合进行定价和销售的行为。
13. 当企业的一种产品的销售降低了同一企业的其他产品的销售量时，“自相残杀”就会发生。
14. 当企业之间相互依赖时，定价战略会更加复杂。
15. 定价相互依赖性可以通过囚徒困境很好地描述。在囚徒困境中，参与者陷入了次优的陷阱中。突破困境的唯一方法是重复的相互作用（repeated in-

teractions）和/或改变支付。

16. 为了突破一方试图欺骗另一方的困境而达成合作协议时，价格战就可以避免。
17. 联产品涉及生产过程：一种产品的生产同样会导致其他产品的生产。
18. 转移价格是企业中一个部门向同一企业的另一个部门提供商品或服务时的价格。最优转移价格由外部边际收益等于部门边际成本决定。
19. 在任何情况下，利润最大化战略都是令边际收益等于边际成本。诀窍在于恰当地定义不同产品、不同产品组合或不同生产过程的边际收益与边际成本。

关键词

个性化定价
定制
完全价格歧视
二级或三级价格歧视
产品线扩展
完全成本定价
高峰负荷定价
成本加成定价
限制价格
掠夺性定价
完全捆绑
混合捆绑
搭售
自相残杀
适应竞争条款
最惠消费者条款

练　　习

1. 解释为什么边际收益低于或等于价格。价格和边际收益的差别如何取决于需求的价格弹性？
2. 企业为什么不希望将价格定在边际收益大于边际成本的点上？
3. 许多超市既出售品牌商品，也出售自有品牌商品。假设一家超市估计对自有品牌的可乐的需求弹性低于对可口可乐的需求弹性。它应该如何为其自有品牌可乐定价？
4. 一位工程师发明了一种改善微芯片生产的方法，将边际成本由 1 美元降低到 0. 80 美元。企业应该将微芯片的销售价格降低 0. 20 美元吗？
5. 杂志既可以在报亭购买也可以订阅。广告收入占《时代》和《体育画报》收入的一半，而广告费用依赖于订阅数量。出版商如何确定订阅价格与报亭销售价格？
6. 一些个人电脑软件以特别的折扣卖给学生。其他一些软件公司向学生出售功能受限制的软件。为什么发行人会为学生提供折扣？开发功能受限制的版本的目的是什么？

7. 利用弯折的需求曲线模型，解释为什么成本的降低可能不会导致价格或产出的变化。
8. 有一次一家美国主要的航空公司提议，所有的航空公司应该采纳根据里程收取统一费用这一建议。这样做会排除许多同时存在的不同收费。绝大多数主要的航空公司赞成这一建议，并采纳了这一计划。然而，不久之后，许多航空公司开始降低收费。利用囚徒困境解释这一现象。
9. 当一家航空公司宣布要降低国内机票价格时，一天之内，其他航空公司也宣布了类似的决定。你预计这场价格战的结果将是什么？
10. Stargazer 唱片公司在两个市场上销售唱片。每张唱片的边际成本是 2 美元。两个市场的需求分别为 $Q_1 = 40 - 10P_1$ 和 $Q_2 = 40 - 2P_2$，其中 Q 为唱片数量（单位：千）。
    a. 如果公司采用价格歧视，它应该生产多少？价格为多少？利润是多少？它采用的是哪种价格歧视？
    b. 如果企业无法禁止唱片在两个市场间的转售，它的利润会是多少？
11. 一家主要的航空公司估计，从纽约到巴黎的头等舱和经济舱的需求函数和边际收益函数分别为：

    头等舱：$P = 4200 - 2Q$　　　$MR = 4200 - 4Q$

    经济舱：$P = 2200 - 0.25Q$　　　$MR = 2200 - 0.5Q$

    如果搭载每位旅客的边际成本为 200 美元，收取多少费用以及搭载多少位乘客会使利润最大化？说明这一利润大于公司采用单一或统一价格时的利润。
12. 航空公司定价是价格歧视的一个很好的例子。航空公司为头等舱和经济舱设定不同的价格。假设一家主要航空公司的经济部门估计从洛杉矶到北京的头等舱和经济舱的需求函数与边际收益函数分别为：

头等舱	经济舱
$Q_A = 2100 - 0.5P_A$	$Q_B = 8800 - 4P_B$
$MR_A = 4200 - 4Q_A$	$MR_B = 2200 - 0.5Q_B$

    a. 如果每位乘客的边际生产成本为 200 美元，收费和乘客数为多少时利润最大（将价格设定在 $MR_A = MR_B = MC$ 的水平时利润最大）？
    b. 航空公司只收取单一价格会增加利润吗（如果确定了一种价格，每个市场细分的需求函数需要结合在一起考虑）？

13. 大多数人希望在早上 8 点前和下午 4 点后锻炼身体，因此健康俱乐部必须确定其定价结构。作为经理，你需要确定会员价格以充分利用你的设备并最大化利润。需求在一天中是不同的，你的估计如下：

星期一至星期五，早上 6 点到 8 点；下午 4 点到 9 点：

$$Q_1 = 1000 - 10000P_1$$

星期六和星期天以及其他时间：

$$Q_2 = 1000 - 20000P_2$$

其中，Q 是锻炼时间（分钟），P 是每分钟的价格。因此，考虑一下每天的日程，高峰和非高峰有多少个小时，各收取什么价格？如果提供健身设备的边际成本是：

$$MC = 0.02 + 0.0001Q$$

利润最大化的价格是多少？

14. 假设一家生产和销售一种产品的企业决定必须使各个部门成为利润中心。这意味着必须为产品从生产部门转移到营销部门时制定一个价格。营销部门的总成本函数为：

$$C_m = 300000 + 10Q_m$$

生产部门的总成本函数为：

$$C_p = 500000 + 15Q_p + 0.005Q_p^2$$

其中 Q_p 为生产和销售的数量。企业每单位产品的边际成本 MC 等于生产的边际成本 MC_p 和营销的边际成本 MC_m 之和。生产的边际成本为：

$$MC_p = 15 + 0.01Q_p$$

营销的边际成本为：

$$MC_m = 10$$

将它们结合起来就可以得到先生产然后再营销的边际成本：

$$MC = 25 + 0.01Q_m$$

营销部门的边际收益为：

$$MR = 100 - 0.002Q_m$$

找出公司整体利润最大化的转移价格。

本章注释

[1] Robert J. Dolan and Hermann Simon, *Power Pricing* (New York: Free Press, 1996), p. 5.

[2] "Pricing Society Survey Reveals That Price Setting Is Driven by Increased Competition and Customer Haggling," *PR Newswire*, March 12, 2002; "Transfer Pricing Still Ranks as Most Important International Tax Issue According to New Ernst & Young Survey," *Business Wire*, November 28, 2001; Garret Van Ryzin, "Survey-Mastering Management: The Brave New World of Pricing," *Financial Times* (London), October 16, 2000, Monday Surveys MMC1 pg. 6.

[3] K. Clancy and R. Shulman, *Marketing Myths That Are Killing Businesses: The Cure for Death Wish Marketing* (New York: McGraw-Hill, 1994).

[4] Ibid., p. 46.

[5] 引自 Keith Reid, "The Science of Pricing," *NPN International* 5, no. 2 (March 2000): 33 - 35.

[6] 企业正在试图获得消费者剩余。

[7] S. Godin and C. Conley, Business Rules of Thumb (New York: Warner Books, 1987), p. 58; and Dolan and Simon, Power Pricing.

[8] 利润最大化通过设定边际收益等于边际成本获得。边际收益由 $MR = P\ (1 - 1/e)$ 给出，其中 e 为需求的价格弹性［如果使用 e 的绝对值，则括号内的式子就变为 $(1 + 1/e)$］。因此，$MR = MC$ 就是：

$$P(1 - 1/e) = MC$$

解出 P，我们就得到成本加成定价规则，它实际上是基于利润最大化：

$$P = MC[1/(1 - 1/e)]$$

成本加成定价规则就是：

$$P = MC(1 + \text{加成})$$

[9] 有意思的是，尾数定价法常被认为不是框架的应用而是为了欺骗消费者或控制员工偷盗。畅销的营销学教材《营销学：概念与战略》(*Marketing: Concepts and Strategies by* William M. Pride and O. C. Ferrell, Boston: Houghton Mifflin, 1995）第 649 页说明，"尾数定价假设一种产品定价为 99.99 美元时的销量比 100 美元时要多。根据推测，消费者会想，或者至少告诉他的朋友们，那种产品是便宜货，不是 100 美元，而是 99 美元，再加上一点不起眼的零头"。尾数定价还被解释为利用心理上的偏差（T. T. Nagle and R. K. Holden, New York: Prentice Hall, 1995），该书第 300 页指出："人们认为，购买者感觉尾数价格比稍高一点的整数价格要便宜得多。"这一基本原理似乎很有吸引力，它假设消费者很笨——不能从错误中接受教训。也许只见过尾数价格一次会使消费者认为

那个价格确实便宜，但他们不会逐渐明白吗?

尾数定价的第二个基本原理——更像是一个民间故事而不是学术解释——是尾数定价可以最小化员工偷盗。尾数定价起源于 1862 年左右的 Macy's 公司。早期公司历史学家声称，Macy's 公司使用尾数定价是为了控制员工的偷盗。当一位消费者用一张整钱购买采用尾数定价的物品时，店员要在收款台找零钱，这就减少了把钱装到自己口袋里的机会。

[10] Clinton V. Oster Jr. and John S. Strong, "Predatory Practices in the U. S. Airline Industry," (January 2001), (ostpxweb. dot. gov/aviation/domestic-competition/predpractices. pdf), and U. S. Department of Transportation, Domestic Competition Series, "Dominated Hub Fares," January 2001. Washington D. C.: Government Printing Office (ostpxweb. dot. gov/aviation/domestic-competition/hubpaper. pdf).

[11] 掠夺性定价可能成为反托拉斯行为的基础。1999 年，美国司法部的反托拉斯部门针对美国航空公司在达拉斯—沃思堡航线的掠夺性定价提起了诉讼，当时美国航空公司运送了 77% 直达乘客。诉讼被受理了。在 20 世纪 90 年代，Vanguard、Sun Jet 和 Western Pacific 等新航空公司偶尔会在飞往二级城市如维奇托（Wichita）、堪萨斯城（Kansas City）和科罗拉多斯普林斯的航线展开激烈的竞争。美国航空公司通过大幅降价进行回应，直到这些新航空公司被赶出这条航线为止。然后美国航空公司会提高票价、减少服务以应对乘客人数的减少。由于无法证明美国航空公司以低于平均可变成本的价格进行销售，所以诉讼被撤销了。

第 8 章附录：

定 价 问 题

8A.1 逆需求与边际收益

通常，利润最大化要求我们使用逆需求函数（inverse demand function）推导出边际收益。如果需求函数写成 $Q=f(P)$，逆需求函数就是 $P=g(Q)$。总收益可以表示为 $PQ=g(Q)Q$，这使得我们可以求出边际收益 $\partial TR/\partial Q$。我们需要使用逆需求函数，因为边际收益为 $\partial TR/\partial Q$，而不是 $\partial TR/\partial P$。换句话说，我们要用 Q 来表示需求。

假设需求为 $Q=40-10P$。逆需求函数为 $P=4-0.1Q$。总收益可以用 Q 乘以逆需求得到：

$$PQ = 4Q - 0.1Q^2$$

现在我们就可以推导出边际收益 $\partial TR/\partial Q$：

$$MR = 4 - 0.2Q$$

为了完整，让我们假设边际成本为 2 美元，然后解出利润最大化时的产量和价格。令 $4-0.2Q=2$，求得 $0.2Q=2$，得到 $Q=10$。将 $Q=10$ 代入需求方程：

$$10 = 40 - 10P$$
$$P = 3(\text{美元})$$

让我们考虑一些利用逆需求函数的定价问题的例子。

价格歧视

航空公司定价是一个三级价格歧视的好例子。航空公司为头等舱和经济舱制定不同的价格。假设一家主要的航空公司估计从洛杉矶到北京的航班头等舱和经济舱的需求函数与边际收益函数如下：

头等舱	经济舱
$Q_A = 2100 - 0.5P_A$	$Q_B = 8800 - 4P_B$
$MR_A = 4200 - 4Q_A$	$MR_B = 2200 - 0.5Q_B$

如果边际成本为每位乘客 200 美元，费用和乘客数量为多少时利润最大?

当 $MR_A = MR_B = MC$ 时，利润最大。

$$MR_A = 4200 - 4Q_A = 200$$

解得 $Q_A = 1000$。

$$MR_B = 2200 - 0.5Q_B = 200$$

解得 $Q_B = 4000$。

价格可以通过将利润最大化时的产量代入需求方程中求得。我们得到 $P_A = 2200$美元每位旅客，$P_B = 1200$ 美元每位旅客。

这是价格歧视的结果。它要求航空公司能够将市场分为两个部分，而且两个消费者细分不能相互交易——换句话说，不可能发生套利。价格歧视比单一价格获得的利润更多吗?

如果要制定单一的价格，需要将需求方程与各个市场细分结合起来。用 Q 来表示需求，然后将两式加在一起得到 $Q = 10900 - 4.5P$。边际收益为 $(10900/4.5) - (2/4.5)Q$。令边际收益等于边际成本得到 $Q = 5000$ 位乘客。将这个值代入总需求函数中得到 $P = 5900/4.5 = 1311$ 美元。因此如果收取单一价格 1311 美元，利润为 $6555556 - 1000000 = 5555556$（美元），低于价格歧视下的 600 万美元。

这种利用逆需求函数求解然后解出总收入的方法被用于大多数定价问题的求解，包括各种形式的价格歧视和转移价格。

转移价格

假设对于一个企业来说，销售部门的总成本函数为：

$$C_s = 150000 + 20Q_s$$

生产部门的总成本函数为：

$$C_m = 100000 + 25Q_m + 0.01Q_m^2$$

其中 Q_s 是生产和销售的数量。企业每单位产品的边际成本 MC 等于生产的

边际成本 MC_m 与销售的单位边际成本 MC_s 之和。生产的边际成本为：

$$MC_m = 25 + 0.02Q_m$$

销售的边际成本为：

$$MC_s = 20$$

将两者结合起来得到生产并销售产品的边际成本：

$$MC = 45 + 0.02Q_m$$

假设销售部门的边际收益为：

$$MR = 200 - 0.002Q_s$$

令 $MC = MR$，我们得到：

$$45 + 0.02Q_s = 200 - 0.002Q_s$$

求解，我们得到 $Q_s = 7045$ 单位。因为 $Q_m = Q_s$，生产部门的产出同样为7045 单位。因此，最优转移价格等于产出水平为7045 单位时的边际生产成本，即：

$$P = MC_m = 25 + 0.02 \times 7045 = 166(\text{美元每单位})$$

如果对于从一个部门转到另一个部门的产品有一个外部市场，这些部门的产出水平不一定一样。考虑一家企业的开采部门（矿业或石油）向生产部门提供产品。此时，如果生产部门希望从开采部门得到的产品比内部分配的多一些，它可以从外部市场购买；如果生产部门从开采部门得到的原材料多于它想要的，它可以卖给其他企业。

假设对于生产出的产品的需求为：

$$P_m = 200 - 0.5Q_m$$

不包括开采产品成本的总成本为：

$$TC_m = 400 + 10Q_m$$

开采部门的总成本为：

$$TC_e = 40 + 8Q_e + 0.2Q_e^2$$

现在我们假设对于开采出的产品有一个完全竞争的市场，市场价格为30 美元。开采部门可以用30 美元的价格出售所有开采出的产品。因此，其边际收益为30 美元。由于其边际成本是：

$$MC = 8 + 0.4Q_e$$

我们令 $MC = MR$：

$$30 = 8 + 0.4Q_e$$

解得 $Q_e = 55$，即开采部门应该开采 55 单位。转移价格可以通过令生产部门的边际成本等于边际收益求得。生产部门的边际成本是不包括开采成本的边际成本与开采产品的边际成本（30 美元）之和：

$$MC_m = 10 + 30 = 40$$

边际收益可以通过需求函数推导出来：

$$P_m = 50 - 0.5Q_m$$

由于总收入等于 $P_mQ_m = 50Q_m - 0.5Q_m^2$，边际收益为 $50 - Q_m$。因此，$MR_m = MC_m$ 即 $40 = 50 - Q_m$，解出 $Q_m = 10$。这样，生产部门应该卖掉 10 单位。开采部门应该开采 55 单位，向生产部门销售 10 单位，其他的销售给外部市场。所有产品应该以同样的价格 30 美元销售。

高峰负荷定价

高峰负荷定价是价格歧视的一种形式——产品在不同的时间收取不同的价格。例如，假设一家企业的 IT 经理必须以最有效率的方式分配计算机时间。企业一直受到这些问题的困扰，因为在一天的某一些时间，计算机系统会超负荷运转并经常导致系统崩溃。但在其他时间，尤其是晚上，又存在超额的工作能力。IT 经理被允许利用价格来分配稀缺的计算机时间。对 CPU 时间的需求为：

晚上 9 点以后：$P_n = 0.2 - 0.0005Q_n$

白天：$P_d = 0.8 - 0.0005Q_d$

提供计算机时间的边际成本由 $MC = 0.02 + 0.0001Q$ 表示，这在一天中是不变的。

利润最大化价格和数量通过令每一时段的 $MR = MC$ 而求得。对于白天，总收入为：

$$P_dQ_d = 0.8Q_d - 0.0005Q_d^2$$

边际收益为：

$$MR_d = 0.8 - 0.001Q_d$$

利润最大化可以通过 $MR = MC$ 求得：

$$0.8 - 0.001Q_d = 0.02 + 0.0001Q_d$$

由于 $Q_d = 0.78/0.0011$，价格为：

$$P_d = 0.8 - 0.0005 \times 709 = 0.55(\text{美元})$$

对于夜间，总收入为：

$$P_nQ_n = 0.2Q_n - 0.0005Q_n^2$$

边际收益为：

$$MR_n = 0.2 - 0.001Q_n$$

令 $MR_n = MC$：

$$0.2 - 0.001Q_n = 0.02 + 0.0001Q_n$$
$$Q_n = 0.18/0.0011$$

代入需求中，我们得到价格：

$$P_n = 0.2 - 0.0005 \times 163.6 = 0.12(\text{美元})$$

因此，答案为夜间每单位时间收取 0.12 美元，白天每单位时间收取 0.55 美元。

CHAPTER

9 新经济：技术变革与创新

案例：赢家通吃

大约35%的美国家庭和17%的欧洲家庭是活跃的因特网使用者。在美国，家庭和企业主要采用两种主要的宽带技术——DSL（数字用户线路）和有线电视，来传输电话会议、互动娱乐和远程学习等应用。两种技术都需要最初铺设好的用于其他用途的线路。DSL通过普通的铜电话线传输，它实现了由电信公司本地服务部门到家庭的“最后1英里”的连接。有线电视通过同轴电缆传输，它已经至少为美国家庭传输了30年收费电视信号。

尽管两种技术都有可能逐渐占据合理的市场份额，但谁会领先这一问题——特别是在高毛利市场细分中——对于已经下了很大赌注的企业来说可不是一个小问题。例如AT&T花费了上百亿美元获得了美国国内的有线电视系统，而如SBC之类的现有企业也投入巨资以适应DSL。在欧洲，接入互联网的家庭较少，因此没有接入互联网的家庭可以直接转向宽带；由于有线电视从来没有达到在美国那样的普及程度，因此缺乏密集的有线电视网。在有线电视系统存在的地区，它们通常被电信公司拥有，而电信公司也控制着接入家庭的另一条线。这种垄断使得这类公司可以延缓为了满足宽带接入要求而必须进行的升级，使得其他技术——特别是卫星和地面微波接收器——成为强有力的竞争者。

最终的结果会是什么？一种技术会不会独领风骚，成为通吃的赢家，还是会有各种各样的新技术涌现出来?

9.1 什么是新经济

新经济（New Economy）、电子商务（e-commerce）、电子业务（e-business）以及其他e打头的词都表示一些正在进行中的重要事件。对于很多人来说，发生的一切是翻天覆地的。商业专家早就告诉我们，新经济意味着我们现在习惯的一切在未来将不复存在。2000年1月1日《华尔街日报》上的一个大标题声称：再见了，供给与需求。在同一期中，有一篇文章称"传统经济死了"。管理大师彼得·德鲁克声称，"稀缺定理不适用于信息"。小说家索尔·贝娄（Saul Bellow）说："人类有史以来一直在与稀缺作斗争。看起来与稀缺的战争有可能逐渐停止。每个人想要什么就有什么。"《华尔街日报》的编辑说："应用于网络的产品随着供给的增加其价值增加，这与传统经济中的供给与需求相矛盾。"

新经济是指在信息处理和管理领域发生的技术变革。技术变革总是能够改变商业的形象但不会改变人的本性。稀缺现在而且在将来永远和我们在一起——它就是人类想得到的总是比能得到的更多的精神的一部分。这意味着经济法则将永远适用。如何运用它们可能会随时间的不同而不同，但它们将永远适用。

尽管如此，20世纪90年代的确显示出一些不同。在华尔街，以前从来没有盈利过的企业被赋予了极高的价值。1990年前还不存在的企业的价值比曾经被称为经济基石的企业的价值更高。下面列出了20世纪80年代在股票市场上表现最好的5家企业，10年来它们的股票价格波动很小。其后是20世纪90年代5家表现最好的企业。

20世纪80年代表现最佳的企业

公司	变化百分比（%）
1. Circuit City	8252
2. Limited	6100
3. Hasbro	5582
4. 家得宝	4997
5. 沃尔玛	4032

20 世纪 90 年代表现最佳的企业

公司	变化百分比（%）
1. 美国在线	79630
2. 戴尔	73445
3. EMC	69638
4. 思科	64498
5. CMGI	61187

变化的百分比令人吃惊：分别为 8000 和 80000。20 世纪 80 年代最好的企业是在商店设计、库存管理、定价或形式方面有所创新的零售商，而 20 世纪 90 年代最好的企业是与计算机和因特网有关的企业。

技术变革与供应链

在 20 世纪 90 年代发生的信息处理方面的技术变革在两个方面改变了企业的前景。新经济的第一个主要特征是，许多企业的供应链被摧毁了或者被瓦解了。例如，看一看百科全书业。《大不列颠百科全书》（*Encyclopaedia Britannica*）在 1989 年的顶峰时收入为 6.5 亿美元，拥有一支 2300 人的销售队伍，后来一路下滑到公司不愿意公开财务数字，销售人员数量也减少到只有 300 人。出了什么问题？技术变革彻底地改变了百科全书业。百科全书的内容被放到网络上，使上门推销变得过时。受到影响的不仅仅是百科全书业，几乎所有的供应链都曾经而且还在受到信息处理与沟通方式变革的影响。

看一看图 9.1，它显示了报纸的部分供应链。记者和广告客户把文章和广告发给版面文字编辑，然后再发送给编辑，再送去印刷，递送，最后到读者手中。但是，随着技术的进步，供应链可能会发生变化。许多报纸和杂志都提供在线版本，因此读者可能不再需要印刷版的报纸。

在 20 世纪 90 年代前，一支销售队伍、一系列分支机构、一台印刷机、一系列商店或递送人员就可以作为在创建进入壁垒中的战略资产。在新经济中，这些通常会成为不利条件。例如，在银行业，人们习惯于走到银行的办公楼里办理业务。有了自动取款机（ATM），人们就可以不必排队等候出纳员为你提供服务。现在，自动取款机还被放置在银行大楼的外面，人们甚至不必进入银行的办公楼就可以办理银行业务。网络银行越来越普及。一些公司已经建立了没有办公楼的在线银行。今天，人们可以在家里通过因特网办理所有的银行业务。

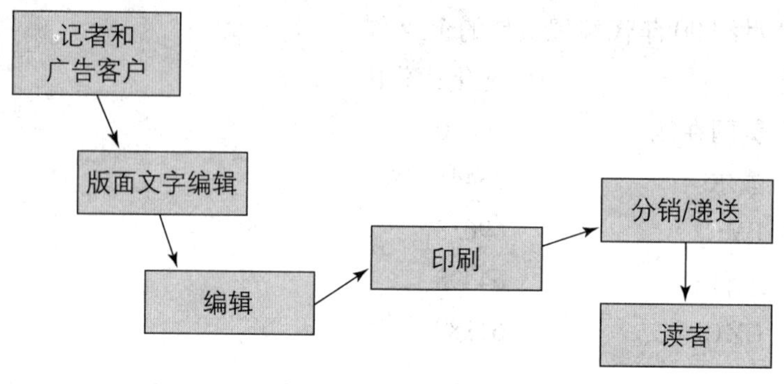

图 9.1　报纸供应链的一部分

许多行业已经或正在由于这些信息技术的变革而发生根本性的改变。想一想汽车销售。现在，经销商在展示厅提供信息，请消费者试驾；它们持有库存，并负责汽车的分销；它们安排融资；它们开办二手车市场；它们提供保养与维修服务。在新经济中，上述每一项业务都可能由一个单独的企业提供。一些企业可能准备一些消费者指定的车型专门提供试驾服务。分销商可能拥有单独的仓库，需要的汽车从那里运出去。汽车购买者可以在电子公告板上的拍卖中获得融资。戴尔商业模式是一种消费者在线定制所需产品的模式。公司随后装配产品并直接送到客户手中。

当产品的信息内容可以与产品的实体分离开来时，企业将会被技术变革彻底改变。当这种情形发生时，我们称供应链被瓦解（decomposed）了。报纸上的信息内容不一定与实际的报纸捆绑在一起，与汽车购买有关的信息内容不一定与汽车经销商捆绑在一起，与银行有关的信息内容也不一定与实际存在的银行捆绑在一起。

下载音乐之争说明了一种供应链的瓦解以及信息与实体产品的分离。Napster 是一家提供免费下载音乐的软件公司。在 Napster 公司成立之前，音乐的供应链是从音乐家到录音到 CD 到分销到销售。信息内容（音乐）依附于物理产品（CD）。这种依附不再需要了。因此，被挤出供应链的企业认为它们正在遭受损失，并正在与亏损作斗争。生产、拥有并销售 CD 的企业提起诉讼以终止 Napster 公司的行为，索尼和其他公司声称，受版权保护的资料正在被偷窃和盗版。Napster 公司由于被法律规定禁止提供这一服务而彻底退出了市场，但创业者们会找出其他方法提供这种服务并赚取经济利润。事实上，一些新公司接手了这一业务。现在有无数的下载机会。就连 PC 机生产商——Gateway、戴尔、惠普/康柏等——也在它们生产的计算机中安装下载音乐和电影的软件。

网　络

新经济的第二个主要特征是网络（Network）的重要性。什么是网络？它可以是一个企业联盟，或者是几个行业共同遵从的“标准”（standard）。网络的例子包括在传输电力时使用不同的电网、本地和长途电话服务、高清晰电视（HDTV）、铁路轨距、计算机操作系统、航线、因特网服务提供商（ISP）、智能卡和国际邮件。在一个网络中，成员可以很方便地互相联系或沟通，但对于不是同一网络的公司沟通起来则困难得多，或成本高得多。

当有多于一个网络时，一个网络的成员能否与另一个网络的成员沟通依赖于网络是否是连通的。以上所说的那些网络是连通的吗？电网是连通的；电话网不是，因为电话号码是不能转换的；美国的铁路现在都是同一标准的；HDTV 不是；计算机操作系统不是；航线不是；在有些情况下 ISP 是（一个系统的电子邮件可以与另一个系统互联，但并不像任何给定的同一 ISP 网络内的互联那样容易）；智能卡不是；国际邮件是（你可以从任何国家向不同国家的人寄送邮件，只要贴上寄信国家的邮票就可以把信件寄出去）。

网络经济学（economics of networks）。网络经济学以正反馈（positive feedback）为中心，经济学家称之为正网络外部性（positive network externalities）。反馈是指一个人加入网络获得的利益会传递到网络中的每一个人身上，而不只是加入网络的那个人。

假设随着成员个数的增加，网络对于每个成员的价值也不断增加。具体来说，假设价值与连通的用户数量成正比，因此如果有 n 个用户，成员的价值与 $n \times (n-1) = n^2 - n$ 成比例。如果一个网络对一个用户的价值是 1 美元，对网络的其他用户也是 1 美元，那么规模为 20 个用户的网络的价值为 $(20 \times 20) - 20 = 380$（美元），对于规模为 200 的网络价值为 $(200 \times 200) - 200 = 39800$（美元）。

关于网络外部性的文献综述请见
http://www.utdallas.edu/~liebowit/palgrave/network.html
http://economics.about.com/library/weekly/aa030198.htm

同许多网络经济资源相链接的网站请访问
http://www.sims.berkeley.edu/resources/infoecon/Networks.html

网络的价值为什么会随网络成员数量的增加而增加？考虑如美国在线（AOL）之类的 ISP。假设 AOL 拥有 20000 名成员，他们可以轻易地相互沟通，但不能与其他人沟通。AOL 的价值将很低，因为很少有成员只想与其他成员沟通。然而，如果网络成员达到 1 亿个，那么，成为网络成员将具有很高的价值。与之类似，我们考虑 HDTV。有几种互相竞争的传输高清晰电视信号的标准。如果你购买了一台支持一种标准的电视，但大多数信号发送者采用的都是另一个标准，你的 HDTV 的价值就很低。你希望成为信号发送者数量最多的网络的成员。

正外部性的存在可以由图 9.2 表示。任一个人对观看某一特定类型 HDTV 提供商的时间需求如图中需求$_{个人}$所示。正外部性的存在意味着每个人获得的收益超过了每个人愿意且能够支付的数额——因此，具有正外部性的需求为需求$_{外部性}$。正外部性增加了产出的价值，即增加了需求。

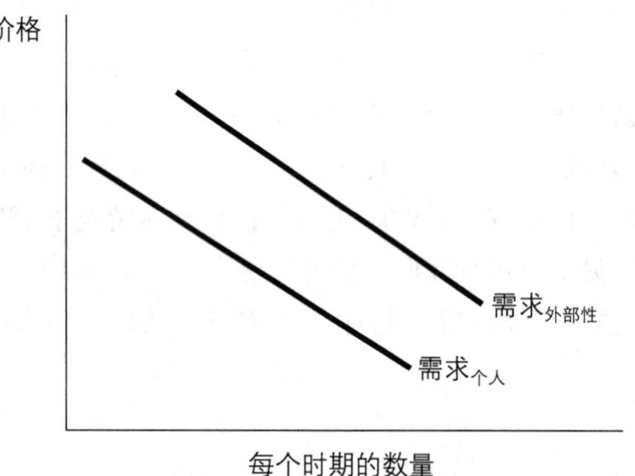

图 9.2　正外部性的存在

随着成员数量的增加，一个网络中的正反馈效应以及成为网络成员的价值如图 9.3 中随着网络的扩张需求曲线向外移动表示出来。由于具有反馈效应，当网络规模扩展（产出增加）时，成为网络中的一员的价值也增加。

想一想一个网络中存在正反馈效应意味着什么。那个网络中的成员越多，额外一个会员资格的价值就更高。因此，如果一个 ISP 能够吸引大批成员，那么与那些新 ISP 或只有少量成员的 ISP 相比，新成员更倾向于加入那个 ISP。因此，对于在市场中竞争者是网络的企业来说，它面临的问题就是如何增加网络中成员的数量。

临界点（tipping point）：**赢家通吃**[1]。暇步士（Hush Puppies）、纽约的谋杀案、巴尔的摩的梅毒病例、销售电子设备与流行病有什么共性？它们遵循相同的模式。对于一种流行病来说，最初感染这种病的人很少，随后感染者以指数速度增长。

20 世纪 90 年代早期，Wolverine 公司认为其历史悠久的暇步士鞋已经过时

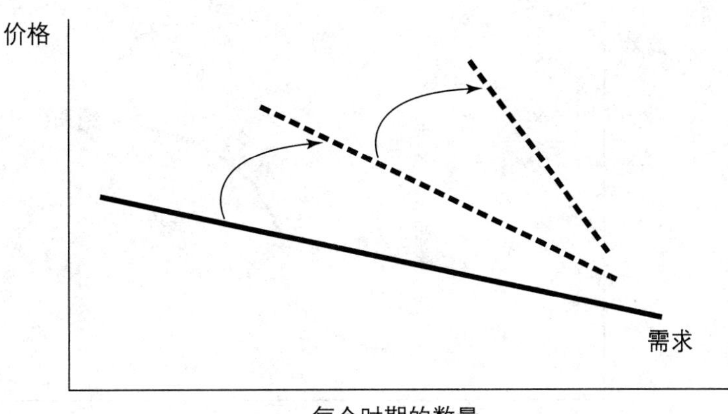

图 9.3　正反馈效应

成为网络成员的需求或者对网络产出的需求随着网络成员数量的增加而增加。

> 投机泡沫也是一种流行病，请见 http://www.economymodels.com/bubbles.asp

了。公司决定停止生产这种鞋。但是，销售忽然开始增长：1995 年，公司销售了 43 万双鞋，1996 年，销量是这一数字的 4 倍，1997 年销量更多。发生了什么？

数年来纽约的犯罪率持续上升——事实上已经持续了几十年。1992 年，纽约发生了 2154 件谋杀案和超过 60 万次严重犯罪。为什么犯罪率从那时开始下滑？事实上，1997 年，谋杀案件下降了 64%，为 770 件，总犯罪案件下降了近一半，数量为 33.5 万件。

出生后即感染梅毒的新生儿几十年来维持着稳定的比例。但是在 1995 年至 1996 年，这一比例忽然上涨了 500%。是什么原因造成如此巨大的增长？

1984 年，夏普公司首次推出了低价传真机。第一年只销售了 8 万部，随后增长一直非常缓慢，直到 1987 年才开始爆发式增长。收音机、黑白电视机、彩色电视机都遵循同样的模式——推出后，销售增长非常缓慢，然后慢慢被接受，销量开始加速增长，最后再逐渐下降。

这些事件所遵循的模式是相同的，如图 9.4 所示，被称为扩散过程（diffusion process）。扩散过程显示，最初只有少数人拥有某种产品（或者疾病）。随后发生了一些边际变化，使得销售开始快速增长。最后，这种流行病达到饱和点，此时潜在的“牺牲者”都已经被感染了，不可能再持续快速增长。

流行趋势的出现、犯罪率的升降、青少年吸烟人数的增加、技术的采用、电子设备的销售和其他许多每天发生的事件都遵从流行病传染的基本模式，如图 9.4 中的 S 形扩展过程所示。流行趋势和黑死病看起来没有什么相似之处，但所有这一类“流行病”都具有一些共性。

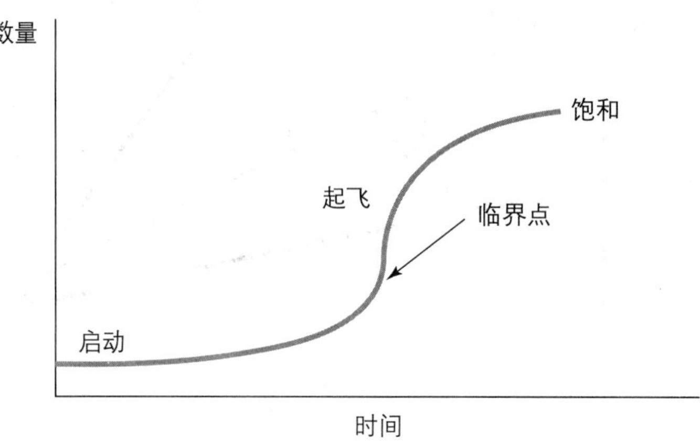

图 9.4　扩散过程

传染病模式。

首先，它们是会传染的。曼哈顿的一些小孩子开始穿暇步士鞋，只是因为这些鞋太老气了。他们使得其他孩子也感染了暇步士“病毒”。十来岁的孩子通过与他们的同辈穿得相似而与众不同。

作者访谈
http://www.cnn.com/COMMUNITY/transcripts/200/3/gladwell/

其次，小小的变化会产生很大的影响。“边际”很重要。纽约犯罪率下降的所有可能的解释就是在“边际”上发生的事情，它们是逐渐变化的。人口逐渐变老，警察逐渐变好。但这些边际变化的结果非常显著。类似地，人类免疫性疾病（艾滋病）已经被发现了很多年，但并没有成为一种流行病，直到最后有一个人使它流行起来。这些特征——流行性与边际变化的重要性——与麻疹在一个班级的传播方式、冬天感冒流行的方式以及如口袋妖怪（Pokémon）等游戏在未成年的小孩子们中间流行的原理是一样的。

对于开始流行的那一点（即大批人开始被传染上），我们称之为临界点（tipping point），是一个扩散过程开始加速的点，在这一点上情况或市场发生转变。

是什么使事物“流行”？什么情况会发生转变？如果我们要理解新经济下如何进行管理，我们就必须知道这些问题的答案。

市场是否具有转变的潜力依赖于正反馈与多样性（variety）之间的权衡。正反馈效应的存在意味着市场可以发生转变。权衡在于当市场真的发生转变时，就会产生标准化——选择减少了。因此，如果人们强烈希望多样性，市场发生转变的可能性就比较低。如果一个市场发生转变，是不是只有一家企业或一个网络生存下来，即是否会发生“赢家通吃”？一些商业大师和经济学家认为会发生“赢家通吃”，原因就在于传统经济和新经济的差别。他们认为，传统经济受规模经济的驱动，而新经济是受网络经济的驱动[2]。在现实中，这些差别被夸大了很多。不管是在新经济还是在传统经济中，规模经济与供给方有关，有效规模与需求方有关（如正反馈引起的），而且对多样性疲软的需求或根本没有需求对“赢家通吃”是必需的。

图 9.5 显示了这一点。图中存在规模经济：随着产出从 0 增加到产出水平 A，单位产品的成本不断下降，当产出水平超过产量 A 时，规模不经济就会发生（单位产出的成本增加）。只有当规模经济存在于整个市场时，一个企业才能“拥有”市场。通用汽车公司在 20 世纪初实现了规模经济，但它仍然不能占据整个市场。为什么呢？原因是规模经济还没有大到由一家企业为整个市场提供产品。从图 9.5 中可以看出，一家企业不会再生产超过长期平均成本曲线（LRATC）最低点 A 点的产量。因此，其他企业会进入市场以满足这些需求。这样将不会出现“赢家通吃”。

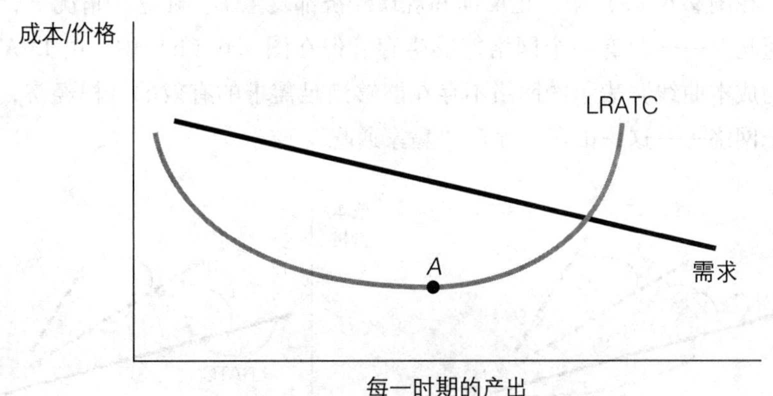

图 9.5　规模经济

企业不会生产超过 A 点的产量。因而市场能够容纳不止一家企业。

在网络的情况下，随着网络规模的不断增大，对网络产出的需求增加。在线约会服务很好地说明了这一点。当只有很少人预订时，这一服务对任何潜在成员都没有什么价值，因为任一成员在其他成员中找到相配的人的可能性不大。因此，对这一服务的需求很低。但随着成员的增加以及找到相配的人的可能性不断提高，成为网络成员的价值也提高了。结果，对这一服务的需求也增加了。在“网络经济学”部分提到的数字例子中，用户人数呈线性增长，而网络的价值呈指数增长。如果这种反馈是一个网络的特征，那么就说明小网络很难生存。以相同的互联成本，用户会选择一个 20 个人的网络还是选择一个 200 个人的网络呢？显然，新成员会选择规模大的网络。另一方面，一个网络的成员很难（成本很高）转到另一个网络中。网络规模越大，任何一个单个用户转到另一个网络中的成本就越高（不能与大型网络连通的机会成本）。结果，似乎会有一个网络占主导地位——存在“赢家通吃”。

加拿大空域管制机构（NAV Canada）为加拿大提供国内航空导航服务。如果英属哥伦比亚（British Columbia）的航空飞行管制人员不能与阿尔伯塔（Alberta）的管制人员进行沟通，想一想会发生什么。航空交通管制网络互相连通以确保一个地点能够与另一个地点进行沟通是非常重要的。因此，当一个地点采用了一种新技术时，它就会在整个加拿大空域管制机构网络中成为主导技术（“赢家通吃”的技术）。

2002 年，加拿大自动航空交通管理系统（CAATS）被应用于飞机着陆。这一系统是由 Raytheon 加拿大公司开发的。一旦 Raytheon 公司的技术被接受，整个系统就不会再考虑任何其他系统或技术。

在图 9.6（a）中，正反馈和规模经济都发生了。在这一情况下，存在“赢家通吃”——只有一个网络能够生存。但在图 9.6（b）中，由 LRATC（长期平均成本曲线）表示的网络不存在能够满足需求的有效的规模经济，因此需要几个网络——这一市场不存在“赢家通吃”。

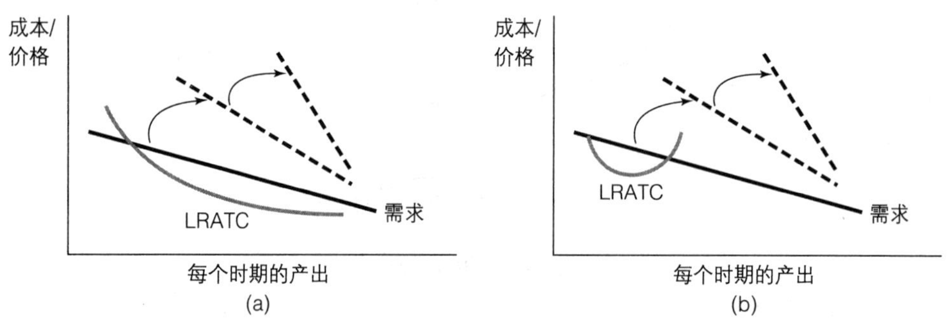

图 9.6 “赢家通吃”

如果需求增加，整个市场都存在规模经济，那么只有一家企业或一个网络能够生存。如图（a）所示。如果规模经济不足以满足市场需求，如图（b）所示，那么“赢家通吃”就不会发生。

2002 年最大的 ISP 美国在线—时代华纳公司不得不与 MSN 进行竞争。为什么美国在线没有完全占领市场？主要原因是没有足够的规模经济。通过将 MSN 捆绑在 Windows 软件内并安装在几乎每一台计算机中，MSN 能够诱使人们加入它的网络。如果规模经济使得美国在线能够降低成本、降低价格、增加成为网络成员的价值，那么 MSN 似乎不能与其竞争。“赢家通吃”既需要规模经济，也需要正反馈效应。仅仅是反馈效应还不足以产生“赢家通吃”。

锁定（lock-in）、**路径依赖**（path dependence）**和“赢家通吃”**。由于信息商品和信息基础设施经常显示出需求方的正反馈和供给方的规模经济，许多人声称，新经济与“赢家通吃”是同义的。争论在于，存在一种对技术的路径依赖，即如果某些历史意外或随机事件偏爱某些技术，它就会成为一个标准，不管它是不是最有效率的，都会在以后参照执行。

描述“赢家通吃”争论的一个最常用的例子是打字机的键盘，被简称为 QWERTY 问题（打字机键盘的第一行字母是 QWERTYUIOP）。按照许多经济学家的说法，根据手指运动的方式，它并不是最有效率的布局。他们争论说，由于早期打字机的键可能会卡住，所以生产商需要设计一种键盘布局使打字员的速度慢一些[3]。但早在几十年前打字机键盘就不会再卡住了，重新设计一种更有效率的布局是有意义的。有人设计出一种被称为 Dvorak 的键盘，据称更有效率。但是传统键盘已经成为一个**被锁定**的网络。学会使用老式键盘的人不准备转向新键盘。

其他的例子包括：采用了 VHS 制式的录像带而没有采用更好的 Beta 制式录像带，采用 Windows 系统而没有采用更好的 Mac 系统，采用了轻水核电站而不是更好的内燃机电站。这些例子被用来支持一种常见的观点，即在选择最佳技术时自由市场是不可靠的。在最无意义的巧合下，市场上的赢家才会是可选择的技术中最好的。第一种带来发展的技术、第一种吸引采纳者的标准、第一种吸引消费者的产品都具有无法超越的优势，就算后来有更出色的竞争对手也是如此。许多经济学家争论道，在 QWERTY 的世界里，市场是不可信的[4]。如果一种产品具有已经建立的网络，新产品几乎没有可能替代它。这意味着随着社会获得越来越多的先进技术，运气将扮演越来越重要的角色，而市场越来越没有效率。

毫无疑问，历史事件或意外可能是引起转变的边际事件。但这并不意味着流行性是“运气格外糟”或没有效率的例子。另一种键盘的生产商会从另一种系统的成功中获得收益[5]。其他键盘的确与 QWERTY 键盘展开竞争，但它们无法超越 QWERTY 键盘。DOS 不是第一个操作系统，但 DOS 系统对于当时的硬件系统来说更适合，而且 Mac 系统比 DOS 贵得多。消费者转向 DOS，当他们使用 Windows 时，他们又放弃了 DOS。

如果锁定发生了并且是无效率的，创业者就找不到其他方法将网络连通吗？看一看电子邮件系统。它们是不兼容的，但可以通过软件让它们兼容。考虑一下电话系统。尽管它们是不兼容的，但已经开发出可以随时随地打电话的技术，因此，跨越不同网络的电话已经成为现实。人们已经在实现电话号码可转换（portable，将一个网络中用户指定的号码转换成另一个网络中指定的号码）的软件系统方面投入了大量努力。事实上，市场转变越强烈，主要网络与其他网络兼容的可能收益就越大。Atari 公司开发出一种转接器，使得其机器能够兼容任天堂公司的游戏卡。Discover 银行和美国运通银行试图发行一种可以作为维萨卡使用的信用卡，以方便消费者在不收取 Discover 卡和美国运通卡的地方消费。在 20 世纪 80 年代中期，苹果计算机的磁盘驱动器可以读取 DOS 或 Windows 格式的软盘[6]。

传染性（contagiousness）。流行的关键要素之一是传染性。当不被感染的成本大于被感染的成本时（或者相反，当不被感染的收益小于被感染的收益时），一些事情就会蔓延开来。试图为企业产品创造一种流行的经理人的目标是降低被感染的净成本（成本 - 收益），或者提高防止感染的净成本。为了这样做，经理人会关注边际——小的、渐进式的改变。这种方法与纽约降低犯罪率的方法完全相同[7]。

20 世纪 80 年代中期，纽约地铁的犯罪十分猖狂。纽约交通管理局必须找出一种遏制地铁犯罪的方法，否则地铁系统就无法运营。交通管理局将焦点集中在地铁车身的胡写乱画上。许多批评家认为交通管理局不应该管这些小事——它应该将焦点更多地集中在防止犯罪和提高地铁的可靠性上。交通管理局下决心清洁地铁车辆。每次一辆车因为胡写乱画而停止服务时，就会被马上清理干净。在车身上胡写乱画变得没有任何意义，因为它立刻就会被清理干净。反过来，这吸引乘客去乘坐地铁，因为车身和站台比以前干净多了，而且那些坏蛋也不再在地铁里游荡以伺机在车身上乱画。利用关注边际这一方法，交通管理局还启动了一个加强地铁车票管理的计划。大批警察被配备到几个主要的地铁车站中。警察会逐一逮捕逃票者（他们通过检票口时会从十字转门上越过去而不是投入一个代币），给他们戴上手铐，让他们站在站台上，直到再抓住几个违法者。这样做是为了传达这样一个信号：警察要认真对付那些逃票者了。

这些边际努力终止了犯罪的流行。事实上，它扭转了流行。干净的地铁车辆和强化的车票管理告诉人们，这里有人管理，参加犯罪的成本越来越高，收益越来越低。主要的一点，是它与一句谚语完全相反：“别去管那些小事。”应该去管那些小事，边际很重要。

尽管流行和临界点的话题在传统经济中没有被提及，但关注边际并不是新鲜事，或者是新经济独有的。如本书已经讨论的，关注边际是成功的关键之一。经济思维常常被称为“边际思维”。与在传统经济中进行管理相比，在新经济中进行管理需要同样的分析，尽管它们的表述方式和描述听起来可能不同。例如，如果你打算启动一种流行，那么你就必须掌握着某些有传染性的东西。你如何创造传染性，也就是说，你如何保证人们会喜欢你的产品并疯狂地购买它？你做不到也不会去做。你能做到的最好的事情就是“理解你的消费者”，如本书第 4 章所述。但除了理解消费者外，你还必须知道和理解你的成本（如本书第 5 章所述）：存在规模经济或范围经济吗？产品是独立的还是作为整合供应链的一部分与其他产品一起生产更有效率？

标准之争（standards wars）。近年来我们已经接受了“标准之争”这一概念。当两种或更多种不兼容的技术争夺成为标准时，它们就卷入了“标准之争”。你可能听说过计算机调制解调器、电脑游戏、录像机、高清晰度电视的标准之争，但可能没有听说过调幅立体声（AM stereo）的标准之争，因为没有赢家。20 世纪 70 年代，几种互不兼容的调幅立体声广播系统互相竞争希望获得联邦通讯委员会（Federal Communications Commission）的认可，包括 Magnavox 公司、摩托罗拉公司、Harris 公司、Belar 公司和 Kahn 公司。关键的参与者是通用汽车的 Delco 电子部门，它是最大的收音机生产商。由于 Delco 选择了摩托罗拉公司的系统，摩托罗拉公司似乎会成为确定的赢家。然而，没有人问过消费者需要什么。调幅立体声估计会在每一部车载收音机上增加 20 ~ 40 美元——这一数额不多，但足以让消费者考虑一下是否值得。如果没有消费者，广播电台就看不到任何为设备进行投资的理由。结果，调幅立体声消亡了。今天所有的调幅广播都是单声道的。

要赢得标准之争需要哪些条件？答案和维持经济利润的条件没有什么差别。你必须拥有一种有价值的独特的能力：运营或生产有效率、保护知识产权的专利或其他手段、先发优势、品牌声誉或规模。换句话说，经理人员必须问：“我们的哪些活动是独特的且是有价值的？我们如何维持那种价值？”

如果一家企业赢得了标准之争，它如何使网络活跃、健康？一种方法是鼓励尽可能多的人加入企业的网络。企业想要建立一个强有力的市场来支撑其产品。例如，任天堂公司积极地吸引游戏开发商，并利用其声望进行有力的分销。英特尔公司向所有可能的公司投资以扩展对其产品的需求。

在新经济中如何定价？和在传统经济中一样，找到 $MR = MC$，并根据需求定价。在涉及信息的许多例子中，边际成本极低，接近 0。在这种情况下，你应该将价格定为0（分发信息），以吸引人们购买互补品。例如，美国在线提供几个月的免费服务。为什么因特网长期提供接入试用服务？是为了将用户吸引到一个系统中，使得因特网服务提供商可以对放置在服务器上的广告收费。另外，一旦用户使用了它的服务，ISP就可以收取少量费用，收取的费用基于边际成本，不会使用户转向另一个服务。

9.2 技术变革

我们已经讨论了新经济、网络、正反馈、赢家通吃和在新经济中获得成功的战略，现在让我们从总体上考察一下对技术的管理。技术变革不是什么新鲜事——从时间开始运行那一刻就开始了技术变革。事实上，技术变革和创新是必要的——对于一个国家来说，它们提高了生活水平；对单个企业来说，它们增加了股东的价值。它们还可以创造独一无二的能力和进入壁垒。

技术变革从哪里来？主要来自于研究，即研究与开发（R&D）中的研究。研究可以分成两种类型：**基础研究**（basic research）的目标纯粹是为了创造新知识；**应用研究**（applied research）是为了获得实际的回报。研究与开发中的**开发**是将研究中的发现转化成实际应用的过程。一些企业参与上述全部三项活动，有些企业只参与其中一种，而有些企业根本就不进行研究与开发。大多数从事研究与开发的企业都对应用研究有兴趣，因为其对研究与开发支出的回收比基础研究要快。大部分基础研究是在学术机构（大学）里进行的。技术变革的结果是利用给定数量的资源生产更多的产出。

采用一种技术的长期效果通常是降低长期成本曲线——每美元支出的产出更多，但同时也会影响到规模经济和规模不经济。例如，图9.7（a）显示出如果全要素生产率（total factor productivity）提高而规模效率不变会发生什么。接种疫苗的新方法（像利用水果如香蕉接种疫苗）降低了接种的成本，但还没有改变规模经济。这是不改变规模经济而进行创新的例子。图9.7（b）显示出新技术提高了一系列规模经济的情况。这种类型的例子之一就是吹氧炼钢，它使得钢铁生产中的规模经济的范围增加了4倍。图9.7（c）显示了新技术降低规模经济范围的情况，例子包括光纤与卫星，它们降低了通信的规模经济；自动取款机降低了银行业的规模经济；新型电厂降低了电力生产的规模经济。

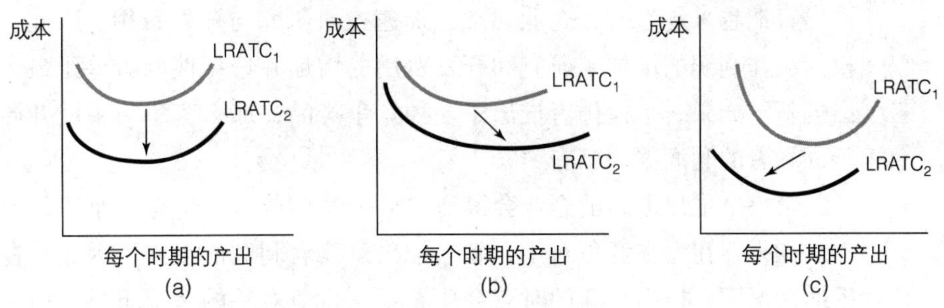

图 9.7 技术变革与规模经济

（a）技术变革对规模没有影响。（b）技术变革导致规模经济的增加。（c）技术变革降低了规模经济。

专利竞赛

研究与开发有时被称为“专利竞赛”（patent races），因为企业竞相开发一种新产品或生产过程然后对它申请专利。第一个成功做到这一点的企业就是赢家。专利竞赛和标准之争没有什么差别，目标都是第一个到达终点并成为唯一的生存者。

专利授予一种财产权——对专利产品或工艺的独家享有权。获得财产权并不一定能够获利。长期以来，人们一直在争论专利是否能够保证创新企业获利，即专利系统是激励创新还是阻碍创新。一些人认为专利系统会使得竞争对手学习那一创新并对其实施“逆向工程”——把它拆散再重新组合，因而模仿者的产品会比没有专利系统的情况下更早出现。复制一种主要的新产品的成本只是创新者研究与开发成本的一半。尽管专利保护将药品的模仿成本提高了 40%，将典型设备和计算机产品的模仿成本提高了 25%，将机床、水泵和压缩机的模仿成本平均提高了 17%，但模仿的成本还是比成为创新者的成本低得多。据报道，只有在少数行业中才不可能快速复制一种主要的新专利产品[8]。几项针对管理人员的调查说明，专利对创新的激励不如其他方面对创新的激励更大。对于产品和生产过程来说，成为先发者获得的优势比专利保护本身重要得多[9]。

企业从创新中获得利润的潜在能力依赖于时间。企业希望尽可能多地收获利润，但只有当研究与开发完成并且其创新（或新产品）投入商业化生产后才能实现收入。逐步使新产品获得最大的潜在利润通常需要时间。

企业应该对研究与开发投入多少？这取决于企业想在多长时间内推出这一创新。通常，研究与开发费用越高，推出创新就越快，潜在利润就越高。当离推出日期越来越近时，企业通常会加速投入研究与开发费用。因此，企业必须权衡潜在利润的增加与研究和开发费用的增加并选择使两者差距最大的日期推出创新。如果一个模仿者推出了一种竞争产品，那么竞争对手就开始将本应属于创新者的利润据为己有[10]。

第一个推出创新的企业会得到“第一”的收入，但也会承担更高的开发成本。如果存在潜在竞争对手，延迟推出意味着利润的损失。因此，在有竞争对手的情况下，推出创新的时点会比看不到竞争对手的情况下早。但对这一结果有一个限制。如果由于竞争对手将差不多同时推出创新，企业因此预计赚不到利润，那么创新可能就不会发生。没有对获利合理的预期，为什么要投入资源呢？这就是人们支持专利法规的理由——专利会保护最先申请者的利润，因而可以保证创新的发生。

专利竞赛是一种“赢家通吃”的情况，从这一意义上说，最重要的是成为第一，而不是跟在别人后面完成竞赛。如果企业在单位时间内能够获得的发现不取决于当前研究与开发支出而是长期以来积累的经验，那么专利竞赛将会是另一种情况。想一想，在一场两家企业的专利竞赛中，如果没有一家放弃竞争，那么两家企业都会预期亏损。最先退出的一家企业是第一个发现处于劣势的企业。如果企业都达到了相同的研究与开发技术水平，则退出的就会是缺乏经验的那家企业，这似乎是合理的。事实上，缺乏经验的企业同样可能不参加这一竞赛。结果似乎说明，一旦一家企业获得了专利或者在推出创新的竞赛中获得了胜利，在更进一步的创新中它也可能具有内在的优势。

在那些生产率提高源于企业由于生产越来越多的特定物品而获得的学习和工作经验的行业中，第5章讨论的学习曲线变得很重要。复习一下：令企业的产出率不变（如每天100单位或每月100单位），随着累积总产出（即企业在过去生产的此类产品的总量）的增加，企业的平均成本下降。例如，生产第一个100台某种型号的机床所用的人时可能比生产第二个100台这一型号机床高出50%，尽管每月生产的机床数量保持不变。

图9.8（a）显示了两种产品的学习曲线：一种光学设备和一种便携式涡轮机。生产量越大，同时学到的也越多，使得两种产品的平均成本下降。对于任一产出的累积量来说，都有一条平均总成本曲线。因此，对于涡轮机，如果在过去年份中总共生产了 Q_1，那么，下一个月或下一年在特定生产率下生产的单位成本可以由图9.8（b）中的 ATC_1 曲线表示。如果过去年份的产量是 Q_2，那么下一个月或下一年以特定产出率进行生产的成本将由 ATC_2 表示。

如上所述，当学习非常重要的时候，某个公司在获得最初的优势后，会刺激企业启动一个过程，这一过程会导致相关产品或多或少地只由最初的企业永

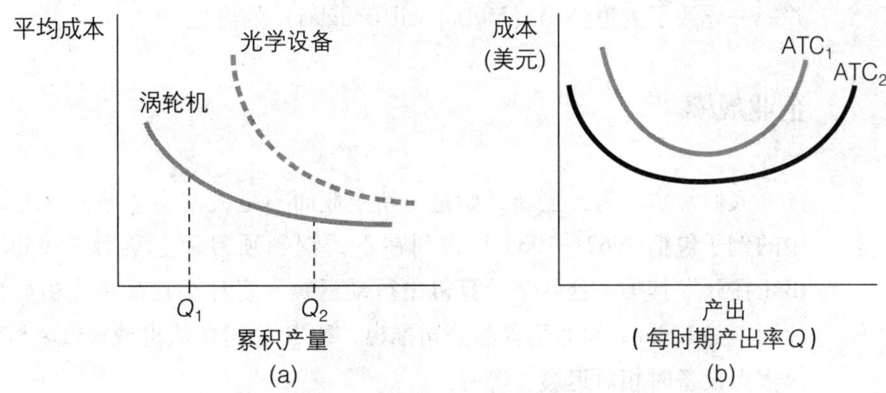

图 9.8　学习曲线与平均成本曲线

（a）显示了两个产业的学习曲线。随着时间的推移，生产的产出越多以及在生产过程中获得的经验越多，单位产出的成本越低。（b）平均成本曲线表示在特定时期内以特定生产率进行生产时的单位产出的成本。如果经验因素在长期内降低单位成本，那么平均成本曲线在长期内是下降的，如图中由 ATC_1 向 ATC_2 的移动。

久提供[11]。学习曲线的本质就是企业在实际生产中学习如何降低成本，使得企业生产得越多，在其他条件不变的情况下，单位成本趋向于越低。这种经验不会传递给其他企业，从这种意义上说，第一个生产某些新产品的企业与后来的竞争对手相比具有成本上的优势。当后来者进入或想要进入时，先行者已经沿着其学习曲线前进了一段。然而，企业很有可能不能保持自己所有的优势。随着熟练工人被其他企业雇用、专利过期、生产技术成为一种公开的知识，与累积经验相关的成本降低收益会溢出到其他企业。

当学习或经验很重要而且企业至少在一段时期内从事这一行业时，企业可以利用这种情况。半导体和电子设备的主要生产商德州仪器公司（Texas Instruments）能够使其经验成为一种战略优势。当企业还很年轻时，德州仪器公司将价格定在低于当时的平均成本曲线的水平上以提高其产出率，并提高其产量。公司相信学习曲线是非常陡峭的，希望这会在很大程度上降低其平均成本，使得企业在这一低价格上进行销售也可以获利。这一战略非常成功，公司成功地将竞争对手赶出了市场。

另一方面，当道格拉斯飞机公司计划生产 DC-9 的机身时，公司认为它会体验到学习曲线效应。然而，在企业进行生产时，劳动力市场非常紧张，道格拉斯公司失去了其 35000 名员工中的 12000 名。结果，公司没有体验到学习曲线效应，成本没有下降。另外，能够进入这一行业的其他企业实际上与道格拉斯公司的经验水平相似。这种情况对于道格拉斯公司来说太糟了，它被迫进行合并——导致了麦道公司（McDonnell Douglas）的诞生。

企业规模

人们常常认为，创新开始是由新企业而不是大型、主导企业进行的[12]。其中的例子包括1962—1963年吉列在不锈钢剃须刀片上落后于Wilkinson公司，IBM在开发其第一台数字计算机中行动迟缓，麦片类食品首先由新成立的小企业而不是Kellogg和通用食品公司推出，NCR公司在从机械式收款机转换到电子销售点设备时相对迟缓，等等。

商业历史中包括许多例子，在这些例子中，企业拥有丰富的资产、创新的产品、良好的声誉、雄厚的财务资源和强大的分销渠道，但它们在市场中的地位被看起来弱小得多的企业侵蚀或占据。例如，佳能公司作为一家小企业进入复印机市场，夺取了施乐公司的部分市场份额；索尼在电视机领域是RCA公司的追随者；对于新闻节目网络来说，CNN是一个新企业。对这一问题通常的解释是，小企业比大企业更灵活、官僚作风更少。人们常说，大企业越来越臃肿和飘飘然，或者当小企业非常饥饿的时候，它们在熟睡。另外，还有一些阴谋理论（conspiracy theory）认为，主导企业会将创新藏起来甚至将新的小企业手中的新技术买断并束之高阁。尽管表面上看起来很有吸引力，但这些理论没有回答一个基本的问题：为什么现有企业总是比新进入者或边缘企业的创新更少或者更不可能突破现有的行为？

一个比阴谋理论更合理的解释可能是，凭借其良好的声誉、强大的分销渠道和其他一些优势，主导企业不像小企业那样担心会失去市场份额。假设有两家企业在同一天推出其研究与开发的成果，主导企业A公司会占领新产品市场的80%，而B公司只能占据20%。主导企业的推出日期可以比小企业晚很多而不会使主导企业受到伤害。

主导企业推迟引入创新的另一个解释是所谓的“沉没成本效应”（sunk-cost effect）。当企业已经针对某一特定技术投入了资源，而且企业的能力更偏向于那一技术，如果企业转向其他技术，投入资源的价值将大打折扣时，就会产生沉没成本效应。20世纪50年代早期，吹氧炼钢改变了炼钢厂。与第一次世界大战时作为行业标准的平炉炼钢相比，转炉炼一炉钢的时间大为减少。尽管转炉炼钢有如此明显的优势，但美国钢铁厂鲜有采用。在20世纪50年代，美国钢铁厂增加了将近5000万吨的平炉炼钢能力，直到60年代，它们才开始用新型炼钢技术替换它们的平炉。与此同时，世界各地的钢铁厂都采用了最新的技术。新技术带来的成本优势是日本和韩国钢铁厂能够渗透到美国国内市场的关键因素。

为什么美国企业不断地投资于看起来没有效率的技术？美国钢铁企业已经掌握了相当多的关于老技术的诀窍，但对这些诀窍的投资沉没了。这与决定转向新技术的决策没有什么不同。不愿意改变是由于管理上的无知，即犯了没有忽略沉没成本的错误吗？一项研究表明：

> 对美国企业迟迟不采用奥地利转炉的最可能的解释是，它们还在受到安德鲁·卡内基（Andrew Carnegie）的“发明没有回报”（invention don't pay）这一格言的影响[13]。

实际上，企业的沉没成本可能不是企业中个人的沉没成本。CEO 可能需要向股东或董事会证明成本的合理性。工作人员可能对现在的技术更有兴趣——他们的工作基于那些技术。供应商意识到，如果企业进行技术变革，可能意味着它们会失去这家企业的生意。在这些情况下，不愿意采用新技术就不是因为没有忽略沉没成本，而是由于企业中的个人的成本。

在钢铁厂的例子中，由于新技术比老技术使用的生铁量更大，离生产资源较近的钢铁厂将会由于采纳新技术而在很大程度上降低运营成本。转向新技术可能需要在不同的地点建立新工厂，这会给企业中的个人、与其共事的供应商以及工厂所在的社区造成可观的损失。因此，美国钢铁厂在改变技术方面承受着巨大的压力[14]。日本和韩国的钢铁厂能够采用最新的技术，是由于它们从零开始，没有与旧技术联系在一起的利益集团。

一项研究表明[15]，IBM 在发明了个人计算机后没有能够利用它获利的原因是 IBM 内部的“重要人物”反对 PC 小组的成长。大型机小组把 PC 小组看成是对其内部权力的一个威胁。

这些讨论并不是暗示现存的大型企业从来不最先推出新技术。例如，微软、惠普和英特尔在其各自的市场中都是创新者和先发者。尽管是美国占有优势的零售商，沃尔玛公司仍然在很多创新中是先发者。以上讨论的重点在于，需要认真分析为什么大型优势企业并不总是先发者或创新者。从表面上看，由于拥有巨大的市场份额、雄厚的资金实力和经验，大型企业应该永远是创新者，并因此永久维持经济利润。而来自新企业的创新也很有意义。在很多情况下，由于投资者相信一种技术能够使得企业从现有企业手中夺取利润，因而会成立一家新企业。正经济利润为创新带来激励。企业越成功，与那家企业的竞争就会越激烈。

9.3 传统经济与新经济

传统经济与新经济有什么差别？看一看下面的描述：

> 随着一个世纪的结束，世界变得更小了。人们迅速地采用了新的、速度更快的通信技术。创业者能够利用前所未有的规模经济，建立庞大的帝国。大量的财富被创造出来。政府要求这些强大的新垄断者遵守反托拉斯法[16]。

这听起来像是对新千年的描述，但它不是。这是从19世纪进入20世纪时进行的描述。这一点很像约吉·贝拉（Yogi Berra，美国著名棒球运动员）所说的："历史又在重演。"商业的基础没有改变：经济规则在新经济中仍然适用。

案例回顾
"赢家通吃"

技术的商业前景如何？会不会一种技术独占鳌头，出现"赢家通吃"的情况，还是会出现各种各样的技术？

在市场中，"赢家通吃"需要一定的条件：规模经济、反馈效应或正网络外部性，以及对多样性的需求不强烈。这些条件在宽带市场中存在吗？看来在卫星和有线宽带分配中存在规模经济。但一种媒介优于另一种媒介吗？证据显示并非如此。存在对多样性的需求吗——消费者希望从不同的媒介中进行选择吗？既然不同的媒介能够带来相同的宽带特征，那么存在不同的媒介和只有一种媒介似乎无关紧要。既然拥有相同的带宽，一个家庭使用铜线、同轴电缆还是卫星有什么关系呢？存在正网络外部性吗？额外的一位用户会对现有用户带来利益吗？不会。看起来正反馈是不存在的。由于"赢家通吃"所需的条件都不具备，除非一个媒介提供的服务明显好于另一个，否则不会出现"赢家通吃"的结果。

小　结

1. 新经济以网络、正反馈和标准之争为特征。传统经济以规模经济和专利竞赛为特征。
2. 为了在新经济或传统经济中出现“赢家通吃”的结果，市场必须足够大（需求必须很大，或许是反馈效应的结果超过了消费者对差异化的渴望），而且必须存在规模经济。如果规模经济适用于一家企业，那么这家企业就会成为占有优势的企业。如果规模经济适用于一个网络，那么这个网络就会成为占有优势的网络。
3. 不管是在传统经济还是在新经济中，都会出现先发优势。第一个获得专利的企业有可能在很长的一段时间内限制其他企业的进入，并主导这一市场。第一个体验正反馈的网络可能会实现规模经济并限制其他企业进入。
4. 在传统经济和新经济中，成为第一所具有的优势或在“赢家通吃”情况下成为赢家不会长久。对其他企业来说，从现有主导企业手中夺取一些经济利润的激励与日俱增。技术变革使得新进入者有能力超越现有企业或与之展开竞争。只有通过政府，赢家才能长久保持其优势，并在长期中获得正经济利润。
5. 改进生产的技术变革改变了生产函数，进而改变了成本函数，通常是降低平均成本曲线并改变长期成本曲线。
6. 管理技术变革包括制定研究与开发决策、决定将多少资源投入研究与开发、确定研究与开发采用的战略，并确定如何以及何时推出创新。
7. 管理技术变革还包括决定是否以及何时接受一种新技术。
8. 与新企业相比，现有主导企业通常对创新或推出新技术的反应较慢。原因之一是所谓的沉没成本效应，是指现有主导企业已经投入了大量资源，因此不想改变现状。另外，在很多情况下，企业内部的部分职员会由于采用一种新技术而受到损害，因此他们会阻碍采用新技术。

关键词

新经济	转折点	基础研究
网络	赢家通吃	应用研究

正反馈	路径依赖	开发
正网络外部性	锁定	

练　　习

1. 如果20世纪80年代末90年代初出现的减小规模的趋势是由于技术变革造成的，它对单个企业的成本曲线意味着什么？如果减小规模的趋势是一个错误——企业在短期内裁员和提高生产率只会在长期中降低生产率，这对单个企业的成本曲线意味着什么？
2. 一些城市与特定的行业相关：阿克伦城生产轮胎，桑尼维尔市生产计算机芯片，奥兰多是旅游胜地，好莱坞是电影之都。为什么会出现这些中心？
3. 美国与欧洲正在争夺高清晰电视网络的控制权。据说，赢家是由在电视生产中的规模经济决定的。请解释。
4. Amazon. com 是在线图书销售的先行者。它对“一键购买系统”（one-click purchasing system）申请了专利。巴诺书店（Barnes and Noble）是后来的进入者（网址为 BN. com）。这是一场“赢家通吃”的战役吗？为什么？
5. 1998年年初，S3公司是一家面临大问题的小型的芯片设计公司。公司知道英特尔的专利墙（patent wall）最终会阻碍其高性能图形芯片的生产。S3公司制定了一个解决问题的方案。它通过高于英特尔的出价购买了倒闭公司——Exponential技术公司的专利。通过这一举措，S3公司先于英特尔公司获得了一项专利。解释S3公司为什么要花费1000万美元购买一家倒闭的企业。这对英特尔的主导地位意味着什么？
6. 1994年，价值35亿美元的Avery Dennison公司开发出一种用于产品标签的新型薄膜。公司赢得了宝洁洗发水瓶标签的生产合同，而且看起来潜力巨大。但是对专利申请活动的分析表明，道氏化学公司（Dow Chemical）开始进入这一领域。Avery公司应该投入大量资源为薄膜部门开拓市场机会吗？
7. 解释为什么仅仅是反馈效应不足以实现“赢家通吃”。
8. 解释什么是市场临界点（market tipping）。在哪些条件下会出现临界点？
9. 消费类电子产品的生命周期与流行时尚的生命周期类似，这仅仅是巧合吗？请解释。
10. 传染性是流行的必要条件。从商业战略的角度出发，解释下列问题：
    a. 流行的产生。
    b. 通过接种疫苗以防止流行。

11. 利用下列成本函数，推导利润最大化价格。

$$C = 200000 + 0.01Q$$
$$P = 500 - 0.2Q$$

假设企业希望将服务提供给大量的消费者——网络中的成员。应该如何定价？

12. 假设几家企业正打算开发相同的产品。第一个获得成功的企业将获得专利并垄断这一产品的生产，而其他企业什么也得不到。假设所有企业拥有相同的研究能力。如果两家企业在研究与开发上的花费相同，则它们会在同一时间完成研究项目。谁会赢得专利之争？说明各家企业将在研究与开发中投入多少？

13. 假设在 11 题中，有两家或更多的企业进行研究与开发。如果它们的支出不同，那么花钱少的企业必定输掉这场比赛。有多少家企业会为研究与开发进行投入？它们将花费多少？

14. 假设有 4 家企业，每家企业都为研究与开发投入 100 万美元。各家企业都相信自己有 25% 的可能性第一个实现创新。成功企业得到 2000 万美元回报，其余企业得到 0 回报。其中一家企业正在考虑为研究与开发增加 100 万美元的费用，总数达到 200 万美元。通过计算，如果其他企业保持 100 万美元的研究与开发预算，这家企业赢得专利之争的机会将上升至 32% 。在什么条件下增加研究与开发预算是一个好的战略？在什么条件下是一个不好的战略？

本章注释

[1] 关于临界点（tipping）的进一步讨论，请参见 Malcolm Gladwell, *The Tipping Point: How Little Things Can make a Big Difference*（Boston: Little, Brown, 2000).

[2] Cal Shapiro and Hal R. Varian, *Information Rules*（Boston: Harvard Business Press, 1999), p. 173.

[3] 这一问题最早见于 Paul David, "Understanding the Economics of QWERTY: The Necessity of History," in W. N. Parker, ed., *Economics History and the Modern Economist*（London: Blackwell, 1986).

[4] 参见 Liebowitz , Stan J. and Stephen E. Margolis, "The Economics of Qwerty: Papers by Stan Liebowitz and Stephen Margolis," ed. Peter Lewin, Macmillan/NYU Press (in press), including Robert Frank and Philip Cook's *The Winner-Take-All Society*（New York: Penguin,

1996); and Paul Krugman's *Peddling Prosperity* (New York: W. W. Norton & Co., 1994), pp. 221-224.

[5] Liebowitz, Stan J. and Stephen E. Margolis, "The Economics of Qwerty: Papers by Stan Liebowitz and Stephen Margolis," ed. Peter Lewin, Macmillan/NYU Press, forthcoming.

[6] 如何解释以下事实：如果你在电影制片厂工作，你很可能生活在洛杉矶；如果你投身风险投资，那么你可能生活在加利福尼亚州帕洛阿尔托市，或者是马萨诸塞州 128 号路沿线；如果你是一位投资银行家，你很可能生活在纽约。这是锁定（lock-in）的一些例子，但与 QWERTY 的故事相去甚远。早在 1900 年，经济学家阿尔弗雷德·马歇尔（Alfred Marshall）就对此进行了解释。他指出，产业集群（industrial cluster）有利于专业劳动力储备和专业服务提供商的形成。当一些偶然因素或偶然事件使得一个特定的产业落户某一地区时，外部规模经济会将其他企业吸引到那一地区。沿 128 号路分布的高科技企业集群以及聚集在加利福尼亚的硅谷也是这一现象的例证。这些高科技企业聚集在那两个地点是因为它们离大学很近，拥有受过训练的劳动力，研究与开发也是在大学里进行的。企业聚集在大学的附近是有效率的。

[7] 解释见 Gladwell, *The Tipping Point*.

[8] 不到产业的 10%。Richard C. Levin, Alvin Klevorick, Richard R. Nelson, and Sidney G. Winter, "Appropriating the Returns from Industrial Research and Development," *Brookings Papers on Economic Activity*, no. 3 (1987): 80-89.

[9] F. M. Scherer and David Ross, *Industrial Market Structure and Economic Performance* (New York: Rand McNally & Co., 1990), p. 677.

[10] 另外，所有的研究与开发必须使收益超过资本成本。

[11] 但是只有在存在规模经济和进入壁垒的情况下才会发生，换句话说，只有当学习收益（learning benefits）不容易复制而且技术变革没有发生时才会发生。

[12] A. Cooper and D. Schendel, "Strategic Responses to Technological Threats," *Business Horizons* 19 (February 1976): 61 – 69; and Eric K. Clemins, "Technology-Driven Environmental Shifts and the Sustainable Competitive Disadvantage of Previously Dominant Companies," in George S. Day and David J. Reibsten, eds., *Wharton on Dynamic Competitive Strategy* (New York: Wiley, 1997), pp. 99 – 122.

[13] W. Adams and H. Mueller, "The Steel Industry," in W. Adams, ed., *The Structure of American Industry*, 7th ed. (New York: Macmillan, 1986), p. 102.

[14] Sharon Oster, "The Diffusion of Innovation Among Steel Firms: The Basic Oxygen Furnace," *Bell Journal of Economics* 13 (Spring 1982): 45 – 68.

[15] P. Carrol, Big Blues: *The Unmaking of IBM* (New York: Crown, 1993).

[16] Shapiro and Varian, *Information Rules*, p. 1.

CHAPTER

10 公司架构：组织与企业文化

案例：文化冲突

企业文化，特别是强势的文化，为企业并购或合并增加了额外的成本。企业并购失败的常见解释是它们的文化不能相互协调。1998年10月14日《华尔街日报》一篇文章的标题为《文化冲突使孟山都与AHP的合并失败》(*Clash of Cultures Kills Monsanto*, *AHP Marriage*)。另一个例子是Pharmacia公司和Upjohn公司的合并。《商业周刊》1997年2月3日的一篇文章声称，两家公司的文化冲突是问题的根源。Pharmacia公司是一系列公司松散地结合在一起形成的，而Upjohn公司则更具结构化、家长式的作风。为了将两家公司（分别位于瑞典的斯德哥尔摩和密歇根州的卡拉马祖）联合在一起，在伦敦的郊区建立了一个中央总部，那里的管理人员负责当地部门的财务与运营绩效问题。Pharmacia公司的管理人员没有对这一变化作出很好的反应。由于长期单独承担其部门的责任，许多经理人对此无法忍受。许多分析家声称，2002年康柏与惠普的合并也是一个文化冲突的例子。2002年5月7日《金融时报》(*Financial Times*) 声称，J. P. 摩根和大通曼哈顿进行的银行业合并正在创造一种令人感兴趣的文化冲突。从前大通的职员比他们的摩根搭档更标新立异——至少在艺术方面如此。正如一位摩根的职员所说："我们的墙上挂着一套老式的灰色睡衣……我不明白是什么意思。"

什么是文化冲突？什么是企业文化，它有什么作用？

10.1 组织变革

“我们的组织被笑里藏刀的中层管理人员搞瘫痪了，”一位总经理抱怨道，“每当我要采取一些行动、做一些不同的事，我都能看到微笑和点头同意……但什么也没有发生。我该怎么办?”管理咨询人员回答道：“使结构扁平化。”[1]

这种观点在20世纪90年代非常盛行。科层结构被打上了“我们熟悉的魔鬼”这样的烙印。相应地，许多企业着手废除科层结构并改变报告关系和头衔。在由此产生的公司中，金字塔变平了，被彻底颠覆了，或者被重新改造成横向组织（horizontal organization）。人们不再是下属和上级或老板和手下的关系，而是合作者（associate）、同事（colleague）、发起者（sponsor）或顾问（advisor）的关系。工作单位变成了团队，而不再是个人[2]。

制度（institution）、组织和组织结构在长期中存在是由于它们有效率。当一个企业的结构比其他企业更有效率时，与其他企业相比，它就具有竞争优势。只要它能保持这种优势，它就可以赚取高于一般水平的利润。因此，企业不仅从它们之间的关系中和对消费者的关系中寻求竞争优势，而且从它们的内部结构中寻求竞争优势，也就是顺理成章的事了。

企业的演进

1840年以前，绝大部分企业是家庭所有并经营的。家庭经营的企业是当时交通、通信和融资限制的直接产物。交通只能通过水陆或马车；1840年主要的长途通信方式是利用快马邮寄的公共邮政；融资只能在当地进行，并且非常麻烦。大多数企业发现很难进行外部融资。公共所有制（public ownership，即股份制）实际上不存在，大部分贷款都是利用个人关系获得的。

1840—1910年，交通、通信和融资的发展产生了规模经济。为了充分利用这些，企业越来越多地通过自己而不是独立供应商和代理商获得原材料、分销其最终产品。另外，新的生产技术使得企业能够生产一系列产品，这比单独生产时的成本低，产生了范围经济（economies of scope）。在商业职能领域（采购、销售、分销和融资）中，所有者—经营者的责任迅速增加。由于单一的所有者—经营者不可能参与企业所有方面的运作，所有者越来越倾向于聘用职业经理人。职业经理人建立中央办公室或总部以确保产品顺利生产，使最终产品找到销售渠道。随着企业的成长，企业的各个部门被组织成半自治的，各自作出自己部门的主要决策，而独立的总部办公室作出影响整个企业的决策。例如，通用汽车的各个部门独立作出每种车型的经营决策，而公司管理层则作出与公司财务、研究与开发相关的决策。

20 世纪中期，市场的持续增长使得许多企业在协调生产过程与不同的消费者群体和市场区域时遇到了困难。道康宁（Dow Corning）、阿莫科（Amoco）、花旗银行（Citibank）和百事可乐等公司根据两种或更多的部门类型进行了重组——根据地理位置和客户、产品组和职能部门，或者地理位置和职能部门。市场增长还意味着不同活动的专业化成为可行的方式。企业可以从其他企业那里购买从前需要自己在内部生产的产品。

20 世纪 90 年代，企业开始缩减或“扁平化”其科层结构，以减小规模并专注于核心竞争力。企业减少了经理和管理人员的数量，它们选择减少在内部生产的数量，增加从其他企业购买的数量。在新经济中，联盟和网络常常成为商业的结构。2002 年，安然公司抓住了许多公司认为的理想公司结构的本质——没有固定资产的公司。所有需要固定资产的活动全部外包。外部企业则专门提供与某种固定资产相关的服务，而无固定资产的企业则专注于贸易。尽管 20 世纪 90 年代以及在 2002 年通行的标准是关注核心竞争力并分散其他活动，但很多企业仍然认为规模越大越好，并购活动一直都很活跃。

企业的演进是一个定义企业垂直边界与水平边界并找到在企业内部从事活动最有效率的方式的过程。每个企业都是哪些应该由企业自己做、哪些应该从市场中获得之类的决策的产物。每家企业的结构［称为企业架构（firm's architecture)］都是寻找竞争优势和效率的结果。

10.2　垂直边界

从获得原材料直到分销和销售最终产品的过程被称为价值链（value chain）或供应链（supply chain）[3]。企业的垂直边界定义了一些活动，这些活动是企业自己完成的而不是通过市场购买获得的。在企业内部完成活动还是从其他企业购买的选择被称为“制造还是购买决策”（make-or-buy decision）。

制造还是购买?

在许多企业成功地从事支持性活动或自己生产投入品的同时，其他企业则倾向于通过市场从专业提供者那里获得这些服务。当一家企业从另一家企业购买活动或投入品时，我们称之为**利用市场**（using the market）；当企业自己执行垂直链上的多个步骤时，我们说这是在那些活动中的**垂直整合**（vertically integrated）。通用汽车公司是一家垂直整合的企业：Fisher Body 是通用汽车车身的生产商，也是通用汽车的一部分。许多生产企业倾向于和独立销售人员签署协议（这些人被称为生产商代表），而不再保留自己的销售人员。生产商代表专门提供消费者需要的产品和服务，并获得销售佣金。他们不是生产企业的一部分，也不从生产企业获得保险、退休金或其他收益。垂直整合型生产企业会保留自己的销售队伍。

一家企业与另一家企业的关系常常被描述成供应链中的**上游**（upstream）或**下游**（downstream）。这些概念是相对的——一家企业对一些企业来说是上游企业，而对另一些企业来说则是下游企业。英特尔对于康宁公司（Corning）来说是下游企业，但对 IBM 和戴尔等 PC 机生产商来说是上游企业。IBM 对于英特尔来说是下游企业，但对宝洁公司来说就是上游企业。如果英特尔收购康宁公司，这种收购是垂直收购；如果英特尔收购 IBM 或戴尔，也是垂直收购。

企业是自己完成上游或下游企业的活动还是从独立企业那里购买这一决策被称为**“制造还是购买决策”**。考虑最终产品从生产商到零售商的分销。生产商可以自己分销最终产品，也可以利用独立分销商。选择购买而不生产并不会消除活动的支出。假设分销商进行分销活动要花费 10 万美元，它希望从分销活动中获得 11 万美元的净收益。显然，分销商将获得 10% 的毛利，而如果生产商自己进行分销，这些利润将由生产商获得。如果生产商自己进行分销，它需要从自己的资金中筹集 10 万美元。生产商因而面临着机会成本——它可以将那笔钱用于其他用途。如果生产商能够把钱投入风险相同的机会中，产生的净收益超过 10%，那么将 10 万美元投入分销中就会赔钱。企业必须对制造和购买的成本与收益进行比较。2002 年 5 月，西尔斯公司出价购买 Land's End 公司。本来西尔斯公司可以简单地与 Land's End 公司签署合同销售其服装，但它决定将其整合到公司中。

利用市场的企业可能获得它们依靠自己无法达到的高效率。当存在规模经济时，企业可以用更低的成本生产另一单位产品或服务。专门从事一种投入品生产的企业通常会比使用这种投入品的下游企业独立生产获得更大的规模经济，因而单位成本更低。

我们可以将垂直链上的每一步想象成一个明确的市场。那么，在每一步中，是否利用市场要看哪种方式更有效率。企业的垂直边界是通过效率定义的：是利用市场更有效率，还是在内部从事这一活动更有效率？

交易成本

利用市场可以使企业获得规模经济的收益并避免资金的机会成本，但仍然会产生进行交易的成本，而这些成本是活动在内部进行时所没有的。交易成本这一概念是由罗纳德·科斯（Ronald Coase）于 1937 年第一次提出的[4]。科斯提出了一个问题：考虑到竞争市场机制的效率，为什么还有那么多的经济活动发生在企业内部，而没有包含在市场或价格体系当中。科斯的结论是：利用市场会产生成本，而当由企业自己完成时这些成本是可以消除的。这些成本就是我们知道的**交易成本**（transactions costs）。

交易成本包括一次交易中的所有成本。可出售物品的质量认证、物品的递送，以及交易花费的时间都是交易成本。由于交易的各个方面都以某种契约的形式确定下来，所以契约成本（contracting cost）——谈判、书写、执行契约的时间与费用以及沟通和传递信息的费用——也是交易成本。

契约（contracts）。由于没有契约交易成本将更高，所以会出现（使用）契约。如果没有契约，则只会发生现货交易。现货交易（spot transaction）是被交易物品的同时交换，如用货币购买商品。现货体系可以避免交易成本，但它排除了任何延续性交换（sequential exchange）的交易，如先送货后付款或免费试用期等。在私有经济中，契约是一个关键因素，因为在大多数交易中，参与者连续地履行其义务，而不是同步履行。

契约应该可以强制执行。可强制执行的（enforceable）契约是一种确定交易条件的协议，当契约的条件没有被满足时，违约方要受到某种形式的惩罚。如果没有强制性，契约就没有约束力，任何一方都可以随时否认契约，这被称为机会主义（opportunism）。

政府机构（governmental institution）——社会的法律架构——常常被赋予保证契约和财产权强制执行的职能。当法律强制执行的成本很高，而收益达不到现货交易的收益时，就会出现非政府导向的确保契约执行的机制。这种机制之一被称为抵押（hostage）[5]。

在最早的契约中，签约双方交换抵押品以保证契约的执行是非常常见的。抵押部分也会出现在今天的很多契约中。当代交易中的抵押包括回购（buy-back）和补偿（offset）。回购是合作的一种形式，合作双方为一个生产过程提供一些投入品，生产出的产品按事先约定的固定比例分配给两个组织。日本三井公司（Mitsui Corporation）就是一个例子，它为东欧的一家化肥厂提供了价值15亿美元的资本和技术。作为回购协议的一部分，三井公司购买一定比例的产出。这一协议中的抵押是部分产出在两个组织间进行分配。如果化肥厂没有满足协议对它的要求，三井公司将不会购买产出。如果三井公司违约，则它一点儿化肥也得不到。

补偿是抵押的另一种形式。补偿的目的是弥补一种产品的购买者在购买其他辅助品时的部分成本。直接补偿包括与购买的产品相关的商品的附属交易，如产品部件的许可和合资生产。间接补偿涉及与购买的产品不直接相关的产品或服务。在补偿契约中，卖方有义务签订一个具有一定价值的附属协议，以补偿买方最初的资本支出。在某些情况下，可以全部补偿最初的交易。补偿契约的一个例子是前南斯拉夫从麦道公司购买民用飞机。麦道公司通过购买前南斯拉夫的火腿进行补偿。大约在30年前，那时的南斯拉夫购买了一批麦道公司的DC-9型飞机，麦道公司为南斯拉夫的火腿罐头找到了买家，并且为了表示友好，麦道公司购买了一整船的南斯拉夫火腿，供自助餐厅和管理人员餐厅食用[6]。

由于在销售飞机以前麦道公司必须承担为前南斯拉夫建设基础设施的支出，但如果在基础设施建设过程中契约被违反了，麦道公司将没有法律渠道解决，火腿就成了抵押。如果协议被违反，麦道公司就不会购买火腿。在另外一个例子中，作为向西班牙出售F/A-18战斗机交易的一部分，麦道公司协助在巴塞罗那修建了一家达美乐比萨饼店。

另一个保证契约执行的方法是丧失名誉的威胁。日本企业如丰田公司经常与其供应商分享技术信息，并交换管理人员，以建立一种非正式的但是长期的承诺。违约将使丰田公司或其契约伙伴“丢脸”，或玷污它们的声誉。在中国，抵押还包括家庭。一个人的子孙和亲戚与契约联系在一起，如果他们的祖辈或其他家庭成员没有履行契约，他们的声誉也会受到损害。其他人会嘲笑这些家庭，并拒绝和他们做生意[7]。当交易成本太高抑制了交换发生时就会产生契约。

组织（organization）**与交易成本**。当交易是连续发生的并且信息不完全时就会产生契约。但是契约的存在并不意味着交换能够有效率地进行。它依赖于建立契约的组织的结构。组织结构是为了最小化交易的无效率。当今商业中的组织结构有很多种。在一种结构中，任务由个人完成，工作组的成员被当成是独立的个人对待，对他们的激励基于个人的行动和产出。本书第1章讨论的林肯电气公司就是这种结构的一个例子。另一种组织结构是**团队**（team）。在这种安排下，工作组中的一个人专门负责管理和协调小组中其他人的工作，这个人就是老板。自我管理团队（self-managed teams）由许多个人组成，他们相互协作完成一些共同的目标。

对于许多任务来说，这些结构都是可行的组织方式。在不同的条件下，都会有一种方式更适合。例如，每一种组织形式都或多或少地需要个人之间的相互作用。一般来说，在 n 个独立的个人之间潜在的相互作用数量为 $n(n-1)/2$，因为每个个人必须与（$n-1$）个其他个人相互作用。相比之下，在 n 个人中有一个人负责管理其他人，那么 n 个人之间的相互作用数量为（$n-1$），因为 $(n-1)$ 个人中的每个人都要与一个老板相互作用。因此，随着 n 的增加，就相互作用数量来说，有一个老板或管理人员会极大地提高效率。带有管理人员、监督人员或老板的组织形式被称为科层（hierarchical）形式。

当任务既不需要很多协调也不需要个人之间的相互作用时，那么基于个人行为、像个体经营者那样的组织结构是最合适的。当必须进行协调时，团队或科层结构则更合适。当把个人组织成小组并把小组组织成大组更有效率时，就会出现复杂的科层结构。部门化（departmentalization）是根据共同的任务或职能、投入、产出、地理位置或工作时间等因素进行的分组。根据共同的任务或职能划分的部门的例子包括会计部门、营销部门和生产部门。基于投入、产出划分的部门包括百事灌装集团（Pepsi Bottling Group）和饮料分部（Fountain Beverage Division）。根据地理位置组织的部门的例子包括如 Houghton Mifflin 出版集团和 McGraw-Hill 出版集团之类的企业建立的区域销售办公室。根据时间进行分组的例子包括生产企业中的多班工作制：上午 8 点至下午 4 点，下午 4 点至午夜，从午夜至次日上午 8 点。当在一种特定行为中存在规模经济时，部门化是有效率的。然而，当出现的问题与特定的部门不相关时，部门化会提高交易成本。

10.3　水平边界

企业的水平边界是企业生产的产品和服务（企业的范围）的变量。水平边界是指处于价值链某一水平的企业从事的活动。例如，桂格燕麦公司（Quaker Oats）生产饮料（Snapple 和 Gatorade）及谷类食品，两种产品都处于价值链的同一水平上。明日国际控股公司（Tomorrow International Holdings）的核心业务是生产电子计时器和气象监控设备，但它兼并了一家医药厂。微软在有些时候也进入因特网服务、企业软件、移动计算、游戏机等领域。几十年来，多元化（diversification）一直是 TRW 公司的口号。曾几何时，公司生产的产品几乎涉及所有领域：从牛仔裤、电冰箱、汽车、飞机、卫星到洲际弹道导弹。

描述一家拥有宽泛的水平边界的企业的标准术语是多元化。多元化与集中于一个行业是相对的。与垂直边界一样，水平边界也是通过效率来确定的。是在企业内部生产多种产品更有效率，还是只生产一种或少数几种产品更有效率？水平扩张的基本原理包括范围经济和交易成本。

范围经济

如果企业从事的活动如生产的产品种类增加，单位成本下降，则存在范围经济（economies of scope）。用商业术语说，对范围经济的应用是指“撬动核心竞争力”（leveraging core competencies）、“能力的竞争”（competing on capabilities）、“调动看不见的资产”（mobilizing invisible assets）[8]。范围经济可能出现在价值链的任何一个环节上，从原材料的获得与使用到分销与零售。

在一系列产品和服务来自并流向几个市场的产业的分销中会出现范围经济的例子。这些产业包括航空、铁路和电信，它们的分销是按照中心辐射网络（hub-and-spoke networks）组织的。在航空公司的中心辐射网络中，航空公司将乘客从其他城市运送到中心城市，乘客在那里转机飞往另外的目的地。因此，一位由印第安纳波利斯飞往盐湖城的乘客乘坐美国航空公司的班机——其中心在芝加哥——先由印第安纳波利斯飞到芝加哥，转机后由芝加哥飞往盐湖城。美国航空公司提供许多城市间的航班服务，从芝加哥转机比两个城市间的直飞航班的价格更低。

销售多种产品或在多个市场销售产品的企业能够享受广告的范围经济。范围经济还可能来自研究与开发的溢出——一个研究项目中的创意可能对另一个项目有帮助。

多元化

大约从20世纪60年代起，许多企业都进行（水平）扩张，超越了特定商业领域的边界。通用电气生产烤箱和涡轮发电机；Morton Thiokol公司生产盐和航天设备；Martin Marietta公司生产电子设备和水泥；TRW公司生产安全带、气囊并提供信用评级服务；等等。这些企业被称为跨业企业（conglomerate）——企业从事一些明显不相关的业务。

对多元化的解释包括从致力于范围经济、利用现金牛到防止高层管理者滥用权力。范围经济的解释包括交易成本、研究与开发溢出、管理溢出（administrative spillover）等。简而言之，如果多元化使得单位成本比没有多元化时更低，则存在范围经济。

现金牛（cash cow）解释认为，成长型企业要在长期内获得成功，需要开发一系列业务组合，为其从事的活动提供充足和稳定的现金流。除了增加和稳定现金流外，母公司可能利用一种业务的利润补贴另一种业务。有人说这就是通用电气公司所做的。通用金融公司（GE Capital）提供了支持 GE 工业部门的增长与收入[9]。当组合战略可以使现金流更平衡，并可以帮助母公司挽救遇到麻烦的业务时，它们不必为企业的所有者创造价值。股东分散个人投资组合比企业更容易、成本更低[10]。

多元化的另一个常见解释是追求增长。当比从内部寻找办法更容易获得新的销售时，企业就会实行多元化[11]。一些学者认为，为了增长而追求多元化不是因为它会为股东带来利益，而是因为它会为经理人带来利益。增长可以增加经理人和员工在职场中发展的机会。不相关的收购也会强化工作的安全性[12]。问题在于，除非企业的经营相对于总体经济而言非常差，否则股东不愿意更换高层管理者。为了降低失去工作的风险，管理人员必须降低经营很差的风险。做到这一点的方法之一就是不相关的收购。高度分散化的企业的表现是总体经济状况的反映，因此更不会导致股东罢免现任管理者。

这种解释的问题在于，它假设多元化会带来收益，而这些收益与投资者拥有的其他投资机会带来的收益相同。但如果经营更集中的企业的经营结果更好，多元化经营企业的股东就会亏损。20 世纪 70 年代中期开始的第四次公司收购浪潮就是基于这一理念。包括公司“袭击者”（corporate raider）、Goldsmith、Pickens、Icahn 和 Jacobs 在内的敌意接管者宣称他们要替换那些积习难改、效率低下的管理者，为股东带来利益。“袭击者”会拆散公司，出售没有效率或不相关的业务，并将企业重整为一家业务更集中的企业。

与关系相关的资产

当生产过程包含特殊资产，如人力资本、组织惯例（organizational routines）以及公司拥有的其他形式的技术诀窍时，利用市场进行交易将非常困难。在这种情况下，企业内部从事这一活动将更有效率。这一点在垂直方向比水平方向似乎更明显。但是与关系相关的资产在水平关系的活动中同样会产生交易成本。

与关系相关的资产（relationship-specific asset）是企业为支持特定交易进行的投资。当一种交易包含与关系相关的资产时，交易各方不可能在无成本的情况下改变交易伙伴。这是由于花费在最初交易中的资产需要重新配置才能在新关系中具有价值，或者需要对新关系重新投资。

大多数与资产相关的关系（asset-specific relationship）出现在上游和下游企业之间。其中一个例子是国际系统公司（International Systems）与IBM公司之间的关系。国际系统公司开发了专用设备以便为IBM生产集成电路。这就形成了相互依赖。国际系统公司不能轻易改变其生产设备以适应另一家计算机生产商的要求。IBM依赖于国际系统公司，因为其他供应商都没有能够满足IBM要求的专门的集成电路生产设备或生产技术。

典型的具有水平关系的资产存在于相距不远的企业间以实现获得投入品方面的范围经济（如硅谷中的高科技企业），或者对消费者的吸引（如快餐店）。麦当劳、汉堡王（Burger King）、玩偶匣（Jack-in-the-Box）和其他快餐店经常建在相邻的地区，部分原因是由于在一起比单打独斗能创造更旺的人气。与此相似，企业在大规模购物中心租赁场地是由于外部规模经济——在其他商店购物的消费者很可能也光顾你的商店。

10.4 内部结构

定义了企业的垂直边界和水平边界后，我们现在转向内部组织。在长期中，大型组织的结构都属于下列4种之一：U型结构（U-form）、M型结构（M-form）、矩阵结构、网络结构。

U型结构

19世纪末，大部分大型企业都是由以前独立的企业以松散的形式结合起来的，通常仍然由其创立者经营。美国钢铁公司在1901年成为第一个10亿美元级企业时就是这样。但那时，技术和市场基础设施的发展为在产业中获得空前的规模经济与范围经济创造了机会。企业通过投资于大规模生产设备并使活动（如销售和分销）内部化来把握这些机会（以前这些活动是由独立的企业完成的）。早期这些企业的组织结构是U型结构。U型结构也被称为单一型（unitary form）或职能型（functional form）结构，是指一个部门负责一个基本业务职能的情况，如财务部、营销部、生产部、采购部等。这种结构使得企业可以培养专业化劳动力以在生产、营销和分销领域实现规模经济。在行业中率先采用 U 型结构的企业可以获得超常利润，结果，其他企业迅速模仿。

U 型结构的一个实例如图 10.1 所示。每一个部门的总经理向公司总部的副总裁汇报。部门内是全体职员。

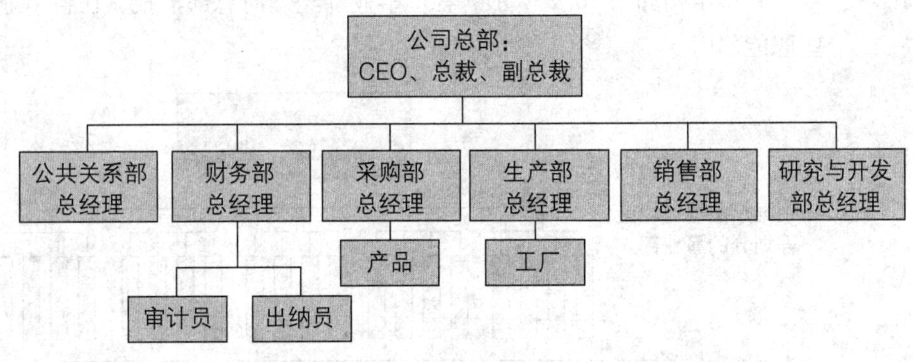

图 10.1　单一型或职能型结构

U 型组织由所有者—经营者形式演化而来。它包括一个总部，各个分部的经理向它汇报。

M 型结构

在行业中率先投资于大型生产设备并发展出科层的企业迅速扩张，常常能够主宰它们所在的行业。但这些企业最初的增长出现在单一的业务或单一的市场中。例如，直到 1913 年，杜邦公司只有 3% 的销售收入来自其核心业务（火药）以外，并且几乎所有的火药都是在美国销售的。随着市场的增长，企业为了利用规模经济和范围经济而离开了集中于单一业务或单一市场的模式。胜家（Singer）、国际农机公司（International Harvester）等公司开始向海外扩张。其他企业如杜邦和宝洁通过多元化对其产品线进行扩张。

对于 U 型组织来说，由集中于单一业务或市场向产品线多样化的战略转变存在一个问题。企业高层经理监控各职能部门的尝试会导致管理过度（administrative overload），用组织管理的行话来说就是超出了经理人的“管理幅度”（span of control）。

1920 年以后在美国出现的多事业部型结构（multidivisional structure）或 M 型结构是多元化企业对职能型组织局限性的一种回应。M 型组织使得高层经理不必参与各职能部门的经营细节，而专门从事战略制定和长期规划等工作。部门经理监控其职能部门的经营行为，并根据部门的绩效获得奖励。

M 型或多事业部型组织包括一系列由公司总部办公室领导的自治部门。总部有一个负责收集内部与外部商业环境信息的官员。多事业部型结构不是通过职能或任务组织的，而是通过产品线、相关业务单位、地区或客户类型（如企业客户、消费者、政府）进行组织。各事业部是由一些相关的子部门组成的。

M 型结构如图 10. 2 所示。各位事业部经理向总部汇报，在各事业部内是一些职能部门。

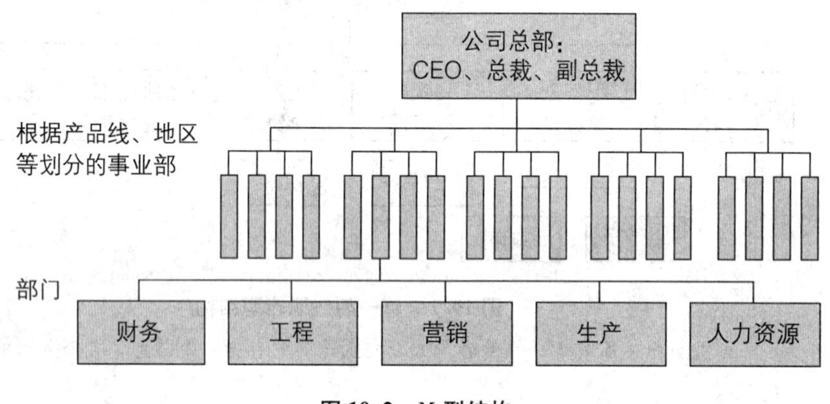

图 10. 2　M 型结构

U 型结构演变成 M 型结构，其中，企业保留了公司总部，但分部门更多。

矩阵结构

转变成 M 型结构的企业与 U 型企业相比能够暂时创造更多的利润，但作为一种可以模仿的能力，这一优势是无法维持的。因此，当市场（包括上游和下游）的增长提高了 M 型组织与供应商和消费者的交易成本时，新型结构便应运而生了。例如，跨地区经营的大型连锁超市经常会与百事灌装集团的不同区域办公室打交道，但百事公司现有的 M 型结构没有向任何一个人提供这样的定价权力。当面对连锁超市的促销或特别定价要求时，百事灌装集团不得不向其在美国的总部请示，这就使其总部卷入了地区级定价和促销决策中。显然，这降低了百事公司作出响应的速度，与响应速度更快的公司相比，百事公司处于竞争劣势。由于百事公司相信，全国范围内的生产协调有助于实现生产中的规模经济——证明企业的职能制结构是有效的，但是区域性的协调会提高与大型采购商谈判的效率，因此公司采用了一种双部门结构，被称为矩阵结构（matrix structure）。

矩阵结构如图 10. 3 所示，它可以包括各种产品事业部和职能部门或不同类型的事业部，如按地区和特定客户划分的事业部。

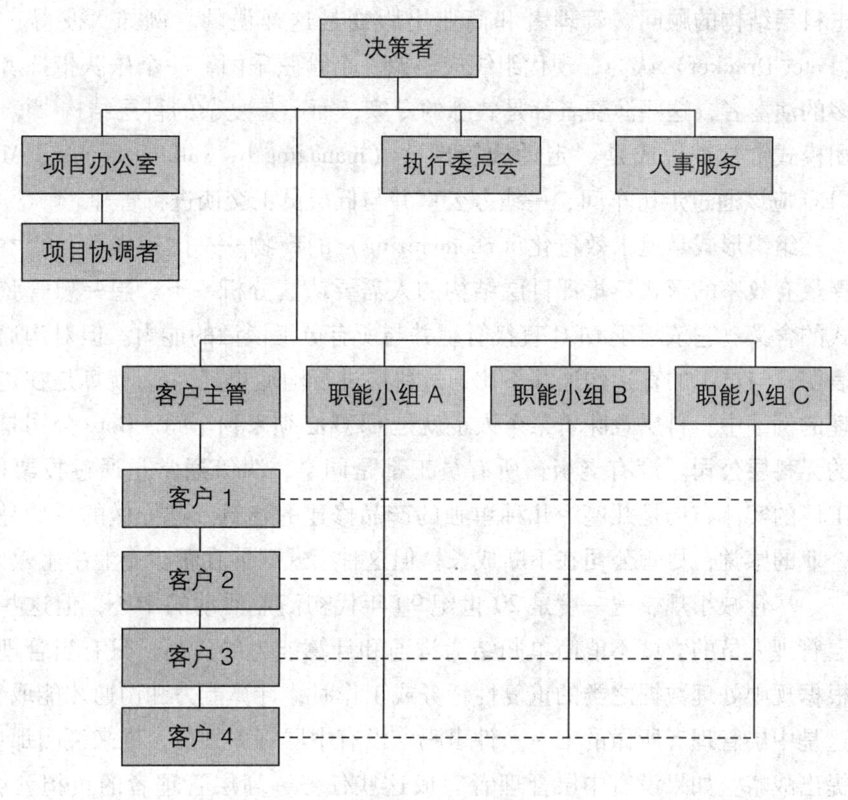

图 10.3　矩阵结构

矩阵结构比 M 型结构更灵活。

网络结构

由于一些市场对某些行为提供规模经济，而对另一些行为提供规模不经济，因此，不管是小企业还是大企业都不可能在任何活动中都具有优势。在这些情况下，最有效率的结构可能就是网络（network）——独立的企业组成联盟，作为整体可以利用规模经济，作为个体可以避免规模不经济。硅谷和沿麻省 128 号路沿线分布的高科技企业就是网络的例子。它们在一起可以从庞大的熟练工人储备和充足的供给中获益，但单独经营可以避免官僚主义的无效率以及合并成一个企业所需要的花费巨大的固定资产。

科层结构

公司在最近 75 年的演进是从科层结构走向非科层结构的过程。至少许多攻击科层结构的顾问、管理者和商业出版物是这样说的。例如，彼得·德鲁克（Peter Drucker）认为，现代组织应该像一个管弦乐团，一个乐队指挥者指挥很多的演奏者，这些演奏者都是熟练的专家，而不是复杂的科层结构[13]。管弦乐团模式常常被说成是“走动式管理”（managing by walking around，MBWA），CEO 应该通过走访车间、一线办公室并与低层员工交谈进行管理。

组织形式是追求效益化（economizing）的产物——比较成本与收益后，选择最有效率的形式。批评科层结构的人需要认真分析一下。想一想管弦乐团模式的含义。它依赖于 CEO 直接管理并与所有员工谈话的能力。但对沟通的研究表明，与员工的直接沟通并不比通过科层进行沟通更好[14]。就算是在走动式管理的例子中，科层意味着某个人也就是 CEO 必须来到车间。Gore 公司是最著名的无科层公司。没有老板，所有员工都是同事，决策通常是通过投票作出的。工厂的实体布局是几座为几种单独的产品修建的建筑。这样做的目的是保持小企业的感觉，尽管公司在不断成长。但这种模式只能在很少企业中生效。

尽管减小规模曾一度是 20 世纪 90 年代初商业活动的中心，但这些抛开中层管理人员的尝试不能简单归结为沟通和计算能力的提高。只有当管理者从事根据规则处理数据之类的重复性任务或工作时，计算能力和沟通才能取代管理。这是中层管理者所做的唯一一件事吗？没有中层管理人员，谁来说明那些数据、提出战略？如果没有中层管理者完成这些任务，高层管理者的负担就会加重。这样做有效率吗？

科层结构带来了过多的管理费用吗？换句话说，科层结构无效率吗[15]？很明确的工作，以及电话接线员之类的通过培训就可以掌握的工作，不太需要监督。当工作不是例行公事，而且不能依赖已知的规则或惯例时，管理人员就需要更多地介入，如定制生产。当工作是独立的或者需要复杂的互动时，管理者很快就会忙得不可开交。这时就需要一个管理管理者的人，这就是科层结构。

20 世纪 80 年代末 90 年代初的减小规模、扁平化和成本削减被 90 年代后期的强调增长所取代。为了加快增长，一些领先的企业开始采用更加科层化的结构。例如，从前可口可乐公司通过独立的装瓶厂和分销商销售饮料，这些经销商各自制定价格并销售。但随着如沃尔玛以及必胜客和麦当劳之类的快餐连锁店对可口可乐的销售越来越重要，公司需要更严格地控制其销售和营销。因此，它开始兼并分销商并把成千上万个以扁平的、科层结构经营的小企业组合成几个大型的、用科层结构管理的组织[16]。

外包（contracting out）和扁平组织联系起来了。耐克公司外包了大部分鞋的生产，麦当劳外包了与原料和包装有关的供应和物流活动。但是，保留在公司内部的活动仍然是在科层制下完成的。

组织结构可以成为一种战略资产——如果它能增加价值而且不会被模仿的话。有效率的组织结构会使交易成本最小化。无效率的结构将不会长久，因为它会使企业败在组织效率相对较高的企业手下。始于 1883 年大萧条之后的美国第一次兼并浪潮，就是企业扩张其垂直边界并采用 U 型组织结构的结果。兼并行为在 1900 年左右达到顶峰，随后逐渐平息下来。第二次兼并浪潮出现在 20 世纪 20 年代。这次浪潮是为了进一步扩张垂直边界，并再造为 M 型结构。19 世纪 90 年代和 20 世纪 20 年代的两次兼并浪潮是垂直扩展——垂直整合。它们试图利用规模经济。到 1960 年，第三次兼并浪潮开始了。这次浪潮主要是由扩展横向边界并带来组织变革的矩阵结构和网络结构的兴起造成的。最初，这一并购浪潮包括一些不相关的多样化，大部分是由于反托拉斯法——特别是《塞拉—霍夫曼法案》(*Cellar-Haufman Act*) ——限制企业市场份额造成的。

19 世纪 90 年代和 20 世纪初大量企业转变为 U 型结构，以及 20 世纪 20 年代由 U 型结构转变为 M 型结构，都是由于从前的组织形式变得无效率。企业的架构 (architecture) ——垂直边界和水平边界以及内部结构——是竞争过程的结果。有效率的架构得以生存，无效率的架构则会灭亡。

10.5 文 化

有关公司文化的信息请见
http://www.companyculture.info/

架构不仅是指企业采用的组织形式，还包括将企业粘在一起的“胶水”。许多人将这种“胶水”称为企业文化 (corporate culture)。**企业文化**是指一系列企业员工共同拥有的、能够影响单个员工偏好和行为的价值观、信念与行为规范。企业文化常常围绕着工作与职权的组织方式、员工奖励与控制方式和诸如习惯、禁忌、公司口号、英雄和社交礼仪等组织特征。如果在企业中能够降低对个人信息处理的要求、能够降低对个人监管的成本、能够塑造企业中个人的偏好以实现一系列共同的目标，也就是说，能够降低交易成本，那么这种企业文化就是有价值的。

有趣的是，许多商业问题都与企业文化冲突有关。1995 年左右，安达信 (Arthur Andersen) 曾经是有史以来最大的财务服务公司。2002 年，企业由于审计服务中的丑闻而分崩离析。一些分析家将问题归结于 CEO 和公司其他管理者的文化冲突。新成立的咨询部门——安盛咨询公司 [Andersen Consulting，现在是埃森哲公司 (Accenture)] 与其母公司之间痛苦的争斗开始于 1990 年左右。

1989 年，双方达成协议——就是人们所说的佛罗里达协定 (Florida Accord)，成立一个独立的部门安盛咨询公司。这个咨询部门需要根据欠母公司的债务而向安达信交纳一定的年费。1997 年，这个咨询公司超过了其母公司，年费收入成为安达信收入流中日益重要的一部分。因此，母公司要求咨询部门获取更多的业务。结果，这造成了公司审计部门与咨询部门的潜在冲突。

企业文化的产生

文化一词最初来自社会人类学。19 世纪末 20 世纪初，对爱斯基摩、南太平洋岛屿上的居民以及美国土著人的早期社会研究发现了不同的生活方式，这些生活方式不仅不同于技术更发达的美国其他地区和欧洲的生活方式，而且各自之间也大不相同[17]。这些生活方式被认为是那一社会的文化。在每一个社会中，某些行为和组织通过行为、榜样、故事和神话代代相传。企业文化是指那些员工之间分享并由老员工传给新员工的价值观和习惯。

企业文化一旦建立，就会以许多不同的方式长久存在下去。潜在的成员可能要经过筛选，标准就是他们的价值观与行为能否融入组织的文化中。新成员将通过培训课程或者思考学到团队的风格。故事、神话或传奇被一次又一次地重复，以确保每个人都知道团队的各种价值以及它们的意义。在沃尔玛，山姆·沃顿的传奇不断被提到。“惠普之道”（HP way）和“Houghton Mifflin 随意穿着”在这些企业中也常被提起。那些成功地达到文化的理想特征的人被塑造成英雄。在新员工融入老员工的自然过程中，新员工可能会接受其指导者的价值观和风格[18]。公司的故事或传奇协助员工填补了文化规则的空白。

认知心理学家认为，大脑自然地对人们所做的事情而不是发生的事件进行分类。如果真是这样，那么，试图推断新环境中文化规则的含义的员工能够通过归纳领导者的成功行动或行为榜样学到最多的东西。口号、行为榜样、惯例可以被看成是与员工沟通的低成本的方式。像“在福特，质量第一”之类的口号强调员工要重视质量和客户服务，并且这种行为会受到公司的奖励。因此，如果遇到生气的消费者，即使没有正式的政策，福特的职员也清楚地知道该如何应对。

绩效与文化

企业文化的目标是什么？它是一种低成本的创立和强化契约的方法。如果它能节约交易成本并且不容易被复制，那么企业文化也可以成为一种战略资产。管理者可以出版一本厚厚的准则并花费时间来指示员工应该做些什么，并认真监督这些员工，但如果员工能够准确地判断自己应该做些什么，则企业可以节约沟通和监督成本。

1989 年，在“企业文化”一词盛行 10 年后，时代公司（Time Inc.）通过声称其企业文化可能被接管者摧毁或改变而阻止了派拉蒙公司（Paramount）的敌意出价，它认为这应该由消费者、股东和社会决定。法院接纳了这一意见，并宣判接管无效。企业文化重要吗？它是一种战略资产吗？它能增加企业的价值吗？

研究结果并不支持企业文化强化企业绩效这一观点。图 10.4 显示了 1977—1988 年企业文化的强度与股票市场价值年增长率的关系。图中的点表明，企业文化强度与股票市场表现最多是一种不太密切的正相关关系[19]。

图 10.4 显示的结果与大多数研究结论一致：企业文化不是一种战略资产。事实上，有一些事例和研究表明企业文化有时候会抑制企业的绩效。直到 20 世纪 80 年代中期，IBM 由于其管理深度（management depth）和企业文化而广受世人尊重。随后，这种文化成为一种损害，因为它看起来过于保守，窒息了创造力。与之相似，英国领先的化学品生产商帝国化学工业公司（Imperial Chemical Industries）拥有一种强有力的、始终如一的管理文化，存在了大约 50 年。20 世纪 70 年代，对核心业务的需求下降，盈利能力也随之降低。“由于这种保守的文化”，尽管对结构变革的呼声很高，但没有被人们注意到[20]。

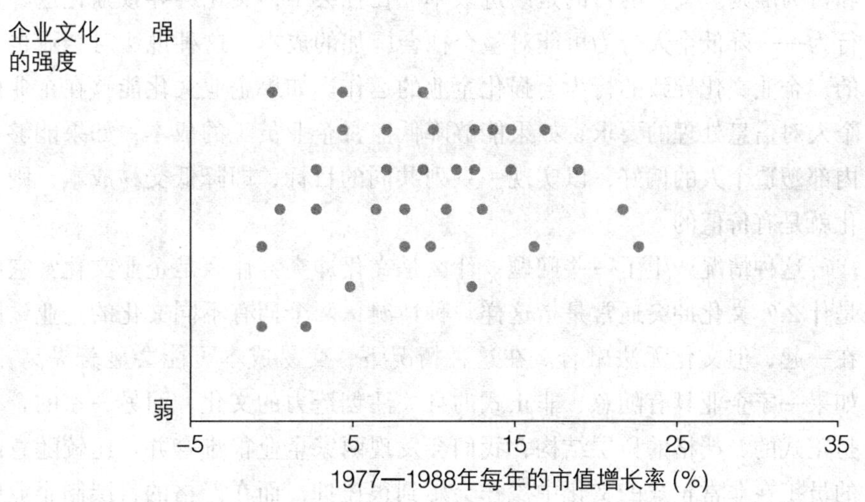

图 10.4　企业文化与绩效

企业文化与市值增长之间的关系。

如果没有证据表明企业文化能够带来价值，为什么还要在企业文化这一概念上投入如此多的注意力？原因在于文化很重要——对获得利润是必要的，但不能维持利润，因为它能够被模仿。例如，同样的故事也发生在其他企业中：IBM 的员工中流传着公司主席小托马斯·沃森（Thomas Watson，Jr.）由于没有证件而无法进入一个受限制地区的故事，在露华浓公司（Revlon）也流传着查尔斯·里夫龙（Charles Revlon）同样的故事。如果一种文化能够降低交易成本，那么企业就拥有了一种通向成功的文化。但采用何种企业文化真有那么重要吗？只要一种企业文化能够降低交易成本，那么采用何种企业文化似乎就应该没有那么重要。另外，由于成功的文化很容易被其他企业模仿，所以维持基于企业文化而获得的超常利润是很困难的。

案例回顾
文化冲突

什么是文化冲突？“冲突”的文化会毁灭那些合并在一起的公司如 Pharmacia 和 Upjohn，JP 摩根和大通曼哈顿，或康柏和惠普吗？

正如我们在本章中看到的，文化是在社会成员间共同拥有的、可以影响个人行为的一系列价值观、信念和行为准则。企业文化是指企业员工间的价值观和行为准则。文化的目的是改进效率。在社会中，文化会导致强化这种社会的行为——降低个人行为可能对整个社会施加的成本。这种说法对企业也是正确的，企业文化导致的行为会强化企业的运作。如果企业文化能够在企业内降低个人对信息处理的要求，如果能够降低监督企业员工的成本，如果能够在企业内部塑造个人的偏好，以实现一系列共同的目标，即降低交易成本，则企业文化就是有价值的。

这种情况产生了一些问题：什么是文化冲突？什么是企业文化？它的作用是什么？文化冲突通常是指这样一种情况：两个拥有不同文化的企业试图合并在一起，但文化无法融合。在这种情况下，交易成本可能会显著提高。例如，如果一家企业具有随意、非正式的且关注创造力的文化，而另一家的企业文化是正式的、严格的科层结构，我们会发现两家企业很难合并。比较随意的企业的员工在非常正式的文化中工作会感到很压抑，而在严格的科层制企业中工作的员工如果忽然被转到比较随意的文化中工作，他们会感到不知道该做什么。一个例子是 AT&T 与 NCR 的合并。NCR 的员工在融入 AT&T 公司严格的结构化系统过程中吃尽了苦头，因为他们多年来都是在“弹性”的创业者环境中工作。当 IBM 在 1984 年收购坐落在硅谷、生产计算机控制的电话系统的 Rolm 公司时，出现了同样的问题。严格的蓝色巨人与懒散的 Rolm 从一开始就是很糟糕的结合。在 Rolm 公司，决策是根据喝彩声的大小作出的，而在 IBM，决策是由董事会作出的。

企业的组织被认为是提高效率、最小化交易成本的方法。企业文化要适合组织。按科层结构组织的企业如果试图形成一种下级不用向上级汇报的比较随意的环境，就会出现组织与文化冲突的情况。与此相似，按团队组织的企业与强调个性或创业精神的企业文化也会产生冲突。

Pharmacia 公司是由多个公司松散地联合在一起形成的，而 Upjohn 公司拥有高度组织化的科层结构。公司合并后成立了一个集中的总部，里面的执行官们要对各地分支机构的绩效负责。这激怒了许多 Pharmacia 的管理人员，许多人因此而离开了公司。结果，公司里没有足够的人通晓 Pharmacia 渠道中的医药品——交易成本增加了。因此，随后的新产品发布失败了。合并后公司的股票表现不佳，迫使 Pharmacia 公司把继续兼并其他企业作为解决问题的办法。1999 年，公司兼并了孟山都公司（Monsanto Co.）。交易完成后，公司股票的表现一直未能超过标准普尔医药产业平均值。

再看看惠普和康柏的例子，自从 2002 年合并以来，公司的表现一直不佳，而说它在长期中将获得经济利润为时尚早。2002 年，公司没有获得经济利润。

小　结

1. 企业架构是指企业外部和内部的组织。
2. 组织形式之所以存在是由于它有效率。如果它能够增加价值，并且至少在当前是不能被模仿的，那么它可以作为一种战略资产。
3. 随着经营环境使得一种结构变得有效率而先前的结构变得无效率，组织形式由家庭拥有并经营的企业演化成 U 型结构、M 型结构、矩阵结构和网络结构。
4. 企业的垂直边界是通过明确垂直链（价值链）上有多少活动是在企业内部完成而不是在市场中获得而确定的。
5. 企业的水平边界是通过明确企业有多少种业务是在内部完成而不是在市场中采购而确定的。
6. 交易由契约规定，没有强制性的契约，交易只能是现货交易。
7. 契约提高了交换的效率，并且使得延续性交换成为可能。
8. 企业文化可以强化交换的效率——使得契约在不必说明每一种例外情况的条件下保持一般性和宽泛性。

关键词

利用市场	契约	U 型结构、单一型结构、职能型结构
垂直整合	抵押	M 型结构、多事业部型结构
上游	回购	矩阵结构
下游	补偿	网络结构
“制造还是购买”决策	团队	企业文化
交易成本	自我管理的团队	

练习

1. 解释为什么在一天的工作开始时唱企业歌曲可能创造一种企业文化。企业文化会是什么?
2. 评估企业文化与绩效之间的关系。如果两者之间没有关系，为什么还要如此关注企业文化?
3. 一个企业能够拥有多种企业文化吗? 如果可以，这对企业文化与企业绩效之间的关系意味着什么?
4. 为什么企业文化难以改变?
5. 解释为什么企业会选择 U 型组织结构而不选择 M 型组织结构?
6. 网络结构与 M 型结构相比优势在哪里?
7. 企业的组织形式如何成为一种竞争优势?
8. 如果每一位员工与其他员工的互动是必需的，哪种组织形式最好? 如果员工独立工作而不必与其他员工互动，哪种组织形式最好?

本章注释

[1] 引自 Frederick G. Hilmer and Lex Donaldson, *Management Redeemed* (New York: Free Press, 1996), p. 21.

[2] Eileen Shapiro, *Fad Surfing in the Boardroom* (Reading Mass.: Addison-Wesley, 1995), p. 39.

[3] 价值链这一术语的介绍参见 Michael Porter, *Competitive Advantage* (New York: Free Press, 1985).

[4] Ronald Coase, "The Nature of the Firm," *Economica* 4 (1937): 386 - 405.

[5] Oliver Williamson, "Credible Commitments: Using Hostages to Support Exchange," *American Economic Review* 73 (1983): 519 - 540.

[6] 完整的文章见 http: //www. airspacemag. com/ASM/Mag/Index/1996/AS/lmad. html.

[7] Chong Ju Choi, "Contract Enforcement Across Cultures," *Organization Studies*, December 22, 1994, p. 673.

[8] C. K. Prahalad and G. Hamel, "The Core Competence of the Corporation," *Harvard Business Review* vol. 68 (May/June 1990): 79 - 91; G. Stalk, P. Evans, and L. Shulman, "Competing on Capabilities: The New Rules of Corporate Strategy," *Harvard Business Review*, vol. 70 (March/April 1992): 57 - 69; and H. Itami, *Mobilizing Indivisible Assets* (Cambridge, Mass.: Harvard University Press, 1987).

[9] "The Jack and Jeff Show Loses Its Luster," *The Economist* (U. S. edition), May 4, 2002 (www. economist. com).

[10] V. Ramanujam and P. Varadarajan, "Research on Corporate Diversification: A Synthesis," *Strategic Management Journal* 10 (November/December 1989): 523 - 553.

[11] Dennis Mueller, "A Theory of Conglomerate Mergers," *Quarterly Journal of Economics* 82 (November 1969): 643 - 659.

[12] Y. Amihud and B. Lev, "Risk Reduction as a Managerial Mode for Conglomerate Mergers," *Bell Journal of Economics* 12 (1981): 605 - 617.

[13] Peter Drucker, "The Coming of the New Organization," *Harvard Business Review* 66, no. 1 (January/February 1988): 45 - 53.

[14] Hilmer and Donaldson, *Management Redeemed*, p. 25.

[15] 当变得无效率时，我们称科层太高。John Child, "Parkinson's Progress: Accounting for the Number of Specialists in Organizations," *Administrative Science Quarterly* 18, no. 3 (1973): 328 - 348; and Lex Donaldson, *For Positivist Organization Theory: Proving the Hard Core* (London: Sage, 1996).

[16] Timothy J. Muris, David T. Scheffman, and Pablo T. Spiller, "Strategy and Transaction Costs: The Organization of Distribution in the Carbonated Soft Drink Industry," *Journal of Economics and Management Strategy* 1, no. 1 (1992): 83 - 123.

[17] John P. Kotter and James L. Heskett, *Corporate Culture and Performance* (New York: Free Press, 1992).

[18] 参见 Tom Peters and R. H. Waterman, *In Search of Excellence* (New York: Harper & Row, 1982); Vijay Sathe, *Culture and Related Corporate Realities* (Homewood, Ill.: Irwin, 1985); William Ouchi, *Theory Z* (Reading, Mass.: Addison-Wesley, 1981); and Richard T. Pascale and Anthony G. Athos, *The Art of Japanese Management* (New York: Simon &

Schuster, 1981).

[19] John P. Kotter and James L. Heskett, *Corporate Culture and Performance.*

[20] A. M. Pettigrew, *The Awakening Giant: Continuity and Change at ICI* (Oxford, UK: Blackwell, 1985), ch. 10, pp. 376-437.

CHAPTER

11 员工与薪酬

案例：经理薪酬

20世纪90年代，美国公司都喜欢将股票期权作为对最高领导者的奖励，并使他们的利益与股东的利益保持一致。期权通过提供可观的上升潜力（upside potential）和有限的损失（limiting losses）鼓励承担风险。期权在最大化股票价值并因此为股东的利益服务方面是一个强有力的激励。授予期权以激励承担风险、领导力和努力工作体现了创业精神、对股票市场效率的信任以及对股东价值的承诺，这些都是20世纪90年代美国市场资本主义的特征。到2001年年底，90%的美国大企业都实行了股票期权，超过1000万美国雇员将它们作为薪酬组合的一部分，期权占CEO薪酬的60%。到2002年，随着股票市场的暴跌和安然公司的破产，美国人开始质疑股票期权是否明智。人们纷纷传说，高层管理者在公司股票价格最高时卖掉了期权，公司从此开始走向末路，股东和员工最后两手空空。

股票期权被认为可以使公司管理者和股东的利益一致。当内部人能够从期权上获得大笔收入而股东不断地损失股票价值时，会不会出问题？什么样的薪酬结构才能创造出股东希望的激励？

11.1 激励很重要

企业成功既没有秘诀，也没有通用的战略。每一家企业的成功基础各不相同。独一无二或与众不同的能力可以归功于产品或服务的不可模仿性、独特的资源、内部组织的不可模仿性或独特的员工政策。在前面的章节中，我们讲述了独特的产品或服务与公司架构能够带来竞争优势。本章我们将分析薪酬和员工政策对企业绩效的影响。在员工方面，要牢记在心的是激励问题。如何、何时以及向人们支付多少薪酬很重要，人们是否被授予头衔很重要，同事是谁、什么时间工作很重要，人们感觉到的一个人在本企业与其他企业受到的待遇的差别也很重要。

企业是一系列资源组合在一起以创造价值，而它所创造的价值超过了每一种资源单独创造的价值之和。这并不意味着组成企业的资源的所有者具有相同的利益。所有者、经理人和职员通常拥有不同的目标。所有者或许希望增加价值，而经理人和职员并不关心这些问题。经理人或许希望增加薪水、退休金和津贴，而员工希望获得高薪和高退休金、工作稳定以及有大量的闲暇。企业的问题是，许多利益是相互冲突的。作为冲突的结果，决策可能带来无效率的结果。企业成功的一个重要因素可能与各团体利益的一致性相关。

11.2 委托—代理关系

经济学家将个人行为描述为理性自利的。这一描述中的“理性”部分是指人们采取行动或制定决策时要比较这些行动或决策的成本与收益；“自利”部分是指成本与收益是主观的，是由个人确定的。

20 世纪 80 年代的垃圾债券之王迈克尔·米尔肯（Michael Milken）在创造垃圾债券竞技场并获得巨额金钱时是自利的；将一生献给帮助最贫穷的印度人的修女玛莎·特蕾萨（Mother Teresa）也是自利的，因为她在为穷人提供帮助的同时获得了很大的满足感。迈克尔·米尔肯和玛莎·特蕾萨都是理性的。他们在作出决策时都比较了各自的成本与收益。

理性自利，再加上人们喜欢得到更多这一观念，我们可以得出结论：通过激励人们去从事某些行为，人们就会去从事那些行为。例如，如果人们喜欢闲暇甚于工作，那么就可以通过对他们放弃闲暇时间进行补偿而引诱他们从事工作。经济学家普遍赞同这种说法，但一些社会心理学家和组织行为学家认为职员工作另有原因。他们认为，提供诸如薪酬之类的外部激励会降低完成某种活动的内在愿望，从而实际上降低工作绩效和生产率。他们这种观点的基础是相信个人在工作和完成任务中能够享受到自豪感，而支付薪酬要人们完成某些任务会降低完成那一任务的内在快乐。因此，他们认为，如果企业要职工表现良好，它们就应该利用内在动机而不是薪酬。

就算内在动机是影响工作绩效的一个因素，它也是一个影响很小的因素。事实上，没有证据表明它起着什么重要作用[1]。因此，本章我们将着重讨论薪酬明确的激励作用和其他的员工行为。

将理性自利的观念应用于公司内的行为，我们就可以解释雇来的经理（CEO）为什么有动机为自己谋取最大的利益，而不管这样做对股东或所有者意味着什么。我们还可以假设，所有者有动机希望他的企业尽可能发展壮大，而不管这对 CEO 意味着什么。这两种利益是相互冲突的。例如，CEO 可能会发现通过让企业从事危害所有者财富的风险性活动，自己的财富会不断增长，而所有者可能发现把他的股份卖掉是最好的选择，尽管这样做会伤害 CEO。

当一个人代表另一个人采取行动时，就会产生委托—代理关系（principal-agent relationship）。委托人是希望完成某些任务或实现某些结果的人。代理人是代表委托人采取行动的人。我们可以把一家上市公司的 CEO 描述成股东（委托人）的代理人。私有企业聘用的经理人是所有者的代理人。职员是 CEO 或经理人的代理人。

委托—代理关系的问题在于，委托人与代理人的利益不同。委托人如何确保代理人将委托人的利益放在第一位？委托人必须创造一些激励，让代理人的利益和自己的利益一致。这就是企业中薪酬与员工政策的主要作用——使利益一致。

如果委托人和代理人拥有完全信息，双方就可以签订一个恰当的契约以保证采取恰当的行动。但完全信息很难获得。结果，委托—代理关系的问题就显现出来了。一个问题是，激励计划可能是不完整或不完美的，它可能使委托人和代理人之间的关系比没有激励计划时更一致，但可能并不能完美地发挥作用。例如，利用股票期权奖励管理者良好的绩效可能会使股东与管理者的利益更加一致，但还是存在许多空间，可以使管理者牺牲股东的利益为自己谋利。管理者还会通过操纵会计数据、成本不计入报表、过早登记收入或其他至少能在短期内提高股票价格的行为提升期权的价值，甚至不惜牺牲股东的利益。

委托—代理关系产生的第二个问题被称为“道德风险”（moral hazard）。

有关人事问题的研究请访问 http://www.ssrn.com/update/ern/ern_personnel.html

道德风险问题是指在委托人和代理人之间签订了协议后，代理人采取的行动违背了这一协议。例如，保险公司希望司机负责任地、认真地驾驶汽车，因此它向那些可靠、安全的司机收取最低的保险费。当购买了保险的司机改变行为方式时，就会产生道德风险。由于购买了保险，他会变成一个不太负责任的、更加危险的司机。当委托人或代理人的行为难以观察时，就可能产生道德风险。另一个例子是，当在某种工作中员工的表现很难被管理者观察到时会发生什么。认识到这一点后，管理者将只雇用那些过去已经证明表现很好的人。如果一个人一旦获得这份新工作，他就开始偷工减料、效率低下并且不再努力工作，那就会发生道德风险。

契约的结构和薪酬可以作为使委托人与代理人的利益一致并且降低道德风险的方法。

11.3 企业与雇员的关系

我们先考虑企业与其雇员的关系。人们的能力和动机各不相同，不同的企业希望得到不同类型的员工。一家企业可能希望员工能够独立工作，另一个企业则可能希望员工以团队方式工作。如果企业不大可能知道潜在雇员具有哪种特征，那么能够以最有效率的方法选择或吸引恰当员工的企业将可能具有战略优势。

当企业不能提前考察员工是否合适时，企业可以创造一种方法使得员工将自己分类到恰当的位置。企业的薪酬政策和其他员工政策可以诱使人们将自己分类到具有比较优势的职位或工作上。一些人可能喜欢帮助别人，并愿意为了在宽松的环境中工作而接受较低的薪水。有时候人们根据技能对自己进行分类。微软、克雷研究公司（Cray Research）和3M公司都以吸引天才而著称。这其中有一些要归功于难以复制的特殊因素，例如，设计计算机硬件的人希望和行为古怪的西摩·克雷（Seymour Cray）一起工作，软件设计人员愿意和比尔·盖茨及其员工一起工作。但是，企业的报酬结构也会吸引特殊的工人。例如，只根据绩效向工人支付工资的企业能够吸引那些自认为绩效很高的人，并阻止那些知道自己的绩效不太好的人。知道自己不会在这类职位上成功的人甚至不会去申请。

11.4　员工薪酬

效率工资

当一家企业雇用到了希望的员工后，它就要考虑如何留住那些人，以及保留多长时间。如果一位员工可以随时换工作，而且那个工作与当前的工作同样合意，那么他就不会在意是否被解雇。在这种情况下，员工为企业所作的贡献就会达不到企业的希望。企业必须使代理人希望保住这份工作，即增加代理人被炒鱿鱼的机会成本。企业可以采用的方法之一是支付**效率工资**（efficiency wage）——向员工支付超过员工机会工资（opportunity wage）或高于现有市场工资的报酬。一家公司发放的奖金超过另一家公司的数额依赖于员工行为的监督成本。企业可以逐步降低它必须为确保努力工作而支付的效率工资，如在会计和其他监督行为上的投资，并且可以通过诸如提供午餐和晚餐等降低努力工作的成本。最优效率工资可以平衡监控行为的边际成本和效率更高的工人的边际收益。

后置报酬

企业能够吸引并留住它们想要的员工的另一种方法是在员工的工作生涯中按某种方式向其支付工资。在很多企业中，薪酬随着工作时间的增加而增长，这被称为增长工资分布图（rising wage profile），如图 11.1 所示。为什么在一个工作岗位上工作的时间越长工资越高？一个简单的解释是，增长工资分布图只是向人们为企业所作贡献付酬的一种方式。一个员工的生产力（对公司的价值）随着获得的培训和其他技能的增加而提高。例如，医生、律师、会计、银行的新职员最初的工资很低，然后随着在这一工作岗位上的时间增加，工资也不断增加。

假设在受聘之初员工对公司的价值高于其薪酬，然后，随着从事这一工作的时间增加，薪酬相对于员工对企业的价值而言增加了。在员工随后的工作生涯中，员工对企业的价值下降到低于薪酬的水平，员工获得了如图 11.2 所示的位于生产力（对企业的价值）和薪酬之间的溢价（premium）。

员工任职之初获得的工资低于他们对企业的价值，而在任职的后期高于对

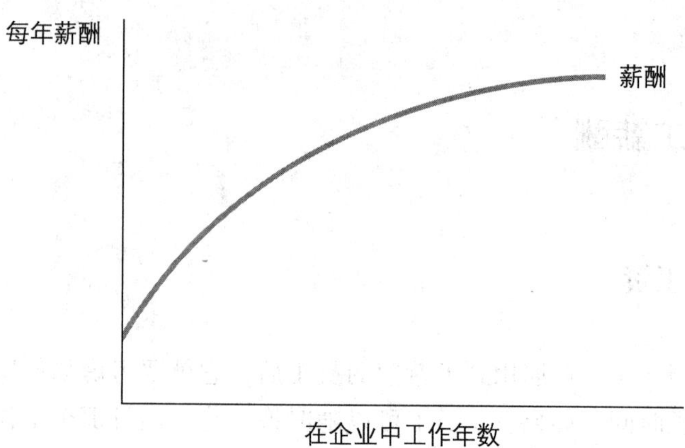

图 11.1　工资分布图

薪酬随着在一家企业工作年数的增加而提高。

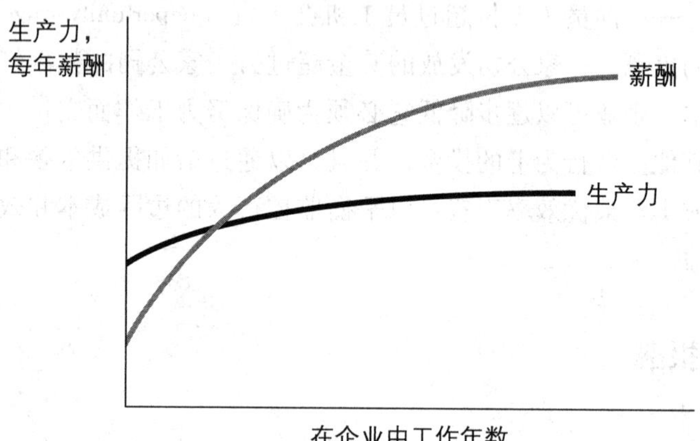

图 11.2　后置报酬

薪酬最初低于生产力，但渐渐地，薪酬将高于生产力。这一模式保证了员工具有留在企业中的激励。

企业的价值，这种支付结构被称为后置报酬（backloaded compensation）或递延报酬（deferred compensation）。企业为什么采用后置报酬？显然，员工在企业中工作的时间越长对他越有利。因此，后置报酬创造了一种使员工留在企业中的激励。在员工培训方面投入大量资源的企业发现后置报酬是一种有效率的薪酬结构。培训的成本很高，而且企业必须忍受新员工的低效率，直到他们接受培训为止。进行此类投资的企业自然希望他们的工人长期留在企业中。后置报酬是将员工“捆绑”在企业中的一种手段。它有助于降低员工离职率。

后置报酬的另一个作用是会鼓励员工按照合同的要求工作。未来高于市场工资的承诺可以防止员工松懈或开小差。那些被解雇的人会遭受损失——他们得不到在未来年份中高于生产力的薪酬“溢价”。

如果后置报酬可以作为奖励努力工作和投资于培训的一根胡萝卜，那么在公司重组和减小规模中增加的劳动力市场离职率可能对这些努力造成严重的伤害。只有短暂任期的员工会认为他们不可能长时间保有自己的工作以便沿着工资—任期分布图（wage-tenure profile）向上爬。这会降低努力工作并接受公司特别培训的动力，并且可能阻止最好的人首先加入到公司中。

什么类型的企业最有可能通过减少劳动力数量来减小企业规模？在其他条件不变的情况下，通常是那些没有后置报酬和工资—生产力分布图（wage-productivity profile）很陡峭的企业。那么拥有陡峭的工资—生产力分布图和后置报酬的企业为什么要在减小规模的行动中让员工失业？企业要比较降低劳动力支出的收益与降低士气和企业声誉的成本。从本质上说，企业需要提供一个能够补偿后置报酬的任何损失的单独的计划，它需要担保现有员工和新招聘的员工未来失业的附加风险。这就是从 1997 年开始在一些大规模失业后发生的情况。许多公司必须面对如何重建员工对企业的忠诚度或信任的问题。AT&T 开始给予员工选择工作的更多自由；施乐公司和其他许多公司为低层员工设立了一个奖励计划；很多公司使退休金更加灵活；其他公司则给予员工在工作中更多的发言权。

假设企业希望诱使人们离职，以便能够不断地补充新鲜血液。高科技公司常常从其他高科技公司中挖人。这使得公司能够与其他公司并驾齐驱。当现有员工倾向于麻木不仁或赶不上最新的技术发展水平时，这样做可以使公司受益于新创意或新方法。差别相对不大的薪酬分布图会导致所谓的**压缩薪酬等级**（wage compression）。新员工的工资与工作数年的员工工资相差无几甚至更高。在这种薪酬计划下，员工能够获得大量加薪的唯一方法就是换一家公司。

如果知道企业会在他们获得后置收益前就把他们炒掉，那么人们是不会到实行后置报酬的企业工作的。结果，提供后置报酬的企业还需要提供工作期限的保证以及具有希望留住员工的声誉。当人们知道企业不会补偿其在企业专门的培训中的投资时，他们就不会这样做。例如，花费时间和金钱接受了只对当前雇主有价值的培训的员工将受制于那家企业。接受了企业特殊培训的员工如果从接受培训的岗位被解雇，他会发现在其他企业中他的价值将大打折扣。结果，个人愿意接受这种企业特殊培训的唯一理由就是企业可以补偿他的付出。

计件薪酬

最简单、最直接的薪酬计划就是根据人们对企业作出的贡献支付工资。在第1章中讨论的林肯电气公司的案例中，林肯电气根据**计件工资率**（piecework rate）向员工支付工资，即根据员工的产量发放工资，如果生产出废品则得不到工资。计件工资率使得员工可以生产一个标准产量以获得与本地劳动力市场中同类工作差不多的工资，也可以通过生产更多的产品从而获得两倍或三倍的工资。林肯电气公司禁止仅仅由于某一员工挣钱太多而改变计件工资报酬率。另外，员工也不能由于工作太卖力而被解职，任何一位在林肯公司工作两年以上的员工都可以获得这样一个保证：能够在40小时的标准工作周中至少工作30个小时。这种计件工资制在林肯电气运行良好，它使得公司在竞争对手林立的市场中一度居于主导地位。

计件工资薪酬计划吸引着那些生产率高、工作努力并能单独享受工作的人。那些生产率低、不想努力长时间工作或更喜欢在小组或团队中工作的人不会选择采用计件工资制的企业。因此，看起来计件工资体系可以使任何企业提高生产率，就像在林肯电气公司一样。

将小时工资转变成计件工资能够大幅度提高所有企业的生产率吗？只有当衡量个人产出的成本很低时计件工资制才能提高生产率。位于俄亥俄州哥伦布市的Safelite玻璃公司就进行了这种转换。管理层改变了薪酬实践，从小时制转向计件制。在保证每小时最低工资11美元的前提下，玻璃装配工还可以选择每装一单位玻璃获得20美元报酬，这为他们更快地工作以挣更多的钱提供了激励。为了使质量有保证，更换安装不合格玻璃的任务也由同一家商店负责。由于同事们都知道最初安装者的名字，员工们感到了提高绩效的巨大压力，否则就得辞职。计件工资制的效果非常显著。每个工人的平均生产率上升了20%，平均收入提高了10%，公司总产出增加了36%。当加拿大的植树者每种一棵树都获得报酬时，植树的数量增加了35%。当零售百货商店的销售人员按计件制获得工资时，商店的生产率将提高10%[2]。

为什么不是所有的企业都使用计件薪酬计划？难以观察单个员工生产率的企业将会发现很难使用计件工资体系。计件工资制损害企业绩效的例子很多。许多试图将销售人员的工资与销售数量联系起来的零售企业发现，这会导致员工之间互相挖墙脚，因而降低了企业的绩效。一些电话营销企业根据打出的电话数量付工资时，销售代表们会降低每一次通话的质量以增加通话次数。电话销售实际上下降了。1992年，西尔斯公司废除了根据利润为汽车修理厂的机械师支付报酬的机制，因为这样会误导消费者进行一些不必要的修理。当AT&T公司按计算机程序代码行数向编程者支付工资时，程序变得冗长[3]。如果个人对产出的贡献无法衡量，则计件工资体系就没有什么作用。当产品以团队的方式进行生产时就会出现这种情况。

团　队

20世纪90年代，团队成为了一种被广泛接受的管理技巧。商业新闻媒体不断地报道“美利坚公司”（corporate America）正在越来越深地爱上“团队”。根据这些报道，创立团队是因为人们普遍相信，当人们在一起工作时，团队精神会激发个人的努力，进而提高整体的生产力。

当我们想到团队时，我们通常最先考虑到的是体育比赛。为了说明计件工资系统不适合团队，我们想一想职业篮球比赛。如果只根据每个人的得分、抢篮板球数量和其他一些个人指标发放工资，每个人都会努力提高这些数字，而不管获胜场次越来越少。如果只根据得分发放工资，谁还会扑到地板上抢球或者进行其他防守呢？球队所有者如何衡量一个运动员为球队作出的贡献呢？肯·奥布里恩（Ken O'Brien）是纽约喷气机队的四分位，他的传球总是被断掉。为了减少被对手断球的次数，喷气机队与他签订了一个协议，对他被断球的次数进行处罚。合同降低了被断球的次数，但这是由于奥布里恩拒绝将球传出去，该传的时候也不传。计件工资制损害了团队的绩效。

这些体育比赛的例子说明，计件工资计划在团队环境下行不通。如果组织生产的最佳方式是团队，那么就必须采用能够鼓励团队协作的计划。什么样的薪酬计划会加强团队绩效呢？只有当我们知道一个人成为团队一员时他的激励是什么才能回答这个问题。

团队的好处是整体大于部分之和——总生产率高于团队成员单独工作时的生产率。团队协作的成本是当团队成员的努力不容易被观察到的时候，团队成员都有“**搭便车**”（free rider）的动力。搭便车是指你希望别人去做本来应该由你做的工作而自己可以少做一些的想法。如果每个人都搭便车，那么什么事也做不成。

当产出以团队为基础且个人对产出的贡献不容易衡量时，就会出现搭便车问题。如果团队的优势非常重要，企业就必须找出最小化搭便车的方法。一种办法是创造一种团队成员互相监督各自绩效的激励。例如，一个人可以被指定为监督者。如果监督者根据团队创造的利润——超过成本和支付给其他团队成员的报酬的收入——领取工资，监督者就存在保证良好绩效的激励。

但如果个人行为无法观察且产出以团队为基础，那么监督者也无法发现偷懒者。在监督者无法观察个人行为但团队成员可以的情况下，则每个员工的工资部分基于其他团队成员的评估将有助于最小化偷懒行为。尽管不能彻底解决搭便车问题，但同事的压力已经成为团队薪酬制定的重要方面。

许多企业会在一定范围内采用利润分享的办法。在利润分享计划中，员工的工资或养老金基于整个企业的利润。在这种情况下员工有什么激励呢？他们希望偷懒，但有动力去监督别人以确保他们不会偷懒。如果监督效果超过了搭便车的效果，那么利润分享就会导致绩效提高。

主观评估

薪酬至少部分基于主观评估（subjective evaluation）有助于减少搭便车。如上所述，林肯电气公司以其计件工资制而闻名。但人们不知道的是，公司员工年工资中有将近一半基于管理者对其创新、可靠性和合作精神的主观评估。为什么林肯电气公司如此重视主观评估？因为公司知道，如果员工们没有合作的行为，总生产力就会下降。

主观评估在使得员工有动力为团队作贡献的同时，也会带来无效率。例如，有时候管理者在评级中没有充分地将好绩效与坏绩效区分开来。结果，绩效最好的人得到的报酬与他们应得的不相符，有可能导致他们没有动力做好工作，甚至离开公司。另一个可能的结果是下属花费时间去拍管理者的马屁。经济学家把这种行为称为寻租（rent seeking）——一种把时间和精力花费在不能为企业创造价值的活动上的行为。另外，如果管理者对员工的寻租行为作出响应，很有可能导致无效率的晋升、奖金发放和工作分配。

为了获得主观评估的好处并最小化其成本，企业常常执行一些工资的规则或限制。例如，工作评级也许就决定了工资范围——最低数额与最高数额，这是不能违反的。此时企业可能会根据更多人的而不仅仅是管理者的评估决定晋升，或者将资历作为晋升与下岗的重要参照因素。作为一种选择，可以对各种职位设定最低经验要求——工人要在一个岗位上工作一定的时间才能获得晋升。

工资范围和在一个岗位上的工作时间要求之类的规则在最小化寻租行为的同时，也会歪曲人员和工作配置的效率。例如，尽管还有更合适的人选，但一个人仍然由于资历而不是由于更适合某个工作而获得晋升。薪酬计划的决定及相应的职工政策需要进行成本—收益计算：必须比较规则的收益与成本以确定这些规则是否导致了恰当的行动。

风　险

企业及其员工都会面临风险。工资可能会波动，利润也可能会波动，人们可能下岗，企业可能破产。这些结果是由一些人们能够控制或不能控制的活动导致的。薪酬计划与员工政策或许是基于风险分担的思路。当由两个人或更多人分担风险比一个人承担风险的总成本更低时，就会出现风险分担（risk sharing）。

保险是风险分担的一个很好的例子。拥有许多投保人的保险公司可以广泛地分散风险，使它可以降低单个投保人的风险。例如，你遇到交通事故的风险与其他人遇到交通事故的风险无关，因此，一家保险公司就可以要求每一位投保人为保险支付一定的数额，这一数额等于预期损失加上边际成本与利润，并且保证它的总保费足以支付任何数量的损失。有了保险，单个投保人就避免了风险——其实是同其他投保人和保险公司分担风险。

如果不喜欢风险，一个人就会购买保险。如果他能够承担风险或喜欢追求风险，他就不会购买保险。保险公司和大企业一般说来能够承担风险。它们是风险中性的，即它们既不反对风险也不追求风险。当风险中性的企业与反对风险的员工分担风险时，员工承担的最优风险份额是零。风险中性的企业将承担所有的风险。因此，如果企业是风险中性的，那么风险分担在企业薪酬计划和员工政策方面将起不到作用。风险分担起作用的原因是存在出现道德风险的可能性。如果员工可以在合同生效的时刻改变行为，企业就不再是风险中性的。它必须找出一种最小化个人道德风险行为的方法。

企业必须与员工分担风险的程度取决于员工对待风险的态度。大多数人都讨厌风险，这意味着人们都希望得到这样一份工作：收入与具有相同预期的人一样多，但风险更低。例如，风险规避者更喜欢得到确定的1000美元，而不希望各有50%的可能性或者得到2000美元或者什么也得不到（追求风险的人会偏好得到2000美元的机会，其预期值——0.5×0美元+0.5×2000美元=1000美元，与确定的1000美元相同）。追求风险的人会要求较低程度的风险分担，但如果结果好的话，他们会要求较高的报酬；而风险规避者会要求大量的风险分担和更有保障但不是很高的收入。

如果员工的收入受到他自己无法控制的因素的影响，他就需要得到更多的收入才能接受努力工作但收入很少这样的风险。例如，考虑Circle K便利店的值班经理。在值班经理当班时，他对需求、定价和其他影响商店利润的因素没有什么控制力。根据他当班时商店的盈利能力支付工资会使他承担他无法控制的风险。同样，农民也无法完全控制收成，因为他们控制不了天气。仅仅根据收成向他们支付报酬会使他们在很大程度上受到他们无法控制的因素的影响。

当个人必须承担不可控风险时，他们会要求一些保证以保护他们免受损失。但是一旦他们得到了保证，他们可能会改变自己的行为，变得更加受制于风险。在保险合同中，通过使用共同支付（co-payments）和扣除条款（deductibles）等手段可以将道德风险最小化。在获得保险赔偿时要自己支付一些费用降低了投保人采取不道德行动的可能性。同样，企业制定薪酬计划和员工政策以向个人提供一些保证并最小化道德风险问题。

有些企业为员工支付一个确定数额的报酬，这一报酬与企业绩效无关，还会提供基于整个企业绩效的奖金。确定的报酬为员工提供了无风险的收入，而奖金则为员工收入增加了一些风险，但这一风险是与企业中所有的其他员工分担的。奖金与保险合同中的共同支付条款类似。它不仅鼓励员工为企业多作贡献，而且还鼓励监督其他员工以最小化道德风险问题。底薪（basing compensation）或一部分薪酬根据相对绩效发放使得企业可以与员工分担风险。通过比较 Circle K 便利店一位经理与其他在同一时间当班的经理的绩效，或者通过与其他值班经理在不同班次中绩效的差别——如来到店里面的行人数量，就可以看出谁做得更好一些。结果，经理的工资取决于他的行为，而不是取决于不可控风险。

薪酬计划和员工政策可以看成是使员工和企业所有者利益保持一致的安排。这些安排使得公司可以与员工分担风险，并使潜在的道德风险问题最小化。经理薪酬政策在 CEO 和企业所有者之间也扮演着同样的角色。

11.5 经理薪酬

讨论企业的薪酬与员工政策必须要提到 CEO 薪酬的考核。CEO 是一个企业中最引人注目的人物，其工资也是人们关心的一个话题。CEO 是被聘用的经理，作为所有者的代理人而工作。这意味着 CEO 的利益与所有者的利益可能不同，如果企业希望成功，那么必须在某种程度上使二者的利益保持一致。

自 20 世纪 90 年代以来，经理的工资已经显著提高，而且比员工工资上涨幅度高很多。1990 年，同一企业的 CEO 平均工资是员工平均工资的 30 倍，而今天是 111 倍。为什么 CEO 的工资如此高，而且比其他员工的工资高出这么多呢？是不是 CEO 可以为所欲为、奖励他们自己呢？许多研究都表明，事实确实如此。

少数研究表明，经理的工资与企业的规模有关（因而经理会更关注增长而不是利润）[4]。这正是分析家们所说的 20 世纪 90 年代发生在 Briggs & Stratton 公司的事情。这是一家生产用于除草机等设备的轻型发动机的企业，从 1929 年到 1989 年一直非常成功。所有者希望继续提高股票价格，但经理人把企业带上了扩大规模之路。结果是公司和股价的表现都很糟。

一些研究指出，经理人选择的债务水平对他们自己更有利，而不是对公司股东更有利。争论在于，由于他们的收入全部来自公司，经理人不可能像股东一样轻易地分散收入风险。因此，经理人可能选择低风险或可以使企业进行多元性投资的项目。这种多元化投资的努力通常与股东的利益不一致，因为股东在其自己的多元化投资组合中就可以获益。他们不需要企业进行多元化经营。

还有争论称，经理人逃避将资产返还给股东，相反，他们把钱投入到没有效率的项目中。向股东支付现金使得经理人控制的资源减少，因此也降低了当企业必须获得新的资本时资本市场对他们的关注程度以及他们的权利。当企业创造了大量的自由现金流时，股东与经理人之间关于分红的利益冲突将更加严重。石油产业在 20 世纪 80 年代在世界石油价格暴跌后仍然在勘探上进行投资是一个经常被引用的例子。另一个支出自由现金的例子是当企业通过合法渠道获得了意外横财时。他们通常会借更多的钱以便进行一次兼并，而这一兼并事后被证明是失败的，最终不得不退出。他们还会用这些钱买下大股东的所有股票。

股票期权

由于所有者与经理人的利益不同，那么所有者如何保证经理人追求的战略与所有者的利益一致呢？在 20 世纪七八十年代，经理人薪酬更多的是工资和只有在达到财务目标后才会发放的奖金。随着人们开始怀疑奖金、财务目标和股价之间的关系，公司董事会开始将注意力转移到股东价值上[5]。他们开始相信，使经理人与股东的利益保持一致的最保险的办法是使股票期权成为经理薪酬很大的组成部分。到 2000 年，在美国最大的公司中，股票期权在全部 CEO 薪酬中占到一半以上，在高级运营经理的薪酬中占 30%。

授予股票期权通常的方法是根据授予期权当天的股票市场价格确定执行价格（exercise price），并在期权有效期内（通常是 10 年）保持不变。如果股票价格上升到预购股票价格之上，期权持有者就可以从中获利。即如果 CEO 能够使股票价格高于授予期权时的价格，则 CEO 就会获利。这就会激励 CEO 提高股票价格。

20 世纪 90 年代企业面临的问题，是几乎所有的股价都上涨。当股市上升时，股票期权使得好的绩效与差的绩效都能获益，因为公司股价的任何上涨都会使股票期权持有人受益。20 世纪 90 年代，股票期权使得经理人的薪酬有了大幅上升，有很多钱流入了那些绩效甚至低于市场平均水平的企业经理人的口袋里。

经理人获得的巨额回报没有受到商业出版物的认可。大多数杂志关注的焦点都是：企业在股票市场上不断贬值，而经理的薪酬却是数以千万美元计。

如何创造恰当的激励以使 CEO 们为股东的利益服务？一些人认为，政府应该限制经理薪酬[6]，而且许多董事会已经为 CEO 的奖金设立了上限。政府限制薪酬将会导致最好的 CEO 退出市场。他们将不再作为受聘的经理人，而是转向其他领域寻找声誉与财富。一些董事会设立的上限会导致某些情况下的保守行为。例如，当 CEO 的奖金达到上限时，CEO 会操纵收入使其下降——或许作为一种将收入延迟到以后时期的手段，到那时奖金上限可能不再有效。当接近上限时，CEO 或许不会选择一个能够带来潜在利润但有风险的项目，因为风险投资会降低他的报酬[7]。

公司控制权市场

作为一名股东，假设你认为某一个 CEO 正在将你的企业带向深渊，你会怎么做？你可以卖掉股份，并购买那些 CEO 正在以能够提高股东价值的方式经营的公司的股票。这种行动为 CEO 带来了一些惩罚，但如我们在前面讨论的，CEO 在让公司一败涂地与让公司在继续为他带来收益而不赶走所有股东的情况下继续经营之间存在一定的空间。如果股票集中在少数人或机构手里，这种空间就会缩小。大股东拥有使管理者按所有者意愿行事的能力。CalPERS（加州退休金体系，California state retirement system）、TIAA-CREF（最大的退休金投资公司）以及 Vanguard 等投资公司已经开始在某种程度上监控 CEO 的活动。在某种意义上，增加一个人在一个企业中的所有权比例就是购买对公司的控制权。大量持股股东通过掌握公司的大量股权而对 CEO 的活动施加控制。如果一个大量持股股东持有公司大部分股票，则它对公司具有完全控制权。

20 世纪 80 年代的金融创新，如垃圾债券融资，使得融资收购（leveraged buyout，LBO）与管理层收购（management buyout，MBO）成为可能，这使得投资者接管公司更加容易。某些投资者成为著名的掠夺者（raider）或接管专家（takeover expert）。T. Boone Pickens 和 Carl Icahn 就是两位最有名的掠夺者，他们通过融资收购的方式购买大部分股份，然后通常会卖掉或分解公司的资产。

对于接管专家来说，公司总体价值低于公司各部分价值之和。由于《财富》500 强中最大的企业也面临着潜在的接管，因此 CEO 们必须维持公司的价值。被接管通常意味着公司的 CEO 失业。事实上，目标公司中超过 50% 的高层管理者都在并购后 3 年内离开了。一般来说，CEO 的职位已经变得很不稳定，在 1995—2000 年间，450 位 CEO 的平均任职年限还不到 3 年[8]。

由于职位风险很高，规避风险的 CEO 就会需要某种形式的补偿以承担那种风险。这可以部分地解释 20 世纪 90 年代早期股票期权的使用以及 CEO 收入的膨胀。但是，不考虑收入的增加，公司的 CEO 希望公司免于被接管。如今，许多管理协议都包含**黄金降落伞**（golden parachutes）——在公司控制权的变化中失去工作的经理获得补偿的合同，一些董事会制定了绿票讹诈（greenmail）、毒药丸（poison pill）、授权诉讼（authorized lawsuit）计划并利用州反接管法律。当目标公司通过以较高的价格买回敌意收购者大量的目标公司股票时，就会发生绿票讹诈。毒药丸是指当接管发生时，股东拥有以低价购买额外股份或者以高于收购价格的价格出售股份的权利。当药丸被吞下后，收购公司要承担那些成本。

有关公司治理信息的信息请访问
http://www.oecd.org
http://www.corpgov.net/
http://www.encycogov.com/

从表面上看，这些保护机制似乎是牺牲股东的利益而使 CEO 获益，但它们并不是总会伤害股东。在接管发生时对高层管理者某种形式的薪酬保证可以吸引优秀的管理者，进而改善公司的绩效。20 世纪 90 年代中期，当一些公司宣布采用补偿协议时，这些公司的股价上涨了 3%。然而，一般来说，采用保护机制都会导致股价下降[9]。

公司治理

同公司治理有关的词汇表请见
http://www.corp-gov.org/glossary.php3

另一个使所有者与经理人的利益一致的方法是改变公司治理或使它更明确。公司治理（corporate governance）是指监督并管理企业绩效的组织结构。在企业中，董事会是股东的代表，而 CEO 是董事会的代表。因此，在一个公司中，股东的利益由董事会负责照顾。

董事是由股东直接选举产生的。董事会通常由内部董事和外部董事组成。内部董事是公司的高级职员，他们的角色是提供关于公司活动的有价值的信息——外部人很难获得的内部信息。外部董事不是企业的全职雇员，他们是一些其他公司或其他董事会中的经验丰富的人，有许多人都是在几个董事会供职的全职职业董事。

董事会负责包括CEO在内的公司员工的雇用、解雇和薪酬。一些观察家认为，由于董事会被CEO操纵着，特别是CEO同时也是董事会主席时，董事会不是一个有效率的股东利益的管家。他们指出，内部董事和外部董事都是由CEO任命的。在公司的科层结构中，内部董事通常是CEO的下属，因此他们会与老板保持一致。一般来说，CEO会任命一些与自己的利益一致而不是与股东利益一致的外部董事。

20世纪80年代，许多公司开始用股票期权作为董事会成员的薪酬，以确保他们的利益与股东的利益一致。1983年，大约只有2%的董事会拥有一些以资产为基础的薪酬，到2000年这一数量上升到大约30%。随着CEO股票期权的实施，这一方法似乎运行良好——为CEO和董事会增加企业价值创造了激励。显然，对利用股票期权奖励CEO的批评同样也适用于董事会。但正如我们在CEO情况中看到的，公司控制权市场是惩戒董事会的一种手段，如果企业价值下降，就会被接管，董事会成员就会失去他们的职位。

如果董事会允许CEO在不增加经济利润的情况下操纵收入并抬高股票价格，那么当操纵被曝光并导致股价崩溃时，董事会就会受到法律和财务调查。安然的董事会成员发现，公司倒闭后他们受到了非常频繁的调查。许多人在其他公司的董事职位也被解除了，其中一些由于从事非法活动而受到调查。

锦标赛与超级明星

为什么CEO的工资比企业中的其他员工高很多？一种回答是：CEO市场失灵了，即CEO能够以股东的利益为代价追求他们自己的利益。另一种解释是：这种结构是有效率的，即可以激励CEO和公司其他员工发挥出最高的生产率。关于效率的争论有两个版本——锦标赛理论和超级明星效应。

锦标赛理论（tournament rationale）与体育比赛相似。这一理论认为，在大多数公司中，晋升和工资上涨是紧密相关的，因此我们可以认为晋升是所有员工相互竞争的结果。人们通过表现得比所有其他也希望能够获得晋升的人更好而在公司科层中获得晋升并增加工资。一旦一个人获得晋升，新的比赛就开始了，赢家会继续提升到更高的层次。最终的奖励是最高层的工作，即CEO的职位。

如果企业内的工作晋升是一场比赛，那么什么样的薪酬结构会令参与者采取生产力最高的行为？人们发现，在高尔夫球比赛中，第一名的奖金与第二名和排在后面的选手的差别越大，选手们的平均表现则越好，即报酬越高，平均表现越好。在美国全国汽车比赛协会（NASCAR）的赛车中，冠军奖金与第二名和后面的选手得到的奖金相差越大，平均车速越高，这又是报酬越高，平均表现越好。将这些发现应用于企业内部劳动力市场中，经济学家们认为，与其他员工相比，超高的 CEO 一揽子工资（pay package）可以使所有员工（现有的和未来的）在工作中尽最大的努力。

关于效率的第二个理论也可以用与体育比赛相似的现象来解释，被称为超级明星效应（superstar effect）。假设排名在前十名内的网球选手或高尔夫球选手的水平比排名在四五十名的选手好不了多少。尽管如此，报酬的差异却是巨大的。前十名网球选手和高尔夫球选手的平均收入上千万美元，而排名在后面的选手只有区区上万美元。如果他们的表现没有那么大的差异，报酬为什么差那么多呢？提供的解释是，消费者的时间有限，他们会选择观看前十名的比赛。排名在四五十名的选手的比赛可能与第一名与第二名的比赛同样精彩，但几乎每个人都会选择观看前两名选手的比赛。在高尔夫球比赛中，顶级选手周围会挤满观众，而不太出名的选手则只能在没有多少旁观者的情况下进行比赛。这些差异说明，与排名较低的选手相比，人们对顶级选手的需求是巨大的。

在体育比赛之外也会出现明星效应。两个能力相当的律师的收费可能会有天壤之别，两位能力相当的经济顾问也会出现类似的情况。想一想可以将企业引向不同战略的两个人。如果一个选择能够为企业带来数十亿美元的价值提升，尽管两个人的差异微乎其微，但有机会作出为企业挣大钱这一决策的人将获得比另一个人高得多的薪酬。

正如本书前面反复说明的，企业成功没有灵丹妙药或者通用战略。每家企业成功的基础各不相同。本章讨论了企业如何构造其薪酬结构和员工政策以培养竞争优势。在员工和薪酬方面需要铭记在心的是：激励很重要。观察到员工或薪酬方面的一些特征并机械地宣布它不公平或不正确可能是一种误解：这种情形的存在很可能出于效率方面的考虑。记住，竞争和进入会将无效率的企业赶出市场。如果一项薪酬计划没有效率，它是不会持久存在的。

案例回顾
经理薪酬

当内部人从他们的期权中获得大笔收益时，股东正在损失其资产权益，有什么不对的地方吗？如何设定薪酬结构以创造股东希望的激励？如果在使员工与股东的利益一致方面期权比现金薪酬更有效率，那么期权就会比同等数量的现金薪酬在提高股东价值方面产生更大的影响。对股东价值的负面影响或股权收益减损的影响将会由对未来收益的预期部分抵消。期权在决定CEO薪酬方面越来越重要这一事实应该提高了企业的绩效和股东的价值。但我们发现，许多在20世纪90年代受到奖励的经理人都是得益于股票市场戏剧性的上涨，而不是由于他们领导有方。期权本来不是要奖励由于股市泡沫而导致股价上涨的公司的领导人，而是要奖励另外一些领导人，他们因采取了能够维持股东价值的企业行动而使股份上涨。

问题显然不是由于使用了期权，而是期权报酬的构成。期权应该被设计成只有当企业的股票在一段时期内胜过市场整体或一组类似企业时才能被履行。2000年，联合利华提出了一个包含这种方法的计划。波音公司推出了绩效单位(performance units)，只有当波音公司的股票在5年中连续升值时，绩效单位才能转换为普通股。

小 结

1. 企业中不同的人有不同的利益。当利益不一致时，企业的绩效会受到影响。员工、经理人和所有者的不同利益会导致无效率。
2. 必须找到使企业内部不同的利益一致化的方法，以使各个团体从工作中互相受益（我们指的是第2章讲述的从交易中获益）。利益不一致的有效率的解决方案可能是一种竞争优势的来源。使不同利益一致是员工政策和薪酬结构发挥作用的领域。
3. 效率工资和后置报酬是提高效率的办法。效率工资是指员工获得的工资高于市场水平以便吸引最优秀的员工。后置报酬是延迟的工资，即工资不是现在获得而是在以后获得。后置报酬计划是指员工在受雇初期的收入低于其价值，而在以后获得的报酬高于其价值。这有助于将员工长期留在企业中以便获得超额报酬。这还有利于最小化逃避义务的行为，因为员工被辞退会使他们无法获得超额报酬。
4. 企业中应用团队是因为它们被认为能够提高生产力。团队的首要问题是搭便车。当个人对团队产出的贡献无法衡量时就会出现搭便车现象。结果，团队的每一个成员都具有减少贡献并依赖其他成员承担团队责任的激励。
5. 薪酬计划必须为员工创造出激励，以使他们从事有利于所有者的行为。基于员工无法控制的事件而制定的薪酬不会产生这种作用。薪酬计划常常包括一些风险分担的特性以最小化不可控风险的负面影响。
6. 在上市公司中，企业的所有权和控制权是分离的。所有者是持股的股东，他们不用每天都关注企业的经营。

7. 经理薪酬的目的是奖励那些引导企业增加价值的人，而增加价值是企业所有者希望看到的。当企业的价值增加时，经理的薪酬也会增加。
8. 除了薪酬以外，还有一些使得经理人与所有者的利益更加接近的办法，如董事会、公司控制权市场或接管。
9. CEO 的薪酬比其他员工高出许多。对这一现象的一个解释是，公司中其他人会更加努力工作以便有朝一日成为 CEO。
10. 黄金降落伞、毒药丸、绿票讹诈是保护自己免受敌意收购的努力的例子。

关 键 词

效率工资　　计件工资　　毒药丸

后置报酬　　搭便车　　绿票讹诈

压缩薪酬等级　　黄金降落伞

练　　习

1. 代理人身伤害业务的律师可能获得赔偿额的一部分作为胜诉费（contingency fee），而只有当他的客户赢得官司并获得赔偿时律师才能得到他的报酬。其他案件中的律师通常按小时收费。从客户（即委托人）的角度出发，利用委托—代理关系，评估两种收费安排的优缺点。注意要讨论激励效果。
2. 假设一位职员完成两项工作——装配机器和评估质量。假设管理者只能看到工人们装配了多少台机器。在什么情况下，委托方应该按照工人在第一个任务上的表现支付工资？
3. 据说现在这一代工人在其一生的工作中被同一家企业雇用的概率极低。在上一代人中，通常人们只有一个雇主。员工的快速流动对企业有利还是对员工有利？请解释。
4. 许多聘用接线员帮助消费者的企业根据他们为多少位消费者提供了服务来评估这些接线员。说明这种评估系统会导致什么结果。你会采取哪种不同的方法？考虑你推荐的方法导致的成本与收益。
5. 最近的研究表明，失业的工人在找到新工作时工资会比较低。研究表明，白领工人受到的影响比蓝领工人受到的影响更大。你如何解释这种情况？

6. 针对第5题中提到的失业工人和薪水较低的新工作的同一研究表明，在一家企业工作时间越长，工资下降的幅度越大。你如何解释这种情况？
7. 大约在1990年以前，几家企业制定了明确的政策，永不解雇员工，即创造一种终身雇用。这种政策的成本与收益是什么？哪种类型的企业可能发现这种政策对其有利？
8. 在一个技术快速变化的行业中，你希望看到哪种薪酬政策？请解释。
9. 在一个很少发生技术变革的行业中，你希望看到哪种薪酬政策？请解释。
10. 当 Ben 和 Jerry 决定辞去 Ben & Jerry 公司经理职位时，他们宣布新 CEO 的工资不会超过收入最低的员工的10倍。你认为这种政策的结果是什么？
11. 员工被从一项特定工作中解雇的概率由下式表示：

$$Q = a - bT - cT^2$$

其中，Q 是离开工作的概率，T 是工人在那项工作中持续的时间。解释该式的含义以及为什么会发生这种情况。
12. 一项投资，有一半的机会获得零回报，有1/3的机会获利3000美元，有1/6的机会获利6000美元。收益的预期价值是多少？
13. 如果第12题中描述的投资是一个人每周可能获得的薪酬，而这个人无法控制结果，规避风险的人会怎样做？追求风险的人又会如何做？
14. 在第13题中，如果员工是规避风险的，哪种薪酬计划会使他付出最大的努力？

本章注释

[1] Candice Pendergrast, "The Provision of Incentives in Firms," *Journal of Economic Literature*, March 1999, p. 18.

[2] Pendergast, "The Provision of Incentives in Firms," pp. 7 – 63.

[3] Ibid., p. 21.

[4] 这些研究始于 Adolf A. Berle and Gardiner C. Means, *The Modern Corporation and Private Property* (Chicago: Commerce Clearing House, 1932). 更新的研究见 John M. Abowd and David S. Kaplan, "Executive Compensation: Six Questions That Need Answering," *Journal of Economic Perspectives* 13, no. 4 (Fall 1999). 另见 Pendergrast, "The Provision of Incentives in Firms," 进行了几项相关研究。

[5] 参见 *The Economics of Executive Compensation* (K. Murphy and K. Hallock, eds.), (Boston: Edward Elgar Publishing, 1999) 其中有几篇文章。

[6] 从历史角度来看这一问题，参见 Mark J. Roe, *Strong Managers, Weak Owners* (Princeton, N. J.: Princeton University Press, 1994).

[7] John M. Abowd and David S. Kaplan, "Executive Compensation: Six Questions That Need Answering," *Journal of Economic Perspectives* 13, no. 4 (Fall 1999): 145 - 168; and Brian J. Hall and Jeffrey Liebman, "Are CEOs Really Paid Like Bureaucrats?", *Quarterly Journal of Economics*, August 1998, pp. 653 - 691. CEO 市场的一个有趣的观点请参见 Rakesh Khurana, *Searching for a Corporate Savior*, (Princeton NJ: Princeton University Press, 2002).

[8] Roberto Newell and Gregory Wilson, "A Premium for Good Governance," *The McKinsey Quarterly*, 2002, no. 3. Retrieved September 15, 2002 at http://www.mckinsey.com/practices/CorporateGovernance/articles/index.asp.

[9] Abowd and Kaplan, "Executive Compensation: Six Questions That Need Answering."

第 11 章附录：

生产率与员工薪酬

员工对企业的价值与员工获得的薪酬之间的关系是什么？在本附录中我们利用微积分的方法来回答这一问题。

当一种资源比如说资本的数量保持不变时，对另一种资源——在这个例子中是劳动力——的决策是使用额外的工人，直到利润达到最大。

$$利润 = PQ - wL - 固定成本$$

因此，通过求利润对变量劳动力的导数并设其等于0，我们得到：

$$\frac{\partial(PQ - wL)}{\partial L} = 0$$

由于 $PQ = Pf(L, K^*)$，其中 K^* 表示资本是不变的，那么：

$$\frac{\partial Pf(L,K^*)}{\partial L} - \frac{\partial(wL)}{\partial L} = 0$$

可以写成 $P(MP_L) - w = 0$，其中 $MP_L = \partial f(L, K^*) / \partial L$，且：

$$P(MP_L) = w \qquad (1)$$

等式（1）表明，企业会不断地利用可变资源，直到资源的边际成本 w 等于企业的边际价值 $P(MP_L)$。后面这一条件被称为边际产品价值（value of the marginal product）。

当企业在一个不完全竞争的市场中销售时，P 随着产出的变化而变化，因此，利润最大化结果为：

$$\frac{\partial(PQ - wL)}{\partial L} = 0$$

由于 $PQ = P(Q)f(L,K^*)$，

$$\frac{\partial P(Q)f(L,K^*)}{\partial L} = \frac{\partial P(Q)}{\partial L}\{f(L,K^*)\} + \frac{\partial f(L,K^*)}{\partial L}P(Q)$$

整理后得到：

$$\frac{\partial P(Q)}{\partial (Q)}\frac{\partial Q}{\partial L}+P(Q)/(MP_L)$$

重写后我们得到：

$$[P(Q)+Q\partial P/\partial Q](\partial Q/\partial L)=[MR](MP_L)$$

因此利润最大化的结果为：

$$[MR](MP_L)=w \qquad (2)$$

等式（2）告诉我们，不完全竞争的企业会一直雇用额外的工人，直到工人的边际成本等于工人对企业的边际价值。$[MR](MP_L)$ 被称为边际收入产品（marginal revenue product），它是额外一名工人对企业的额外价值。

在本章中，企业薪酬结构是通过比较薪酬与生产率进行说明的。如等式（1）和等式（2）所示，它是员工对企业的边际价值与对企业的边际成本的比较。

效率工资是支付给员工的工资 w^e，超过了市场工资 w。通过吸引优秀的员工并降低离职率，员工对企业的边际价值不断提高。因此，企业会不断地使员工的边际成本等于其对收入的边际贡献，以便在企业支付高工资或效率工资（$[MR](MP_L)=w^e$）时也能最大化利润。

4

PART 4 解决问题的分析工具

成功的经理人常常能够改变思考问题或者情境的方式。他们从不同的视角看待事物，从不同的方向思考问题，或者正如现在的商业领域中常说的那样，“跳出框架进行思考”。事实上，他们不断思考，利用那些他们掌握的工具比较各种选择的成本与收益。最近在商业决策中应用最多的两种工具是实物期权和博弈论。

在第 12 章，我们将探讨配置资本的过程。我们将探讨传统的配置过程——被称为资本预算，然后再讨论另一种方法——实物期权。将可能的行动看成期权，并利用经济理论为这些期权赋值，是审核包含不同时期和显著不确定性的战略的一种有效方法。我们还要讨论实物期权背后的知识，然后讲述如何确定实物期权的价值。

第 13 章“战略行为”讨论了博弈论的内容。本章并不是对博弈论的深入分析，而是讨论如何将商业问题看成是简单的博弈从而获得更深入的理解，并试图说明博弈论如何成为考虑战略问题的一个有效工具。战略行为是指一个企业的行为会影响其他企业的行为，因此这个企业在制定战略时必须考虑其他企业的行为。在大多数情况下，经理人不能像完全独立于竞争对手那样采取行动。博弈论就是要试图描述这种相互依赖性。博弈论创立于 20 世纪 40 年代，但直到今天还没有被商业思想完全接受。学术界认为，经理人需要从博弈论中学习的东西很多，而经理人认为博弈论基本上是学术界的一种毫无用处的玩具。尽管博弈论、零和博弈和囚徒困境之类的术语已经成为人们日常语言的一部分，但博弈论仍然在很大程度上被企业忽视。然而，试图用博弈论的框架来思考战略问题已经被证明可以成为企业的一种竞争优势。博弈论要求经理人站在竞争对手的立场上考虑问题，并要求他们关注自己不同的行动将导致竞争对手采取何种对策。这在很多情况下都是一个有价值的训练。

CHAPTER

12 资本配置：实物期权

案例：默克公司与默得克公司

制药业巨人默克公司准备收购默得克公司（Medco），后者是美国的一家大型的雇员处方药品福利管理公司，通过各种由雇主支付的计划服务于超过3000万的美国人。默克公司的最高主管们认为，收购默得克公司有助于默克公司向顾客提供协调的健康医疗服务。患者、医生、药剂师、药品公司和员工福利计划支付者都可能通过默得克公司联系起来。但也有一些默克公司的经理对收购能否给公司带来好处表示怀疑，因为收购可能耗资50亿～60亿美元，相关风险极高。默克将如何作出决定？

12.1 跨期决策

生产者通过资本市场将远期计划同当前的行为进行配比。资本的供求决定着资本的成本和均衡数量。企业要购买资本即它们要购买今后数年里用到的设备与建筑。为了确定应当购买多少资本，企业必须将设备和建筑的成本同这些资本在整个生命周期内能够创造的附加价值进行对比。资本预算（capital budgeting）就是传统上用来表示这一对比过程的专用词汇。

投资决策的品质通常是决定能否创造股东价值的唯一因

素。要想制定好的投资决策，决策者首先要做的是掌握一种可靠的评估潜在投资项目价值的方法。在所有的企业里，总会有某人或某委员会负责决定投资于某个项目、将某个项目推迟到某一时间或干脆放弃某个项目。因此，他们必定需要采取一种用来比较不同项目建议的标准。为了说明问题，我们假设某一年份里英特尔公司的制造工程师们建议购买新的工厂和设备，而营销人员则建议投资于新的广告和营销设施，研发部门的经理建议购买新的仪器和建立新的实验室。那么企业应当如何作出选择呢？

在企业经营中典型的做法是，如果一项投资的预期未来现金流的现值大于投资成本的现值，则这项投资是可以接受的。

现　值

净现值（net present value，NPV）是收入的现值减去成本的现值。假设某项投资在今天需要投入 100 美元，预期在今后两年内每年获得 50 美元的收入，该项投资的净现值为：

$$NPV = \frac{50}{(1+r)} + \frac{50}{(1+r)^2} - 100$$

假设利率为 10%，则 $r=0.10$，

$$\begin{aligned} NPV &= 50 \times 0.90909 + 50 \times 0.82645 - 100 \\ &= 86.8 - 100 \\ &= -13.2(\text{美元}) \end{aligned}$$

这一投资项目的净现值是负的，这意味着项目的收入不足补偿其成本，因此该项目很可能不会被执行。然而，假设年收入增加到 70 美元，则根据上述公式计算的结果是净现值将提高到 21 美元，在这种情况下项目很可能获得通过并被执行。

净现值法在原理上无懈可击，但在实践中如果应用不当却可能出现问题。从上面的假设调整中我们可以看到现金流预测结果对于项目评估的影响。只要将现金流预测提高到净现值为正，负责分配资金的经理就可以对项目开绿灯了。因此，如果企业根据净现值法决定资金配置，部门经理可能会操纵项目的现金流假设，将他们支持的项目的净现值调整为正值。净现值分析法可能出现的另一个问题是，经理们对未来收入进行预测时通常指的是在广告和促销的支持下实现的收入，但在计算时却并没有把它们看成是同投资相关的成本。这会导致计算结果向上的偏差，结果项目往往会被批准。由于净现值法是根据当前的购

买力预测未来的现金流，在成本和收入的预测方面会面临极大的困难。例如，有一家通信企业在进行一项大规模扩大交换容量的项目论证中忽视了将新交换台同网络中现有的其他交换台进行接驳所必须增加的容量的成本，项目启动后，高级经理们眼睁睁地看着项目开支超出预算一倍。这家企业最后不得不终止这一项目[1]。

即使我们能够合理地计算成本与收入，如果企业采用了错误的标准，资本预算审核仍然可能出现错误。例如，一家试图令 ROA（资产回报率）最大化的企业可能会拒绝预期 ROA 低于企业目前水平的项目，即使项目的 ROA 已经高于资本的成本。换句话说，这样做的企业放弃了一次能够为股东创造价值的机会。反过来说，如果企业当前的 ROA 低于资本的成本，则任何新的预期回报高于当前 ROA 的投资都可能被实行以提高企业的 ROA，哪怕这些项目的预期 ROA 低于资本成本。例如，假设企业当前的 ROA 为 6% 并且该企业打算实行一项 ROA 为 7% 的投资，从表面上看，很容易就可以作出判断，企业应当从事这个项目。但是，如果企业的资本成本是 8%，那么这个项目从经济利润的角度看将会导致企业亏损。

同会计利润相比，经济利润更好地反映了企业的绩效。同样，在决定是否投资于某一项目时，用未来经济利润的现值作标准比会计利润净现值更可靠。这是因为经济利润的现值告诉我们项目能否创造价值。如果在资本预算过程中没有考虑资本的成本，将意味着管理层认为资本是免费的。任何有价值的东西，只要是免费的，将总是导致供不应求。资本也不例外。每个部门的领导都想为本部门争取项目经费，但是事实上却不可能同时满足所有部门的需求。管理层只好对资本总支出设定一个限度，然后根据某些标准来进行分配。由于没有考虑经济利润，这种配置将损害企业的价值。在投资决策中采用经济利润指标的好处是，它表示高层经理愿意向部门经理提供资金，但同时也标出了资金的价格——资本成本。同样重要的是，在计算时不仅要考虑资本成本，还要考虑项目中可能发生的所有其他的成本，不论是间接成本还是直接成本。通过这种方法，企业可以找出能够为企业创造可靠价值的项目而否决无法创造价值的项目。

加拿大劳伦提安饼干公司在配置资本时采取了单一的标准，即这一项目头几年里的净现值。成本项目只包含那些可以直接配置给该项目的部分，而不包括次级成本，比如项目对员工和环境的影响。经过几年的实践，公司的高层经理发现，他们拨款的不少项目未能取得成功。原因是要么对成本估计不足，要么在决策时没有考虑资本的成本。经过对资本配置程序的仔细考察，他们认识到，不仅应当考虑资本的成本，还要考虑所有与项目有关的机会成本。例如，新的项目必须与企业的经营战略保持一致。同企业战略不一致的项目可能导致整个企业绩效的下降，即使这一项目本身的净现值是正的。此外，在项目评审时还要考虑项目对环境的影响。一处破坏环境的新设施可能在未来导致企业进行环境清理的成本，从而损害企业的绩效。第三项应当考虑的主要因素是新项目对员工和员工家庭的影响。如果新的项目在某些方面破坏了公司其他部门的士气，那么即使项目本身获利，公司仍然可能受到损害[2]。

劳伦提安的案例说明了企业在资本配置过程中可能遇到的典型问题。对于任何一个项目，企业都应当考虑所有可能的成本，对未来成本和收入的预期必须力求准确。在此之后，再将计算得出的净回报率同资本成本进行对比，看项目是否增加了价值（或者在考虑资本成本后净价值的增加被打了多少折扣）。在前面的净现值计算公式中我们已经知道了一个项目成本为100美元、两年期每年收入60美元的项目的评估方法，其中r代表资本成本：

$$NPV = \frac{60}{(1+r)} + \frac{60}{(1+r)^2} - 100$$

根据计算的结果，如果NPV是正值，则说明项目为企业创造了正的经济利润。简言之，企业应当只向能够产生正经济利润的项目投资。

期　权

关于期权定价的历史请见
http://www.library.hbs.edu/merton/about.htm and http://www.pbs.org/wgbh/nova/stockmarket/formulaleft.html

1995—1996年，PC产业陷入了混乱。Gateway公司是少数几个还能赚钱的企业。面对高度的不确定性，经理们必须决定是否退出产业，或者忍受亏损继续留在产业内。与此相似，2002年通信产业陷入衰退，像朗讯公司这样的企业也要考虑是否剥离某些业务或干脆完全退出。净现值分析表明，这些企业应当立刻彻底退出。但是，净现值法在这里是最好的分析方法吗?

资本是有限的资源，必须配置到能够产生经济利润的项目中。但是，绝大多数需要大量资本投入的项目属于长期项目，往往在很长时间里看不到任何回报。资本配置程序中的不确定性是巨大的，可能产生的错误同样是惊人的。当然，企业也不可能一味回避投资，因为错过机会的损失和投资失败同样是灾难性的。每家企业都会有许多投资的机会。其中有些机会可能不需要马上投入资金，而是要推迟到未来的某个时间点。在这种情况下，企业如何对机会进行评估？通常采用的方法是当前先不作评估，等到需要投资的时候再进行。到那时，将这一投资机会和其他投资机会一起进行评估，再用净现值法来评估应当投资给哪个项目。

然而，这一方法忽略了资本配置过程中的一个重要方面。一般来说，在未来某一时刻启动、终止或调整某一商业活动的机会和现在就可以投资的机会是有差异的。如果关于是否应当追求某一机会的决定可以推迟，则我们可以等到某些不确定得到解决或无法再推迟的时候再来作出关键性的决策。

用金融学的术语来说，“机会”相当于**期权**。如果你拥有期权，那么你将有权在未来某一时刻或之前按照某一价格买入或卖出某些东西，但你并不承担买入或卖出的义务。例如，一份股票的买入期权赋予你在一年内的任何时候按照某一价格（比如 100 美元）买入一份股票的权利。显然，如果现在股票的价格为 110 美元，那么这份期权就是有价值的了，这叫做“赌赢”。但是，即使当前股票的价格只有 90 美元，期权仍然可能是有价值的，因为股票的价格可能在未来数月中上涨，在一年内超出 100 美元的价格[3]。

许多企业所面临的机会具有类似于金融期权的特点。这些机会被称为**实物期权**（real option）。当企业开始对项目进行投资时，它是在为某一项权利支付进场费用，但它并不承担继续下去的义务。在这里，费用的支出可能没有创造出现金流，却创造了在未来继续投资的机会，而究竟如何选择则取决于形势的发展。这也是有价值的。以加拿大的一家生物科技公司 Hybridon 公司为例，它必须决定是否将一项极有希望的抗癌药物的开发推进到临床测试前的阶段，它也可以选择等待更可靠的技术在未来成功之后再这样做。如果这家公司继续推进研究，其费用将耗尽公司的所有资源。公司已经募集了 7500 万美元的资金，但临床测试的第一阶段和第二阶段的平均成本是每月 40 万美元，最后阶段的测试成本高达每月 1500 万美元。考虑到临床测试所需要的时间，这家公司将耗尽手上的现金。此外，项目本身能否如期结束也并没有把握。通过第一阶段测试的机会是 75%，第二阶段为 48%，第三阶段的申报和商业化的成功机会大约为 67%。因此，公司在 1995 年实现这一药品商业化的成功率只有 24%（67% × 48% ×75%）。这家企业的 CEO 应当如何决策？除了继续项目之外，他还有两条路可以走。第一，他可以同一家大型的制药公司合作，后者拥有足够的资源保证项目可以通过测试阶段进入商业化开发。这一选择将减少 Hybridon 公司的利润收益。第二，他可以将这项技术分离出来，成立一家新的独立公司，再设法为这家新公司寻求资本。这一选择有可能令 Hybridon 公司丧失一大笔潜在的经济利润。

然而，Hybridon 公司面临的所有选择都有一个共同点，那就是没有一项选择必须在眼下作出。公司手上仍然有足够使项目进行下去的资金，公司可以在进入到第一阶段之后再来考虑今后应当选择的财务方案。这样，公司不必为如何选择足够完成所有测试阶段的1亿美元的融资方案而伤脑筋，相反，公司考虑的只是保证每月50万美元的支出。

由于研究、开发和技术的商业化可以分为若干个阶段，CEO可以在每个阶段评估下一步的行动计划，决定是否应当继续或改变方向[4]。这样，企业面临的问题就从一个当前阶段的整体的投资计划分解为一个小阶段的投资计划，从而推迟了全盘计划的决定。这就是运用实物期权的概念理解资本支出问题的价值所在。

Rubbermaid公司在进入中国市场时也采取了分步骤的方法。该公司发现，对制造和销售组织的初始投入将十分巨大。净现值分析的结果表明投资的成本超出了预测的收入。然而，该公司运用期权分析法发现，用较小的投资同一家中国本地的企业建立联系可能更有利。这样Rubbermaid公司可以争取到两年的时间来决定是否应当全力进入中国市场。

制药企业花费在研发上的费用高达其销售收入的16%。基本的研究工作要从化合物合成开始。在每一种药品上市之前，将有超过5000种药品遭到失败。每400种化合物中只有一种能够进入临床前测试，而进入人体测试阶段（第一阶段和第二阶段测试）的只有1/2。在留下的药品中，只有1/3进入了第三阶段测试，最后只有1/2上市销售。整个产品开发的过程可能长达10年，每种药品的费用在1亿~2亿美元之间。正如我们在前面的Hybridon公司案例中所看到的那样，药品上市的过程尽管代价高昂，却可以划分出相应的阶段。不需要在一开始一次性投入2亿美元。企业可以投资于基础研究或将基础研究外包给大学的实验室或私人实验室。如果发现了有希望的结果，再投资进行测试前的研发。每次投资的追加取决于项目当期的成果和未来成功的可能[5]。

实物期权的估值

有关NPV和实物期权的链接
http://www.investmentscience.com/?source=overture&wid=01

企业经营的许多方面具备金融期权的特点。建立新的或更强的品牌可能有当期的收益，还会创造未来品牌延伸的机会。增加产品线，提高或降低价格，关闭工厂或迁址，进入新市场的决定等等——实际上绝大多数的商业决策——都具有期权的特点。但是，这些期权的价值究竟有多少？企业需要为这种灵活性支付多大的代价？

有关实物期权的更多链接
http://www.real-options.com/

假设一家企业正在考虑是否应当建立一家耗资5000万美元的新化工厂。再假设在全部的5000万美元成本中，有

50 万美元是用于工厂规划和环境评估的。企业可以选择对项目整体进行分析，决定是否应当投入 5000 万美元或完全退出。但是，事实上企业不需要作出“全有”或“全否”的决策。相反，它可以现在先投入 50 万美元，看看能否通过环境方面的评估。如果通过了，则它可以继续投入后面的 4950 万美元。

实物期权初级知识
http://www.adainc.com/approach/rov.html

田纳西河流域管理局（TVA）将 2000 兆瓦的电力供应合同外包出去而没有选择自己建厂发电。在某些案例中，TVA 尽管从未购买电力，但仍然需要为购买电力的期权付费。对于无法预期的需求来说，同建立一个可能总也用不上的新的核电站相比，购买期权是一种更有效率的缓冲办法。

2000 年，John Deere 公司和家得宝公司（Home Depot）决定联合推出一种产品。John Deere 公司负责制造一种割草机/拖拉机，由家得宝公司独家销售。家得宝公司最初预测每年可以销售 10 万件产品，但很快将销售预期提高到了每年 30 万件。因为有了年销售 30 万件的预期，John Deere 公司决定投资建立一个制造工厂，专门为家得宝公司生产割草机，这样可以用最有效率的方法每年生产 30 万件。投资额是惊人的，高达数百万美元。在 John Deere 公司看来，这项投资不是一项期权，因此它开始进行工厂建设。问题在于，没过多久经济就陷入了衰退，家得宝公司的订货量变得不足 10 万件。如果当初 John Deere 公司将这项投资视为期权，它将避免陷入巨额投资、结果工厂却不能充分实现产能的困境。

那么，企业需要为这种灵活性付出多大的代价？换句话说，期权的价值是多少？我们可以用期权定价公式为金融期权定价[6]。下面的公式是布莱克—肖尔斯期权定价公式，它对买入期权的价值定义如下：

$$C = SN(d_1) - Ke^{(-rt)}N(d_2)$$

其中：

C 代表期权理论期望值
S 代表当前的股票价格
t 代表期权有效期
K 代表期权的执行（交割）价格
r 代表连续无风险复利利率
N 代表正态分布变量的累积概率分布函数
e 代表自然对数值（2.7183）

$$d_1 = \frac{\ln(S/K^2) + (r + \frac{s^2}{2})^t}{s\sqrt{t}}$$

期权定价计算器

http://www.freeoptionpricing.com/models/wmbsm.asp
http://www.numa.com/derivs/ref/calculat/option/calc-opa.htm
http://www.hoadley.net/options/BS.htm

$d_2 = d_1 - s\sqrt{t}$

s 代表股票回报的标准差

ln 为自然对数

值得庆幸的是，我们不必在每次想知道期权价值时动手解上面的方程。已经有人在网上创立了计算器，能够给出期权的价格[7]。我们所要做的是知道下面5个重要的变量：

- 项目的价值：项目预期经济利润的现值 S。
- 执行期权的成本：执行期权需要一次性增加的投资 K。
- 无风险利率 r。
- 期权有效期 T。
- 项目的波动率：测量项目未来价值潜在变动率的指标 s。

例如，有一家生物制药公司打算进入一个新市场，开发一种新的产品。假设这家名为 Biomed 的公司需要 400 万美元启动产品开发和制造，它在今后的两年中还需要再投入 1300 万美元用于药品上市。Biomed 公司的经理打算在前两年中每季度花费 50 万美元，而在第三年的第一季度花费 1300 万美元（现值为 1070 万美元）用于产品上市。该商业计划假设产品成功上市，则将在三年后产生一个可持续的总市值 1950 万美元的业务。

因为 Biomed 公司必须再等三年才有可能获得 1950 万美元的业务收入，按年利率 10% 计算，其现值为 1450 万美元。由于 Biomed 公司必须花费 400 万美元进行测试，然后在两年内再花费 1070 万美元现值的资金进行产品上市，由此计算得出的净现值（NPV）是 -20 万美元。根据这一结果，这项投资是可疑的，它要求巨大的投入，但结果却是亏损。然而，Biomed 公司不一定非得进行产品上市。它可以先进行测试，然后再根据市场条件是否足以令投资获利决定是否上市。只要它不打算在两年内上市，那么后面的 1300 万美元就不一定需要花出去。

需要代入期权计算器进行计算的变量是：

- S，项目机会的现值，1450 万美元。
- K，执行期权的成本，1070 万美元。
- r，无风险利率，5%。
- T，期权有效期/上市前的时间，2 年。
- s，当前资产的波动率/商业机会价值的波动率，40%。

由此计算出的期权价值是500万美元。这就是说，Biomed公司实行产品上市的期权的现值是500万美元。期权的价值是正值，这是因为计算中考虑了项目的波动率或上升的潜力。如果两年后商业形势高涨，并且其他条件同当前一样，则公司选择产品上市将大获其利。如果两年后商业形势不妙或者遇到其他不利的条件，企业可以停止产品上市，免除1300万美元的支出，可以避免与产品上市相关的损失。

企业内含的实物期权的价值。在20世纪90年代末期，所谓的.com公司的股票的交易价格极高，许多分析师认为这样高的价格是合理的，因为在估值时考虑了股票价格中内含的真实期权的价值。而另一些人则坚决认为这是非理性的繁荣。谁说得对呢？现在看来，1999—2003年间股票市场的表现显然属于非理性繁荣。当时上市交易的公司存在实物期权体现在股票价格中的价值吗？

让我们以亚马逊网上书店为例，看看在它的股票价格中期权的价值是多少。2000年2月，亚马逊股票的交易价格是每股64美元。亚马逊公司发行的股票共有3.45亿股，按照每股64美元的价格计算，亚马逊公司的总市值约为220亿美元。考虑到此时亚马逊公司还没有实现会计利润，如此高的股票价格要么是投机炒作的结果，要么是因为亚马逊未来商业机会中包含的价值，即实物期权。在这里，我们同样可以应用布莱克—肖尔斯期权定价模型来计算该公司股票的期权价格。

我们考察的时点是2000年2月。根据年度财务报表和分析报告，其现有业务的销售增长预期为5年内每年48%，下一个5年期每年40%。绝大多数分析师认为亚马逊公司在此期间将实现6%~8%的会计利润。根据这些假设和预期利润率，再用当前资本的成本作为计算现值的贴现率，我们可以计算出亚马逊公司的现有业务将创造出120亿美元的会计利润。再将120亿美元除以已发行在外的股票总数3.45亿股，这意味着投资人可以为公司的现有业务赋值为每股约35美元。

计算得到的35美元和实际交易的64美元之间的差额（29美元）是无法从亚马逊公司现有业务的预期中得到解释的。如果这就是企业内含的实物期权的价值，则它表示投资者相信亚马逊公司将在未来创造巨大的新业务。

假定亚马逊公司的实物期权价值为每股29美元，则公司总的实物期权价值约为100亿美元（29美元×3.45亿股）。100亿美元的新业务可是一个巨大的数额。对于在2000年2月价值100亿美元的实物期权，在10年内创造的新业务总额应当是多少呢？我们可以通过期权定价公式解决这一问题。我们已经知道了期权的价格——100亿美元，我们需要的变量还有波动率、执行期权的成本、无风险利率、期权的有效期和市场机会的价值 S。

我们将假设新业务的波动率等于亚马逊公司历史上股票的波动率，$s = 100\%$。再假设期权的有效期为 2 年。最后我们假设亚马逊公司的新业务（在补偿所有的机会成本之后）将不会创造经济利润。也就是说 $S/K = 1$。因此，潜在的市场价值 S 将等于执行期权的成本。将上述数字代入布莱克—肖尔斯期权定价计算器，结果我们发现价值 100 亿美元的实物期权等于创造新业务所需要的新投资的 54%。也就是说，估算出的能够创造 100 亿美元期权的市场机会 S 为 190 亿美元。由于亚马逊公司在此前 3 年里的总投资只有大约 20 亿美元，在今后 2 年时间里投资 190 亿美元几乎是毫无可能的。我们的结论只能是亚马逊当前 64 美元的股票价格纯粹是投机造成的，它不能反映公司的实物期权的价值。到 2002 年 5 月 1 日，亚马逊的股票价格已经下跌为 14 美元，证明了我们的结论[8]。在这一时期对诸多 . com 公司的股票价格进行分析可以得出类似的结论——很大一部分这类股票在 2000 年的价格反映了过热的期望——它们是百分之百的投机。

期权价值的管理。考虑到企业的价值中包含了在未来对于企业开放的商业机会的因素，企业的经理也许会希望对这些期权的价值进行管理从而保持股东价值的增长。下面的例子分析了一个面对 6 个项目机会的企业。同各个项目有关的数字见表 12. 1 和表 12. 2。每个项目的预计现金流都是 1 亿美元。项目 1 和项目 2 的预计资本支出是 9000 万美元，其余 4 个项目的资本支出是 11000 万美元。项目 1 和项目 2 的净现值是正的，其余项目的净现值为负。因此，根据传统的方法，公司将为项目 1 和项目 2 支出 1. 8 亿美元而放弃其余的项目。

表 12. 1　**6 个项目的净现值**

	项目（百万美元）					
	1	2	3	4	5	6
资产价值	100	100	100	100	100	100
资本成本	90	90	110	110	110	110
NPV	10	10	-10	-10	-10	-10

表 12. 2　**6 个项目的期权估值**

	项目（百万美元）					
	1	2	3	4	5	6
资产价值	100	100	100	100	100	100
资本成本	90	90	110	110	110	110
时间（年数）	0	2	0	0. 5	1	2

（续表）

项目（百万美元）						
	1	2	3	4	5	6
资产资本价值与成本比	1.111	1.248	0.909	0.936	0.964	1.021
波动率	0	0.3	0	0.2	0.3	0.4
期权价值	10	27.23	0	3.06	10.42	23.24
决定时间	现在	可能现在	取消	可能取消	推迟决定（有可能）	推迟决定（较有可能）

项目上马或放弃的有效期对于项目 1 和项目 3 是零（必须立刻作出决定），对于项目 2 和项目 6 是 2 年，项目 4 是 6 个月，项目 5 是 1 年。依据上面的分析，项目 1 是公司应当立即投资的项目，项目 3 是公司应当不予考虑的。这两个项目面临的都是当下的决定：没有剩余时间，不可能拖延，换言之，它们不是期权。

来自其他项目的现金流是不确定的。项目 2 和项目 5 年度现金流的波动性（标准差）估计为 0.3，项目 4 估计为 0.2，项目 6 估计为 0.4[9]。

项目 2 是一个可靠的项目，它的净现值是正值。项目 6 的净现值是负数，但公司仍然考虑在晚些时候再决定是否上马。在两年内公司还不必作出上马或放弃的决定，它的现金流的波动率相当大。项目 5 也可以等到晚一些再决定，因为它的有效期还有 1 年并且它的波动率较为温和。公司很可能不再考虑项目 4，因为只剩下 6 个月的决策时间，而这个项目的波动性很低，看来不大可能在到期前变成有利可图的项目。

将企业的处境转化为实物期权的做法可以鼓励经理们更积极地面对不确定性，而不是一味模糊或避免不确定性。绝大多数企业的经理们害怕高度的不确定性，但实物期权的方法表明，更高的不确定性可能意味着未来的价值。因为不确定性在带来风险的同时也为企业创造了更大的产出范围。如果决定必须在当前作出，这可能是令人头疼的，但如果可以推迟决定，则对企业是有利的。随着时间的变化，项目的期权价值可能发生变化。在没有外来干预的情况下，期权的价值可能下降，因为随着到期日的临近，资产价值的波动率减少了。以项目 6 为例，它的波动率为 0.4，资产价值与成本比为 1.021。现在，一年的时间又过去了，再假定该项目的各项变量不变。时间上的变化导致波动率和资产价值与成本比的变化。波动率从 0.4 下降到 0.2，资产价值与成本比从 1.021 下降到 0.964。这些新的价值将令项目决定从“推迟决定（较有可能）”转入

“推迟决定（有可能）”。这是因为尽管初期看来不错，但现在看来，除非某些外部力量介入提高其价值，否则项目不大可能上马。

这家企业的经理可以尽可能推迟投资决定，直到最后一刻。但是，除了消极地等待，他还可以设法作出努力改变期权的价值。管理层改变期权的做法包括提高项目的价值或减少项目所需要的资本成本。这两种措施对于提高项目的经济利润的效果是一样的。区别只在于，如果项目价值变化的机会增加，则期权的价值将会提高，即现金流波动率的上升提高了期权的价值。因此，经理们可以通过提高项目潜在现金流的波动率改变期权的价值。

实物期权在企业经营中的应用

英特尔公司向超过 50 家企业投资 5 亿美元，这些企业在开发使用英特尔芯片的产品。英特尔公司将其中的许多投资看成是实物期权。对于某些新项目，困难主要在于产品开发。英特尔公司通过提供资金和软件开发人员提高实物期权的价值。另一些新项目的主要困难是缺乏产品市场，英特尔公司对此难有作为。在这种情况下，英特尔在投资后会关注市场的发展，并且等到市场条件有保障后再进行下一步的投资。

在当前的制药产业中，大企业的研发项目通常包括同大量小型生物制药企业建立联盟。过去，大企业不得不依靠自己的研发部门独立管理众多的产品开发项目。现在，它们的做法是建立大量的生物技术联盟。例如，在 1997 年 12 月，生物基因公司（Biogen Inc.）宣布自己已经同默克公司签署了一份协议，协作开发和上市一种哮喘病治疗药物。生物基因公司从默克公司获得了 1500 万美元的前期开发费用，此后几年内还会获得 1.3 亿美元的资金。通过逐次支付资金，默克公司将继续持有这份期权[10]。

在 20 世纪 90 年代，安然公司有意地在密西西比北部和田纳西西部建立了三家低效率的燃气发电厂。这些工厂的发电成本比产业最佳值高 50% ~70%。在绝大多数情况下，这些工厂的运行成本太高，没有竞争力。但是安然公司通过建造这些较低效率的工厂，节省了数百万美元的建造成本。它将使这些工厂处于闲置状态，直到电力需求上升导致价格上涨。当中西部能源市场上每兆瓦电力的价格出现短暂上扬时——从 40 美元上升到史无前例的 7000 美元——安然公司就会启动这些发电厂。安然的新工厂实际上就是一种期权，它们给予公司发电的机会，但并不承担必须发电的义务。

惠普公司从 20 世纪 90 年代初开始应用实物期权的方法。在 80 年代，惠普在自己本国的工厂里为不同的海外市场定制喷墨打印机，然后将成品发往各地库房。在工厂里完成定制比到当地再定制更为经济。但是惠普经常错误地判断当地的需求，结果会出现类似在法国产品积压而在德国却供不应求的局面。经理们认识到，更好的方法应当是从工厂将半成品发往当地库房，获得可靠订单后就在当地库房完成最后的定制工作。尽管在本地进行定制的工作成本较高，但通过更有效率地匹配供应和需求，惠普公司每月可以节省 300 万美元。生产成本的提高是惠普公司为推迟配置决策直到最佳时刻而支付的期权的价格。从那以后，越来越多的惠普产品的生产应用了期权的方法。

在 20 世纪 90 年代早期，福特公司和通用汽车公司都在考虑在各自生产的汽车上安装 GPS（全球定位系统）。不过，这两家公司引入新系统这一实物期权时的管理方法却大不相同。从表面上看，两家公司所面临的期权是一样的，需要作出的投资选择也是一样的。通用汽车公司的系统名为 OnStar，旨在向驾驶者提供导航和其他辅助服务。福特的系统名为 Wingcast，是由福特公司和高通公司的合资企业生产的，它的计划是提供全方位的互联网接入服务。1996 年，通用汽车公司执行了自己的期权，在卡迪拉克车上安装了这一系统。现在，该公司绝大多数车型都提供这一系统。但是，OnStar 系统没有得到顾客的追捧，只有少数顾客在初始合约到期后续约，但通用汽车公司却不得不继续为这一系统提供资金。福特公司至今尚未发布其 Wingcast 系统。福特公司推迟了作出决定的时间，这样它就有机会更仔细地研究该项目可能的回报。

将经济决策看成期权并不完全是新的做法。从一开始期权分析就是经济学教学的一部分。任何学习过经济学导论课程的人都应该还记得当收入达不到可变成本时应当暂时或永久性地作出停止项目的决策。但是，如果在不远的将来价格可能大幅上升，令项目再度变得有利可图，在这种情况下将项目清盘或永久性关闭可能并不是最佳的选择。可能重新启动项目的选择就是一种从项目中获利的买入期权，其执行价格是可变成本。这一期权的价值将取决于价格的波动率和期权有效期（作出是或否的决定）的长短。

凭直觉就可以知道，绝大多数企业的经理们在企业经营中一定会在某种程度上应用到期权理论。任何一位经理都不会忽视一个长期项目的价值可能随着环境变化而变化的现象。因此，我们在这里所讨论的实际上同经理们的经验是一致的。在考虑资本分配问题时采用实物期权的方法是有价值的，因为这样可以帮助经理们得出在其他方法中不那么明显的结论。

案例回顾
默克公司与默得克公司

默克公司的一些经理担心默得克可能不会为默克公司带来利益。收购中所包含的风险——50亿~60亿美元资本支出——可能是巨大的。那么默克公司应当如何决策呢?

默克公司完全可以将收购默得克公司看成是一项实物期权。让我们假设默克公司能够首先购买在2~3年内收购默得克的权利，同时它开始有权使用默得克的资源。这样做将令默克公司有机会判断默克和默得克之间的协作是否充分，从而为下一步正式收购做好准备。如果协作在此期间未能实现，则默克公司可以考虑放弃收购，它所损失的只是前期双方同意投入的部分，而这样做正是一种实物期权的形式。

回忆布莱克—肖尔斯期权定价公式要求输入的变量:

- S，商业机会的现值。
- K，执行期权的成本。
- r，无风险利率。
- T，期权有效期/上市时间。
- s，潜在资产的波动率/商业机会价值的波动率。

期权的价值取决于潜在资产的价值，即默得克公司相对于默克公司的价值；期权的有效期，这里是3年；资产价值的波动率和执行期权的成本为50亿~60亿美元。

在这一案例中，我们手上的资料并不充分。例如，我们不知道商业机会的价值，也不知道默得克公司是否愿意同默克公司达成这样的协议。不过，我们可以用现有的数据加上一点假设来计算期权的价值。下面是我们会用到的数值:

- S，商业机会的现值，50亿美元（假设连续10年每年销售50亿美元，这一数字已经折算为现值）。
- K，执行期权的成本，60亿美元。
- r，无风险利率，5%。
- T，期权有效期/上市时间，3年。

- s，潜在资产的波动率/商业机会价值的波动率，1.4。

将上面的数据代入布莱克—肖尔斯期权定价公式，得出期权的价值为12.9亿美元。这样，也许默克公司不必一下子支付50亿～60亿美元，相反，它可以先付12.9亿美元——总支付额的20%，然后再花3年时间通过协作和管理来努力提高期权的价值。比如说，默克公司可以开始利用默得克公司的分销渠道并考察其价值，它还可以通过加强同默得克公司的关系来提高后者对于自己的价值。

小　结

1. 资本预算是计算不同投资项目产生的收入流现值并将这一价值同资本成本进行对比的过程。
2. 净现值是投资项目的收入流的现值减去该项目成本的现值。
3. 净现金流为正值的项目是可行的，而净现金流为负值的项目是不可行的。
4. 所谓期权指的是一种机会。它为持有人提供购买或执行某项行动的权利，但并不要求持有人承担必须这样做的义务。
5. 买入期权是在未来某一时点购买金融工具的权利，但不必承担必须购买的义务。
6. 实物期权是在未来某一时点购买资产或进行投资的权利，但不必承担必须这样做的义务。
7. 期权的价格取决于潜在资产的价值、期权的有效期和风险。
8. 即使是净现值为负数的项目仍然可能是有价值的期权。如果资产价值上升的可能性较大或者最后决定之前的期限很长，则期权的价值将较高。
9. 随着最后决定期限的临近，期权的价值将接近于净现值或者为零，这取决于何者数值较大。

关键词

净现值	买入期权	布莱克—肖尔斯期权定价公式
期权	实物期权	

练　习

1. 经理们经常遇到需要作出灵活性决策的情形。这种灵活性有时可以通过资本的特别形式来购买，例如投资于培训、建立日常的运作机制或签署灵活的合约。但是，灵活性是需要付出代价的。资本的特别形式有时是非常昂贵的，例如培训和其他的投资形式。
    a. 比较企业通过资本特别形式所获得的灵活性的净现值分析和通过实物期权的形式所获得的灵活性的净现值分析有何异同。
    b. 假设对资本产出品的需求的波动性是可预测的——某些月份较高而另一些月份较低，对于上述分析的结论有何影响？
    c. 假设对资本产出品的需求是不确定的而且波动率很高，对于上述分析的结论有何影响？
2. 经理们经常利用实物期权推迟作出决定，他们从直觉的角度对当前投入的价值和今后再投资于该项目的不确定的价值进行对比。选择任何时期进行投资都可能产生正的价值。问题是如何选择价值最高的战略。解释为什么会有如下的应当立刻投资的决策规则：只要项目的净现值高于等待的期权的价值，则应当立刻进行投资。
3. Middleton 钢铁公司正在考虑是否应当临时关闭一家炼钢厂。如果关闭这家工厂，它将面临先关闭然后再启用的成本、工厂所在城市对它的批评的成本，还有顾客放弃购买转向其他企业进行购买的成本。如果它选择不关闭工厂，它将承担巨大的亏损，因为工厂产出的收入已经低于可变成本。
    a. 用净现值法对这一案例进行分析，将得出什么结论？
    b. 在这一案例中应当如何设计期权的战略？在这里，期权是什么？潜在资产是什么？
4. 国民中部抵押公司的营销总监一直在游说公司的高级主管们投资 5000 万美元建立印刷设施。其他的经理认为支持投资的假设是可疑的——认为需要处理的抵押业务的数量将出现增长，新的设施有助于降低业务成本。万一抵押业务不像预期的那样增长该怎么办？
    a. 国民中部抵押公司应当进行这项投资吗？
    b. 为了令这项投资看上去有价值，营销总监作出了哪些假设？
    c. 这一问题可以转化为期权投资的战略问题吗？请具体解释。
5. 管理期权的原理是什么？假设某企业有机会进入一个新的市场，进入的成本是2000 万美元。该公司也可以选择先投入200 万美元同市场中已有的某家企业建立合资公司。这样企业可以推迟作出独立进入或全力进入该市场的决策。解释这里的期权是什么，如何管理期权？

6. 大卫必须决定将10 万美元投资于自己的业务还是投资于另一家本地的公司。两个投资项目的预期期限都是5 年，其现金流预期如下（单位：美元）：

年　份	大　卫	他　人
1	20000	10000
2	30000	10000
3	40000	30000
4	10000	40000
5	5000	50000

假设两个项目的风险是一样的，并且风险溢价（回报率高于无风险利率的部分）为每年6%。这两个项目的价值是一样的吗？哪一个项目更好一些？

7. 一家石油公司最近正在评估一项提高炼油设备效率的投资建议。根据分析，完成这一改善需要投资1500 万美元，在投资年度之后的9 年里每年它所创造的税后现金流量增加值为200 万美元。

a. 如果利率为10%，这一项目的净现值为多少？

b. 如果利率为15%，这一项目的净现值为多少？

c. 哪一个利率水平令该项目最有利可图？

d. 如果现金流高度不确定，其波动率为0.6，则问题a 或b 中关于净现值的分析还有效吗？

e. 如果现金流的波动率如问题d 中所示并且该项目可以分阶段实施，第1 年投资500 万美元，5 年后再投入1200 万美元，并且如果价值成本之比为0.8，那么第一阶段的投资是合算的吗？

8. 根据下面提供的信息，决定在以下6 个项目中哪些应当立刻投资，哪些应当拒绝投资，哪些应当进行期权管理提高未来投资的机会？

项目（百万美元）

	1	2	3	4	5	6
资产价值	200	200	200	200	200	200
资本成本	190	180	210	210	200	220
时间（年数）		2	1	0	1	2
价值与成本比 波动率	0	0.3	0.4	0	0.3	0.5

本章注释

[1] See Harol H. Koyama and Robert Van Tassel, "How to Trim Your Capital Spending by 25 Percent," *The McKinsey Quarterly*, no. 3 (1998). Available at www. mckinseyquarterly. com (retrieved February 14, 2002). Available by subscription only.

[2] See Case number 9A95B029 from the Richard Ivey School of Business, "Laurentian Bakeries" by Rob Barbara, David Shaw and Steve Foersler for an interesting presentation of the capital allocation process in Laurentian Bakeries (London, Ontario, CA: Ivey Publishing).

[3] A put option is the right to sell a share of stock at a specific price within a certain time but does not obligate the owner of the option to sell the share of stock.

[4] For a great deal more information about Hybridon, see case 9B02N009, Nell D. Maruoka and James E. Hatch, *Hybridon, Inc.*, Richard Ivey School of Business, Ivey Cases, (2002), www. Ivey. uwo. ca/cases.

[5] The use of options at Merck is outlined quite well in an interview with Merck's chief financial of-ficer, Judy Lewent, in *Harvard Business Review* (January/February, 1994): 89.

[6] The Black-Scholes formula is the easiest method to use to price options, but it has limitations. It's based on a model in which options can be exercised only at the terminal date. That's more re-strictive than where options can be exercised at any time prior to the terminal date. Nevertheless, it represents a reasonable approximation to the appropriate valuation.

[7] You can find option pricing calculators by carrying out an Internet search using "Black-Scholes option pricing" or just "option pricing." Examples of such calculators are available at www. margrabe. com/OptionPricing. html or http: //www. Colorado. EDU/engineering/alleman/downloads/Optimize. xls.

[8] For more on Amazon. com and other real option evaluations, see Alfred Rappaport and Michael J. Mauboussin, *Expectations Investing* (Cambridge, Mass.: Harvard University Press, 2001).

[9] For more on the use of real options in evaluating projects, see Timothy A. Luehrman, "Strategy as a Portfolio of Real Options," *Harvard Business Review*, Vol. 76 (September/October 1998): 94.

[10] Martha Amram and Nalin Kulatilaka, *Real Options* (Cambridge, Mass.: Harvard Business School Press, 1999).

CHAPTER

13 战略行为：博弈论

案例：联合利华公司与宝洁公司

多年以来，联合利华公司和宝洁公司一直进行着激烈的竞争，但两家公司始终处于某种地位平衡的状态。在两家公司间存在着一种默契，即任何一种突然或重大的政策转变都可能同时对两家公司不利。因此，每家公司都不会不向对手打招呼就轻易发动价格战。同样，它们也不会在向对手隐瞒信息的情况下突然用新的产品从对手那里夺得市场份额。它们从不做针对对方的竞争性广告，也就是说不在广告里拿产品进行对比。在这种情况下，任何一方关于即将降价或新产品即将上市的宣告总能在采取行动之前让对方有个缓冲的时间。但是，联合利华现在打算改变这种做法，它将突然上市一种新的产品而事先不让对手知道。这会是一个好的策略吗?

13.1 博　弈

战略行为中包括了互相影响的行动，一方的行为会影响另一方的行为。这也就是博弈论试图说明的现象[1]。在有些经理眼中，博弈论对他们的工作有很大帮助，而另一些经理则认为这一理论没有什么用处。尽管博弈论中的一些术语如零和博弈、囚徒困境等已经成为日常用语的一部分，但在商业经营中，博弈论总体上处于被忽视的地位。许多人只是将博弈论看成是学术理论家手中精致的玩具。

经理们的精力当然主要是被自己公司的问题所吸引。但是，如果能够站在竞争对手的角度想一想，思考竞争对手对不同战略的可能反应，这将是一种十分有益的练习过程。这也正是博弈论对经理们所提供的帮助。“我在工作和生活中都会用到博弈论的理论公式，我不指望用它得出的所有结论都是最佳方案，但至少可以尽量避免坏的决策。[2]” 这番话是默克公司的首席财务官在接受采访时被问到默克公司收购默得克公司以及这一收购对竞争对手的影响时说的，他表明博弈论可以帮助企业从两个方面考察业务机会：企业自身和竞争对手[3]。

博弈论本身并不能提供解决问题的答案，它是一种思考未来的方法。它有助于企业经理理解商业世界中的行为是相互影响的。

博弈分为合作博弈和非合作博弈。博弈论的创建者约翰·冯·诺伊曼（John Von Neuman）和奥斯卡·摩根斯特恩（Oscar Morgenstern）将经济行为看成是合作性的，因此认为博弈论是合作行为的理论。约翰·纳什（John Nash）将经济行为看成是非合作性的。他注意到 J. P. 摩根对待自己同僚的态度出尔反尔，一切取决于是否合乎自己的利益。这一观察令纳什将博弈论的应用扩展到非合作性的行为。在任何一种形式的博弈论中都存在着两种决策程序。第一种是序贯博弈（sequential），参与者按先后顺序进行行动。每位参与者在作出行动时必须预测这一行动对对手的影响以及对自己未来行动的影响，第二种相互作用的类型被称为同时博弈（simultaneous）。我们在前面所讨论过的囚徒困境就是一个这样的例子，参与者同时行动而不考虑对手当前的行动。在这种情况下，参与者只能设法猜测对手的行动。

序贯博弈

在序贯博弈中，每位参与者必须找出对手未来可能的反应并且利用这一预测来计算自己当前的最佳行动方案。下面我们分析一下小型的起步型公司太阳国航空公司的案例。太阳国航空公司从 1999 年 6 月 1 日起正式由一家包机运输商转变为固定航班营运商。6 天之后，一位西北航空公司的高级经理向西北航空的员工发出了一份电子备忘录，“在接到新的通知前停止向太阳国航空公司提供任何配件，本通知立即生效”。太阳国航空公司的一位高级主管批评说，这一行动是针对该公司的一项竞争性攻击，是对一项旨在保持航空营运吸引力的传统的侵害。他指出，如果营运商相互之间不提供紧急配件方面的相互支持，将会对整个航空产业造成损害，许多航班将会出现长时间的延误。其他两家主要的航空公司的官员也表示在航空公司间配件和工具的协作是普遍的并且对于整个产业是有利的。在每个航班可能降落的城市储备充足的配件库存的成本将会高得惊人。此后几天时间里，太阳国航空公司在明尼阿波利斯、圣保罗和底特律至少有 7 个航班出现了长达数小时的延误，因为该公司不得不花费数小时从别的城市调取配件和工具。太阳国公司的经理沮丧地承认，如果西北航空公司这样做的目的是为了打击太阳国航空公司、给它的顾客造成不便，那么它的确得逞了。

太阳国航空公司在这里犯了什么错误？为什么它没有准备好应对来自竞争对手西北航空公司的反应？最大的可能是，太阳国航空公司的经理们未能做到瞻前顾后。

假设太阳国航空公司和西北航空公司的关系如图 13.1 所示，太阳国航空公司必须决定是否进入航空市场。如果太阳国航空进入了而西北航空没有作出反应，太阳国航空将获得显著的收益，比如 6000 万美元。但是西北航空真的会无动于衷吗？在作出进入航空市场的决定前，太阳国航空公司应当瞻前顾后。它应当认识到如果自己从包机服务商转变为航线经营者，可能会导致西北航空公司业务的重大损失，数额也许高达 5000 万美元。不过，如果西北航空公司给太阳国航空公司的运营出难题，那么它的损失可能会大大减少，比如只有 2000 万美元。西北航空公司可以采取的做法包括拒绝向太阳国航空公司提供配件支持。太阳国航空公司可以预见到西北航空公司可能会采取破坏航空业传统而拒绝提供配件的做法。

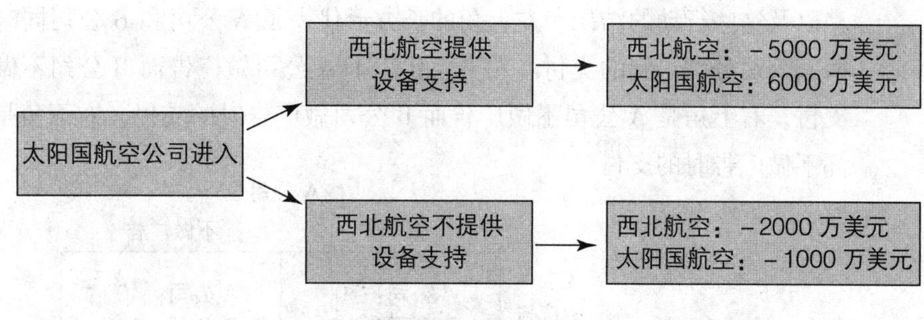

图 13.1　博弈树

上面的路线图称为决策树或博弈树。博弈树的用处是先不要采取第一个分支上的行动，而是沿着各个分支走下去分析可能的结果，再回过头来决定哪一条路线是最佳的决策。

当然，本案例的答案还取决于企业对于博弈结果及其未来的效应的分析。然而，这一案例告诉我们的是，在一个序贯博弈中，参与者必须根据自己对未来情形的分析决定现在应当采取的行动。太阳国航空公司未能做到这一点，他们天真地假设过去如此则未来也将如此。请注意，序贯博弈也可以看成是一种期权决策。也许太阳国航空公司可以采取一系列的步骤逐步转型为一家航线运营商，这样它就可以在此过程中逐步探知西北航空公司可能的反应，同时又不必在情况不明时投入全部的资金。

网上关于博弈论的资源
http://www.economics.harvard.edu/~aroth/alroth.html
http://levine.sscnet.ucla.edu/
http://www.sunysb.edu/gametheory/Links.htm
http://www.gametheory.net/

同时博弈

在同时博弈中，任何一位参与者在作出决定之前均无法观察到对手的行动。在这时，你无法做到站在竞争对手的角度思考问题，因为你的对手同时也在这样做。每一位参与者必须同时考虑双方的立场，然后找出对双方都最有利的行动方式。

假设公司正在考虑是否投入更多广告费用的问题。当任何产业中的企业对产品做广告宣传时，它的需求可能出于两种原因而上升。首先，有些在此前没有看到过产品信息的人可能会购买。其次，已经在消费其他品牌同类产品的人可能会在广告的吸引下转换品牌。第一种效应可以提高整个产业的销售，第二种效应改变了产业内现有销售的分布。

以烟草公司为例。假设如图 13.2 所示的矩阵说明了两家公司可能采取的行动以及这些行动的结果。左上角的长方形代表了 A 公司和 B 公司同时做广告时两家公司分别得到的支付。左下角代表了 A 公司做广告而 B 公司不做广告时的支付，右上角是 A 公司不做广告而 B 公司做广告时的支付，右下角是两家公司都不做广告时的支付。

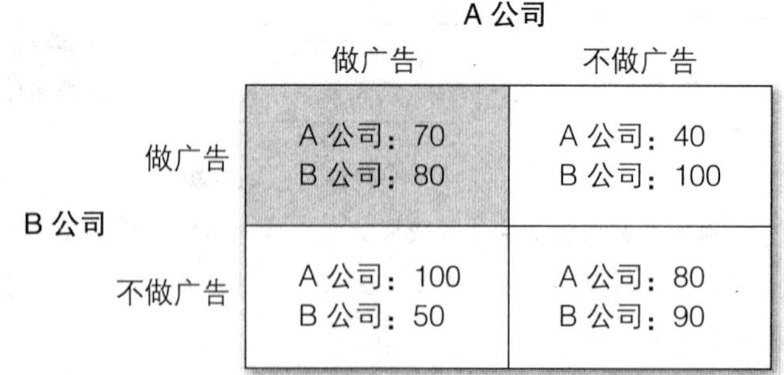

		A 公司：做广告	A 公司：不做广告
B 公司	做广告	A 公司：70 B 公司：80	A 公司：40 B 公司：100
	不做广告	A 公司：100 B 公司：50	A 公司：80 B 公司：90

图 13.2　占优策略

A 公司发现，不论 B 公司采取什么行动，做广告都是自己的最优选择。B 公司也得出了同样的结论，即做广告是最优选择。

假设 A 公司只要做广告就可以获得更高的利润，而不论 B 公司是否做广告，则 A 公司必定选择做广告。如果对于博弈的参与者，不论竞争对手采取何种行动，某一行动策略都优于其他的行动策略，则称这一行动策略为占优策略（dominant strategy）。A 公司经过对矩阵左右两侧的对比，发现不论 B 公司如何行动，只要自己做广告，就可以获得更高的利润。如果 A 公司做广告，则在 B 公司也做广告时它可以获得 70 的支付。但如果 A 公司不做广告而 B 公司做广告，则 A 公司只能获得 40 的支付。如果 B 公司不做广告，A 公司做广告即可以获得 100 的支付，而不做广告只能获得 80 的支付。A 公司的占优策略是做广告。反过来，B 公司的占优策略也是做广告。如果 A 公司做广告，B 公司做广告可以获得 80 的支付，如果不做广告则只能获得 50 的支付。如果 A 公司不做广告，B 公司做广告可以获得 100 的支付，而不做广告可以获得 90 的支付。注意，如果两家公司都不做广告，则双方获得的支付都是最高的，A 公司可以获得 80 而不是 70，而 B 公司可以获得 90 而不是 80。然而哪家公司也不敢放弃做广告，因为万一对方做广告而自己不做则会遭受重大的损失。这也就是我们在第 6 章所讨论的囚徒困境的情形。

有些时候，博弈的一方拥有占优策略而另一方没有。假设两家烟草公司的支付结果为不论 B 公司如何行动，A 公司做广告总可以获得更大的支付，而 B 公司只有当 A 公司做广告时再做广告的支付才能最大。这一案例在图 13.3 中进行了说明。同前面的案例相反，B 公司的占优策略取决于 A 公司具体的策略选择。在这种情况下，B 公司没有占优策略。

		A 公司	
		做广告	不做广告
B 公司	做广告	A 公司：70 B 公司：80	A 公司：40 B 公司：60
	不做广告	A 公司：100 B 公司：50	A 公司：60 B 公司：80

图 13.3　混合策略

A 公司拥有占优策略，B 公司没有。只有当 A 公司做广告时，B 公司做广告才能获得最大的支付。

占优策略是对你本身来说优于其他所有策略选择的策略，而不是优于对手的策略。占优策略是一种让参与者获得比其他策略更好结果的策略，而不论它的竞争对手采取何种策略。正如占优策略总体上说优于其他每一个策略，劣势策略（dominated strategy）在总体上必然不如某些策略的支付更高。只要拥有占优策略，你一定会根据占优策略来行动，你同样清楚你的对手也会根据他的占优策略（只要他有）采取行动。你会避免按劣势策略来行动，将它从行动方案中予以剔除。

在剔除了所有的劣势策略之后，你常常会陷入一个循环论证的怪圈：你的最佳选择取决于你的对手的选择，而你的对手的最佳选择又取决于你的选择。在某些案例中可能会形成一个均衡的战略，在另一些情况下可能会出现多个均衡，而在有的时候可能完全无法实现均衡。

让我们以两家网上书店的价格战为例进行说明，这两家公司是亚马逊公司和巴诺网上书店，它们都拥有自己的忠诚顾客群。经过市场调研，两家公司都准备好了一旦对手进行定价调整时自己的对策。亚马逊公司的对策是：如果巴诺公司提供 0.50 美元的价格折扣，我们将不会跟进。相反，我们将实行较低的折扣 0.40 美元，从对忠诚顾客的销售中获取利益。如果巴诺公司提高价格（降低折扣），我们也会提高自己的价格，但提高的幅度较小。假如巴诺的价格提高 0.10 美元（或相应地减少折扣），则我们提高 0.05 美元。图 13.4 显示了亚马逊公司对巴诺公司任何可能的价格变动所作出的反应。

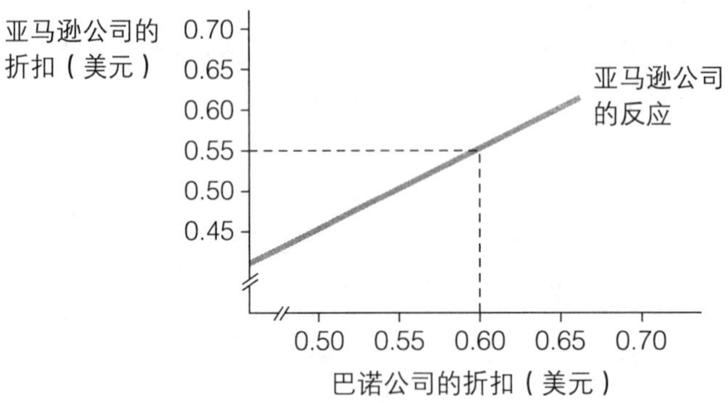

图 13.4　均衡

亚马逊公司对于巴诺公司的任何一种价格设定所作的反应。

假定这两家企业的成本结构类似，忠诚顾客的人数一样多，并且对于价格敏感顾客拥有相同的吸引力。那么巴诺公司对亚马逊公司任何价格变化的反应可以用同样的图形来表示。这样，两家公司将陷入循环论证的怪圈。亚马逊的经理们会说：“如果他们的收费是 0.50 美元，我就收 0.60 美元。但是他们知道我会这样做，所以他们的收费不会是 0.50 美元，而是会针对我所打算的 0.60

美元制定价格，这一价格将是 0.65 美元。这样一来，我的价格将不得不调整为 0.70 美元，而不是最初设想的 0.55 美元，但是这还不算完……”那么什么时候才是尽头呢？将亚马逊的反应曲线和巴诺公司的反应曲线叠加起来，如图 13.5 所示，我们将可以看到均衡点的位置。

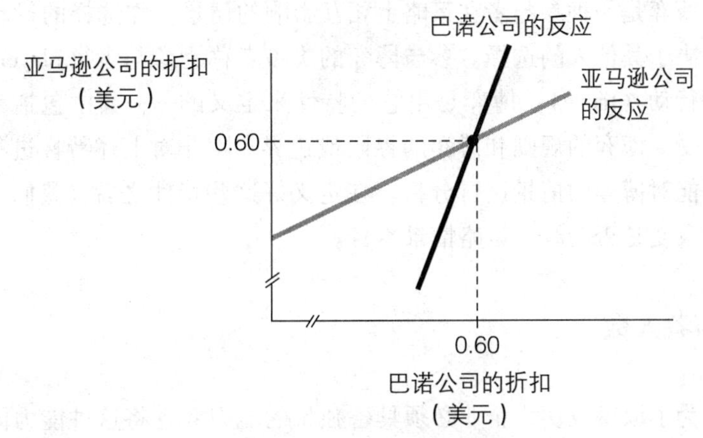

图 13.5　纳什均衡

两家网上书店对对方价格变动的反应达成了均衡，双方都不希望改变这一状况。

在这一案例中，存在着一系列策略选择，其中第一种都是根据对方的行动而采取的最佳策略。给定对方的行为，如果任何一方都不打算改变自己的行为，这一状态被称为纳什均衡（Nash Equilibrium）。纳什均衡意味着在给定对方行动的前提下，没有一家参与者希望改变自己的战略。

纳什均衡是以约翰·纳什命名的，他是一位数学家和诺贝尔经济学奖获得者，图书《美丽心灵》和同名电影讲述了他的人生故事。

纳什均衡可能不止一个。事实上，在某些博弈中可能会出现许多均衡，有时也会出现没有均衡的情况。假设你正在和同事通电话，这时电话断了，你会继续拨电话给她还是等对方来电话？如果你拨电话，你可能听到的只是忙音，因为此刻她也正在给你拨电话。但如果你不拨，万一她也不拨怎么办？你的最佳选择取决于对方的行为，反之亦然。在这一问题中存在着两个均衡。一个是你拨电话她等待，另一个是她拨电话而你等待。问题在于如果事先没有定好规则，那么你可能会要么碰到忙音要么等不到电话。为了摆脱这种处境，你可以在通话开始就商量好万一电话中断由哪一方重拨电话。当然，这种做法是不合适的。没有谁会在每次刚开始通话时讲这种话。常见的做法则是一种惯例，通常是由最初拨电话的人重拨电话[4]。

13.2 博弈的构成要素

博弈是一种参与者在策略上相互影响的情景。你选择的行动（策略）的结果取决于其他人的选择。参与博弈的决策者称为参与者（player），他们的选择称为行动（move）。博弈是由它的特性来定义的——其中包括参与者、参与者的感受、博弈的规则和博弈的界限或边界。除非对上述特性进行了定义，否则不可能对博弈的情景进行分析。在定义好这些特性之后，我们才能讨论某一特性的改变是否会改变策略情景本身。

参与者人数

为了取得成功，企业必须具备独特的能力并且将这种能力同合适的市场进行匹配。让我们以企业打算进入新的市场或开展业务时面临的问题为例进行说明。企业必须明确它有哪些独特的地方——能够增加价值的地方。用博弈论的术语来说，就是企业必须确定它是否在任何一场博弈中拥有任何价值。

你希望成为一名参与者吗？在美国，每年大约有 67 万家新企业投入运营。其中有多少家在进入市场前自问过它们能带来哪些新价值？这是一个显而易见的问题，因为它决定了企业的活动是否存在哪怕很小的成功机会。但是，很少有人事先这样问过，即使问了，答案也是非常模糊的。人们往往很容易陷入对博弈中真实情形的误读。只要回想前面讲过的太阳国航空公司的案例就能够理解这一问题了。太阳国航空公司的问题正是在于未能考虑清楚自己在博弈中的价值——它为博弈带来了哪些价值？

下面我们分析一下 20 世纪 80 年代末纽特代糖（Nutrasweet）和荷兰代糖（Holland Sweetener）之间的竞争。阿斯巴甜是一种低卡路里、高甜度的代糖，以孟山都公司的旗下品牌纽特代糖而出名[5]。这种材料是健怡可口可乐和健怡百事可乐 80 年代在市场上获得成功的关键。纽特代糖在 1985 年的收入高达 5 亿多美元。这一业务的毛利高达 70%。这样高的利润往往会吸引其他企业进入，但是在这一案例中进入者受阻于一项代糖的专利，而且制造代糖的工艺既昂贵且费事。孟山都在此拥有独特的能力——它的垄断性。它还创造了另一项战略资产——用商标“漩涡”（swirl）代表纽特代糖的品牌。

孟山都的专利于 1987 年到期。荷兰代糖公司开始在荷兰 Geleen 建造一家生产阿斯巴甜的工厂，旨在挑战孟山都公司对这一市场的控制。荷兰代糖公司是一家由日本东曹株式会社和 DSM（荷兰国家矿业公司）合资成立的公司。

然而荷兰代糖公司错误地估计了孟山都公司的反应。随着纽特代糖在欧洲专利到期，荷兰代糖开始攻击欧洲市场，但是孟山都用降价的手段进行了猛烈的还击。在荷兰代糖上市之前，阿斯巴甜的价格是每磅 79 美元。在荷兰代糖的产品上市之后，价格降到每磅 22 美元。在这样的价格水平下进行销售，荷兰代糖公司是赔钱的。这家公司能够幸存下来全靠说服了欧洲法庭对孟山都公司课以反倾销税。

在美国，荷兰代糖公司受到可口可乐和百事可乐公司的邀请进入当地市场。但是，荷兰代糖公司再次错误地判断了博弈中的价值所在，它没有弄明白这两家公司的真实意图。无论可口可乐还是百事可乐其实都无意采用普通的阿斯巴甜代糖，因为谁也不想成为第一个将纽特代糖商标从产品上撤下来的企业。如果其中一家这样做了，另一家随时准备利用这一点大做文章，夺取市场份额。可口可乐和百事可乐想要的其实只是降价。在这一方面它们得到了满足：孟山都公司的新合约为两家公司每年节省了 2 亿美元。

荷兰代糖公司在博弈中增加的价值为零。它不具备独特的能力，但是它的入场对于可口可乐和百事可乐却具有重大价值[6]。它本来可以利用这一价值来为自己创造价值。荷兰代糖公司的经历说明了参与者在进入博弈之前评估自己为博弈增加的价值的重要性。你能够增加的价值越高，你就会做得越好。如果你不能增加什么价值，那么你就不大可能做得好，除非你发现了博弈中的某些参与者能够从你的进入中获益。这些参与者也许愿意为你支付参与费。假如上述条件均不具备，你最好还是自问一下是否有必要参加这一博弈。

有限的供应量可以提高参与者为博弈增加的价值。那么如何设法限制供应呢？这就要求供应者拥有独特的能力，如某种难以模仿的产品或供应网络。它必须设置进入的壁垒以限制产业中参加竞争的公司的数目。在市场上，企业必须做到与众不同以提高自己带入博弈的价值。它必须努力降低需求的价格弹性和交叉价格弹性。孟山都用“漩涡”商标代表纽特代糖和英特尔公司的“Intel Inside”都是这方面的成功例子。

我们在第 9 章中讲过，商业中的关键有时在于聚集足够的人气。例如，至少在人数增加到一定的数量之前，使用美国在线的人数越多，使用者对美国在线的价值评估越高，因为他们可以在那里找到更多的在线交流对象。使用微软 Office 软件的人数越多，这一软件的价值就越高。需要聚集足够人气的企业在一开始往往对用户注册进行补贴。美国在线和微软公司都曾经这样做过。报纸和杂志为了创造更高的广告价值也会对订户进行补贴。在有些情况下，报纸是免费提供给订户的，出版商完全依靠广告的收入。

英特尔公司和微软公司形成了共生的关系，每一家的生意都依靠对方公司。然而，英特尔公司并不满足于仅仅依靠微软公司来开发对芯片速度要求越来越高的软件。因此，英特尔公司在市场上引进了众多的参与者，并且对可能导致对速度更快的芯片需求的活动进行补贴。许多公司为了提高自己在采购中的权力，也会愿意将更多的参与者带进博弈中。例如，许多公司会联合起来共同为雇员购买保健服务。

规　则

1992 年，当时的苹果电脑公司 CEO 斯卡利在被问及 1991 年计算机产业的糟糕表现时说，苹果公司面临的挑战不是“领先于竞争，而是……找到某些改变竞争规则的方法”[7]。斯卡利的话是什么意思?

自 1975 年创立以来，苹果电脑公司一直是产业内一个巨大的成功，直到 1981 年 IBM 公司进入个人电脑市场。到 1980 年时，各家厂商纷纷进入这一市场。每家厂商的硬件和软件的架构都不一样，不同机型之间的连通几乎是不可能的。IBM 的进入改变了这一局面。它的开放系统吸引了众多的模仿者和克隆者。到了 1992 年，绝大多数购买者几乎分辨不出来 IBM 和其他的无名 PC 机型的区别。在这种情况下，价格竞争将在所难免。苹果电脑在产业中居于特殊的地位，它是唯一一家拥有不同于 MS-DOS/Intel 标准的 PC 机的公司。但是苹果公司一度独领风骚的图形界面和鼠标驱动的操作系统受到微软的 Windows 操作系统的侵蚀。事实上，苹果公司已经丧失了它的独特能力。那么它在博弈中是否还有价值? 事实上已经没有了。如果它还想生存下去，就必须求变，改变博弈本身。怎样才能做到这一点呢?

苹果公司可以改变参与者的数目，努力引入更多的互补性公司——采用 Mac 标准的软件开发企业。但是，在当时的市场情况下，软件企业明知道采用微软的标准可以吸引更多顾客，怎样才能诱使它们采用 Mac 标准呢? 苹果公司还有机会利用规则和感受来改变市场形势吗? 也许苹果公司将不得不改变博弈的边界——着眼于下一代计算机。它可以专注于互联网和网页。但是，当苹果公司开始关注博弈边界的改变时，其他公司已经捷足先登了。太阳公司正在制造称为简易机器或网络 PC 的网络服务器。1997 年，微软和英特尔联合起来向市场推出了一系列通用的技术标准帮助企业制造网络 PC。也就是说，微软公司和英特尔公司已经定义了新的博弈边界。

在绝大多数博弈中，政府在博弈规则制定中占据了重要地位。反托拉斯法限制了企业行为的尺度。国际贸易规则限制了企业的经营活动。我们将在第 15

章对国际贸易的问题进行讨论。太阳国航空公司进入西北航空公司市场的故事就是一个关于博弈规则改变的案例。西北航空公司改变了航空运输业内公认的分享设备从而每家航空公司不必在各个机场重复储备配件和设备的规则，尽管太阳国航空公司认为规则不会改变。

感　受

不同的人对世界的看法不同。人们感受博弈的不同方式会影响他们的行动。因此，关于博弈的描述中必然包括人们对博弈的感受——甚至包括他们认为其他人对博弈的感受，等等。我们再举老掉牙的两小儿分糖条的故事为例进行说明。这一问题的解决方法是由一人负责切糖条，而由另一人优先挑选切好的糖条。除非切糖条的小孩知道另一个孩子更喜欢糖条的某一部位（利用这一偏好，他可以切下包含那一部位的较小的糖条分给对方），否则他一定会尽可能将糖条分得大小相等。在这一案例中，我们可以看到感受的重要性。

博弈论假设所有的参与者都是理性的。理性假设意味着，给定参与者对博弈的感受和对各种可能结果的评估，参与者将选择对自己最有利的行动。它不是说参与者不会发生对形势的错误感受或作出错误的行动，它意味着参与者不会反复犯同一错误。不同的参与者可能同样是理性的，但他们的感受却可能差别很大。也许其中一位的信息比另一位多。假如第二位参与者不知道第一位参与者已经掌握的信息，他所作出的不同决策不是因为他是非理性的，而是因为他看待事物的角度不同。不同的信息自然地导致不同的感受，甚至是错误的感受。参与者也许会猜错，但他仍然是理性的。他们只是在自己所掌握的信息的前提下做到最好。

边　界

博弈的另一个特性是范围或边界。真实生活中的策略形势是没有边界的。但是无边界的博弈太过复杂，难以求解。因此，博弈分析在假设其他条件不变的前提下，对博弈进行单独的分析。当然，博弈的边界并不会限制思想。沃尔玛公司在全美国的乡村小镇进行的快速扩张取得了巨大的成功，它实际上有效地做到了在每次博弈中限制博弈的边界，那就是它开设新店的地区。在当地，每一家药店或花店的店主都会全力反对沃尔玛。但是，这种斗争只发生在这一地区的范围内，他们无法超越这一博弈的边界，不可能联合其他地区、其他市场的人士加入到反对沃尔玛的斗争中来。

13.3 囚徒困境的再思考

囚徒困境在商业世界中非常频繁地发生，因此值得再加以仔细分析。囚徒困境的结果是各方所得到的支付都比采取一种合作方式进行行动的结果来得差。由于囚徒困境的结果不是最优的结果，它被称为是无效率的。无效率意味着参与各方都希望逃离这一困境。在私有财产权的市场上，交换自愿，进出自由，无效率将在竞争中消失——被逐出市场。囚徒困境也同样如此。

沃尔玛和宝洁公司在市场上都以强硬而著称。多年来，宝洁的形象向来是“自我膨胀和恃强凌弱”[8]。沃尔玛也同样恶名昭著，它强迫供应商提供最低的价格、额外的服务和更优惠的信用条件。1992 年，沃尔玛公司发布了一项政策，开始直接向制造商进货，拒绝再同经纪商或制造商的代理进行交易。它将只同那些投资于定制化电子数据内部交换并且将条形码印在产品上的商户进行交易。鉴于沃尔玛的规模和成长性，制造商们除了妥协之外别无选择。

在过去，宝洁公司会独断地指示沃尔玛公司它打算销售多少、按什么价格销售和付款条件如何。反过来，沃尔玛则以撤柜或货架降级相威胁。这种恶化的关系在 20 世纪 80 年代中期开始发生变化。山姆·沃顿和宝洁公司负责销售的副总裁决定对双方的关系进行一次再评审。经过大量的研究和沟通，两家公司开始为双方共同的利益而协同工作。宝洁公司负责管理沃尔玛公司宝洁产品的库存。宝洁公司可以通过卫星设备源源不断地获得关于各家沃尔玛商店内不同宝洁公司产品的销售、库存和价格的数据。这一信息系统令宝洁公司得以预测——例如帮宝适产品——在沃尔玛公司的销售，从而决定需要多少货架和产品，然后自动执行订单。沃尔玛在宝洁公司的产品销售给终端顾客后支付货款。沃尔玛是宝洁公司最大的顾客，占宝洁公司总收入的 10%[9]。那些发现自己落入囚徒困境的参与者总会想方设法逃离这一困境。

可信承诺（credible commitments）

有两种方法可以帮助参与者逃离囚徒困境。一种是改变支付结构，另一种是反复进行博弈。改变支付结构，企业需要作出承诺。承诺本身就是一项行动，它将某一方同一项具体行动联系起来并且让对方了解其行动的结果。在动作片中我们经常看到的场景是两个司机疯狂地相向飙车，谁也不肯让开，心里都以为对方会让开。结果如何？通常，斗鸡博弈的最终结果是双输。如果一方采取某些行动告诉对方自己别无选择，他就可能获胜。在电影中经常会出现这种情景。一方将方向盘扔出窗外让另一方看到，对方就会明白他无法退出，此时唯一的结果就是对方让开道路。

企业所作的最常见的承诺包括产品导入市场时的承诺、保证、基于货币支付的担保、广告、上市费用、运用来自其他方面的声誉担保。其中包括了沉没成本，并向顾客证明企业是认真对待它的这项业务的——这些声明是可信的。例如，质量保证是很难作伪的。品质低劣的产品会经常出问题，这将导致高昂的保证成本。因此，产品的品质越好，企业向顾客提供的保证越严格。

除了提供品质信息之外，保证还可以迫使竞争对手披露其产品的相关信息。一旦品质最好的产品提供了品质保证，顾客们就获得了关于这一产品品质的某些信息——以及其他所有产品的品质信息。他们会了解没有提供保证的产品不是品质最佳的产品。对于没有提供保证的产品，顾客会假设它的品质不会超出平均品质。这就将品质次好的生产商置于困难的境地。如果它仍然不提供担保，顾客会认为它的产品的品质低于它的实际品质，但是无论怎样它的担保都比不过品质最好的企业。这样，品质次好的企业将不得不提供品质保证，但其条款不可能同第一名一样好。

最后，所有的企业将不得不一起提供保证，否则不提供保证的企业就要忍受顾客将其产品归入低品质产品的类别。品质越低的产品提供保证条款的自由度越小。这些企业也许不愿意公开承认其产品品质较差，但由于它们的保证条款条件苛刻，反而向顾客暴露了它们的心虚，导致对其产品品质更低的评价。

当日本企业进入美国汽车市场时，它们面临的困难之一是如何向美国顾客证明其产品的品质。尽管日本汽车制造商清楚自己的产品品质较佳，但它们的潜在顾客并不知道。事实上，许多人认为日本产品只不过是对西方产品的拙劣模仿。“日本制造”就是便宜和劣质的同义语。考虑到人们的这一认识，日本汽车制造商提供了高于市场上通行标准的额外的品质保证，顾客们很快就认识到，“日本制造”等于高品质。在 20 世纪 70 年代和 80 年代，美国汽车制造商并未提供这样细致的保证——例如道路救援服务——而日本公司和德国公司则提供。顾客们正确地判断出美国汽车的品质较差。

广告是一种类似于承诺的声明。广告暗示，我们的企业为了吸引你注意到我们的产品而花费了数百万美元。“如果我们打算让你失望，或者打算退出市场，或者制造低品质产品，那我们的广告费岂不白花了。”广告向顾客保证产品是优质的，但并不是因为广告中提到产品是优质的。相反，产品优质的印象来自广告主做广告的行为本身。

1994 年，默多克属下的纽约《邮报》通过创造它将要发动价格战的气氛避开了同竞争对手《每日新闻》的一场价格战。1994 年夏天，默多克的《邮报》将报亭售报价格降至25 美分进行了市场测试，来自 Staten 岛的测试结果表明这一做法是有效的。作为回应，《每日新闻》将自己的售价从40 美分提高到50 美分。在这样的形势下，这一做法是异乎寻常的。正如《纽约时报》在评论中所说的，《每日新闻》似乎并不在乎《邮报》可能在全纽约市的范围内实行降价。

但是事情要复杂得多。在将价格下降到25 美分之前，《邮报》将自己的价格涨到了50 美分。而《每日新闻》则采取了机会主义的态度将价格保持在40 美分。这样的结果是《邮报》的订户开始流失，广告收入也相应下降。《邮报》认识到这种情况不可能持续下去，而《每日新闻》却认为没有问题，至少在表面上如此。《每日新闻》显然认为《邮报》会坚持自己多出10 美分的溢价——它不会试图对抗《每日新闻》的机会主义行径。

现在《邮报》需要发威显示自己的力量，向《每日新闻》证明，如果有必要，它拥有必要的实施报复性价格战的财务能力。它的目的是既要证明给《每日新闻》看，又不希望真的打起价格战。

《邮报》在 Staten 岛上将价格下降到25 美分。《邮报》的销售上升，《每日新闻》发现自己的读者很愿意节省15 美分转向购买另一家报纸。显然，如果《邮报》将这一措施推广到纽约全市，这对《每日新闻》将产生灾难性的结果[10]。最后，《每日新闻》屈服了，它将价格提高到《邮报》希望的50 美分。两家报纸都在全部发行区域内执行了新的价格。

建立信赖的意思是你将无条件采取行动，兑现你的承诺并且将认真兑现你的威胁。表面的承诺不会受到认真的对待。参与者必须赢得信任。

信赖要求找出避免退缩的法子。信誉是最重要的承诺之一。如果你打算在博弈中采取某一策略行动但最后却退缩了，你将可能失去可信赖的声誉。沃尔玛公司对“天天平价”作出了无条件的承诺。它通过多年来的低价格获得了自己的声誉。如果当初沃尔玛只是在最初几天实行低价，然后又悄悄涨回去，那么低价的承诺将失去价值。

建立承诺信誉的简单方法之一是主动承担不兑现承诺的惩罚。可以采取合约的形式。违约通常会导致严重的损害和费用，因为受害方通常不会轻易放弃合约。例如，制造商可能会因为供货商延迟交货而要求损害赔偿。

反复交易

第二种逃离囚徒困境的方法是反复交易，多次进行“博弈”。通过反复的“考验”，企业和顾客之间可以相互学习。顾客可以通过反复交易了解哪家企业的产品品质好，企业也可以了解哪些是高品质的顾客。

当可能出现反复交易的前景时，博弈的参与者将产生合作的激励。例如，卡特尔就是一种帮助参与者避免囚徒困境的方法。卡特尔唯一的问题是成员可能试图在合作协议的执行上做手脚。卡特尔必须找出是否有成员采取了欺骗行动并且确定谁是受害人。各种原因都可能破坏相互间的信任。在每一项鼓励合作的协议背后必然有惩罚欺骗的机制。一名认罪或出卖同伙的囚徒将成为其他同伙们复仇的对象。假如这名囚徒知道在外面等待着他的是什么，也许他并不认为尽快获得释放是一件有利的事。另一方面，对于一次性的博弈，不可能找出双向合作的方案。只有长期持续的关系才可能实施惩戒。合作方的违约将意味着必须承担损失未来利润的成本。假如这一成本足够大，欺骗将被阻止，合作将持续进行。

结束博弈的问题

假如博弈存在着终点并且每一位参与者都知道确切的结束时间，则不论一次性博弈还是反复博弈都将遇到一个问题，即如果将来不再会有实施惩罚的机会，那么合作将会终止。因为没有人愿意只有自己遵守协议而他人都在欺骗，在这种情况下，合作就会终止。只要结束时间已知，那么不论博弈持续多长时间，这一结论都是可靠的。从一开始，参与者们就在琢磨博弈结束的事情。在最后一次博弈时，已经没有未来需要考虑了，此时的占优策略就是欺骗。最后一次博弈的结果是可预知的。由于在最后一次博弈中无法影响博弈，倒数第二次博弈事实上才是最后一次需要研究的博弈。

由于存在着实施欺骗的激励，我们似乎很难理解真实世界中普遍存在的合作现象。如果人人都有实施欺骗的动机，为什么我们会在真实世界中观察到如此多的合作现象？在真实的世界中，博弈的重复次数是有限的，然而没有人知道最后一次博弈将发生在什么时候。在这种情况下，占优策略就是合作，惩罚欺骗的机制也将长期有效。下面我们来考察两个常见的在合作关系中控制欺骗行为的方法。

以牙还牙策略（tit-for-tat）。当对手采取不合作的行动时，你将如何惩罚他们？较为普遍的一种做法是以眼还眼、以牙还牙，以其人之道还治其人之身。这一策略要求参与者在第一阶段采取合作行动，然后则模仿对手在前一阶段的行动。以牙还牙是一种非常简单明确的策略。它绝不会鼓励欺骗，同时也绝不会放弃对欺骗的惩罚。以牙还牙策略的问题是在这种策略下，一次误会有可能演变为彻底的决裂。误会可能被放大，一方以违约为由对另一方实施处罚，由此开始一系列连锁反应。对方一定会同样地回敬过来，而这又激起了第二轮惩罚。在这一策略中，找不到一个接受惩罚而不再继续行动的点。以牙还牙策略所缺少的是一种触发“现在足够了”的声明的机制。

假设有两个竞争对手，大罗和疯伯，他们正在实行以牙还牙的价格战策略。一开始双方是和平的，价格也一样。

回　合	大　罗	疯　伯
1	100 美元	100 美元
2	100 美元	100 美元
3	100 美元	100 美元

假设在第 4 回合，大罗将疯伯的行动误解为降价。

回　合	大　罗	疯　伯
3	100 美元	100 美元
4	100 美元	100 美元被误解为 95 美元
5	90 美元	100 美元
6	100 美元	85 美元
7	80 美元	100 美元
8	100 美元	75 美元

由于一次误解的发生，大罗将 100 美元误解为降价到 95 美元，这一结果反复震荡。在第 5 回合中由于误解而导致的 90 美元的价格到了第 6 回合只剩下了 85 美元。

焦土政策（scorched-earth policy）。以牙还牙的策略作出了承诺，但是它的动力学机制可能导致由误会引起的灾难。另一种执行惩罚的规则是焦土政策。当西太平洋公司企图收购 Houghton Mifflin 出版社时，Houghton Mifflin 出版社威胁将放弃自己稳定的作者资源。加尔布雷斯、麦克利什、施莱辛格和其他一些作者纷纷威胁说，如果 Houghton Mifflin 被收购，他们会将自己的作品授权给其他出版社。西太平洋公司停止了收购，Houghton Mifflin 保住了自己的独立。

焦土政策是博弈论中所称的策略行动的一个例子。策略行动的设计是用来在博弈中改变对手的信念和行动，使之朝向有利于自己的方向。这一行动的显著特点是在这样做的同时你也限制了自己的行动自由。限制自由是有价值的，它将改变另一位参与者关于你的未来反应的预期，而你则可以利用这一点来获得优势。

以两家芯片生产商英特尔和 AMD 的竞争为例。由于不存在必然的选择，两家公司不得不在不了解对方策略的情况下同时选择自己的策略。每家公司都要在广告和营销活动的强度高低之间作出选择。图 13.6 描述了这一博弈。

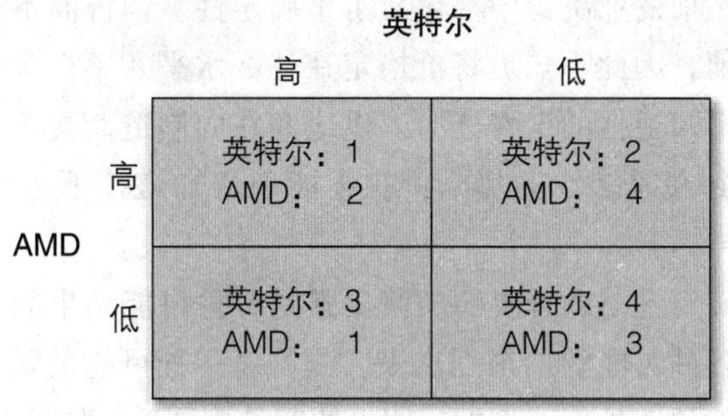

图 13.6 支付矩阵

每家公司都拥有两个选择，一共会有 4 种结果。每家都认为高强度广告是最坏的图景。这也就是矩阵的左上角。第二糟糕的结果是一方做低强度的广告而另一方却全力以赴。对于 AMD 公司来说，最理想的是自己大做广告而英特尔公司少做。对于英特尔公司来说，最好两家公司都少做广告。这样，英特尔的占优策略就是少做广告。由于 AMD 公司预期到英特尔公司的行动，它的最佳反应就是大做广告。博弈的结果是矩阵的右上角，英特尔公司得到第二糟糕的支付。

为了改善这一处境，英特尔公司应当采取一种战略行动。假定英特尔公司先发制人，在 AMD 公司尚未作出决定之前宣布自己将进行大量的广告和营销活动（大做广告）。这样做的结果是将一个同时博弈转变成了序贯博弈。如果英特尔少做广告，AMD 将大做广告，英特尔获得的支付是 2。如果英特尔大做广告，AMD 少做广告，则英特尔获得的支付将是 3。因此，英特尔公司应当宣布大做广告并且期望 AMD 选择少做广告。这将是序贯博弈中的均衡。英特尔公司可以获得支付 3，这比它在同时博弈中所获得的支付 2 高。承诺行动规则或反应规则可以将一个同时的博弈转变为序贯的博弈。即使各项支付条件不变，将同时博弈改变为序贯博弈仍然可能创造出完全不同的结果。

不确定性

博弈论的分析有时是非常复杂的。许多这种复杂的分析超出了经理所需要的范围，不过还是有一项值得我们在这里讨论。在我们所讨论过的案例中，我们都假设参与者确切地了解所有行动的结果（除了前面谈过的结束期间）。而在真实世界中，这样的知识是没有的，利润的不确定将转化为行动的不确定。这也正是为什么将绝大多数情况视为期权的观点有价值的原因。

几乎任何一项商业决定中都包含了不确定性。销售商不了解潜在顾客对产品或服务的赋值，因此不知道将价格定在什么水平才不会失去顾客。雇主在聘请新员工时并不知道他的工作能力。供应商在向制造商真正供货之前也并不了解供货的成本到底是多少。那么，在不能确切知道接下去的结果时应该怎样决策？

在面对不确定性时，首要的决策要素是各种可能结果间相对的可能性。先将不同决定的各种可能的结果列出来，测算每一种可能的赋值，在此基础上再计算各种结果的预期价值。例如，假设博弈是掷硬币。如果有头像的正面朝上，你会赢100美元，而背面朝上则没有奖金。每次掷出获胜的机会是1/2。这一事件的预期价值是多少？平均支付是50美元，因为每次头像朝上的机会是1/2。每次硬币投掷的预期价值等于事件发生的概率并以事件发生时的支付加权，再加上事件不发生的概率并以事件不发生时的支付加权。在本例中，预期价值等于：

$$(100 \times 0.5) + (0 \times 0.5) = 50$$

在太阳国航空公司准备进入市场同西北航空竞争的案例中，假设太阳国航空公司相信西北航空公司采取报复行动的概率是50-50。太阳国航空公司进入市场的预期利润将是：

$$0.5(-5000\text{万}) + 0.5(6000\text{万}) = -2500\text{万} + 3000\text{万} = 500\text{万}$$

在这一案例中，经过瞻前顾后的分析，结论是太阳国航空公司仍然应当进入这一市场，因为进入后至少还有500万美元的利润。不过，如果假设发生改变，则结果也将因此变得不同。现在假设太阳国航空公司相信西北航空公司采取报复行动的概率为75%，则太阳国航空公司进入这一市场的预期价值将变为：

$$0.75(-5000\text{万}) + 0.25(6000\text{万}) = -3750\text{万} + 1500\text{万} = -2250\text{万}$$

在这一例子中，如何计算西北航空公司采取报复行动的概率是一个关键要素。太阳国航空公司到哪里去获得这种数据？这些数据来自对竞争对手处境的深入分析。太阳国航空公司也许已经了解西北航空公司兑现承诺的声誉在其他市场中是有价值的，或它同政府、供应商和顾客的关系。在这种情况下，75%的概率是正常的。或者太阳国航空公司已经了解到西北航空公司的新经理不再可能花钱对太阳国航空公司进行报复，在这种情况下，报复的概率可能很低。

在着手采取行动之前，太阳国航空公司应当已经获取了关于西北航空公司采取某种行动的概率。

人们对待风险的反应取决于人们对风险的厌恶程度。如果你有两种机会可供选择，一种是保证赢得 50 美元，另一种是有机会赢得 100 美元，但是你也同样可能一无所获。你会选择哪一种机会？后面这种机会的预期价值是 50 美元，但可能得 100 美元，也可能一无所获。绝大多数人会选择确定的结果，即赚取 50 美元。在预期回报相同时，人们会偏好确定的结果。用经济学的术语来说，当预期回报相同时，偏好确定结果的人被称为风险规避者。

假定在这一案例中，这笔确定的奖金减少了。那么奖金少到什么程度你才会转而偏好选择赌博的方式呢？你对风险越是厌恶，奖金需要减少的幅度越大。在 50 美元和你所选择的价位之间的差额被称为风险溢价（risk premium）。例如，假如降到 40 美元之后你就愿意接受赌博的方式，则你的风险溢价为 10 美元。风险溢价是衡量你对待这一特定赌注的谨慎程度的指标。在任何情况下，风险溢价的定义都是预期赌博的回报与确定获得的在决策者眼中等于赌博回报的金钱数额之间的差额。风险溢价为下面的问题提供了答案：你打算放弃多少钱来逃避这一风险？

风险溢价的大小取决于个体的心理——人们有多谨慎或愿意冒险。它还取决于事件发生的概率和潜在损失的大小。同一个个体对于不同的风险可能得出不同的风险溢价，而不同的个体面对同样的风险也可能得出不同的风险溢价。

风险规避和风险溢价的数值是通过观察人们的行为获得的：人们购买保险的多少、农民种植庄稼的数量、人们选择的车型、职业选择，等等。心理学家发现，妇女、老人、已婚人士和长子（女）更倾向于回避风险。佣金销售人员的风险承受力高于平均水平，政府雇员和银行业人士对风险的厌恶高于平均水平。研究还发现，CEO 比低层管理者更愿意承担风险，小企业的经理比大企业的经理更愿意承担风险，拥有研究生学历的经理比大学学历或高中学历的经理更愿意承担风险[11]。富人和成功人士的风险厌恶水平总是比穷人或不成功的人士更低。

假设一名顾客总是购买同一种品牌的洗涤液，现在市场上出现了一种新的品牌。一位规避风险的顾客当预期价值相同时总是偏好确定的结果，而不会尝试不确定的结果。因此，假如顾客认为新品牌和旧品牌一样好，他将不会购买新品牌，因为使用新品牌有风险。顾客偏好确定性——当前的品牌。

认识到顾客厌恶风险心理的企业会努力克服这一心理。新洗涤液的价格也许比现有品牌的价格更低。企业也可能提供免费试用以吸引顾客尝试。或者，企业会大做广告令顾客相信新品牌的品质好过旧品牌。

风险规避还可以用来解释为什么著名的连锁店比本地店更加成功。顾客在城镇间旅行时对本地的商店一无所知，但他可能会发现自己所熟悉的品牌。在这种情况下，即使本地商店提供的产品的品质高于全国性连锁店，但全国性连锁店的优势却是自己的知名度——风险更低。

案例回顾
联合利华公司与宝洁公司

在本章开始的案例中，联合利华打算出其不意地推出一种新产品，而不是像以往那样通知它的竞争对手。这会是一个好的策略吗？联合利华是否作好了瞻前顾后的分析？联合利华先发制人行动的结果将是什么？

两家公司处在囚徒困境的形势中，但它们通过合作从无效率的解决方案转为有效率的解决方案。两家公司通过相互间的反复博弈达成了这一合作的局面。现在联合利华公司准备改变这一局面。联合利华必须回答的问题是它的行动是否会引起价格战、产品战或广告战，令情况变得比现在更糟糕？或者无论宝洁公司作出何种反应，它的行动是否总是能够提高自己的市场份额和利润？考虑到双方合作的历史，宝洁公司很可能采取报复行动。宝洁公司不采取报复行动的唯一可能是报复行动可能对它造成更大的损害。两家公司目前所处的合作状态意味着任何一方都预期对方会对单方面的行动进行报复。因此，联合利华必须找出能够阻止宝洁公司进行报复的做法。就像纽约《邮报》成功地迫使《每日新闻》提高价格一样，联合利华能否向宝洁公司证明采取报复行动只会对自己造成更大的损害？

假设联合利华知道目前宝洁公司手上没有可以用来实施报复行动的类似的新产品。在这种情况下宝洁公司会采取什么样的行动？为了处罚联合利华，它是否可能采取全线降价的行动？或者它会投资研究其他新的产品并使其上市来惩罚联合利华？

一旦联合利华的高级经理们对上述问题作出了回答并且计算出各种可能结果的概率，他们将能够得到这个博弈的解，看看这是否是一个纳什均衡。

小　结

1. 博弈是一种参与者具有策略相互依赖性的情景。它的构成包括参与者、参与者的感受、博弈遵循的规则和博弈的边界。

2. 博弈的规则可以是法律或政府的规定，也可以是社会习惯或由参与者自己制定。
3. 博弈的边界是博弈进行的范围，包括本地博弈、全国博弈、全球博弈，等等。序贯博弈是参与者按先后顺序行动的博弈。每一位参与者都必须进行瞻前顾后的分析。
4. 同时博弈是所有参与者同时采取行动的博弈。每一位参与者都会首先自问是否存在占优策略或劣势策略。
5. 占优策略是不论参与者 B 如何行动，参与者 A 总能获得最佳结果的策略。
6. 劣势策略是对于参与者来说并非最佳的策略。
7. 均衡策略是任何一位参与者都不希望改变形势的策略。
8. 囚徒困境是每一位参与者都拥有占优策略但结果却导致无效率均衡的博弈。避免囚徒困境的方法只能是承诺的反复交易。
9. 承诺中包含了沉没成本，诸如保证、担保和广告开支等。承诺还包括可信的行动，例如不怕打价格战。
10. 合作可能是反复博弈的结果。
11. 在合作协议中往往会产生对欺骗的激励。必须实行严格的执行措施以保证杜绝欺骗。以牙还牙策略就是一种强制的机制，不论对方如何做，你都会以其人之道还治其人之身。焦土政策是别无选择时的一种选择。
12. 博弈中的不确定性是计算各种可能的行动方案的概率，然后得出预期行动或预期行动的价值。

关键词

博弈论	纳什均衡	焦土政策
序贯博弈	囚徒困境	预期价值
同时博弈	承诺	风险溢价
占优策略	反复博弈	以牙还牙
劣势策略	风险规避	

练　　习

1. 联邦贸易委员会禁止“上钩调包法”，即用不诚实的销售产品或服务的广告吸引顾客上门但却企图将广告中没有提到的产品或服务销售给上门来的顾客。为了保护消费者免受其害，加利福尼亚州要求汽车广告中申明广告汽车的序列号和广告中所说价格的汽车还有多少库存。为什么政府要管制“上钩调包法”？

2. 德州仪器公司宣布了一款两年后才会上市的随机存储器的价格。几天后，Bowmar 公司宣布它也将制造这一产品并且价格更低。几周后，摩托罗拉公司也说它会制造这一产品并且价格比 Bowmar 公司还低。又过了几周，德州仪器公司宣布它的价格将只有摩托罗拉的一半。此后，其他两家公司宣布，经过重新考虑，它们将不会制造这一产品。
   a. 德州仪器公司为什么在产品上市之前两年就宣布新产品的价格？
   b. 在什么条件下摩托罗拉公司不会放弃它的制造决定？
3. 解释提高广告支出的策略为何能够阻吓外来者进入市场？
4. 在什么情况下先行者策略无法获利？
5. 假定你是一家企业的经理，你们发现了一项创新，能够将芯片的速度提高 1000 倍。你将如何利用这一独特资源——你的创新呢？你是否考虑将芯片卖给英特尔和摩托罗拉公司，让它们用自己的品牌销售这一产品？你是否考虑用自己的品牌将芯片直接卖给计算机制造商比如 IBM 和苹果电脑公司？
6. 假设你是一家小镇加油站的所有人兼操作员。在过去 20 年里，你和对手成功地将价格控制在较高的水平。你最近听说你的对手将在 2 周内退休并关闭加油站。你今天将怎样做？
7. 下列哪一种情况可以获得先行优势？
   a. 麦氏公司推出了市场上第一种喷雾干燥式速溶咖啡。
   b. 几家美国厂商共同推出高清晰度电视。
   c. 沃尔玛在阿拉斯加诺姆镇（Nome）开设了一家商店。
   d. 默克公司上市一种名为 Arogout 的药物，这是世界上第一种治疗溃疡的有效药物。
8. 可口可乐公司和百事可乐公司在长达一个世纪的时间里保持了对市场的统治，而通用汽车和福特公司却丧失了自己在市场上的统治地位。在这两个案例之间有什么差别吗？
9. 在一项一次性的博弈中，如果你做广告并且你的竞争对手也做广告，你们两家都可以获得 500 万美元的利润。如果你们两家都不做广告，你的对手会获利 400 万美元，而你会获利 200 万美元。如果你做广告而你的对手不做，你会获利 1000 万美元而你的竞争对手获利 300 万美元。如果你的竞争对手做广告，你不做广告，你将获利 100 万美元而你的对手将获得 300 万美元的利润。

a. 为这一博弈建立支付矩阵。

b. 你是否拥有一项策略，不论竞争对手如何做你都会予以采用。

c. 你的竞争对手是否拥有一项这样的策略。

d. 博弈的解或均衡状态是什么？

e. 为了让对手不做广告，你愿意向对手支付多少？

10. 你和你的竞争对手必须同时决定在周报上的广告价格。如果你们都公布低价，那么你们的利润都为 0。如果你们都公布高价格，那么每家可以获利 3 美元。如果你们公布的价格不一样，高价者将损失 5 美元而低价者将获利 5 美元。

    a. 在不做反复交易的情况下找到均衡解。

    b. 现在假设可以进行反复交易，再假设利率为 10%，结果将如何？

11. 你打算进入一个由垄断者控制的市场。你目前的经济利润为 0 美元，而垄断者的经济利润为 5 美元。如果你进入市场而垄断者发起价格战，你将损失 5 美元而垄断者将获利 1 美元。如果你们都不打价格战，两家都可以获得 2 美元的利润。

    a. 在这一博弈中存在着两个可能的解或均衡，请指出是哪两个。

    b. 你会决定进入这一市场吗？

12. 不是所有均衡都有纳什均衡解。换句话说，在有些博弈中，给定其他参与者的行动，并不存在每一参与者均拥有最佳策略的解。请问图 13.7 中的博弈是否存在纳什均衡解。这一博弈是关于新产品上市的。

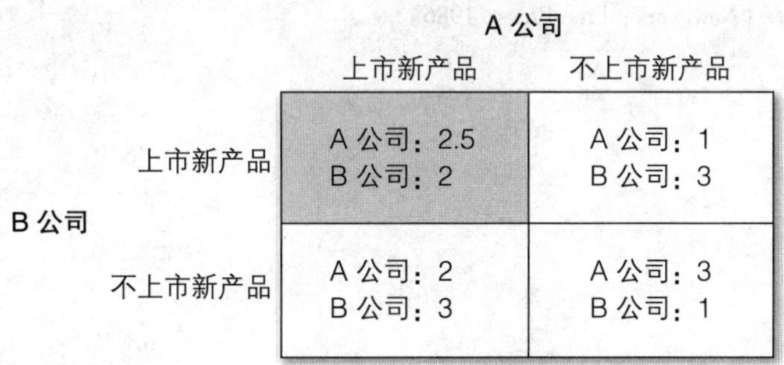

		A 公司	
		上市新产品	不上市新产品
B 公司	上市新产品	A 公司：2.5 B 公司：2	A 公司：1 B 公司：3
	不上市新产品	A 公司：2 B 公司：3	A 公司：3 B 公司：1

图 13.7　新产品上市的支付矩阵

本章注释

[1] When the young men of Princeton were playing poker in the early 1930s, they were being ob-

served by a new member of the faculty, mathematician Johann von Neuman, who then captured their actions in mathematical models. The economist Oskar Morgenstern convinced Neuman that his mathematical structure would explain economic behavior. The result of their observations was the book *Theory of Games and Economic Behavior*. (Princeton, NJ: Princeton University Press, 1947).

[2] William B. Hakes, "Readers Report, Game Theory Wasn't Meant to Be a Forecasting Tool," *Business Week*, July 13, 1998, p. 9.

[3] Nancy A. Nichols, "Scientific Management at Merck," *Harvard Business Review*, Vol. 72 (January/February 1994): 97.

[4] For more on conventions, see H. Peyton Young, "The Economics of Convention," *Journal of Economic Perspectives* 10, no. 2 (Spring 1996): 105 - 122.

[5] This story comes from Adam M. Brandenburg and Barry J. Nalebuff, *Co-opetition* (New York: Doubleday, 1996).

[6] Think about how Holland Sweetener might have created options and thus created value rather than simply jumping in with both feet.

[7] Case 9 - 792 - 081, Apple Computer 1992, Harvard Business School, by David B. Yoffie, Jeff Cohn, and David Levy.

[8] "Pritchett on Quick Response," *Discount Merchandiser*, April 1992, pp. 64 - 65.

[9] Nirmalya Kumar, "The Power of Trust in Manufacturer-Retailer Relationships," *Harvard Business Review*, Vol. 74 (November/December 1996): 92 - 106.

[10] This example is discussed in detail in Brandenburg and Nalebuff, *Co-opetition*, p. 198.

[11] Kenneth R. MacCrimmon and Donald A. Wehrung, *Taking Risks: The Management of Uncertainty* (New York: Free Press, 1986).

PART 5 关注企业的外部环境

绝大多数企业战略处理的是经理可以控制的因素，但在经营活动中还有许多因素是经理无法控制的。不管怎样，在这些不可控制的因素中有许多是经理必须了解或知道的。例如，有些经理认为他们不需要知道世界上其他地方发生的事情，因为他们的业务限于国内市场。同样，有些经理认为他们在制定战略时可以不必考虑政府的因素。这些看法可能会让他们付出沉重的代价。

在这一部分里，我们将讨论全球化和政府管制的问题。在过去 10 年里，全球化已经成为企业界最热门的话题。它同时也成为最富争议的社会话题之一，许多环保主义者、社会活动家和工会活动家在国际组织的会议外抗议示威。全球化指的是企业经营突破了本国的范围。现在，企业在其他国家拥有制造设施、在几个不同的国家里销售产品和服务已经是非常普遍的现象了，企业还在世界范围内购买资源。这些都是全球化的一部分。所有的交易都需要进行货币兑换。因此，任何一家实行国际化运营的企业都必须了解外汇交易市场。但是，不仅国际企业受到汇率变化的影响，没有国际业务或不做出口生意的企业同样会受到汇率的影响。在第 14 章，我们讨论了汇率对企业的影响，以及如何将汇率的不利影响减少到最小。

第 15 章讨论有关政府的问题。正如许多有经验的企业人士所体验到的，仅仅用一章的篇幅很难深入介绍政府对企业经营的介入和影响。影响企业经营的法律和规章的数量是如此庞大，仅将美国国内上述法规的名单列出来就足够填满 1000 页电话号码簿大小的纸。有关允许或不允许企业采取某种行为的法律会影响企业的战略。经理们应了解这些法律以免触犯，但是他们也同样可以利用法律作为自己企业基本战略的一部分。与此相似，经理们必须理解政府的规定和规章，并且设法将其对企业的影响降到最低，或者利用这些法规为自己创造价值。在第 15 章我们讨论了政府介入企业经营的最普遍的领域——反托拉斯法以及经济和社会的管制。我们还简要地讨论了某些重要的国际化管制机构及其角色和规章。

CHAPTER

14 全球化

案例：汽车制造商与日元

1980—1985年间，通用汽车公司的高级经理声称由于美元升值导致公司产品丧失了竞争力。从1980年10月到1985年2月，美元相对于美国贸易伙伴的货币升值的幅度普遍达到了63%，其中对日元升值26%。根据当时通用汽车公司CEO罗杰·史密斯的观点，日元相对美元贬值对美国汽车制造商产生了极大的压力，因为在日本制造汽车的成本相对于在美国制造的成本下降了。福特公司请求华盛顿将美元对日元的比值下调为180日元兑换1美元，通用汽车公司和克莱斯勒公司也表示同意。美国汽车厂商的观点是美元贬值将有利于降低来自进口轿车的持续的压力。它们向每一个愿意倾听的人士阐明自己的看法，强势的美元是令它们落入销售不佳境地的罪魁祸首，美元贬值将会帮助它们摆脱这一困境。

自1985年开始，美元迅速贬值，为美国三大汽车制造商的CEO们带来了希望。但是，尽管美元在贬值，美国汽车制造商们仍然丢掉了5%的汽车市场。为什么美元贬值还是不能阻止市场份额的下滑呢？

14.1 汇率波动

每位企业管理顾问都在讨论全球化，每一本新出版的商业书籍里总会提到这个词，绝大多数商业杂志会定期刊登这方面的专门报道。什么是全球化？有些人说这是全部同质化——指的是麦当劳和沃尔玛会出现在每个城市，在所有的城市看上去全都一样。大多数人对全球化的理解是企业不能仅仅在国内做生意。全球的概念比这些说法都更加宽泛。它包括跨界的活动和跨界的交易，企业将制造设施设立在不同的国家，在多个国家进行产品和服务的销售，以及从多个国家中获得资源。

重要的国际组织的网址

http://www.worldbank.org

http://www.wto.org

汇率查询网站

http://moneycentral.msn.com/investor/market/rates.asp

我们上班时开的可能是日本车，身上穿着的衣服是中国生产的，晚餐上喝的是法国葡萄酒，这些产品最初都是用在外汇市场上交易的外汇购买的。许多进行国际化经营的企业必须理解外汇市场，因为它们受到外汇汇率波动的影响。但是受汇率波动影响的不仅包括国际化企业。事实上，汇率往往影响到没有海外业务或不做出口业务的企业的经营利润。今天，任何企业的管理人员都必须对国际贸易、汇率和汇率风险有所了解。

外　汇

汇率数据查询网站

http://www.economagic.com/fedny.htm

在绝大多数情况下，美国的顾客在购买外国产品时看到的是美元的标价而不会看到用日元、英镑、比索或其他货币表示的标价。通常将美元兑换成日元或比索购买三菱电视或雀巢咖啡是企业的事情。这些企业必须在外汇市场上进行交易，购买其所销售的外国产品或制造中所需要的中间产品。

外汇（foreign exchange）指的是外国的货币和类似支票账户中的银行存款。持有美元的某人如果将美元兑换成日元，他需要到外汇市场上进行交易。外汇市场是一个全球性的市场，来自世界各地的人们在市场上交易不同种类的货币。交易在一天中的绝大部分时间里不停地进行——从东京市场开始逐渐向西到新加坡和中国香港，然后是苏黎世、法兰克福和伦敦，再到纽约、芝加哥和旧金山。外汇市场中的参与者包括个人、公司、商业银行和中央银行。

汇率是用另一个国家的货币表示的本国货币的价格。墨西哥 Tijuana 生产的T恤衫在圣地亚哥卖 20 美元，在墨西哥卖 250 比索。你认为在哪里买更合算？除非你知道美元和墨西哥比索之间的汇率，否则你无法作出判断。用汇率可以将外国货币的价格转成相等价值的本国货币。例如，2003 年 1 月，墨西哥比索同美元的汇率为 1 美元 = 10. 60 比索。换算一下，250 比索等于 23. 58 美元。因此，在圣地亚哥买 T 恤衫比在墨西哥买更便宜。

表 14.1 是一些主要国家及其货币的名称和货币符号。

表 14.1　主要国家的货币的名称及符号

国　家	货　币	符号
澳大利亚	澳元（Dollar）	A $
奥地利	先令（Schilling）	Sch
比利时	比利时法郎（Franc）	BF
加拿大	加拿大元（Dollar）	C $
中国	人民币元［Yuan（RMB）］	¥
丹麦	丹麦克朗（Krone）	DKr
芬兰	芬兰马克（Markka）	FM
法国	法郎（Franc）	FF
德国	德国马克（Deutschemark）	DM
希腊	德拉克马（Drachma）	Dr
印度	卢比（Rupee）	Rs
伊朗	里亚尔（Rial）	RI
意大利	里拉（Lira）	Lit
日本	日元（Yen）	¥
科威特	第纳尔（Dinar）	KD
墨西哥	比索（Peso）	Ps
荷兰	荷兰盾（Gilder）	FL
挪威	挪威克郎（Krone）	NKr
俄罗斯	卢布（Ruble）	Rub
沙特阿拉伯	雷亚尔（Riyal）	SR
新加坡	新加坡元（Dollar）	S $
南非	兰特（Rand）	R
西班牙	比塞塔（Peseta）	Pts
瑞典	瑞典克朗（Krona）	SKr
瑞士	瑞士法郎（Franc）	SF
英国	英镑（Pound）	£
委内瑞拉	博利瓦（Bolivar）	B
欧洲经济共同体	欧元（Euro）	€

当天的汇率通常能够在《华尔街日报》的“货币与投资版”或《金融时报》的“市场版”以及绝大多数商业性日报中找到。表 14.2 是一个典型的当天汇率报价。上面所发布的汇率通常是在标准时间的交易价格，例如美国东部时间下午 4 点。在报价中特别标出时间是因为外汇市场每天随供求变化波动很大。在表 14.2 中，国家名字后面的括号中附有其货币的名称，例如“巴西（雷阿尔）”。第 2 栏是该国货币当天兑换美元的数值，第 3 栏是美元兑换该国货币的数值，即该国货币相对于美元的汇率。例如，在 2003 年 1 月 17 日，1 加拿大

元兑换 0.6521 美元，1 美元兑换 1.5334 加拿大元。

表 14.2 汇率表，2003 年 1 月 17 日

表中的卖出价格是下午 4 点纽约外汇交易市场银行间交易价格，最低成交量 100 万美元，由信孚银行、道·琼斯通讯社和其他来源提供。零售交易价格下每一美元可兑换的外汇少于表中的数字。

国家（货币）	等值于 1 美元	以美元表示的汇率
巴西（雷阿尔）	0.2967	3.37
澳大利亚（澳元）	0.5917	1.69
巴林（第纳尔）	2.6525	0.3770
欧洲共同体（欧元）	1.067	0.9372
英国（镑）	1.6134	0.6198
加拿大（元）	0.6524	1.5334

表 14.2 中的汇率称为即期汇率（spot rate）——在任何给定的具体时间的汇率。即期汇率是如何计算出来的呢？一种货币的汇率取决于该货币的供求。一国的货币需求来自购买其产品和服务的企业和希望购买其金融资产的投资者。一国的货币供给来自该国企业希望购买其他国家的产品与服务和该国希望购买其他国家金融资产的投资者。

假如爱达荷州博伊西（Boise）的 Micron 公司打算向法国的制造商出售价值 100 万美元的微处理芯片，芯片的交易同时也是货币的交易。法国的制造商必须向这家美国公司支付价值 100 万美元的欧元。法国的一位银行家将同旧金山的银行家做这笔外汇交易，购买 100 万美元的外汇。这就是对美元的需求和对欧元的供应。与此相似，如果一家美国银行打算购买墨西哥债券以获取更高的利率，这家银行必须用美元去购买比索，从而创造出对比索的需求和对美元的供应。由此可见，不论实物交易（商品和服务的购买与销售）还是金融交易（金融资产的购买与销售），都是汇率的决定因素。外汇市场上货币供求的相对关系决定了货币间的汇率。

图 14.1 描绘了美元和欧元的外汇市场。纵轴表示汇率，即每欧元兑换的美元数额，横轴是欧元的供应量。欧元的需求指的是美国对欧洲产品和服务以及金融资产的需求。为了购买这些项目，美国消费者必须购买欧元。价格越高——美元/欧元的比价越高，对欧元的需求越少。欧元的供应代表了欧洲人对美国产品和金融资产的需求。为了购买美国的上述项目，欧洲人必须用欧元来兑换美元。价格越高——美元/欧元的比价越高，欧元的供应量越大。欧洲商品或服务需求的上升意味着欧元的需求上升，相当于图 14.1 中的需求曲线外移。

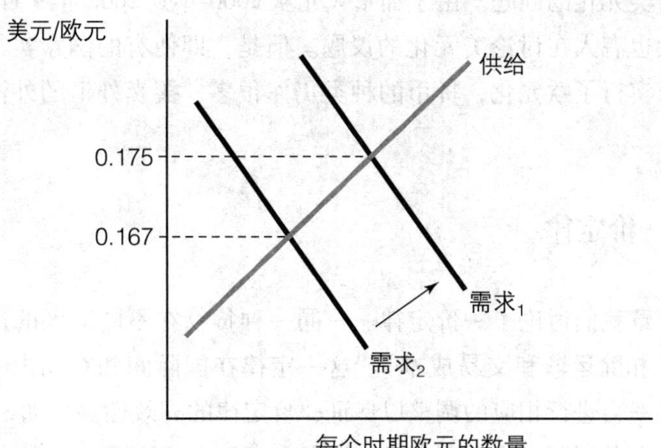

图 14.1　汇率决定

对欧元的需求和欧元的供给如图所示。汇率由供给与需求的均衡决定。

这会导致欧元的价格上升——汇率较高。结果就是美元相对于欧元贬值。

从第二次世界大战结束到 1973 年，世界上绝大多数国家（地区）实行固定汇率体系：汇率由法律规定。1973 年 3 月，主要工业化国家放弃了固定汇率体系，但世界并未就此进入完全自由浮动汇率的时代。主要工业化国家的中央银行对外汇市场进行干预，将汇率保持在一定的范围内，许多较小的国家则采取同某一主要货币（例如美元或英镑）建立固定汇率联系或钉住主要货币汇率变化的汇率制度。事实上，全世界只有 48 个国家实行自由市场汇率制度。1999 年，欧洲联盟国家将本国货币同欧元的汇率固定下来，在 2002 年 1 月 1 日之前，商品的标价同时采用欧元和本国货币两种形式进行。从 2002 年 7 月 1 日起，欧元正式开始进入流通，各国原来的货币——意大利里拉、法国法郎和德国马克——将不再被视为法定支付工具。

网上资源：外汇汇率查询
http://www.x-rates.com

有些国家用其他国家的货币作为自己的法定支付工具。美元化（dollarization）指的是一国直接将美元作为本国货币、放弃其他货币的做法，或者是将美元同本国货币的汇率固定并且保证交易进行的做法。在物价不稳定的国家，人民会选择非官方的美元化行动，他们选择用美元（作为价值储备）代替本国货币，即使这样做是法律所不容许的。官方的美元化指的是一国宣布采用美元作为本国的法定支付工具。2001 年 1 月，萨尔瓦多政府宣布采用美元作为货币。巴拿马从 1904 年开始就使用美元作为本国货币，厄瓜多尔在 1999 年实行了美元化。其他一些国家也在考虑实行美元化。墨西哥总统福克斯在 2001 年与美国总统布什会谈时讨论了墨西哥美元化的问题。由于加拿大元从 2000 年到 2002 年 9 月间贬值了 36%，在加拿大也有人在讨论美元化的议题。但是，即使有的国家实行了美元化而另一些国家实行了欧元化，货币的种类仍然很多，买卖外汇的外汇市场仍然是必需的。

套利与一价定律

第 2 章我们讨论了一价定律——同一种货物在不同地区的销售价格应当是一样的（扣除运输和交易成本）。这一定律在国际间和在国内一样有效——货币间的汇率会进行相应的调整以保证一价定律的有效性。例如，假设一辆 Mini-Cooper 车在美国国内卖 3 万美元，在日本卖 744 万日元。美元对日元的汇率是 1 美元兑换 124 日元（或每日元兑换 0.00806 美元），MiniCooper 在日本的美元价格等于 6 万美元。如果运输成本是可以忽略的，并且没有其他的成本或限制、套利行为，在这种情况下，人们会在美国购买这种车子然后运到日本。这一过程将一方面抬高美国的车价，另一方面降低日本的车价。日本车价将下降到 434 万日元，其美元价格上升为 3.5 万美元。在汇率等于 1 日元兑换 0.00806 美元时，价格将达到均衡。

在外汇市场上，一价定律被称为购买力平价（purchasing power parity, PPP）。购买力平价理论认为，在没有贸易障碍并且不考虑运输成本的前提下，所有的可交易商品必然在任何地方都按同样的价格销售。当所有的套利机会都被找出来之后，购买力平价就实现了。在这一过程中发生的是商品和服务的交易、人员的流动、企业愿意将最好的做法和技术传播到世界各地。但是，由于这一过程不可能在瞬间实现，现实中价格的调整需要相当长的时间。

当在某一市场买入而同时在另一个市场卖出有利可图时就会发生套利（arbitrage）行为。套利的对象既包括实物资产也包括金融资产。因此，购买力平价适用于商品、服务和金融资产。

投资者走遍世界各地寻找最高的投资回报。他们在决定向哪里投资时需要考虑汇率变化的风险。美国的债券是用美元赋值的，而英国的债券是用英镑赋值的。假如美国债券支付 10% 的利息，利息是用美元支付的。与此相似，如果英国债券支付 5% 的利息，利息也是用英镑支付的。如果你是美国公民，你最终总希望拿回美元，因此需要将两种债券的回报用美元进行对比。如果你购买的是英国债券，在购买时你需要将美元兑换为英镑。此后你将受到汇率的支配，你的资产价值将受汇率的左右。当债券到期时，你会收到以英镑计算的本金和利息，你还要将它们再换回美元。如果汇率保持不变，英国债券的回报仍然是 5%。假如在你购买英国债券之后和债券到期之前汇率发生了变化，你的回报将多于或少于 5%。

假设当你购买债券时的汇率为 1 美元 = 0.6 英镑，债券的票面为 100 英镑，每年的回报率为 5%。购买这种债券需要 167 美元。一年后，债券到期，你会收到本金 100 英镑再加 5% 的利息，一共是 105 英镑。如果汇率是 1 美元兑换 0.6 英镑，则 105 英镑可以兑换成 175 美元。因为一开始你付了 167 美元，则该投资的回报为 8 美元或 5%。然而，假定在你持有这笔债券期间英镑的汇率从 1 美元兑换 0.6 英镑上升到 1 美元兑换 0.58 英镑。此时，来自债券的 105 英镑收益将兑换成 181 美元（105 × 1/0.58 = 181）。你的收益将高于汇率不变的时候。你最初为债券支付了 167 美元而最终收入了 181 美元：8 美元的利息和 6 美元的汇率收益，总共 14 美元。回报率达到了 8.4%。英国债券投资的回报是英国的利率加上汇率的变化，而不仅仅是英国债券的利息收益。汇率变化的百分率是 3.4%，因此英国债券投资的回报率等于 5% 的利率加上 3.4% 的汇率变化，总共 8.4%。

当英镑的价值上升时，持有英镑面值的外国居民在债券上的回报会上升。当英镑贬值时，由于需要更多的英镑才能兑换成等值的本国货币，债券到期时获得的英镑的价值少于当初外国居民购买英镑时的价值，则外国居民从英国债券上的收益低于票面的利率。例如，在我们这个例子里，如果英镑贬值 5%——从 1 美元兑换 0.6 英镑下降到 1 美元兑换 0.63 英镑，以美元计算的回报将等于零。

如果按美元计价的英国债券的回报高于美国债券的回报，那么美国居民就会购买英国债券。这样就会提高英国债券相对于美国债券的价格，降低投资英国债券的回报。在这里我们再一次看到了套利的作用，它迫使回报率趋向相同。当相同资产（按本国货币计算）的回报率或利率趋于相同时，这是一价定律在发生作用，我们称这种现象为利率平价（interest rate parity，IRP）。由于资本流动的速度很快（在许多时候几乎是瞬时的），利率平价往往比购买力平价更快地实现，尽管政府管制和对资本流动的限制意味着利率平价也不是在短期内即可实现的。但是，不论利率平价或购买力平价能否在某一时点真正实现，问题的关键是市场上存在着将价格拉向平价的力量。当平价尚未实现时，就意味着市场上总是存在着获利机会，套利活动就会发生。由于企业家总是在寻找这样的经济利润，利润机会不会长期无人发现。

14.2 汇率风险

在上一节中我们讨论美元对英镑的兑换率如何影响投资回报的时候，我们注意到资产持有者（债券的持有人）要承担汇率变化的风险。如果企业资产负债表中的项目——负债、应付账款或应收账款——是用外汇赋值的，则这家企业就要承担汇率变化的风险。因为到财政年度结束时这些项目必须转换为或兑换为该公司总部所在地货币，此时汇率的变化就会影响它们的价值。例如，一家英国航空公司湖人航空公司声称自己不担心英镑和美元间汇率的变化，因为任何这样的变化都会在英国或美国的旅游者中引起相反的变化从而冲销其影响。尽管当美元升值时去美国旅游的英国人会减少，但反过来去英国旅游的美国人会增加。至少从理论上讲，这两种效应应当相互抵消。但这种表面上的考虑却具有误导性。当美元在 1980 年下跌时，湖人航空公司用美元融资购买了新的飞机，增加了自己的美元债务——用美元赋值的债务。当英镑相对于美元疲软时，这家公司付不起利息，被迫破产。这家公司对自己资产负债表上的项目受汇率什么样的影响并不清楚。

汇率风险（exchange rate exposure）在概念上很简单：汇率交易所导致的潜在的利润或亏损。但是，究竟谁是赢家，谁是输家？如果有人持有德国戴姆勒—克莱斯勒公司的股票，则欧元贬值会导致他的资产价值减少。但是，对于一家在德国做生意的美国公司股票的持有人来说，情况将如何呢？当汇率发生变化时，公司的德国分部也许会亏损，但美国公司本身却未必。

风险的类型

为了测度汇率变化对企业的影响，首先要测度风险本身，即所承受的风险的数量或价值。最常见的问题是企业报表中登记的以外币赋值的会计项目。为了进行报表合并，这些记录必须转化为母国的货币，由此而导致的风险被称为资产负债表外汇风险（balance sheet exposure）。

企业可以通过拒绝在外国做生意而减少资产负债表外汇风险。但这样做并不能彻底避免这一风险。假设一家企业在海外没有业务。例如，林肯电气公司是美国的一家制造小型马达的企业，直到 20 世纪 90 年代，它只在国内采购并在国内销售，没有外国债务。表面上看，这样的企业不会受到外汇汇率变动的影响。然而，它的营业利润仍然受日元对美元汇率变化的影响，因为这家公司在美国本土的竞争对手是日本企业。日本企业在美国为自己的产品定价时，需要考虑它们的日元成本。当日元与美元处于购买力平价状态时，林肯电气公司的美元成本将同日本竞争者相应的美元成本相同。但是，如果日本国内出现了高于美国的通货膨胀，则林肯电气的处境将取决于购买力平价是否实现。如果日元价值等于按购买力平价算式计算的结果，则林肯电气公司的处境不会有任何改变。然而，如果日元的价值相对于美元比购买力平价显示的为弱，则其按美元计算的日元成本就会比林肯电气公司低，而林肯电气公司的竞争地位将被削弱。林肯电气公司还是不能免于外汇汇率变化的影响，因为它的竞争对手是外国企业。这种情况被称为市场外汇风险（market-based exposure）。

一家企业承担的市场外汇风险的大小取决于它是否在全球范围内做生意，如果这家企业不做进口或出口业务，那么取决于它是否同外国企业竞争，以及企业经营的销售环境。假设一家国内企业在国内采购，但是同外国企业在国内竞争。当外国企业本国的货币贬值时，这些企业的成本也会下降。如果该国市场需求的价格弹性很高，则外国企业的低成本可能导致其产品价格下降。国内企业除了跟随降价之外别无他法，否则将只能丢掉生意。然而，由于国内企业的成本没有下降，它的利润终归会受到影响。

再假设一家企业在国内采购并且同外国企业竞争，但对其产品的需求的价格弹性不大。在这种情况下，当汇率变动影响到外国企业的相对竞争地位时，本国企业不需要担心跟随对方降价。价格不敏感意味着顾客不会改变自己的采购对象，从本国企业转向外国企业。

企业怎样做才能避免外汇汇率波动的影响？如果企业承担着资产负债表外汇风险，它必须设法减少需要进行货币兑换的业务。也许最简单的办法就是将企业设在业务量最大的地方。用这种方法，大部分报表项目可以用同一种货币来表示，绝大多数资产负债表上的外汇风险可以得到规避。那么，决定企业选择地点的重要因素是什么呢？当地市场的规模是一个重要的因素，因为企业可以利用公司的力量在该市场上进行销售。此外，一国的政治环境也是一个重要的因素。对于一家有意投资数百万美元建立设施的企业来说，一个可能随时没收财产的国家无疑是一个高风险的选择。其他的重要因素还包括劳动力和相关技术的供给。

如果企业决定在另一个国家里建立机构，它需要决定是从头开始还是收购现成的企业，是单打独斗还是同当地企业建立联盟或合资公司。每一种决定都有各自的利弊。例如，当计算机硬件制造商 Jabil 打算进行国际化扩张时，它首先要决定在哪个国家建立制造设施。它不可能单靠在美国制造然后运到世界各地，因为运输的成本太高。它必须靠近自己最主要的顾客。

Jabil公司考虑了亚洲、拉美和欧洲。在欧洲，它考察了捷克、波兰和匈牙利，以及其他国家。它排除了像法国和德国这样的工业化国家，因为这些国家的规则和管制令企业经营成本太高。它喜欢的是捷克和匈牙利的某些地方，因为它们更靠近Jabil公司作为原始设备制造商的主要的顾客。

Jabil公司将选择缩小到成本—收益分析中考虑的各项因素：本地的劳动力、企业经营成本、政府的稳定性、该国货币的稳定性，以及其他可能在分析中涉及的因素。在选择了地址之后，它还必须决定是否建立新的设施，是否收购或改造现有的设施，以及用多快的速度建立设施。因为建立新设施的边际成本相对于收购或改造现有设施更低，它决定建立新的设施。接下来的问题就是用多快的速度建立这一设施。企业总是需要在建造速度和项目建造的成本与收入之间找出平衡。图14.2描述了同建造速度有关的成本和收入分析。随着建造设施所需时间的延长，建造成本下降了。加快建造速度需要更多的劳动力和更高的报酬、更多的高成本材料等等。建造速度越快，产品制造和销售的速度越快，则工厂的收入越高。令建造设施利润最大化的时间位于时点 T。在这一点上，收入和成本的现值差达到最大。

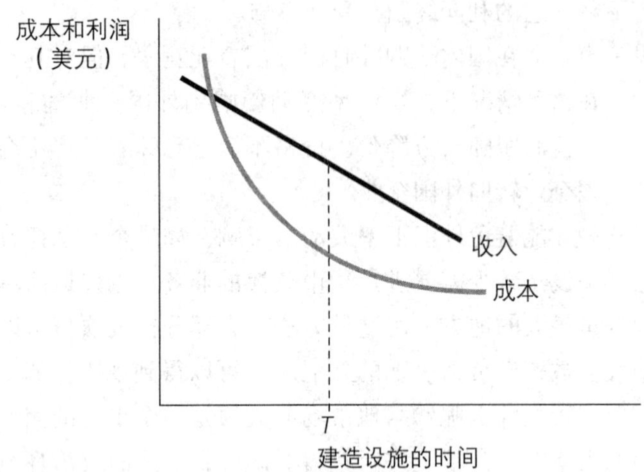

图14.2 时间和利润的权衡

当Jabil公司完成上述分析（尽职调查）并且完成工厂的建造之后，它将无法由于汇率变化而转往其他国家。因此，制造设施的建立包含了长期的承诺。汇率风险主要还是一种短期的风险。如果企业在选址时只考虑汇率因素可能会付出很大的代价。突发事件可能导致企业在未来面临更大的汇率风险。你可能已经注意到在上述Jabil公司项目的论证中，我们完全没有提到汇率风险的问题。企业很少会出于避免汇率风险的原因而选择某一地址。绝大多数这样的决定是基于资源成本（更低的劳动力成本和材料成本）或分销成本（企业希望更靠近最终市场）。

企业在一个以上的国家建立设施之后，它将面临资产负债表外汇风险。企业必须选择它获得收入的币种。它可以通过选择收入币种将现金流和资产固定为用一种基本货币来定义。它的选择有可能是方便顾客的，但这种选择也许汇率风险更高，或者它也可以减少自己的风险而将其转嫁给顾客。例如，假设 Jabil 公司可以选择用美元或捷克克朗取得收入。如果它选择要求顾客支付捷克克朗，则捷克的顾客不必担心汇率问题，但 Jabil 公司自己却要为此操心。因为它要将捷克克朗兑换成美元。如果它选择要求顾客支付美元，则捷克的顾客必须兑换美元。Jabil 公司的原则是利润最大化和考虑其产品的价格弹性。如果捷克的顾客别无选择，则对 Jabil 公司的产品的需求是非常缺乏价格弹性的，Jabil 公司可以将汇率风险转嫁给顾客。但是，假如 Jabil 公司只是众多竞争者中的一家，并且产品的需求的价格弹性较高，则 Jabil 公司将无法将汇率风险转嫁给顾客。

通过金融市场减少汇率风险

网络资源：关于对冲的基础知识
http://www.boscia.com/a260pages/Group02/Intacct.html

企业并非只有通过长期的承诺如建立制造设施或改变收入选择的币种才能降低汇率风险。相反，它可以通过外汇市场和远期合同来对冲风险。远期市场（forward market）帮助企业在两种货币之间建立固定的汇率，在未来某一个确定的日期进行交割。远期汇率是在远期合约签署时确定的，但是它的支付和转移却要到约定的未来日期才兑现。最常见的远期合约——通常简称为 forward，一般为 1 月期、2 月期、3 月期、6 月期和 12 月期。在这种安排下，不论外汇的汇率向有利于企业的方向还是向不利于企业的方向变化都不会影响企业的收益。企业必须承担在约定的日期购买或销售外汇的义务。

另一种对冲外汇风险的方法是外汇期货（currency future）。外汇期货类似于汇率远期合约的地方是它们都是在未来某一时间按照一个约定的价格支付或转移一定数量外汇的合约，但它同远期合约有着重要的区别。远期合约中所涉及的外汇数额是没有限制的，只要经纪人认为值得为合约花时间就可以，而外汇期货中所涉及的外汇则是标准数额的，每一份外汇期货合约中所涉及的金额远远小于远期合约的平均值。外汇期货在交割日期方面也是标准化的。标准的外汇期货的交割日期是 3 月、6 月、9 月和 12 月，而远期合约的交割日期则是私下约定的，可以选择各方同意的任何日期。这些特点令外汇期货合约的交易性更强，任何一方都可以选择销售或购买一份已经存在的期货合约。另一项区别是远期合约是在电话和电传中敲定的，其地点和时间都是完全独立的。而期货合约则是在有组织的交易场所中进行交易的，例如伦敦国际金融与期货交易所（LIFFE）、新加坡国际商品交易所（SIMEX）和芝加哥国际货币市场（IMM）。在远期合约中，不论两种货币是否进行实际交割或仅仅交割差额净值，资金的转移是在同一个时刻进行的：远期合约到期日。而对于期货合约，现金在合约到期前的每一天里都在易手交易，或者至少是在合约价格发生变化的每一天里。这种逐日现金交易的特点减少了一方无法执行合约的风险。远期合约和期货合约的功能有类似的地方并且同期交割的汇率也大致相同，但它们的用途却大不相同。绝大多数大型企业使用远期合约，在可能遇到信用风险的时候则会使用期货合约。

通过远期合约，企业可以将未来的汇率固定在某一水平上。但是在许多情况下，企业希望能够获得比远期合约更大的灵活性。例如，加利福尼亚的一家电脑制造商可能在美国和德国都有业务，在美国的售价用美元标价，在德国用欧元标价。企业的收入既可以用美元也可以用欧元表示，取决于两种货币的相对强弱。在这样的情况下，使用远期合约或期货合约可能并不合适，因为不需要对冲企业没有的东西。现在需要的是外汇期权：它是在预定的时间兑换外汇的权利，但不用承担到期兑换的义务。

外汇期权（foreign-exchange option）是一份在未来用一种货币兑换另一种货币的合约，期权的持有者有权按一个协定的价格——期权的执行价格或敲定价格——购买（或销售）外汇，但并没有义务这样做。如果期权的购买者到期要求按协定价格执行期权，期权的出售者有义务进行支付（或购买）。在某些期权中，要求支付的是外汇，在另一些期权中，交易涉及的是外汇期货合约。美式期权（American options）允许期权持有人在期权到期日之前的任何时间执行期权，欧式期权（European options）的期权持有人只有在到期日才能执行期权。

以美国的一家大型薯片公司为例。它同意从爱尔兰科克县（Cork）的一个供应商处购买价值1500万爱镑的土豆[1]。其中500万爱镑要在245日内支付。美元最近相对于爱镑贬值，导致美国薯片公司的采购成本上升。怎样才能避免在将来进口时成本进一步上升呢？薯片公司的CFO决定为支付进行对冲保值。他知道当前美元对爱镑的比价是1爱镑等于2.25美元，245天后支付的远期合约的兑换率为2.39。换句话说，外汇市场预期美元相对爱镑的价格将下降。但是，如果美元在未来几个月中相对于爱镑升值怎么办？那时要是还按2.39兑换，那么这家公司就会遭受损失。这位CFO决定购买一份买入期权，执行价格为 2.25 美元。通过这种做法，他付钱获得了美元贬值的保护，但是在美元升值时则可以放心地节省成本。例如，如果美元升值为 1 爱镑兑 2.19 美元，该企业可以放弃期权，在 2.19 的汇率下兑换爱镑。如果美元贬值到 2.39 的汇率水平，则该企业将执行期权，在 2.25 的汇率下购买爱镑。

这一简单的例子说明了期权的不平衡性。期货和远期合约是双方在未来交易某种东西的合约。它们可以用于对冲或转移已知的外汇或利率风险。而期权则相反，它赋予一方在一个特定的条件下购买或销售资产的权利但并不承担必须这样做的义务，而另一方却要在对方执行期权时承担支付或购买该资产的义务。期权为企业创造了避免汇率单向运动风险的工具。

在什么情况下企业应当优先考虑使用期权而不是期货或远期合约？正如我们在第 12 章中讨论实物期权时所看到的，期权的价格受到资产价值波动性很大的影响。波动性越大，期权的价格越高。因此，如果企业认为汇率的波动将超过市场的看法（根据市场上期权的价格），则购买期权是合适的。换句话说，企业相信期权的价格将高于市场价格。如果企业相信汇率将向某一方向运动，则购买期权保护自己在万一汇率发生反方向运动时的处境就是有必要的。

在对冲策略中，可以考虑将远期合约与期权结合起来。远期合约虽然可以帮助公司减少外汇价格的不确定性，但它不能消除外汇风险。一家签署远期合约的企业将汇率固定在 1 英镑等于 1.55 美元的水平，但是它发现在合约到期时汇率为 1 英镑等于 1.5 美元，它的机会成本是每英镑 0.05 美元。假如它没有被远期合约所约束，它还可以每英镑多赚 0.05 美元。但由于远期合约是必须执行的合约，当汇率比远期合约的约定更有利时，企业无法从中获利。这家企业可以购买一份卖出期权（put option），这份期权赋予企业以一定的价格出售外汇的权利，但不必承担这样做的义务。例如，假设企业购买了一份按当前价格出售英镑的期权，远期合约的价格是 1 英镑兑换 1.5 美元，而远期合约到期时的即期汇率是 1 英镑兑换 1.55 美元。企业可以一方面兑现远期合约按 1 英镑等于 1.5 美元买入英镑，同时执行卖出期权按 1 英镑等于 1.55 美元出售这些英镑。

企业还可以将远期合约同买入期权和卖出期权结合起来进行风险对冲。假设一份远期合约要求企业按 1 美元兑换 120 日元购买美元，企业希望自己不会因为汇率波动而受到损失。这家企业可以同时购买买入期权和卖出期权。假设企业购买的买入期权价格为 1 美元兑换 108 日元。这将在日元升值时保护远期合约。为了防备日元贬值，这家企业购买了卖出期权，执行价格为 1 美元兑换 132 日元。它的意思是该企业可以在汇率跌到 132 日元兑 1 美元时出售美元。现在，假设远期合约到期时即期汇率是日元下跌为 140 日元兑 1 美元。该企业决定按 108 日元兑 1 美元的价格执行买入美元的期权。但是它还不得不兑现远期合约以120日元兑1美元的价格买入美元。此时，它可以在现汇市场上按1美元兑换140日元买入日元，再按1美元兑换120日元执行远期合约。

世界知识产权组织
http://www.wipo.org/

至此，你可能会认为外汇市场对冲是十分复杂的操作。事实上，外汇市场上的对冲活动有时会超出购买和销售产品与服务的市场中人们的想象。例如，在2002年，澳大利亚棉花种植商将澳元的汇率对冲保持在60～65美分之间，但是他们没有对以美元表示的棉花的价格进行对冲操作。当以美元计价的棉花价格下跌至30年来最低时，澳大利亚的棉花种植者在任何时候执行期权都会受到损失。结果，许多人拒绝兑现远期合约，甚至干脆不承认合约[2]。

14.3 全球资本市场

资本市场是全球性的：只要按一个按钮，资金就可以在国家间流入或流出。了解全球资本市场对于所有的经理都是很重要的，而不仅仅是那些在不同国家做生意的经理[3]。有趣的是，世界经济在100年前的全球化程度和今天几乎一样。资本流动（资本跨越国境的流动）在第一次世界大战初达到了高峰，此后持续下降，直到20世纪60年代。到2000年，这一规模才恢复到1918年的水平[4]。在过去，对资本流动的管理相对比较容易。从1945年到20世纪80年代，世界经济是由一系列封闭的国家经济体构成的，不同经济体各自拥有独特的生产要素。它们以制成品相互竞争。这些国家人民的生活水平取决于他们制造出口货物的效率。国家的储蓄主要投资在本国国内的资本市场，与其他国家的交易只占很少的部分。

当20世纪70年代各国纷纷放弃汇率控制后，资本市场的情况开始发生变化。大型的跨国银行建立了外汇交易室，利用汇率波动稍纵即逝的机会快速获利。他们发现自己可以按某一利率借入某种货币的短期贷款，例如90天期，再按更高的利率以另一种货币贷出，同时用远期外汇合约保护自己免受汇率波动造成的损失。这些机构开始利用套利的机会赚钱。但是套利有时会变成投机。例如，假如你判断美元将相对于日元贬值，你就可以借入美元将它们兑换成日元。假如日元真的像你所判断的那样升值了，你就可以在日元升值后卖出换回美元，偿还美元贷款，美元贬值的部分再减去利息的开支就是你的利润。如果你不愿意贷款，你还可以购买一份外汇买入期权或远期外汇合约。当然，如果你的头寸放错了方向，与价格的运动相反，你会受到损失。

亚洲金融危机

在20世纪90年代末，绝大多数亚洲国家陷入了深度的衰退。相对于它们在90年代初的高峰时期，日本经济下降了10.7%，韩国下降了43%，马来西亚下降了31%，泰国下降了40%，印度尼西亚下降了72%。作为参考数据，美国经济在大萧条时期也只不过下降了34%。亚洲国家的经济陷入如此深重的衰退主要是因为日本经济制度缺乏阻止大量资本外流的金融体制，而日本占了全亚洲经济的2/3。

在第二次世界大战之后，日本政府建立了一种支持日本工业复苏的金融体制。面对满目疮痍的经济，日本急需外国资本和高水平的国内储蓄率以支持产品制造，特别是出口产品。为了支持这一需求，银行系统必须确保公司贷款人不会违约。所有的贷款都要有抵押保证，大型企业都是名为“企业集团”（keiretsu）的工业集团的一部分。每一个系列都拥有一家主办银行，负责支持“企业集团”里的每一个成员。在这些银行的背后有大藏省和日本银行撑腰。

这一结构为日本的大型企业创造了条件，可以实现比美国企业高得多的负债水平。例如，直到1990年，日本企业的负债与股权之比为3:1。相反，在美国，上市公司的平均值是1:1。

日本银行是由政府批准和支持的，并且政府认可其持有贷款对象公司的股份。在日本，所有股票的75%是由银行、保险公司或其他工业集团持有。在这一结构下，股东的意见无足轻重，资本的配置不是由股东的意志所决定的。

日本的这种金融体制（接下来韩国和其他亚洲国家又相继效仿）最初实现了经济的跳跃式发展，经济增长速度很快。但是，在外汇市场开放和全球资本市场中的资本开始在国家间快速转移之后，日本的这种产业结构就显得过于僵硬了。它无法阻止资本外流和股票市场大幅下跌。

国家间壁垒的打破

亚洲并不是唯一一个不允许市场自由运行的地区。在1990年之前，绝大多数经济体的主要组成部分都处于政府管制的保护之下，管制的手段包括资本管制、产品市场限制和劳动力限制。绝大多数政府限制某些产品的进入，宣布本国货币不可自由兑换，对外国企业收购本地公司施加繁琐的手续，用最低工资和福利要求提高劳动力成本，甚至限制商店开门的时间。政府影响经济中资本的配置，是决定利率的主要力量，因为它垄断了印钞权和征税权。

网络资源：有关反倾销义务请见 http://www.wto.org/english/thewto_e/whatis_e/tif_e/agrm7_e.htm

这些壁垒限制了资本的流动，也妨碍了好经验的传播。如果效率更高的企业不能进入市场同现有的企业竞争，那么现有的企业将不会提高自己的效率。法国的农业就是这方面的一个好例子。尽管生产率很低，法国的农业在几十年里仍然受到政府的保护而免于国外的竞争。由于在这么长的时间里实行了保护，法国政府避免了重新安置数量巨大的几百年里一直务农的农民的难题。但是法国的农业市场和生产率却因此远远低于其他国家，法国的公众为农产品付出的价格高于其他国家的消费者。在日本，政府的限制令绝大多数行业中的竞争达到了最低的程度。低竞争反过来又产生了许多生产率很低的部门。由于一般来说这些部门中的日本企业不像其他国家中的企业一样有效率，为了让它们能够在海外进行竞争，唯一的办法就是由日本政府进行补贴，要么直接补贴，要么限制国内的竞争。

在这种情况下，当开放市场或全球化的趋势出现时，受到威胁的集团就会求助于政府。当本地制造商和本地劳工受到外部竞争威胁时，他们就会游说政府进行保护。在某些情况下，政府就会采取限制进口的措施，例如，2002 年日本政府对美国钢铁制造商进行了限制。在另一些情况下，政府可能向企业提供补贴，在绝大多数农业领域中政府就是这样做的。但是即使有了这些限制，经理们和大众一般来说还是能够发现自己国家经济体中的问题。资本总会流向经过风险修正后价值最高的地方。企业家们会四处寻找绕过壁垒或穿过壁垒的机会。这意味着，希望提高国民生活水平的国家在某种意义上必须提供最受投资者欢迎的经济环境并为此而相互竞争。国家需要吸引资本来提高生产率、就业率和经济增长。

新兴市场

新兴市场（emerging market）被认为是正在形成的世界秩序中主要的增长机会所在。例如，可口可乐公司预计它投资在中国、印度和印度尼西亚的 20 亿美元所产生的销售将在未来不确定的一段时间内每三年增长 1 倍，这三个国家占了全世界人口总数的 40%。与此形成对照的是，在美国，过去 10 年里可口可乐的增长率只有 4% ~5%。

新兴市场国家往往生活水平较低，实际人均国内生产总值低于 700 美元。新兴市场一词用于取代原来的欠发达国家（less developed countries，LDCs）的说法。这种改变说明了对这些国家的看法的变化。现在，它们被看成是市场，而不仅仅是极端贫困的等待工业化国家进行资助的国家[5]。

关税和其他限制措施

基于比较优势的自由贸易可以令全世界的产出最大化，消费者可以享受到比单纯的本国市场品质更高、价格更低的产品。如果对贸易实行限制，消费者将不得不对低品质的产品支付更高的价格，这将损害全世界的产出。对外国竞争实行保护在提高外国制造商成本的同时，也提高了本国经济的成本。当制造业务没有按照比较优势进行时，资源也就没有按照最有效率的方式进行利用。但是，为什么政府要进行贸易限制？答案主要是政治原因：某些集团可能会在自由贸易中受到损害，因此他们将游说政府实行保护。最常见的为实行保护进行辩护的理由是保住工作岗位，加强国防和保护新的产业，直到它们可以同外国企业进行竞争。

他们常说的观点是，如果将外国产品挡在门外，就可以为本国的劳工创造就业。这一论点的根据是如果不从外国进口，本国企业就可以生产这些产品，从而为本国工人而不是外国工人创造就业机会。这一观点的问题是只有受保护的产业才从中获利。由于本国消费者将为购买这些受保护的产品付出更高的价格，这就减少了他们消费其他产品和服务的能力，导致其他产业就业的下降。如果其他国家采取报复性措施限制本国产品进口，本国出口部门的企业的产出也将下降。

表 14.3 显示了在一些产业中日本和美国的企业通过保护获得的利益和消费者为此付出的成本。第 1 栏显示的是以更高的支付价格表示的国内消费者购买每一产业产品的总成本。第 2 栏是在该产业中保留工作岗位消费者需要支付的成本。请注意，以日本化工产业的保护为例，消费者的总成本超过了 150 亿美元而保留工作岗位的成本是 24 亿美元，生产者所得却只有 85 亿美元，见第 3 栏。

表 14.3　政府、消费者和产业保护法的成本

	消费者成本		生产者所得（百万美元）
	消费者总成本（百万美元）	保留每一岗位的成本（百万美元）	
日本			
食品饮料业	58395	762	43210
纺织与轻工业	8979	485	3341
金属	5162	974	2546
化学产品	15500	2385	8466
机械	21587	287	12286

（续表）

	消费者成本		生产者所得（百万美元）
	消费者总成本（百万美元）	保留每一岗位的成本（百万美元）	
美国			
食品饮料业	2947	488	1775
纺织与轻工业	26443	148	12242
化学产品	484	942	222
机械	542	348	157

资料来源：Data are drawn from Yoko Sazanimi, Shujiro Urata, and Hiroki Kawai, Measuring the Costs of protection in Japan (Washington, D. C.: Institutes for International Economics, 1995); and Gary C. Jufbauer and Kimberly Ann Elliott, Measuring the Costs of Protection in the United States (Washing-ton, D. C.: Institute for International Economics, 1994). Table is presented in William Boyes and Michael Melvin, Economics, 5th ed. (Boston: Houghton Mifflin, 2002).

另一个常见的保护本国产业的理由是国防需要。例如，人们说造船业应当置于国家的保护之下。仔细分析这些因为国防需要而受到保护的产业是有趣的：造船业（包括游艇和帆船）、铜、钢、基本金属、核能、航天、铁路、运输等等。

还有一个常见的观点是本国的新兴产业或新产业需要保护。在它们成长或成熟和实现了规模经济后，它们将不再需要保护。这被称为幼稚产业保护论。这种看法的问题在于，经过多年的保护，这些产业怎么也无法实现能够同外国企业竞争的高效率。这些企业缺乏提高效率的激励，因为一旦效率提高了，保护也将消失。

政府用来保护产业免受竞争的手段包括关税、配额和补贴。**关税**（tariff）是对进口和出口征收的税收。每个国家都会对至少部分进口征收关税。有些国家还对出口征收关税以增加政府收入。例如，巴西对咖啡出口实行征税。美国宪法禁止对出口征税。

图 14.3 以国内橙子市场为例说明了关税的效应。在没有国际贸易时，国内的均衡价格为 P_d，需求的数量为 Q_d，均衡点的位置是在供给曲线和需求曲线的交叉点上。如果世界橙子市场的价格 P_w 低于国内的均衡价格，该国会进口橙子。进口的数量是在价格 P_w 时国内的产量 Q_1 和世界价格下国内的需求量 Q_2 之间的差额。

如果世界交易价格低于没有国际贸易时的国内均衡价格，自由贸易将导致国内生产下降、国内消费上升。国内按世界价格的产品供给的短缺可以通过进口来满足。国内消费者得到了实际的利益，他们可以按更低的价格购买更多的

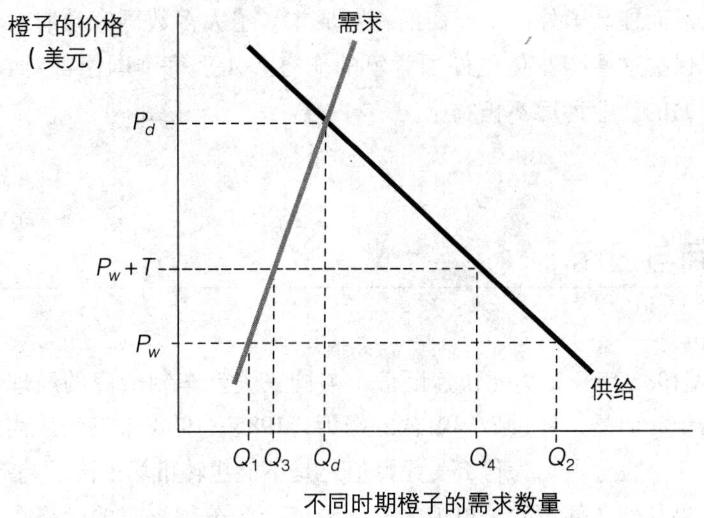

图 14.3　对进口橙子的关税

产品。但是国内的生产商却受到了损失，因为它们收取的价格下降而销售数量也减少了。

如果对橙子进口征收进口关税 T，则消费者支付的价格将是 P_w+T，而不是 P_w。在这一更高的价格水平下，国内生产商将生产数量为 Q_3 的产品而国内消费者将消费数量 Q_4 的产品。相对于自由贸易条件下的均衡，关税的效应是提高国内生产商的产量，降低国内的消费。国内的生产商从中获得了好处，因为关税帮助它们提高了销售和价格。国内的消费者支付了更高的价格而买到的橙子却比自由贸易条件下少。

配额（Quotas）是对进口和出口产品的数量与价值施加的限制。数量配额是对产品的物理数量的限制。例如，2000 年，美国只允许进口 150 万吨糖。尽管同多米尼加、古巴相比，美国在糖的生产方面缺乏比较优势，但配额的存在令美国企业的糖产量占到全世界的 6%。

其他限制自由贸易的措施包括补贴、政府采购规定（必须购买本国产品），以及健康和安全标准。政府对在本国市场上的产品制定的标准可以保护本国生产商免受外国企业的竞争。日本政府曾经禁止外国制造的雪橇进入日本市场销售，理由是在日本的雪地里这些雪橇不安全。一些欧洲国家禁止进口美国牛肉，因为美国政府允许给肉牛喂激素。在 20 世纪 60 年代后期，法国规定国内销售的拖拉机的时速不得超过每小时 17 英里，德国规定不得超过 13 英里，荷兰的规定是 10 英里。其他国家制造的拖拉机必须经过改造才能在这些国家中进行销售，从而提高了外国生产商的相对成本。绝大多数国家政府对某些产业进行补贴以保护这些产业免受外国竞争的伤害。几乎每个国家都对农业进行补贴，但是补贴的产业远远不止农业。

案例回顾
汽车制造商与日元

从 1985 年开始美元快速贬值，美国三大汽车制造商的经理们心中燃起了新的希望。但是，经过 3 年艰苦的努力，1985—1988 年三大厂商的市场份额又下降了 5 个百分点。为什么美元贬值还是不能扭转市场下降的趋势呢?

如果其他条件不变，单纯的美元贬值会令美国汽车的价格在其他国家里变得便宜。例如，假定在田纳西州制造宝马的价格是 4 万美元。假设美元对欧元的汇率是 1 美元兑换 1.4 欧元，则宝马在欧洲的销售价格是 5.6 万欧元。如果美元贬值，比如说从 1 美元兑换 1.4 欧元贬值到 1 美元兑换 1.1 欧元，那么，美国制造的宝马汽车的价格变成了 4.4 万欧元。在欧洲，这款轿车的降价幅度相当大，达到了 21%。如果这款车的价格弹性是 0.8，21% 的降价会增加 16.8% 的销售。

那么究竟是什么原因导致美元贬值没有提高美国汽车的销售呢？如果外国汽车厂也跟随降价，或者如果美国汽车厂提高价格以冲销美元贬值的影响，则美国汽车的销售将保持不变。例如，假设当美元汇率从 1 美元兑 1.4 欧元下跌到 1 美元兑 1.1 欧元后，美国宝马公司将汽车的美元价格从 4 万美元涨到 5 万美元。则汽车的欧元价格将变成 5.5 万欧元，相对于从前的价格 5.6 万欧元只是微小的降价。或者假设在美元贬值之后，戴姆勒—奔驰公司将原价 5.6 万欧元的奔驰轿车降价到 4.4 万欧元，这样，由于美元贬值所导致的美国汽车价格下降也同样不会令奔驰轿车的购买者转向购买宝马车。

小　结

1. 汇率是用一种货币同另一种货币进行兑换时的比率或价格。
2. 一价定律意味着不同市场上同一产品的价格（或利率）的差异保持在同时在不同市场上买进和卖出该产品无法获利的水平上。
3. 购买力平价（PPP）意味着经过汇率调整后，同样的商品在不同国家中的价格是一样的。利率平价意味着经过汇率调整后，同样的金融资产在不同国家中的回报率是一样的。

4. 外汇风险是对利润产生反向影响的汇率变化。
5. 远期合约和期货合约是在未来某一时间以某一价格购买和销售外汇的合约。
6. 购买外汇的期权合约是在未来以一个约定价格购买外汇的权利，但并不承担必须这样做的义务。
7. 外汇风险有两种类型：资产负债表外汇风险或称契约风险和市场外汇风险。市场外汇风险取决于对手是国内的还是国外的，以及需求是否具有价格弹性。
8. 贸易管制有利于国内生产商，它的形式包括关税和配额。关税是政府对进口或出口商品征收的税。配额是对可以进口和出口的产品数量或产品价值的限制。
9. 主张实行贸易保护的理由包括保留国内的工作岗位、加强国防力量和保护幼稚产业。

关键词

外汇	利率平价（IPP）	远期汇率
汇率	资产负债表外汇风险	远期合约
即期汇率	市场外汇风险	外汇期货
一价定律	远期外汇合约市场	外汇期权
购买力平价（PPP）	对冲	关税
套利	配额	

练　习

1. 一个定价过高的货币是预期将相对于其他货币贬值的货币。对于一家需要向其他国家销售产品的企业来说，本币高估会有什么影响？
2. 假设你管理着一家下面所描述的企业，你应当如何保护自己的企业免受外汇汇率波动的影响？你认为美元贬值对你的企业会产生什么样的影响？
   a. 一个小国，只同美国进行贸易。
   b. 没有对外贸易的国家。

c. 一个通货膨胀率高达300%的国家。

d. 一个希望出口商能够轻松地获得进口投入品，但不希望国家的其他国民进口商品的国家。

e. 一个大型的工业化的经济体，类似于美国或日本。

3. 货币升值或贬值的意思是什么？各给出一个例子并简要说明导致它们发生的原因是什么。解释这些变化如何影响一家在本国生产而将产品销往外国的企业的销售。

4. 假设由于偏好方面的作用，德国居民购买了更多的美国商品，这一现象会对汇率产生什么样的影响？这会如何影响一家在美国生产而在德国销售的公司的业务？

5. 你的公司需要筹集1000万美元用于业务扩张。在下面各种情况下，你会采取什么样的筹资方法？

a. 假设公司只在国内销售。

b. 假设公司在几个国家里进行销售。

c. 假设公司是私人持有的，没有发行股票。

6. 请解释本币升值对下面各种情况下公司收入的影响：

a. 公司只在国内销售。

b. 公司从其他国家采购原料。

c. 公司在国内和国外进行销售。

d. 公司在其他国家有制造工厂。

7. 你的公司在某一新兴市场中拥有制造设施。该国决定对外国企业实行贸易限制，要求所有的企业必须由本地企业占多数股份。你应该如何应对这一变化？

8. 你遇到汇率变化的问题，希望能够将汇率的风险最小化。你应当采取什么措施？描述通过金融市场和在公司开展业务的外国设厂这两种将外汇风险最小化的方法各自的利弊。

9. 假设墨西哥和美国是一种电子交换机的唯一市场。每一种电子交换机在这两个国家里的供应和需求情况如下表所示。

美国		
价格（美元）	需求数量（百万）	供应数量（百万）
20	10	4
40	8	6
60	6	8
80	4	10

墨西哥		
价格（比索）	需求数量（百万）	供应数量（百万）
190	5	2
380	4	6
570	3	10
760	2	14

a. 假设两国间实行自由贸易，汇率是 9.5 比索兑换 1 美元。均衡价格是多少？

b. 电子交换机将由哪个国家向另一个国家出口？

c. 假设美国决定向每个电子交换机征收 100 美元的关税，这将对进口和出口产生什么影响？

d. 假设汇率改变为 10 比索兑换 1 美元，上面三个问题的答案会有什么不同吗？

10. 林肯电气公司制造一款仅在欧洲和美国销售的新型电子马达。在美国对该产品的需求为：

$$Q_u = 20 - 2P_u$$

其供给为：

$$Q_u = 5 + 3P_u$$

其中，P_u 是美元价格，Q_u 是产品每月的均衡数量（千）。

在欧洲，对该产品的需求为：

$$Q_e = 45.5 - 3P_e$$

其供给为：

$$Q_e = -5 + 2P_e$$

其中，P_e 是欧元价格，Q_e 是产品每月的均衡数量（千）。

用当前的汇率（请自己查询）确定每一产品在各个国家的各币种价格。

假设美国对该产品实行了 $T = 0.1Q_e$ 的关税。这将如何影响该产品在美国的价格？在欧洲呢？

11. 一家企业在中国设厂生产，产品销往欧洲和美国。它的人民币成本为：

$$TC = 50Q - 10Q^2 + Q^3$$

其在美国的需求为：

$$Q_u = 20 - 2P_u$$

在欧洲的需求为：

$$Q_e = 45.5 - 3P_e$$

其中，P_u 是美元价格，而 P_e 是欧元价格。

a. 运用当前汇率计算利润最大化的价格和数量。
b. 解释或证明如果美元相对于人民币贬值，而欧元同人民币汇率保持稳定时会出现什么情况。
c. 解释该公司将面临什么样的资产负债表外汇风险。
d. 解释该公司将面临什么样的市场外汇风险。
e. 解释该公司如何对冲外汇风险。

本章注释

[1] The Irish punt was fixed against the euro in 1999. This case took place prior to that date.

[2] Stephen Wyatt, "Cotton Farmers Face Crisis Over Hedging," *Australian Financial Review*, May 24, 2002, p. 1.

[3] An interesting view of the effects of a global capital market on economic development is provided in Lowell Bryan and Diana Farrell, *Market Unbound*: *Unleashing Global Capitalism* (New York: Wiley, 1996).

[4] Michael A. Clemens and Jeffrey G. Williamson, "Wealth Bias in the First Global Capital Market Boom, 1870–1913," Harvard Working Papers, May 2002 (http://post.economics.harvard.edu/faculty/jwilliam/papers/Wealth_Bias.pdf).

[5] Interesting discussions of capital flows in these countries can be found in *Risk Management in Emerging Markets*: *How to Survive and Prosper by Carl Olsson* (London: Financal Times Management, 2002) and *Emerging Markets*: *A Practical Guide for Corporations*, *Lenders*, *and Investors* by Jeffrey C. Hooke (New York: John Wiley & Sons: 2001).

CHAPTER

15 政府与商业

案例：微软公司

美国司法部指控微软公司犯有阻碍竞争的行为，声称该公司非法利用其市场权力，企图在高技术产业的某一特定领域中破坏竞争。世界上90%的个人电脑使用微软公司的Windows操作系统，这是一种运行计算机的主要软件。政府指控微软公司利用其Windows操作系统在市场上的主导地位在另一项业务——互联网接入中获得不公正的利益。1995年，微软公司开始向其Windows操作系统的用户提供互联网浏览器而不加收任何费用。这一行动从其他互联网浏览器的生产商手中夺走了业务，其中受害最深的是网景公司。据说微软公司要求安装Windows操作系统的计算机制造商必须同时安装微软公司的浏览器。司法部说应当强迫微软公司将浏览器从Windows软件中分离开来，或者在该软件中同时包括竞争对手的浏览器。微软辩称要在Windows软件中包括竞争对手的软件就好比在可口可乐的6罐装可乐包装中加进3罐百事可乐，而将浏览器从Windows操作系统中分离出去就像要可口可乐减少其配方中的某种东西。微软公司是一家恃强凌弱的企业还是真的因为它在行业内做得最好？微软公司怎样才能避免反托拉斯诉讼？

15.1 政府对商业的干预

经理们必须理解公司外部因素和公司市场战略之间的联系。他们必须了解政府的规定和条令，并且知道它们将对企业产生什么影响。

假设某一产业的价格和市场准入在许多年里一直受到管制。现在，由于新的解除管制的法令导致竞争环境发生了变化，现有的企业可以扩张它们的业务，而竞争对手也可以自由进入该产业用更低的价格吸引顾客。如果没有一套应对的战略，产业内已有的企业将很快陷入困境。在那些20世纪80年代和90年代由计划经济转向市场经济的经济体中，这一现象表现得十分明显。在美国，电力产业提供了一个生动的案例，显示了在经过多年的垄断保护后企业进行转型将遇到怎样的困难。在管制委员会宣布向竞争者开放市场后，许多电力企业陷入困境，不知所措，它们盲目地进入一个又一个产业，试图在新的竞争环境下找到自己的定位。

下面我们来考察另一个例子。一家企业在考虑是否同以前的竞争对手合并。它花费了很大的代价进行了合并前的尽职调查，然后向对手公司提出合并邀请。此时，司法部或联邦贸易委员会（FTC）开始介入，不允许进行合并。假如这家公司事先对于政府可能的反应有所了解，也许就不会在前期花掉那么多冤枉钱。这一情景曾经真实地发生过。1996年，全美最大的药品连锁店Rite Aid决定收购Revco公司，后者是全美第二大药品连锁店。Rite Aid在全美有2760家店，Revco有2100家店，合并后企业的规模将是最接近的竞争对手Walgreen公司的2倍。考虑到合并后可能对竞争产生的不利影响，联邦贸易委员会反对这宗合并。Staples公司的CEO当年在试图同Office Max公司合并时也曾经遇到同样的问题，合并被联邦贸易委员会否决了。有人问他：“在公司试图进行合并时，一方面要照常运营本公司的业务，一方面要考虑合并完成后两家公司的经营计划，同时还要提防联邦贸易委员会和司法部的干预，你是如何做到所有这一切的?”CEO回答说那样做的确代价高昂：“你要先安排一些人专门负责合并业务。我们挑选了大约20人离开原来的工作岗位全职做这方面的工作，其他大多数人还要专注于手上的业务。除此之外，我们还需要一大堆外面的人帮助工作：律师、会计师和经济学家。”[1]

在这一章中我们将讨论政府和商业之间的互动。我们将考察政府干预商业活动的两种主要方法——反托拉斯政策和产业管制。反托拉斯政策是一种保证商业“公平”竞争的政策，对行为准则和可接受的行为类型加以限定，违反的公司将被起诉。管制则意味着政府更大程度的介入。管制分为两种类型——经济管制和社会管制。经济管制专注于某一特定的产业，管制的范围从规定价格和产出的行为到亲自控制和运营企业。社会管制涉及所有的产业，其中包括了产品和工作场所的健康与安全标准、保护环境的标准，以及政府对企业和个人的其他限制。

15.2　反托拉斯政策

网络资源：了解美国反托拉斯法的情况请访问
http://www.ftc.gov/bc/compguide/index.htm
http://www.antitrust.org/
http://www.usdoj.gov/atr/

在美国，反托拉斯政策的依据主要是《谢尔曼法案》、《克莱顿法案》和《联邦贸易法案》。1890 年的《谢尔曼法案》规定“任何限制贸易的合约、联合或共谋”都是非法的，并且“垄断或试图垄断或共谋垄断的行为属于重罪”。1914 年的《克莱顿法案》以《谢尔曼法案》为基础，规定了一系列可能产生反竞争效果的行为，包括搭售协议、排他性交易、合并和互派董事的行为。在美国，反托拉斯法主要由两家联邦机构——司法部反托拉斯局和联邦贸易委员会——及每个州的司法部长负责。联邦贸易委员会成立于 1914 年，它的使命是消除任何“不公正”的竞争行为。1931 年，它获得了保护消费者免于不公正或欺骗性对待的权力。

反托拉斯行动通常针对大型企业，因为大型企业通常拥有更大的市场权力。政府干预大型企业的理论依据是将完全竞争（大量的规模较小的企业）和垄断（只有一家大型企业）的结果进行对比。图 15.1 描述的是一个完全竞争的市场，均衡点的价格和数量是需求曲线和供给曲线的交叉点。消费者剩余——消费者从自由市场中获得的奖金——是消费者愿意支付的价格（需求曲线）和消费者实际支付的价格之间的差异。

下面考虑如果市场由一家企业支配时会发生什么情况。此时，市场供给完全由一家公司（垄断者）提供，而不是像在完全竞争的情况下由一大批生产相同产品的小公司提供。如图 15.2 所示，垄断者的产量将位于 $MR = MC$ 的位置上，即边际收益等于边际成本。市场需求对应着一定的边际收益，垄断者除非降低价格才能增加销量。市场供给量是垄断者愿意和有能力在任何价格下供给的数量——由垄断者的边际成本曲线（等于完全竞争条件下各家公司成本曲线之和）代表。

在完全竞争市场中，所有的企业生产数量为 Q_{pc}，销售价格为 P_{pc}。垄断者生产数量为 Q_m，销售价格为 P_m。因此，在垄断的条件下生产量减少了而价格

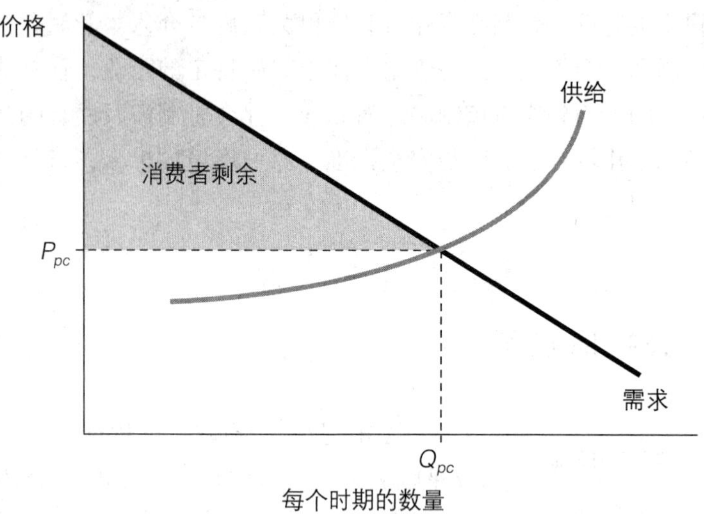

图 15.1 完全竞争市场中的价格、数量和消费者剩余

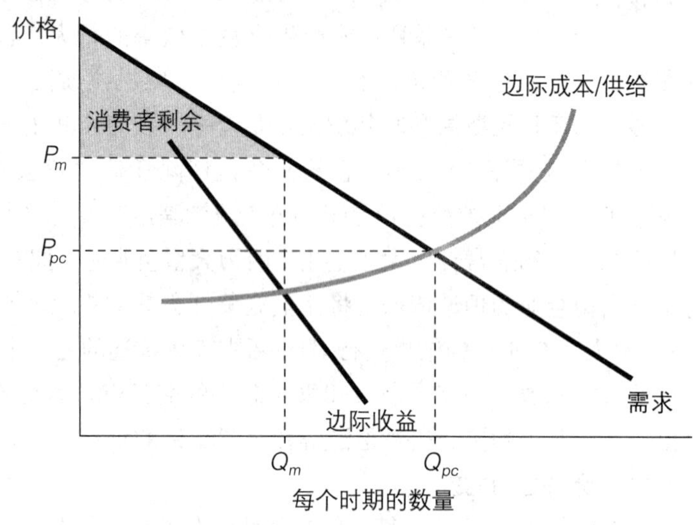

图 15.2 垄断市场中的价格、数量和消费者剩余

却提高了。与此同时，消费者剩余减少了。这一对比为反托拉斯当局提供了针对大企业的动力。

什么是大企业？政府对大企业的定义是以计算企业对市场的控制程度为基础的。赫芬达尔—赫施曼指数（Herfindahl-Hirschman Index，HHI）是计算集中度的指标——即一家或几家公司在市场上的支配地位的指标。该指数的计算方法如下：

$$\text{HHI} = (\text{规模})^2 + (\text{规模})^2 + \cdots + (\text{规模})^2$$

其中（规模）^{2}是企业规模的平方。一个产业中，如果 5 家企业每家拥有 20% 的市场份额，则 HHI 指数为 2000。如果最大的企业拥有 88% 的份额而其他 4 家各占 3%，则 HHI 指数为 7780。HHI 的数值越高，个别企业对市场的主导程度越高。

在企业合并的案例中，政府会计算合并之后的 HHI 指数，看合并后这一数值是否太高或增长幅度太大。1992 年，司法部和联邦贸易委员会发布针对水平合并的准则，披露了自此以后反托拉斯当局对可能的合并对产业竞争影响的判断方法。这一准则规定，如果在合并后 HHI 超过 1800，则凡是导致 HHI 增加值超过 100 点的合并将被认定为创造或加强了市场权力或有助于市场权力的出现。但是准则中也提供了使这种反竞争假设无效的方法，即证明"如果进入该市场非常容易，市场的参与者在合并后无论独自或集体均不可能将价格保持在合并之前的水平以上并获得利润，因此合并不太可能创造或加强市场权力或有助于市场权力的出现"。换句话说，不仅市场必须是集中的，而且占主导地位的企业还必须能够在缺乏低价格竞争者强大压力的情况下保持价格增长。

联邦贸易委员会对上述准则的遵守并未表现得一以贯之。2001 年，该委员会批准了价值 30 亿美元的 AmeriSource Health 公司和 Bergen Brunswick 公司的合并。这次合并将 HHI 指数提高到 2700，增加了 450 点。不过，这一次联邦贸易委员会支持了企业的声明，全国第三大和第四大处方药批发店的合并可以产生合并前不可能达到的效率。然而，联邦贸易委员会的规定并不是前后一贯的。它允许波音公司同麦道公司合并，尽管这次合并的结果是造成国内商用飞机制造市场事实上的垄断。世通公司收购 MCI 通信公司的行为却受到了严重怀疑，联邦贸易委员会经过检查认为合并将造成新公司控制 50% 的互联网骨干市场。南方太平洋和联合太平洋的合并得到了批准，尽管合并后的企业将获得大部分铁路线的控制权，但其他的合并却被禁止。那么禁止某些合并而批准另一些合并的标准是什么呢？现实的情况是法庭和政府当局对法令的解释随着政府变换而变换。因此，经理必须掌握现政府对反托拉斯行为的立场。

在美国，反托拉斯政策的发展经过了几个阶段。第一阶段从 1890 年《谢尔曼反托拉斯法案》获得通过直到大约 1914 年。在这一阶段中，有关的诉讼并不多。法庭运用"合理原则"（rule of reason）判断企业的行为：成为垄断者或试图垄断本身并不是非法的，非法行为的判定取决于行为在竞争中的"不合理"或"不公正"，反竞争的效果必须得到证明。

反托拉斯政策的第二阶段始于 1914 年《克莱顿反托拉斯法案》和联邦贸易

委员会法案的通过。在这两部法律通过后，法庭开始运用“本身违法原则”（per se rule）判断企业可能导致垄断的行为，只要有这些行为存在即足以作为有罪的证据。

到了里根当总统的20世纪80年代，反托拉斯行为唯一的法律目标就是价格限定（price fixing）。在长达10年的时间里，这一政策变成了政府实际上不采取反托拉斯的行动。自那时以来，反托拉斯官员一直在争辩说反托拉斯行动的对象不限于价格限定。这些行动包括：搭售，强迫顾客在购买一种产品时必须购买另一种产品（回忆微软的案例）；排他性交易，压迫分销商放弃竞争对手的产品（在针对安—布啤酒公司和柯达公司的政府诉讼中这是主要的诉因）；设定产业标准，一种标准成为主导的标准或者只有一种标准被使用（微软的Windows操作系统属于这种情况）。

针对可能违反反托拉斯法的诉讼可以由司法部、联邦贸易委员会、州司法部长或私人原告发起。1941年以来，司法部和联邦贸易委员会一共发起了将近2800件诉讼案。然而，从1970年以后，私人诉讼的数目超过了司法部和联邦贸易委员会加起来的数目，其比例是10:1。

反托拉斯法的目标是通过限制大企业的反竞争行为“创造一个公平的竞技场”。将近80个国家已经颁布了类似的法律，尽管限制的程度有所不同。每个国家的反托拉斯法针对的都是本国企业，但是这样的法律也会影响到外国企业进入本国市场的能力，甚至因此无法进入外国市场。例如，同一国家里两家企业的合并或联盟会影响其他国家的竞争。以波音公司为例，这家民用飞机制造商收购了处境不佳的麦道公司。这一合并得到了美国反托拉斯当局（联邦贸易委员会和司法部）的支持，但欧盟竞争委员会却对此表示谴责，认为这一合并将减少欧洲市场的竞争，损害波音公司在欧洲的竞争对手——空客公司。来自不同国家的两家企业的合并也会在各自国家的市场产生不同的影响。例如，英国航空公司和美国航空公司的联盟在美国被视为有利于竞争，而在英国则被视为损害竞争。

同其他国家相比，美国对商业行为的限制在条款上是较为严厉的。当20世纪20年代和30年代美国开始适用“本身违法原则”时，大多数欧洲国家还根本没有反托拉斯法，卡特尔盛行。即使在今天，许多国家仍然支持在美国被禁止的卡特尔和企业间的合作行为。

国家间在反托拉斯法方面的差异有部分原因可以由第二次世界大战后各国的成长和发展来解释。欧洲和日本的经济在战争中受到了严重的损害。作为战败者，德国和日本被盟国占领，它们的法律由占领国进行了重写。因此，它们国内的反托拉斯法很像是美国的法律。然而，由于欧洲和日本关心的不是大企业，而是太小的、无法在国际市场上竞争的小企业，反托拉斯法从未被强制执行过。企业只有实现一定的规模才能获得规模经济效应，从过去几十年的情况来看，似乎只有美国企业达到了这一标准。因此，在美国政府担心企业规模太大的时候，其他国家却在拼命扩大其企业的规模。只是在 20 世纪 70 年代之后，欧洲国家才开始像美国 40 年代以来那样建立和执行反托拉斯法。

防止违反反托拉斯法的战略

竞争战略意味着企业必须开发一种独特的能力，这种能力在市场中应该是有价值的。为了提高股东的价值，企业往往必须实现差异化，扩大规模以实现规模经济或组建联盟。然而这些竞争战略也可能会被政府的反托拉斯机构看成是反竞争的。近年来，战略联盟和其他形式的合作成为企业战略中越来越重要的部分，但是协作的安排往往引来反托拉斯当局的调查。如果政府将无过错的行为视为反竞争性的，就会出现问题。例如，在过去的 10 年中，曾经发生过针对下面情形的反托拉斯行动：航空公司使用公告票价的票据交换行；化学和制药产业中专利产品的许可协议和再谈判；竞争酒店间共享信息；婴儿食品公司通过产业贸易协会交换广告和营销计划；在线债券交易和外汇交易产业的某些合资企业。企业可能认为自己有权禁止竞争对手利用自己的设备和配件，但是像惠普、利盟、佳能和爱普生这样的打印机制造商在 2002 年却因在墨盒销售上的反竞争行为而受到欧洲管制当局的调查。这些企业在欧洲的市场份额受到打击，因为许多企业将原始的墨盒重新装上墨粉，然后以新墨盒几分之一的价格在市场上销售。这些大企业的反击方法就是在墨盒中安装一种“杀手”芯片，令墨盒无法重装。欧洲的管制当局认为，这种做法是反竞争的。

企业间的信息交换，哪怕是非正式的讨论，有时也会引起反托拉斯当局的注意。有时商人们会聚在一起讨论别的事情，但无意中也可能交换了他们不应当交换的信息。例如，在某一案例中，法庭支持了对几名房地产经纪人限价行为的定罪，因为其中一名经纪人在同其他经纪人的聚餐中讨论了改变佣金费率的问题。此后的几个月中，参加聚餐的房地产经纪人相继调整了各自的佣金费率[2]。在另一个案例中，联邦贸易委员会指责被告的代表同竞争企业的官员会面并且邀请对方就双方均生产的产品实行限价。经理们辩称他们只是到竞争对手的工厂参观竞争对手的低成本制造工艺。他们会面的本意不是为了讨论价格问题。然而，控方指责说被告很快就开始讨论价格了[3]。在另一个案例中，政府禁止航空公司使用同一个票据交换行公告票价。尽管这样的安排有助于旅行社方便地获得票价信息，但司法部认为 8 家航空公司使用计算机化的票价交换系统不合理地限制了国内航空旅游业的价格竞争。

竞争者之间的讨论经常发生在正常的商业过程中，企业间的联系包括同竞争对手组建的合资公司、正在考虑合并的竞争企业以及其他正式的联系。经理们在这种联系中必须考虑反托拉斯的法律和政策，可能需要在企业中创造适当的内部结构或组织设计来保证信息的流动不会被理解为是反竞争的。同样，试图同竞争对手谈判建立某种联系的经理们必须谨慎从事，注意应该透露哪些信息、在什么时间透露和向谁透露。

在交易之前同潜在合伙人的谈判内容在反托拉斯执法中是很重要的证据。当水平性竞争者进行合并讨论而最后未能达成交易时就会出现这种问题。

关于哪些竞争对手可以获得许可，哪些许可可以交换，哪些条款可以写进许可协议，政府都有规定。根据政府的准则，允许你的主要竞争对手以许可协议的形式销售你的产品可能被视为减少竞争的行为。

利用专利主导市场可能也会被视为反竞争的行为。专利政策允许专利持有人拥有排他性的使用权，但只要市场上存在同专利产品竞争的产品，这并不一定是问题。如果缺乏这类替代品，经理们在使用专利时就要小心一些了。大型制药企业在 2001 年就因为利用专利限制基因药物进入市场而受到调查。

利用反托拉斯法作为企业战略

了解反托拉斯当局将检查或禁止哪些行为是非常重要的。但防卫并不是利用反托拉斯法的唯一途径。有时在市场上无法获得的效果可以通过法律行动来获得。每年由私人部门提起的反托拉斯诉讼是政府的 10 倍。拒绝交易是最常见的案由，其次是水平限价、搭售或排他性交易以及价格歧视等。

企业可以通过提起诉讼达到改变竞争对手市场行为的作用。例如，英特尔公司起诉 AMD 公司使用了英特尔的微代码。AMD 接下来就要考虑是继续复制英特尔的微代码还是开发自己的微代码。如果它继续复制英特尔的微代码并且万一输掉了这场官司，法庭可能会判令它不得销售相关的 AMD 微处理器。AMD 公司经过权衡决定改变自己的行为。

即使双方没有对簿公堂，起诉本身也可能获得改变行为的效果。CIBA Vision 公司同意和私人原告们达成和解，并不是因为它认为起诉有充分的依据，而是因为诉讼涉及的成本和干扰超过了和解的成本。

有时甚至仅仅是起诉的威胁就足以解决问题。1999 年，维珍航空公司宣布它正在考虑起诉 4 家旅行社：Thompson、Airtours、First Choice 和 Thomas Cook。维珍航空公司声称这 4 家公司下属的旅行社在提供了本公司产品后才提供非附属旅行社的产品，因而违反了公平竞争。这一声明立刻改变了这几家旅行社的行为。

国际竞争和反托拉斯战略

经理们还需要了解国际性的反托拉斯和管制当局。世界贸易组织（WTO）是由关贸总协定（GATT）于 1995 年创立的解决国际性贸易纠纷的组织。到 2002 年，WTO 拥有 133 个成员，还有 30 个其他国家正在申请加入。WTO 在下述领域中制定和执行协议：海关管理、环境限制、知识产权和倾销。WTO 的永久性机构是由各个成员国家的部长们组成的理事会。WTO 对下述措施制定了严格的执行表：磋商，向专家组提交的观点和建议，将争议提交某一争议解决实体的选择权，以及组织决定的强制执行。

最常见的涉及外国公司的案例是倾销（dumping）。根据 WTO 的规则，各国有权对销售价格低于"正常价值"——指本国国内的价格或生产成本——的进口产品征收反倾销税。经济学理论意义上的"倾销"指的是企业在外国市场上销售的产品的价格低于它的平均可变成本。而在现实中，只要产品售价低于本国产品，通常就会引起反倾销诉讼。假定一家企业的产品在欧洲是无价格弹性的，而在美国则是有价格弹性的。一家销售这些产品的欧洲公司会设法将欧洲的销售价格定得高于美国的销售价格。但是这一利润最大化的决策在美国却可能受到本国销售同样产品的企业的倾销指控。

通常情况下，对外国企业不满的企业或产业会向本地机构提起诉请，然后由原告或政府向 WTO 提起诉请。在美国，倾销投诉由两个政府部门负责：一家机构是商务部，它负责认定一家企业是否属于外国企业，其销售价格是否低于公平价值，幅度如何；另一家机构是国际贸易委员会（ITC），它决定美国的产业是否受到外国企业的损害。诉案始于美国企业向商务部进口管理办公室提起诉请，后者检查提交的诉请，决定是否应当开始正式的调查。如果诉请被接受，案件就会被交给 ITC，它会先作出一个临时的判断，认定受影响的美国企业是否受到倾销进口产品的损害。如果 ITC 认定存在着损害的事实，则案件将退回商务部，启动全面的调查。

公司也可以提起诉讼。例如，20 世纪 90 年代的亚洲金融危机损害了美国的纺织产业，因为亚洲货币的贬值导致了亚洲纺织品的价格下降。来自亚洲国家的人造纤维织物的进口增加了 51%，而从亚洲进口的所有纺织品在 90 年代末期增加了 35%。美国纺织行业求助于针对亚洲供应商的反倾销行动来减缓竞争。

2002 年年初，美国已经对 40 个不同国家的 265 种产品项目实行反倾销措施（主要是对进口征税）。美国是世界上最大的反倾销措施采用国，名列第二的是欧盟，它针对 150 个项目实行了反倾销措施。反倾销是国内企业对付外国竞争者的常用武器。1916—1970年，美国每年平均发生15起反倾销案例。到了80年代和90年代，这个数字上升为每年60起。从90年代后期到21世纪初，这个数字大约为每年50起。这一趋势同样表现在世界范围内。在80年代，全世界发生了1600宗反倾销案例，是70年代的2倍。在90年代，全世界总共发生了2500宗。2000年的数字是272宗[4]。

反倾销案例的增加是世界贸易增长的反映。正如我们在前面的章节中所讨论的，自由贸易损害了某些集团的利益，受损害的集团希望能够冲销这种损害或将其最小化。反倾销法已经取代了关税、补贴和配额的作用。

反倾销行动经常激起反诉的措施。政府经常代表企业进行反诉。20世纪90年代中后期的贸易赤字增长促使美国政府提起针对欧盟和其他国家的歧视美国产品的诉讼。例如，美国指责欧盟以政府对一项航班管理系统的支持向空中客车公司提供了不公正的补贴。美国政府还指责欧盟对版权和商标的执法令美国的奶酪和葡萄酒产业受到不公正的对待。印度则因为刁难打算在当地设厂的美国汽车公司而受到指责。美国政府还指责韩国采取不正当的限制手段妨碍美国建筑企业投标机场工程和限制牛肉进口。这份单子还可以继续开下去。

在大多数情况下，是非曲直并不是很重要。只要国内的企业能够获得本国政府的支持对外国企业实施处罚或诉诸WTO，国内企业就会从中得利。1995年，因为日本汽车制造厂和汽车销售公司间的排他性关联，美国政府几乎就要向日本豪华轿车征收惩罚性关税了。如果不是日本人实行了“自愿的”约束，美国人可能真的会采取行动。最后，案子会上诉到WTO。1997年，美国曾经在WTO输过一次，当时它指控日本胶卷和相纸的市场领导者富士公司用控制分销商和零售商的方法将柯达公司阻挡在日本市场之外。

15.3 政府管制

关于管制的更多信息请见
http://www.osha.gov/
http://www.regulation.org/

如果说反托拉斯政策旨在阻止不公正的竞争或垄断行为，除此之外并不干预企业的行为，那么管制则是政府对企业的更加深入的干预。管制包括两种：经济管制和社会管制。经济管制指的是政府干预某一产业或某些企业的价格和产出水平。社会管制指的是政府规定绩效标准、工作场所健康和安全标准、辐射标准，以及许多适用于所有产业或多个产业的产出和工作的标准。

经济管制

政府可能限制某些产业涉足某些活动或业务，例如，政府禁止银行出售保险或销售股票。或者它也可能要求某些企业服务于特定的市场，例如要求电话公司和航空公司为边远地区提供服务。但是最大的经济管制还是政府对自然垄断（natural monopoly）产业的管制。在经济管制开始实行的 20 世纪 30 年代，人们认为一家处于自然垄断地位的企业由于它的成本地位，会提高价格和减少产出。自然垄断是规模经济的一种结果。当规模经济效应贯穿整个市场时，最后就会只剩下一家供应商。由于居于垄断地位，这家企业就会提高价格赚取超额的利润，并且阻止其他企业进入这个市场。因此，政府希望通过管制令自然垄断的企业像一家完全竞争的企业一样进行定价和销售。

图 15.3 描述了管制发生作用的原理。垄断企业收取的价格为 P_m，销售数量为 Q_m。完全竞争性企业的销售价格等于市场价格，这一价格是需求曲线和供给曲线的交点——对应的价格和数量为 P_r 和 Q_r。管制将迫使企业以更低的价格销售更大的数量。管制委员会定价的做法是先计算平均会计成本，再根据公平的资本回报率加上一个加成——这称为回报率管制。

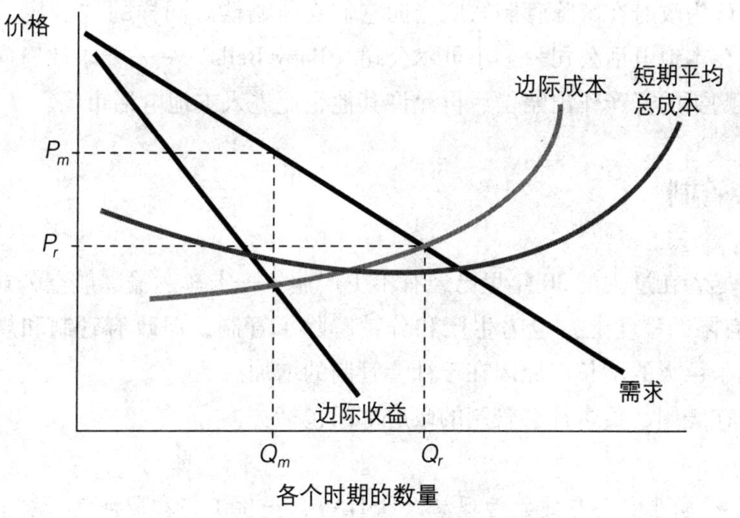

图 15.3　受回报率管制的企业

回报率管制指的是由政府规定企业的定价和必须销售的数量。必须接受回报率管制的产业包括电力、电信、卡车运输、铁路、航空和有线电视。假设一家电力企业拥有3亿美元资产，管制当局允许它赚取10%的回报率。则这家电力公司被允许赚取的会计利润为3000万美元。这家公司的价格和数量将只允许它赚取这么多的利润——前提是顾客能够获得满意的服务。

你也许会注意到回报率管制会激励企业设法提高资本成本。因为回报率管制委员会设定的回报率适用于企业的资产，从根本上说，它允许企业将成本增加转嫁给顾客。

联邦和州级政府都有管制机构，绝大多数产业在两级政府中都受到管制。例如，电力产业必须满足顾客的需要，根据州管制委员会的定价提供电力。同时，联邦能源管制委员会（FERC）管制跨越州界的电力输送。核能也受联邦管制。

关于政府管制的网上资源
http://www.archives.gov/federal_register/publications/about_the_federal_register.html

经理们固然可能会了解影响其企业的经济管制，但重要的是企业经理们应当了解可能的政策变化。请考虑电力产业和电信产业正在发生的变化。回报率管制引诱企业购买超出竞争性企业用于生产相同产出所需要的资源。当管制被解除后，这些过度的资本开支可能成为企业股东的成本负担。这正是电力生产和分销以及电信产业管制解除之后所发生的情景。当政府试图解除对这些产业的管制时，这些企业指责政府令其资产“搁浅”。这些企业争辩说，如果不是因为管制当局的要求，它们本来可以不必如此大举投资于资本品。因此，它们认为政府在解除管制时应当向它们支付赔偿。同样的“搁浅”资产争论也出现在本地电话公司——小贝尔公司（Baby Bells）——要求政府向其在被管制期间购买的资产作出赔偿后再允许其他企业进入本地电话市场。

社会管制

尽管在过去的30年里已经有不少产业——卡车运输、航空公司、电信以及（在有限的程度上）电力生产和分销解除了管制，但政府管制和规定的数量却出现了巨大的增长。原因在于社会管制的增加。

在美国，负责社会管制的政府部门包括：

- 职业安全与健康管理局（OSHA），提供工伤和职业病保护。
- 消费产品安全委员会（CPSC），提供最低限度的产品安全标准。
- 食品与药物管理局（FDA），负责食品、药物和化妆品的安全。
- 公平就业机会委员会（EEOC），关注劳动者雇用、晋升和解雇。
- 环境保护局（EPA），负责空气、水和噪声污染。

社会管制通常适用于所有的产业。例如，所有的企业都必须符合 OSHA 标准或 EPA 的要求。绝大多数支持社会管制的意见的根据是，如果政府不出面，公众的利益将会受到损害。在美国，每年有超过 1 万名工人死于同工作有关的事故；空气污染在许多城市中成为公害，导致癌症和其他疾病发病率的上升，这反过来又增加了对医疗保健机构的需求；玩具缺陷每年夺走数百名儿童的生命；不公正的解雇行为比比皆是。如果没有政府的管制，这些问题将十分严重并且导致极高的社会成本。

不论我们是否赞同这些看法，我们必须认识到管制是需要成本的。管理相应的机构和执法行为都是非常昂贵的。联邦管制活动的年度成本超过 150 亿美元。据估计，遵守规定和管制的年度成本超过 3000 亿美元。仅遵守环保规定一项企业每年就要付出 2000 亿美元的成本[5]。除了管制的直接成本外，我们还要考虑管制的机会成本。例如，食品与药物管理局对生物技术产品的漫长的批准程序妨碍了农业的进步和延误了治疗的时机。电信产业的管制导致美国国内产业在光纤开发方面落后于其他国家。据估计，由于联邦管制造成的美国经济的总成本每年超过 6000 亿美元，或人均 6000 美元。

社会管制是否造福于公众？为了回答这个问题，我们需要对管制的福利和成本进行对比。但这是十分困难的，因为这要求我们回答下面的问题：人的生命价值几何？仅仅提出这样的问题就足以激怒很多人。但要确定一项管制是否值它的成本，这一问题又非回答不可。对于经济学家来说，生命的价值是人们愿意为活着而支付的代价。当然，具体的情况因人而异，但价值观可以帮助我们设定需要进行管制的限度。例如，根据从事危险工作的人所得到的更高的报酬，或计算社会在消防探头和更安全的汽车方面花费的总价值，可以得到人们对生命价值的估计。尽管根据这种做法得出的估计结果相差很大，但都没有超过 1000 万美元。某些经济学家据此得出结论，任何为挽救一个生命而导致超过 1000 万美元成本的管制都应当放弃。禁止不带排气装置的空间加热器的管制挽救一条人命的成本为 13 万美元，排除石棉的管制规定挽救一条人命的成本为 1 亿美元。按照成本和收益对比法，前一种措施应当执行，而后一种措施应当放弃。

管制的成本—收益测试可以限制用多数人的成本为少数人谋利的管制。然而，根据许多经济学家的意见，成本—收益测试还应当包括干预自由市场所产生的机会成本。如果说公众要求产品标签，那么他们是否愿意为此而支付更高的价格？如果只是为了特殊群体的利益，管制是否还有必要？如果安全带和防抱死系统（ABS）是公众所希望的，那么公众是否愿意为安装这些安全系统支付费用？如果市场表明公众所需要的只是成本尽可能低，那么政府每年花6000亿美元或更多的钱干预市场是否还有必要？结论是管制所惠及的是特殊利益群体而不是全体大众。这就为企业战略发挥作用提供了空间。

利用管制的战略

正如在反托拉斯法中的情况一样，企业的经理们必须了解管制——无论是作为防卫还是作为企业战略的一种选择。管制方面未预期到的变化可能给企业带来灾难性的影响。电力产业中“搁浅”的资产就是一个例子，尽管这一产业中的变化堪称缓慢，但仍然令企业措手不及。在许多国家里，管制有时会以意想不到的方式降临，并且情况会发生大幅度的逆转。

许多企业利用管制作为企业战略的一部分。企图通过操纵管制程序获得竞争优势的情况屡屡发生。根据《资源保护和再生法案》（RCRA），废机油属于有害垃圾，这一规定会增加消费者换机油的成本，阻止其将用过的机油进行再生或循环使用。但是，这却为 Evergreen 公司和其他有害垃圾处理理事会（HWTC）的成员带来了生意，后者是经营垃圾焚化和其他有害垃圾处理设施的企业的贸易协会。可持续能源未来企业委员会，一家天然气、风能、太阳能、地热能源公司和相关企业的联合体，游说政府要求减少温室气体排放。环境技术委员会是 HWTC 的后继组织，它希望将荧光灯泡也纳入有害垃圾的管制之下。可靠热处理联盟（ARTT）希望禁止在水泥窑里处理有害垃圾，从而去除联盟成员最大的竞争对手。大型的电力公司游说政府要求在加利福尼亚和美国东北部销售电动车辆并且寻求政府补贴购买电动轿车的政策。

寻租（rent seeking）指的是利用资源从其他集团那里获得财富转移。寻租不会增加产出，而只是财富的转移。在部分意义上，寻租的发生是由于企业可以从政府的行动中获得集中的好处，而成本却由分散的社会大众来承担。以糖业的补贴为例，补贴的利益直接落进了制糖厂商的口袋，而其成本，大约每年14亿美元，则是消费者为买糖支付的高价。实行这样的政策的结果，是大多数人遭受损失而少数人得到有争议的利益。

在管制的领域中，寻租通常表现为寻求政府的干预以令某一特定产业获得比较优势。通过限制市场进入或减少产出，管制通常会减少竞争、创造卡特尔并且提高回报。关税和许可限制是寻租者经常寻求的管制措施。非直接的方法可以提高某一产业部门的比较优势或将临时的差异化转化为比较优势。例如，环境管制的效果之一是大型企业获得的利益超过了小企业。小企业通常很难承受管制的成本。报告或文牍工作带给小企业的负担多于大企业。

由特殊利益集团所发起并执行的环境政策的经典案例是 1977 年的《大气清洁法案修正案》，该法案要求烧煤的电厂使用净化器。根据该法案，环境保护局要求所有的煤厂达到二氧化硫的排放标准。原来的标准是每百万单位 BTU（英国热量单位）煤释放不超过 1.2 磅二氧化硫，这可以通过多种途径实现。尽管这一标准表现出充分的弹性，但管制产生了完全不同的地区效果。绝大多数美国东部的煤由于含硫较高属于“脏”煤。相反，西部的煤则较为清洁。如果使用西部的煤，电厂和其他烧煤的机构可以不必安装联邦政府规定的净化器就足以达到排放标准。由于净化器成本太高，许多中西部的企业发现将西部的低硫煤运来要比使用邻近的“脏”煤更廉价。1977 年，政府对《大气清洁法案》进行了修订，东部高硫煤的生产商们试图游说政府规定必须安装净化器。修订后的法案要求烧煤的企业同时满足排放标准和技术标准。法律还特别包含了“新资源绩效标准”，要求每个工厂实现“按比例减少排放”。换句话说，不论所使用的煤如何清洁，凡是新的工厂都要安装净化器。此举消除了低硫煤生产商的比较优势。

1990 年《大气清洁法案修正案》的主要部分是一系列管制汽车燃料成分的法规。该修正案要求在一氧化碳水平高的城市的汽油中加入氧化剂，在地面臭氧（烟雾）浓度高的城市使用改性汽油。两项法规都为使用乙醇（一种从谷物中提取的酒精燃料）创造了机会。中西部农业利益集团希望两项法规都要求最高水平的氧化剂含量，这将增加对乙醇燃料的需求。如果满足农业利益集团的建议，消费者增加的直接成本将达到每年 4800 万美元到 3.5 亿美元[6]。

通过和“公共利益集团”合作，企业或产业可以扩大寻租活动的力量。例如，在环境领域中，环保活动家可能会偏好一项加强有害垃圾管制的政策，而有害垃圾处理企业将这种管制视为扩大市场的机会。有害垃圾处理理事会（HWTC）受到上述因素的鼓励参加了环保集团所提起的一系列旨在迫使环境保护局对废机油实施更严格管制的诉讼。这些努力的结果可能会要求废机油在丢弃前必须经过处理，为 HWTC 的成员带来更多的生意。如果废机油管制被纳入有害垃圾管制中，则处理的成本将上升，潜在环境责任保险的风险也会上升。其主要的结果会是将回收机油的小型企业挤出市场，减少回收、循环和再生机油的比例。

氯氟烃（CFCs）一度是使用最广泛的制冷剂。事实上，在全世界每一台空调、冰箱和冷风机里都有氯氟烃。氯氟烃还可以作为澄清剂、起泡剂和气溶胶罐的推进剂。当联合国发起保护臭氧层协议的谈判后，美国国会 1978 年立法禁止在气溶胶罐中使用氯氟烃。有趣的是，管制并未受到 CFC 产业的抵制。世界上最大的CFC生产商杜邦公司呼吁在全球范围内淘汰CFC。外国的CFC生产商开始夺走杜邦公司的市场。在全球淘汰CFC的背景下，消费者们将别无选择，只能用杜邦公司和其他美国公司开发和拥有专利权的替代品取代CFC和依赖CFC的相关设施。其他的国家也采取了行动，抬高了全部淘汰CFC的成本。

另一宗伪装成环境保护的贸易保护主义是欧洲经济共同体（EEC）1989年禁止进口含有牛生长素的美国牛肉。没有可靠的科学证据能够将美国的牛生长素同健康问题联系起来。然而，牛生长素却是EEC禁止进口美国牛肉的口实。美国也同样利用环境保护的问题限制外国进口。当1970年汽车公司平均燃料经济性（CAFE）标准第一次实施时，国会拒绝了减少汽车燃油消费的其他方法，因为那可能导致进口增加。最后决定实施的CAFE标准同样适用于像奔驰、宝马和沃尔沃这样的高级轿车。CAFE标准是车辆平均标准，对于不生产小型车辆、燃料经济性水平较高的企业不利。

利用政府的规定和管制来建立竞争优势的做法并不新鲜，但这种做法也绝不会停止。经理们必须明白它的防卫价值——保护企业免受对手寻租的损害，它是可供公司选择的战略之一。

案例回顾
微软公司

微软公司因为将IE浏览器同绝大多数电脑上运行的Windows操作系统捆绑在一起进行销售而被指控为试图垄断市场。微软的捆绑行为是反托拉斯当局所谓捆绑和搭售形式垄断的例子。官方的论点是微软通过捆绑销售的做法将其他网络浏览器——主要是网景公司的浏览器挡在市场之外。此外，微软公司还强迫安装Windows操作系统的电脑制造商安装微软的IE浏览器并且不得安装其他公司的网络浏览器。如果电脑公司在自己的电脑中安装了网景浏览器，则微软公司将禁止其安装Windows操作系统。这被称为搭售协议。

在法庭上，管制当局将市场定义为使用英特尔微处理器的单用户台式机。这是一个非常狭隘的定义，将微软公司的主要竞争对手，比如苹果公司和太阳微系统公司都排除在市场之外。市场定义狭隘意味着HHI指数会非常高，在这一定义下的市场里，微软公司居于主导的地位，当局认为它实行了垄断。

尽管微软公司被判决有罪，但判决引起了很多的争议。批评者注意到，当微软公司采取行动的时候，市场对于竞争者是开放的，因为那时多数的家庭还没有个人电脑。此外，理论上讲垄断会导致价格上升和供给减少，这样才能获得垄断利润，但是微软 Windows 软件的价格却在直线下降。1990 年 4 月 Windows 3. 0 上市时的价格为 205 美元，而当 1998 年 11 月 Windows 98 上市时，其价格只有 169 美元。当 WordPerfect 软件还是市场上的主导软件时，它的价格上涨了 35%，但在微软公司的 Word 软件占据市场主导地位后，价格下降了 75%。在软件市场上，只要微软公司开发了软件，价格就会下降 65%，但在微软公司没有产品的市场上，价格下降的幅度只有 15%。如果说价格欺骗是垄断的特征，那么微软公司并不符合。最后，关于搭售协议，批评者认为在其他产业中不存在要求将竞争对手的产品一起销售的问题。以《华盛顿邮报》为例，这家报纸在华盛顿特区享有主导地位，它不会考虑在自己的报纸上为《纽约时报》商业版提供版面。按照对微软公司的判决的逻辑，《华盛顿邮报》这样做等于将自己的商业版同报纸的其他版面进行搭售。

微软公司是不是垄断者？它是否采取了垄断行为？或者它只是一个恃强凌弱的公司恶霸？答案是：微软公司不是垄断者，它在竞争中采取了激烈的手段，它的确试图夺取市场并将竞争对手赶出市场。

小　结

1. 反托拉斯政策是通过管制可能反竞争的某些行为来加强竞争的一种努力。
2. 反托拉斯法的解释经过了几个阶段。在早年盛行的一种做法是，只有不合理的行为才被宣布为违法的。1914—1980 年，法庭更多采用的是“本身违法原则”。在这一政策之下，只要存在可能反竞争的行为即为违法。在 20 世纪 80 年代早期，对反托拉斯法的解释又恢复了“合理原则”。而在 90 年代初期，执行的力度再次加大。
3. 反托拉斯法在美国的执行力度大于其他任何地方。
4. 经济管制指的是规定某一特殊产业的价格和产出。社会管制指的是对产品和工作场所以及针对所有产业的环境和运营流程设定健康和安全标准。
5. 在经济管制减少的同时社会管制却在上升。管制增加了企业的成本，导致产品价格上升。
6. 世界贸易组织负责解决国际贸易纠纷。反倾销是最常见的诉诸 WTO 的主题。

关键词

赫芬达尔—赫施曼指数（HHI）	合理原则	自然垄断
本身违法原则	寻租	

练　　习

1. 运用寡头市场中一家公司的需求曲线与成本曲线，说明下列政府管制的效果：
   a. 清洁大气法。
   b. 营养与标志法，要求在外包装上标明成分。
   c. 禁止在工作场所吸烟。
   d. 征收销售税。
2. 假设一家有固定成本的公司，其边际成本相对较小：
   a. 为实现利润最大化，公司将如何选择价格和产量？
   b. 高昂的固定成本为何能够成为竞争对手进入市场的壁垒？
   c. 在什么情况下，公司经理可能更偏好管制而不是自由竞争？
   d. 请描述和说明什么是“搁浅”资产。
3. 柯达公司通过广告、创新、品质和服务建立了强大的品牌声誉。假设柯达建立了一个排他性的经销商网络，其中一家经销商决定同时销售富士、三菱和柯达的产品。如果柯达公司终止其经销商的资格，这是一种促进竞争的行为还是一种反竞争的行为？
4. 如果联邦通信委员会根据自己设计的标准分配广播许可权，这是否会比拍卖许可权的效率更高？
5. 下列规定分别属于哪一种政府政策：反托拉斯、经济管制和社会管制。谁是受益者？
   a. 美容师教育标准
   b. 公共会计师资格
   c. 酒类销售许可证
   d. 司法部的指导意见
   e. 清洁大气法

f. 营养与标志法

6. 葛兰素威康公司在一种治疗艾滋病的药物 AZT 的市场上居于垄断地位。请假设自己是艾滋病防护组织的成员，论证食品与药物管理局的管制是有害的。再站在葛兰素威康经理的立场上为食品与药物管理局的管制进行辩护。
7. 一些航空公司的经理们呼吁对本产业实行管制。为什么航空公司的经理会喜欢在管制下经营？
8. 讨论有关社会管制不必要的主张。在完全竞争和垄断的产业结构下，主张是否会不同？
9. 假设垄断者实行了价格歧视，而一场诉讼阻止这一做法。结果有可能导致效率降低吗？请解释。
10. 在 20 世纪 90 年代，司法部起诉几所大学，因为它们采取集体行动限制奖学金的规模。请解释为什么被指控的大学限价行为可能对学生的利益造成损害？
11. 假设一名消费者雇用 Bekins 搬运公司将个人财物从加利福尼亚搬到犹他，而 Bekins 公司在搬运过程中损坏了价值 3000 美元的东西并且拒绝赔偿。愤怒的消费者说："应该有一部法律管管这些事。"请对此进行评论。
12. "日本人在每个方面都胜过我们。我们必须采取和他们一样的行动。我们必须允许和鼓励企业间接的合作并且在政府和企业间发展伙伴关系。首先应当着手的是航天工业。我们应当将航天工业中过剩的资源转为民用，例如环境和健康产业。"请评价这段话。
13. 讨论倾销与反倾销的概念。在什么情况下，倾销等于掠夺性定价？
14. 运用下表中的 HHI 数据回答问题：

世通公司收购斯普林特的影响（长话业务、数据传输和骨干网市场的 HHI）

	长话业务总计	消费长话	商业长话	长途数据传输总计	长途数据传输（IP 除外）	IP 业务单计	骨干网
合并前	3209	4133	2921	1730	2153	1928	1774
合并后	3881	4441	4105	2290	2581	2600	2266
增长	672	308	1184	560	428	672	492

a. 根据司法部的指导准则，哪些合并可能被批准？

b. 对这一结果给出经济学上的解释。

c. 请用数字说明为什么这一结果在经济上可能是不合理的。

15. 假定州公司委员会裁定本地电厂的公平回报率是 10%。由于公司的资产是 4 亿美元，那么允许公司的会计利润是 4000 万美元。公司产品的需求表现为：

$$P = 50 - 0.1Q$$

其中，P 等于每位顾客支付的价格，Q 等于公司服务的顾客数量（单位为百万）。公司的成本为：

$$TC = 10 + 5Q + 0.8Q^2$$

其中，TC 为总会计成本，单位为百万美元。由此可以计算公司的会计利润：

$$\text{利润} = PQ - TC$$

根据回报率管制，计算企业的价格和服务顾客的数量。

16. 根据第 15 题的信息，计算当公司的资产增加到 5 亿美元时的回报、价格和数量。

本章注释

[1] Del Jones, "Today's Issue: Some Lessons Learned in an Antitrust Fight. Guest CEO: Thomas Stemberg, CEO of Staples," *USA Today*, March 30, 1998, p. 5B.

[2] *United States v. Foley*, 1979 - 1 Trade Cas. (CCH) 62, 577 (4th Cir. 1979).

[3] *Quality Trailer Products*, 57 Fed. Reg. 37004, August 17, 1992.

[4] Ronald A. Wirtz, "Anti-Dumping: The Free-Trade Antacid," *The Region*, December 2001, Federal Reserve Bank of Minneapolis.

[5] Information on costs of compliance is available from www. sba. gov and www. cato. org.

[6] See www. cato. org.

6 PART 6 战略审计

成功的战略要求企业选择能够将自己独特能力转化为竞争优势的市场。由于企业都是某一产业内和某一战略群组的成员并且服务于各种各样的产品市场和区域市场，因此战略过程始于对这一产业、战略群组和市场的分析。企业战略的下一步工作是对企业内部进行分析——企业的组织、人员、报酬、文化和其他问题。还要考虑影响企业经营的外部因素如汇率风险和政府对企业的干预。这样的分析被称为战略审计。在审计中需要对企业的独特能力和战略资产、对企业目前所在或将来可能进入的市场作出定义，同时还要考虑企业如何运用上述因素创造合适的和可持续的竞争优势。

战略审计将本书前 15 章中讨论过的主题和分析进行综合。在前面的各章中，我们分析了企业获得和保持经济利润的战略的各个方面。首先我们学习了什么是顾客和企业如何获得收入。接着我们讨论企业的成本并且将成本和收入结合起来找出经济利润的概念。企业的利润最大化战略包括成本战略和收入战略（价格和非价格）。如果企业能够获得经济利润，企业所有者和经理们会期望它继续获得利润，或保持它的利润。但是，由于竞争者进入市场并且也要求获得自己的利润，现有企业必须设立阻碍竞争的壁垒。壁垒并不是长期有效的，企业家们总会想出办法越过、潜入或绕过这些壁垒。因此，公司必须不断寻求能够创造利润和保持利润的方法。

为了确定哪些是企业必须要做的以及企业应当执行什么样的战略，先要理解这些因素如何影响企业的前景和行为。在本书最后一章中我们将讨论战略审计的构成要素，并以美国西南航空公司为例对战略审计进行简单的说明。

CHAPTER

16 战略与管理

案例：爱德华·琼斯证券经纪公司

爱德华·琼斯（Edward Jones）证券经纪公司按规模来算在美国只能排到第34名，但它却是最赚钱的一家。它的经纪业务是在小型社区内设立只有一个人的办公室并且就在这些小型社区进行运营。自1981年以来，爱德华·琼斯公司的经纪队伍在没有进行任何收购的情况下每年增长15%。现在该公司拥有2500名合伙人。

可以将这家企业描述成联邦制的高度自治的企业家单位的联合体，他们由一套共同的价值观和信仰紧紧联系在一起。所谓的企业家单位就是这家公司的经纪人。在他们共同的价值观和信仰中，最重要的一条就是他们的工作是为顾客提供可靠和长期的财务咨询。

这家公司最早是一家金融百货店——为满足顾客所有的财务需求提供一站式服务，提供无所不包的金融服务，但是它很快就转变成一家为美国乡村地区提供财务服务的递送系统。同大型经纪公司的做法不同，爱德华·琼斯公司本身并不创造所销售的产品，它只是一家为一些上述金融产品制造商提供分销业务的公司，这些制造商包括Capital Research、Putnam和摩根士丹利公司。爱德华·琼斯公司只针对个人投资者提供产品和服务。

爱德华·琼斯公司现在面临着电子证券经纪公司即互联网公司的竞争，它该怎么办？

16.1 战 略

经济数据网上资源
http://www.nber.org/data_index.html or
http://www.stat-usa.gov/

证券交易委员会提供的免费的公司信息
http://www.sec.gov/edgar.shtml

在一般意义上，战略就是同作出困难的决策有关的一切，也就是用经济学的方法进行思考。它包括认识和说明机会成本，进行成本和收益的对比分析，令每一项可能的活动的边际成本等于边际收益。

正如我们在本书前面的讨论中所学到的，选择什么不该做和选择做什么是同样重要的。决定公司应当服务于哪些顾客是非常重要的，决定哪些顾客不是公司服务对象也同样重要。决定提供哪些服务或产品特性是非常重要的，决定不提供哪些服务和特性也同样重要。

本章我们将专注于战略创造的过程。在这一过程中我们将总结全书前面各个章节中讨论的问题。在本章结束时，我们将讨论管理在战略创造和执行中的角色。

战略定位

企业的成功取决于能否在产业中发现和找出独特的市场位置。然而，任何成功的定位都不可能永远保持下去。成功会引来模仿。此外，在某一时期独特和有价值的东西可能会随着技术和消费者口味的变化而改变。

施乐一度通过专注于大印量顾客而占据了复印机市场的主导地位。这决定了它的顾客是大型企业，反过来又决定了它的分销方法——组建直销队伍，以及采用租赁而不是买断的销售方式。

施乐的巨大成功来自于它在产业中确立了一个独特的战略位置，顾客基础和产品定义清楚，将产品送达顾客的系统也同样定义明确。施乐的成功吸引了IBM和柯达公司进入这一市场。1970年，IBM公司推出了自己的第一款复印机IBM Copier Ⅰ型，目标市场是中印量或大印量顾客，同样采取了租赁的方式。柯达公司在1975年进入市场，推出了Ektaprint 100型复印机，同样也是针对高端市场。

但是，不论IBM还是柯达公司都没能做到清晰的产品差异化或以更低的价格提供同样的服务。然而，佳能公司却选择了与众不同的做法。当施乐公司将大型企业作为目标市场时，佳能将小型企业和个人作为销售对象；施乐公司强调复印的速度，佳能公司则强调复印的质量和价格；施乐公司用直销队伍销售产品，佳能公司通过经销商进行销售。

不论在哪个历史时期，也不论在哪个产业，成功获得声誉和财富的企业经常一度似乎占据了不可动摇的市场地位，但最终却受到实行新战略定位（Strategy Positioning）的竞争对手的攻击。表 16.1 列出了几个产业中的领导者、仿效成功战略的竞争对手和最后以差异化战略进入市场的创新者。

表 16.1　市场领导者和最后的创新者

市场领导者	竞争对手	创新者
美国航空	德尔塔航空，西北航空，联合航空	西南航空
赫兹租车	安飞士，Budget	Enterprise
通用食品（麦氏）	雀巢咖啡，宝洁（Folgers），Sara Lee，（Douwe Egberts）	星巴克
本地报纸	本地报纸	《今日美国》报
施乐	IBM，柯达，Nicoh	佳能
IBM	康柏，惠普，东芝	戴尔
美林证券	添惠，佩恩韦伯，史密斯巴尼	爱德华琼斯，嘉信理财
美国钢铁公司	伯利恒，Inland	Nucor

资料来源：Information regarding these firms in Constantinos C. Markides, All the Right Moves（Cam-bridge, Mass.: Harvard University Business School Press, 1999）, p. 12.

模仿还是创新

为了取得成功，企业必须在产业中创造和探索一种独特的战略位置（position）。请看下面的企业名单：

美体小铺	戴尔电脑	Enterprise 租车	E-Trade 网上经纪公司
联邦快递	家得宝	MTV	西南航空
星巴克	斯沃琪	《今日美国》	

令上述企业区别于其他著名企业的是它们都在相对较短的时间里取得了成功，夺得了很大的市场份额。绝大多数新企业在 5 年内关张，而即使那些少数幸免于难的企业也只能占据很小的市场份额，也许 5 年后只占有 5% 的市场份额。那么上面这些企业为什么能够成功？因为这些企业没有去攻击现有企业业已占据的、得到了严密保护的市场位置。相反，它们为自己创造了新的战略位置，它们改变了游戏的规则。

企业不能满足于已有的地位。它必须自己动手找出新的市场位置，否则其他人就会替它找出来并令其付出代价。尽管道理很简单，但大多数企业却做不到。绝大多数企业将现有的市场位置和游戏规则视为理所当然，它们所争夺的只是在旧的游戏中如何胜出。它们不懂得怎样才能改变游戏本身。

绝大多数创新者都是小型的企业或新进入市场的企业。很少看到大型企业在自己发迹的产业中主动改变游戏规则。施乐公司对佳能公司市场战略的最初反应是漠视。施乐公司当时的副总裁说："我们迟迟未能认识到中低档复印机的市场，而像佳能这样的日本竞争者正在切入我们的市场。"[1]

在认识到自己未能作出适当的反应之后，施乐公司决定亦步亦趋地跟随佳能公司。公司制造出新的产品并重组了自己的销售队伍，分别建立了专门为大企业和小企业服务的销售力量，还开设了零售店销售小型复印机。其结果是一个典型的囚徒困境：两家竞争对手同时占据了相同的战略位置。如果想获得优势，唯一的办法就是比竞争对手做得更好——通过成本战略、差异化战略或价格战略。可以预料的是，在这种情况下企业的边际利润快速下降。

成功企业一味采取守势是普遍的规律，但也有例外。1995 年，低成本经纪公司嘉信理财还没有开展互联网业务。3 年后，公司总交易的一半以上是通过嘉信理财的网站进行的。直到 1985 年，英特尔公司还主要是一家生产动态随机存储产品（DRAMs）的公司。80 年代早期，DRAM 产业已经变成了大路货产业，其他的企业正在赢得价格战的胜利。英特尔公司决定退出这一市场，转而专门制造微处理芯片。2002 年，当微处理芯片变成大路货之后，英特尔再次面临着重新定义业务的问题。

上面这些只能说是例外，大多数成名企业满足于自己的成功，"东西没坏别瞎修"。

创新并不是一切

认识到成功的企业容易陶醉在成功中不能自拔，企业管理顾问们告诫他们的客户应当主动发起战略革命，打破他们所在产业的游戏规则。但是，在成功打破规则的企业背后可能有 10 倍的企业因此而失败。每一家成功的西南航空公司背后都会有破产的人民捷运；在每一家康柏的背后都有失败的 Osborne 计算机公司；在每一家维珍大西洋航空公司背后，都有 Kiwi 国际公司的失败；在每一家美体小铺背后，都有倒霉的 Next 公司。

企业的真正问题不是是否需要打破规则，而是如何把握时机，这需要进行成本收益分析。追捧管理顾问和理论家兜售的每月流行时常是远远不够的。

企业的战略取决于各种因素，例如产业的性质、当前产业内游戏的性质、产业内价值创造的方法、企业的竞争位置、技术变革等等。这些因素必须逐一根据企业的具体情况进行分析。在考虑了这些因素之后，企业也许会得出打破规则对自己反而不利的结论。事实上，从多年来为股东创造最多财富的名单上看，打破规则的企业通常不会超过两家。大多数企业是通过比竞争对手做得更好来创造财富的。

新企业或新进入市场的企业的最佳选择也许是打破规则。如果按照市场中大企业的做法，成功的可能性很小。现有的企业往往拥有众多的优势，它们可以轻易地将试图进入其领域的新企业灭掉。Raychem 公司创始人保罗・库克说："我认为最有利的竞争手段就是避免竞争。而避免竞争的最好方法就是制造竞争对手根本不碰的产品。当我们创建 Raychem 公司时，我们最不愿意做的事就是制造像通用电气和杜邦这样的产业巨人感兴趣的产品。"[2] 事实上，有证据证明，除非拥有技术创新的优势，否则任何企业都很难成功动摇现有产业领导者的地位，或者成功进入现有企业已经建立地位的市场。

当然，进入新的市场位置的决定有时也可能是错误的。不可能人人都做革命者。是否打破规则的决定应当基于仔细的成本收益分析：进入新的战略位置的利益是什么，成本会有哪些？

16.2　战略审计

成功的战略要求企业选择能够将自己的独特能力转化为竞争优势的市场。由于企业总是产业中的一分子，是战略群组的一分子，服务于众多的产品市场和区域市场，战略分析也就始于这一产业、这一战略群组和这些市场。这样的分析被称为战略审计（Strategic Audit）[3]。这一审计考虑的是企业独特能力和战略资产、企业所在或将要进入的市场的定义，同时还要考虑企业如何运用上述因素创造合适的和可持续的竞争优势。

第一步是辨别顾客群体，用第 4 章的说法是"理解你的消费者"。满足顾客希望和需要的产品的特性有哪些？它们属于大路货产品还是拥有众多的独特属性？这些属性的范围如何？顾客们怎么看待这些属性？顾客的价格敏感度如何？能否根据价格弹性划分顾客的类别？公司服务于哪些市场？它们包括多少产品市场和区域市场？哪些市场在增长？哪些市场在萎缩？

我们在经营什么业务?

尽管很少有经理会问自己这个问题，但“我们在经营什么业务”可能是定义企业战略时最重要的和必须回答的问题。业务的定义限定了公司的顾客、竞争对手分别是哪些人，公司认为自己的竞争优势是什么，描述了游戏以及公司在游戏中的角色。

关于如何定义业务，不同的学派有不同的思想。第一种方法是企业应当根据自己销售的产品定义业务。根据这种说法，福特公司就是一家汽车公司，波音公司就是飞机制造公司，菲利普莫里斯公司就是烟草公司。第二种方法是企业应当根据它所满足的顾客的功能来定义。根据这一定义，福特公司经营的是运输业务，波音公司属于航空业，菲利普莫里斯公司属于食品业。第三种方法是企业应当根据自己的核心竞争力定义业务。根据这一定义，福特公司可能属于家庭娱乐业，波音公司属于制造业，菲利普莫里斯公司属于营销业。

第一种方法限制了企业市场的范围，而第二种和第三种方法则扩展了企业市场的范围。应当使用哪种方法呢？也许方法本身并不重要，只要得出了正确的结论，结果都是一样的。在这里同样适用经济学的黄金定律。公司必须进行成本收益分析：公司应当将市场的边界定义在扩大市场的边际收益等于边际成本的那一点上。困难的不是采用哪一种方法，而是如何定义市场边界的成本和收益。

谁是我们的顾客?

绝大多数公司希望自己能够向每一位顾客销售产品，但是没有一家企业能够做到。企业在这里面临着取舍的问题，扩大顾客基础同样存在机会成本。企业只能定义谁是可能的顾客，然后在这些顾客中间选择目标。

Enterprise 租车公司扩展了租车的市场范围。它将租车业务的范围从机场租车扩展到所有需要租车的人，这一定义帮助它成为美国最大的租车公司。Enterprise 公司将 2400 家办公室设在距 70% 的人口 15 分钟的车程范围内，它还提供送车上门的服务。一个相反的例子是戴尔公司收窄了市场范围，将顾客定义为有经验的购买者。戴尔公司不希望吸引第一次购买者，因为这样的顾客通常需要许多支持与服务，而这两者都是需要付出成本的。

企业在定义市场时常犯的错误之一是忘记了每一位顾客都对应着一定的机会成本。每当建议公司收窄顾客范围时，得到的回答往往是：“我们就是靠这些顾客挣钱的。”问题在于企业未能考虑满足这些顾客需求的全部成本：也许企业从这些顾客身上获得了会计利润，但是会计利润是否就是经济利润呢？另一个常见的错误是企业很难拒绝向某一顾客销售。企业应当认识到向某些顾客的销售超出了自己的市场范围，会导致效率下降。

在思考市场边界时，企业必须定义在市场上顾客是如何获得信息的。获得信息的方式可以用来为企业定义市场的边界。例如，如果信息来自品牌，则企业不能将销售扩展到可能导致品牌贬值的边界之外。将品牌从某一市场或市场细分转移到其他地方是要付出成本的。不仅资源被分散，而且在一个新市场或市场细分中的活动也可能影响品牌的形象，进而影响整个市场。耐克公司在运动鞋和运动服饰方面享有牢固的声誉，它决定将业务扩展到高尔夫球和高尔夫球俱乐部。假如它生产的这些产品没有保持一贯的品质，耐克所有的产品都会受到损害。

成 本

一家企业必须了解自己的供应链或价值链。我们在第 9 章中指出，技术的变革导致了供应链的重大变化。这些变化可能摧毁某一现有的业务，但也可能为企业带来巨大的新机会。

企业经营中的成本属于资源成本，它们被包含在产品和服务中。企业需要在外部购买资源。企业的供应商定义了企业的垂直关系，垂直关系是企业同供应商和分销商的关系。近年来，这些关系本身成为了商业研究的对象，专业术语叫做“供应链管理”（supply chain management）。但是这个词所涉及的管理的内涵却一直没有变化，也就是用本书所描述的方法思考问题和解决问题。供应链管理只不过是将经济思考和问题的解决专注于供应链。经理们需要对供应商关系进行定义，即决定是应当将资源用于开发和保持现有的关系还是应当像在完全竞争市场上一样采取行动。如果市场处于完全竞争状态，企业可以从任何一家供应商处采购，因此也就不必花费资源开发供应商关系。这一领域中的研究还包括库存管理，企业是否应当保持一定数量的资源库存，或是应当随时采购。产品的分销也属于这方面的问题——将产品传达给顾客的最好方法是什么。

供应链的研究同样也少不了对供应商和最终顾客间竞争和“博弈”情境的分析。企业是否拥有垄断性的采购地位［所谓的买方垄断（Monopsony）］？供应商为博弈带来的价值是什么？

战略资产

在建立战略时，你是根据对自己的技能和能力的评估来进行，还是先有战略，然而再决定应当建立什么样的技能和能力？不同的企业做法不同。但无论如何，企业当前的资产和能力的储备，即所谓的战略资产将影响企业能够实现最佳表现的活动。

战略资产是指公司所有的对于建立独特的市场位置有价值的东西。价值的表现是稀缺（需求大于供给）、难以模仿和没有现成的替代品。即使你所拥有的能力或资源是有价值的，如果人人都有，那么它将无法为你创造竞争优势。

英国湖人航空公司成功地将假日旅游进行打包，这是因为它能够以很低的成本完成这样的工作。接下来湖人航空公司将业务扩展到传统的航空业务，同英国航空公司和几家美国航空公司进行竞争。湖人航空公司转移到跨大西洋航空业务中的技能和竞争力的稀缺程度不够，不足为公司提供可持续的竞争优势。1982 年，公司宣布破产。

沃尔玛的核心竞争力是进行销售点数据收集，从而能够快速、灵活地对顾客口味的改变作出反应。在 20 世纪 80 年代，这一竞争力为沃尔玛赢得了相对于竞争者的优势。然而，在今天，因为其他企业的模仿，这一优势几乎已经被中和了。

适　合

企业的独特能力必须适合（fit）其经营业务的市场。经理对市场的定义应当能够让企业的独特能力或战略资产在其中具有价值。此外，不论是出于进攻性的目的还是防卫性的目的，经理们还必须确定是否存在其他的能够有助于发挥规模经济效应的市场，即使企业在这些市场上缺乏直接的竞争优势，但仍然可以获利。

公司架构（Architecture）。公司架构是适合决策中的一部分。公司的组织结构是否适合企业的战略？在公司架构中，一个非常重要的方面是奖励制度。奖励制度创造了对哪些行为的激励？这些激励是否同公司的战略一致？

战略成功的前提是公司架构必须保证企业能够用最有效率的方式实现战略。战略失败常常是由于公司架构与战略不相适应。例如，科层制与官僚主义结合的产物和强调快速开发新产品与持续改进的战略显然不适合。另一种常见的不适合的现象是奖励系统给出的激励和鼓励的行为同公司认定的战略不一致。还有一种是专注于短期效益——为了实现明年的目标或预算——的企业文化，而战略的目标却是长期利润最大化。

企业文化。同任何其他社会系统中的文化一样，企业文化指的是令企业人员感受到相互联结和相互投入的一系列共享的信念、故事和行为方式。从理论上讲，强有力的企业文化可以通过提高效率促进企业提高绩效，即降低成本。因为共享的信念、故事和行为方式可以协调员工的行动。公司的目标和行为越明确，员工对事件的反应也就越快。这些节省意味着具有强大企业文化的企业可以获得更高的经济绩效。

经理层

企业通常不愿意对这一因素进行检查，这是因为它们认为自己的经理们对自己的工作非常在行。他们的决策更高明，他们使组织更健全。通过清楚的思考和一致的行动，他们在变化的市场环境下创造和保持了企业的竞争优势。所谓清楚的思考就是我们在本教材中所定义的思考方式。好的领导人、好的经理人是那些能够解决问题和进行思考的人。战略是思考，而不是愿望。由愿望驱动的战略，例如“我们希望在任何事情上都做到最好”，是不可接受的，因为那是不现实的。Wilkinson-Match 公司——英国 Match 公司和剃须刀制造商 Wilkinson Sword 公司合并失败的产物——的经理们声称其合并将“为双方创造财富”。从这些话中我们可以获得什么有价值的信息？其他关于合并利益的说法还有“创造关键的大众市场”和“成为全球化的经营者”。这些声明只不过是希望，是由希望驱动的战略。它们没有任何意义，因为它们忽略了将资源用于一个方面意味着无法将资源用于另一个方面。天下没有免费的午餐。经理们必须对每一个可行的选择的成本和收益进行评估，在这里，成本指的是为了获得某些东西而必须作出的牺牲。权衡取舍——放弃某些东西来换取另一些东西是经理工作的核心。这也正是经济学所研究的。

16.3 战略审计示例：西南航空公司

下面我们将以西南航空公司为例说明战略审计的做法。当然，我们所给出的是相当简略的说明，如果你要为顾客或自己的公司进行战略审计，你需要远比这里更多的细节和更深入的分析。

公司的独特能力是什么？

西南航空公司成立于1967年，目的是为了满足休斯敦至达拉斯—沃斯堡和圣安东尼奥之间航空客运市场的增长。在20世纪60年代中期，当时的航空公司服务质量不佳，经常可以听到对布兰尼夫公司和得克萨斯国际航空公司的猛烈投诉。

在那时，航空业受到高度的管制，州际航线也是管制的对象。只有那些只在本州内经营的航线才能避开管制。这就是西南航空为自己找到的利基市场。西南航空一开始只有三架波音737客机，航线仅限于三个德州城市之间——休斯敦、达拉斯和圣安东尼奥。这一历史背景决定了西南航空公司的独特能力——短途航线。

公司在经营什么业务？

西南航空将自己的业务定义为顾客运送。在它看来，它的竞争对手不仅包括其他的航空公司，还包括汽车、火车、卡车和其他地球表面的运输工具。西南航空公司和其他航空公司间的交叉价格弹性（同样的航程）数值为正，显示航空公司的服务实际上是可以相互替代的。此外，这一数值为1.8，这表明如果其他航空公司将价格提高10%，对西南航空公司服务的需求将增长18%。西南航空公司同其他运输工具之间的交叉价格弹性同样为正数，但数值要小得多。如果西南航空公司将凤凰城和圣地亚哥之间的航线价格提高10%，驱车350英里从一个城市抵达另一个城市的顾客人数只增长7%。当然，这一数值会随具体线路的不同而不同，距离越长，数值越低。

谁是公司的顾客？

一开始，西南航空将自己的顾客定义为得克萨斯的旅客，那些穿梭往返于圣安东尼奥、休斯敦和达拉斯之间的旅行者。这些人要求的是高效、可靠和低价的服务。西南航空一开始将自己看成汽车旅行的替代者，因为它所经营的航线城市间的距离不过200英里左右。西南航空公司的航班针对那些居住于这三个城市中而在其他城市中只有一天办事时间的人士。这些人希望从一个城市飞到另一个城市，办完自己的事情，然后在当天晚些时候回到自己居住的城市。

由于西南航空公司主要运送的是商务人士，这使得它不那么重视旅客行李的转运和与其他公司航班的衔接。它所要做的是及时将顾客送到目的地，并且在一天中提供多样化的航班选择。

尽管西南航空的顾客主要是商务人士，但他们也同样是价格敏感的顾客。一般来说，人们认为航空旅行的价格弹性是非常低的（大约为0.2），而商务旅行的价格弹性比休闲旅行还要低。然而，当我们根据航空公司的某一具体航线来计算价格弹性时，需求是有弹性的——需求的价格弹性大于1。价格的敏感性取决于经营某一航线的航空公司的数目、航线的距离和汽车驾驶的便捷程度。

价格敏感、短途航线、可靠性和准时——这些因素决定了西南航空公司的战略。在历史上，该公司一直保持着这样的战略。

对于西南航空公司来说，需求的收入弹性同样为正值，但是低于1。每次衰退或实际 GDP 的下降都会导致旅客人数的减少，但西南航空公司旅客人数的下降比其他航空公司低得多，对于10%的收入下降，对西南航空公司服务需求的下降只有3%。

成　本

西南航空公司使用的机场通常是不繁忙的机场，离市中心很近，公司只有一种机型，其航线是点到点航线，而不像其他航空公司采用枢纽—辐射航线。这并不是成本最低的方法。使用二线机场的确可以降低成本，因为这些机场没有得到充分利用。但是航空公司最主要的成本是燃料，大约占总费用的16%，而短途飞行的燃料成本比长途航线高得多。因为主要的燃料消耗在起飞和降落中。由于短途旅行的起飞和降落很频繁，因此消耗的燃料比长途飞行更多。短途飞行的另一个不利的成本因素是飞机保养，因为起飞和降落对设备的损耗最严重。对高成本多少有些补偿的是西南航空公司只使用一种机型，这样在培训和配件方面的开支可以小一点。除了燃料成本之外，短途航班意味着需要在登机口管理更多的飞机。然而，尽管西南航空有上述种种不利的成本因素，但这家公司每位顾客的服务成本只有其他航空公司的70%。西南航空公司每英里顾客的成本是7美分，而最接近的竞争对手的成本也超过了10美分。

西南航空公司的成本优势主要来自员工的生产率。这家公司飞机的“周转”时间（从到达登机口到离开登机口的时间）是15分钟，而其他航空公司需要2.5~3倍的时间。西南航空公司的登机口只有一位检票员，地面的工作人员不超过6个人，而其他航空公司平均需要3个检票员和12个地面工作人员。西南航空公司的飞行员在空中飞行的时间比其他航空公司的飞行员更多。联合航空公司、美国航空公司和德尔塔航空公司的飞行员比西南航空的飞行员收入更高，而飞行时间却更少。西南航空公司按飞机数量和顾客人数平均的雇员数目同其他公司相比只有一半。

西南航空公司为什么能够获得如此高的生产率和如此低的人力成本，从而实现竞争优势？差距来自公司的人力政策。公司的报告中说："认识到人力是我们的竞争优势，我们提供资源和服务帮助我们的员工成为胜利者，支持公司的成长和获利，同时保持西南航空公司的价值和特有的文化。"

人员部——这是西南航空公司对人力资源部的称谓——在公司中占有重要的地位。它的工作首先是寻找西南航空公司所需要的那种类型的雇员。团队合作的精神是最关键的。如果一个人在面试中提到"我"的次数太多，公司将不会雇用此人。公司在雇用新人时高度依赖同事招募的方法。例如，通过飞行员招募新的飞行员。

西南航空公司对雇员的强调——被称为家庭——在"9·11"事件后的一个月中表现得最明显。航空公司被迫关闭了几天，在其后的几个月里，旅客人数仍然很少。西南航空公司是唯一一家没有裁员、没有暂时解雇或要求员工接受不付酬休假的航空公司。他们认为尽管短期的扰乱会增加成本和减少收入，但是由于雇员的怨恨和不快乐所支付的长期成本将大大超出将雇员推出公司的短期利益。

公司文化

西南航空公司拥有基于团队精神的强大的公司文化。其中反复出现的主题包括：客户服务、努力工作、平等、成本意识、奉献精神和无时无刻不强调的家庭氛围。空勤人员和飞行员一起帮助清理机舱、协助顾客，甚至协助搬运行李。正如我们在上面所说的，公司设立了人员部和文化委员会来确保公司保持走向成功过程中一贯的价值观。

战略资产

西南航空公司的战略资产包括领导力、文化和声誉。西南航空公司文化的价值不必多谈，从其他航空公司对西南航空公司拙劣模仿的努力就可以看出。没有任何一家航空公司能够将成本降到西南航空公司的水平，也没有任何一家航空公司能够创造出西南航空公司那样的工作环境，以较低的工资实现比竞争对手高得多的生产率。西南航空公司所享有的可靠和低成本的声誉来自多年持续出色的表现。这家公司以顾客人数平均计算的投诉远远低于其他公司。

适　合

企业的独特能力必须同它经营业务的市场相适合。西南航空公司坚持使用一种机型、运营短程航线以及使用靠近市区的小机场以方便顾客。它的独特能力从未改变过，它对市场利基的适合自从成立以来从未改变过。

航空产业属于寡头市场，这是一种只有少数几家竞争者并且进入壁垒很高的产业。在 20 世纪 70 年代解除产业管制后，产业进入变得容易一些了。但是，新航空公司需要登机口、租赁飞机的资本和获得经营某航线的许可。由于进入产业的困难，绝大多数新进入者刚开始都是为大型航空公司提供通勤航线服务。西南航空公司的独特能力阻止了这些新进入者直接夺取西南航空公司的市场。

领导力

尽管许多专家将西南航空公司的业绩归功于坚定不移地执行低成本利基战略，其他人则认为这家公司真正的竞争优势是它的领导力。凯莱赫（Herb Kelleher）经常被作为西南航空公司和其他公司不同的例子。几年前，管理专家们就已经指出："西南航空公司长期繁荣的最大障碍可能是凯莱赫的退休。"2001 年，凯莱赫开始退出积极的管理，进入退休状态。他宣布自己将同董事会副主席和 CEO 吉姆·帕克尔（Jim Parker）分享管理责任。在宣布公告后，股票市场上该公司股票的价格并没有发生改变。创造赢利能力的是公司，而不是任何一个个人。

经济绩效

下面关于经济利润的计算是以西南航空公司的年度报表为依据的。

销售收入	5555.2
不含利息的费用	4924.0
折旧	345.8
息税前收益（EBIT）	631
EBIT 税金	136

（续表）

息前税后收益	495
资产	8997
负债	4938
投资资本	4059
资本的时间成本（用 CAPM 计算，beta = 0.9，产业 beta = 1.11，使用的是 60 个月的 S&P 对比数据）	10.29%
资本费用	472.31
EBIAT	495
减：资本费用	(472.31)
经济利润	23

表 16.2 列出了同期（1 年期）各家航空公司经济利润的数据。当然，1 年的数据不能反映趋势。尽管在这一年里西南航空的数据并不像其他公司那样好，但在自创建以来任何一个 5 年期的对比中，它的表现超过了其他所有的公司。而如果以任何一个 10 年期的数据进行对比，西南航空的经济利润比其他航空公司高 1 倍多。从创建以来，西南航空一直在创造价值。

表 16.2　航空公司绩效（一年期）的对比数据

	阿拉斯加	美国西部	西南航空	德尔塔	联合航空	美国航空
收入	1618	2180	5468	15657	16932	17829
费用	1763	2357	4628	15104	18698	18322
燃料成本（美元/加仑）	1.03	0.88	0.79	0.67	0.81	0.78
每英里顾客成本	886	958	662	942	1493	1560
机队规模	95	138	355	831	604	978
飞机数量	69.2	70.5	70.5	72.9	72.3	71.9
载客率每 10 万旅客投诉率	2.04	7.45	0.47	2.02	5.22	3.54
经济利润	37	26	23	332	194	-49

西南航空公司长年来骄人的业绩吸引了其他航空公司试图复制它的成功。例如，在 20 世纪 90 年代，联合航空公司和大陆航空公司都在公司内部开设了低成本的航线分部。它们试图采用西南航空的政策和程序，但却未能取得能够和西南航空相比的业绩。大陆轻机队于 1993 年 10 月投入运营，它在经营上比西南航空更加依赖单程顾客和转机旅行，而且在效率上也比不上西南航空。联合航空公司在 1994 年年中开始在西海岸经营低成本航线。它的目标是削减 30% 的成本，将每英里舱位的成本降低到能够同西南航空相比的 7.4 美分。但是，

联合航空公司的穿梭机队最终没有做到像西南航空那样的每英里舱位成本 7.4 美分。

新经济

西南航空公司对利基市场的专注意味着选择一系列降低成本的措施。在有些时候，这意味着拒绝新技术，但在另一些时候，这意味着采用新技术。在 20 世纪 70 年代，航空售票市场是由计算机订票系统、航空公司的网点和旅行社所控制的。旅行社可以通过设在办公室的终端查询和订票，而不必用电话。最大的计算机订票系统是由美国航空公司所开发的 Sabre。其他的系统是由像联合航空、TWA 和 JAL 这样的航空公司开发的。同这些系统联通的网络迅速增加。这看上去像是一个赢家通吃的市场，而 Sabre 将是最后的赢家。然而，针对美国航空公司的反托拉斯调查终结了 Sabre 在市场上的统治地位。西南航空公司从未加入这样的网络，因此，政府的这一决定并没有损害到西南航空，甚至对它还是有利的。尽管西南航空公司在售票时避开旅行社，不支付佣金，也不加入任何订票的系统，但它并不拒绝技术改进。它投身于新经济的最大举措是对互联网的使用。西南航空公司是从 1996 年开始在互联网上售票的。该公司开发了一套系统降低售票成本和方便顾客使用。西南航空公司的网站名列前 50 家最常被搜索的网站之列，比最接近的航空公司高出 1.5 倍。西南航空公司的销售收入中有 30% 来自互联网。与之相比，美国西部航空公司的收入中只有 12% 来自互联网。西南航空公司每张机票的销售成本只有 1 美元，而旅行社每卖出一张票的成本是 10 美元，用内部人工的成本是 5 美元。

西南航空采取了一种技术上十分先进的定价程序。为了实现利润最大化，航空公司必须对需求进行预测，估计会有多少张票预订之后乘客却没有来，以及每张票的价格。设定价格的任务被称为收入最优化。航空公司则称之为收益管理。这是一项在技术上和概念上都十分复杂的操作。例如，超额订出机票就是一种通过满舱避免空位来提高收入的策略。最优化的超额订票点是再接受一张该航线订票的边际收益等于边际成本的时候。超额订票的成本不仅包括赔付给顾客的直接成本，还包括顾客可能再也不坐这一航班的损失。绝大多数航空公司，包括西南航空，都将收益管理外包给专门提供定价解决方案的企业，如 Manugistics、PROS 收入管理公司、IDEAS、Siebel 系统公司、KANA、Just Enough、Khimetrics 和 ProfitLogic。它们的工作可以将利润提高 3%。

战略方向

在目前的阶段，西南航空公司没有非常接近的竞争对手，并且是唯一一家持续获得经济利润的航空公司。我们都知道其他航空公司渴望从西南航空公司手中夺取利润。西南航空公司应当认识到其他竞争者有多么希望夺取它的部分利润。西南航空公司的短途航线模式已经被证明优于其他航空公司所采用的枢纽—辐射系统。那么其他航空公司是否也会采用短途模式呢？答案是会的，并且正如我们在前面所说的，它们已经采取了行动。但是这些行动并不成功，模仿西南航空的其他航空公司未能实现西南航空那样的低成本。原因之一是这些新的进入者分流了原有的航线，因此从一开始成本就比较高。那么全新的进入者是否可能复制西南航空的成功并占据市场份额？西南航空能保证不会发生这种情况吗？西南航空公司的文化保证了它高出其他航空公司的生产率，这是西南航空设立的最重要的进入壁垒之一。只要这一文化仍然有效并且雇员的生产率高于其他航空公司，西南航空公司的市场就不会动摇。

西南航空公司目前一共有 335 架飞机，全部是波音 737 机型，往来于 30 个州的 59 个机场。这是从刚开始时只有 3 架飞机和只在一个州内的 3 个机场运营发展而来的。西南航空的主要问题是它还能发展到多大。是否存在着一个临界点，超过这一临界点它将不得不转向枢纽—辐射系统或者短途航班的效率将无法保持。西南航空的竞争优势是它的成本结构（来源于员工生产率、单一机型、更低的登机口和机场费用、通过互联网售票）和可靠性。要想继续实现卓越的绩效，公司必须保持这些竞争优势。对于西南航空公司来说，最大的威胁不是来自竞争对手夺取市场份额，而是它自己所作出的是否继续进行扩张的决定。

16.4 战略审计总结

上面对战略审计的描述是有局限性的。我们在前面曾经提醒过，假如你是在为公司或顾客进行战略审计，你将需要进行更加深入的分析。你可能需要计算定价数据，而不是依赖定价公司。你还需要考虑国际航空公司进入市场的影响，或者像捷蓝（JetBlue）这样新的低成本点对点航空公司的潜在影响。你还需要考虑政府管制、政府补贴和飞机未来成本的影响，欧盟对空客公司（波音最主要的竞争对手）的补贴会对你的业务有何影响。此外，对品牌传播、顾客忠诚、公司架构和公司文化受到腐蚀的危险等等问题也必须进行深入的分析。简言之，上述战略审计是一个非常局限的分析，战略审计过程中将应用到我们在本教材中所学习到的全部内容。西南航空战略审计的目的不是为了展示完整的工作过程，而是说明战略是如何发展起来的以及经济学思想在战略形成中的基础地位。

案例回顾
爱德华·琼斯证券经纪公司

爱德华·琼斯公司按规模来看在美国的排名不过第 34 名，却是最赚钱的一家。现在，它面临着来自电子证券经纪公司——一些互联网公司的竞争。爱德华·琼斯公司应当如何应对？

爱德华·琼斯公司战略的核心是那些只有一名经纪人的小型办公室中所洋溢的企业家精神，专注于长期持有的、换手率低的投资，以及对乡村地区普通投资者的强烈关注。爱德华·琼斯公司本身不发售共同基金，不销售期权和商品期货，它鼓励顾客长期投资而不受短期市场波动的影响，并且只向顾客推荐高品质的股票。

这一战略令爱德华·琼斯公司区别于其他证券经纪公司。其他公司通常经营着许多业务，它们有负责公司上市的投资银行家和销售公司股票的经纪人。它们的经纪人销售期权、买入期权、卖出期权、商品期货和其他所有的金融工具，公司还会管理自己的共同基金和其他投资产品。

这一战略也同样将爱德华·琼斯公司同电子证券经纪公司区别开来，后者为顾客所提供的服务只不过是交易的便利。爱德华·琼斯为顾客和公司的目标提供评估，向顾客推荐能够避免市场反复行为影响的长期投资的方法。而电子商务企业不可能提供这样的客户服务。

爱德华·琼斯公司已经实现了差异化，它确定了自己的独特能力并且创造了能够令这一能力产生价值的利基市场。只要它始终坚持这一战略，就没有人能够动摇它。如果未来形势的发展意味着爱德华·琼斯公司将丧失竞争优势或它的竞争优势在市场上不再拥有价值，那时它将不得不重新思考和改变自己的战略。

小　结

1. 战略意味着权衡取舍，即对机会成本的认识。

2. 经理必须明确企业是否拥有独特的能力，如果拥有的话，这种能力是否应用到了合适的市场上。
3. 竞争意味着独特性不会永远持续下去。成功会吸引模仿者。
4. 在判断潜在获利机会时，企业必须决定是模仿市场上的成功企业还是进行创新。答案取决于成本和收益的比较。
5. 战略审计是一种企业分析方法，它的目的是确定企业当前所在的位置。在决定战略之前，进行这一审计是必要的。
6. 战略审计要求对市场、市场的边界、企业的独特能力，以及企业的独特能力与市场的适合情况进行分析。
7. 组织适合对于战略的执行和成功极为重要。这意味着企业的组织、公司架构和文化能够帮助企业以最有效率的方式实现自己的战略目标。
8. 战略审计必须考虑企业的管理和领导力。决策制定遵循什么样的过程？经理们是否像经济学家们一样思考？

关 键 词

战略审计

练　　习

1. 选择一家真实的企业进行战略审计。

本章注释

[1] Quoted in John Seely Brown, "Research That Reinvents the Corporation," *Harvard Business Review* (January/February 1991): 102 - 111.

[2] William Taylor, "The Business of Innovation: An Interview with Paul Cook," *Harvard Business Review*, Vol. 69 (March/April 1990): 97 - 106.

[3] The term was first used by John Kay, *Foundations of Corporate Success* (Oxford: Oxford University Press, 1995).

词　汇　表

accounting profit（**会计利润**）：超过成本的利润，不包括资本成本。(3)
added value（**增值**）：超过资源成本的产出的价值。(3)
applied research（**应用研究**）：集中于带来最终产品的研究。(9)
arbitrage（**套利**）：同时在价格低的市场中买进并在价格高的市场中卖出同一物品的过程。(2，14)
architecture（**架构**）：企业的组织或结构。(2)
average fixed cost（**平均固定成本，AFC**）：总固定成本除以产量。(5)
average total cost（**平均总成本，ATC**）：总成本除以产量；单位成本。(5)
average variable cost（**平均可变成本**）：总可变成本除以产量。(5)

backloaded compensation（**后置报酬**）：个人在企业工作的最初年份的收入低于其生产率的一种薪酬结构。(11)
balance sheet exposure(**资产负债表外汇风险**)：资产负债表中的项目可能受到汇率变化的影响。(14)
basic research（**基础研究**）：为了解决与最终产品无关的问题而进行的研究。(9)
Black-Scholes option pricing formula（**布莱克—肖尔斯期权定价公式**）：决定采取一种行动的期权的价值而不是义务的一种方法。(12)
buyback（**回购**）：确保契约执行的一种方式——双方中的一方同意买回交易的一部分。(10)

call option（**买入期权**）：购买某一物品的权利而无需承担义务。(12)
cannibalization（**自相残杀**）：同一企业中一种产品销售的增加导致另一种产品销售下降。(8)
commitment（**承诺**）：在某一活动上投入更多资源以说明这一活动将被执行。(13)
commodity market（**大路货市场**）：有许多出售可相互替代物品的卖家的市场。(6)
comparative advantage(**比较优势**)：以更低的机会成本完成一项活动的能力。(2)
complement（**互补品**）：一起使用的产品。(4)
constant returns to scale（**规模报酬不变**）：所有资源增加1倍导致产出也增加1倍。(5)
constraint（**约束**）：一种抑制或限制，预算约束表示可支出数量的限制。(2，附录)
consumer surplus（**消费者剩余**）：市场为消费者提供的奖励；购买者愿意且能够支付的价格与市场价格之间的差额。(6)
contract（**契约**）：执行某种交易的协议。(10)
core competency（**核心竞争力**）：企业最擅长的活动。(1)

corporate culture（**企业文化**）：在企业成员中共同拥有的、能够影响个人行为的价值、信念和准则。（10）

cost of capital（**资本成本**）：债权人和投资者的机会成本——企业必须向投资者支付多少才能使他不会将其资金用于其他活动。（3）

cost-plus pricing（**成本加成定价法**）：在平均成本的基础上加上毛利以确定价格。（8）

countercyclical goods（**反周期性商品**）：当收入增加时，对这些商品的需求下降——需求的收入弹性为负。（4）

cross-price elasticity of demand（**需求的交叉价格弹性**）：销售对一种相关物品价格变化的敏感性的度量；A 物品需求量变化的百分比除以 B 物品价格变化的百分比。（4）

currency future（**外汇期货**）：在未来某一时间按照一个约定的价格转移一定数量外汇的合约，在这一方面它类似于汇率远期合约。（14）

customizing（**定制化**）：根据一个人购买一种物品的意愿和能力制定价格。（8）

cyclical goods（**周期性商品**）：当收入增加时，对这些商品的需求上升——需求的收入弹性为正。（4）

derivative（**导数**）：在微积分中，由于自变量的微小变化导致的因变量的变化。（2，附录）

development（**开发**）：研究成果将作为最终产品进行销售。（9）

differentiated products（**差异化产品**）：在消费者心目中不同的产品。（6）

diseconomies of scale（**规模不经济**）：资源增加 1 倍而产出增加不足 1 倍。（5）

dominant strategy（**占优策略**）：不论竞争对手做什么都会采取的一种行动。（13）

dominated strategy（**劣势策略**）：不管竞争对手做什么都不会采取的一种行动，因为还有更好的、更有利可图的行动。（13）

downsizing（**减小规模**）：降低企业的规模；削减成本。（5）

downstream（**下游**）：将一个企业的产出作为自己产品的投入品的一种行为。（10）

economic profit（**经济利润**）：总收入减总成本，包括资本的机会成本。（3）

economies of scale（**规模经济**）：资源增加 1 倍使产出增加超过 1 倍。（5）

efficiency（**效率**）：最低的成本。（2）

efficiency wage（**效率工资**）：高于均衡或市场工资以激励提高生产率的工资。（11）

elastic（**弹性**）：销售量变化对一种销售决定因素的敏感程度的指标。（4）

exchange rate（**汇率**）：两种货币交换的比率。（14）

expected value（**期望值**）：根据发生概率加权的价值。（13）

experience goods（**体验商品**）：通过试用发现其属性的商品。（7）

externalities（**外部性**）：交易的成本和收益不是由进行交易的团体支付或接受。（2）

foreign exchange（**外汇**）：非本国货币。（14）

foreign-exchange options（**外汇期权**）：在当前确定的价格下在将来某一时点购买或出售外汇的权利而无需承担义务。

forward market（**远期市场**）：现在买卖、将来发生交易的市场。（14）

forward rate（**远期汇率**）：现在确定的在未来发生的交易的价格。(14)
forwards（**远期合约**）：在未来某一天以确定的价格交割某种物品的协议。(14)
free ride（**搭便车**）：某人获得了利益但不用为那些利益付费。(11)
full-cost pricing（**完全成本定价**）：基于总成本的定价。(8)
function（**函数**）：描述变量之间关系的规则。(2，附录)

gains from trade（**贸易收益**）：与不进行贸易相比，个人、企业或国家通过贸易能够获利的额外收益。(2)
game theory（**博弈论**）：策略行为的数学描述。(13)
golden parachutes（**黄金降落伞**）：被解雇或失去公司职位的企业经理人获得的补偿。(11)
greenmail（**绿票讹诈**）：在敌意收购时向目标企业的员工/经理人提供的报酬。(11)

hedging（**套期保值**）：采取某种行动以弥补单一交易可能产生的损失。(14)
Herfindahl-Hirschman index（**赫芬达尔—赫施曼指数，HHI**）：度量企业在市场上主导程度的指标；销售量的平方和——HHI =（规模$_1$）^{2} +（规模$_2$）^{2} + … +（规模$_n$）^{2}，其中（规模$_n$）^{2}表示企业规模的平方。(15)
hold-up（**要挟**）：一家企业能够强迫另一家企业按照其首要的意愿行事的情况。(2)
horizontal integration（**水平整合**）：当企业兼并或收购竞争对手企业的情况下会发生；同一层次企业之间的合并。(2)
hostages（**抵押**）：保证交易一方进行交易的一种手段。(10)

income elasticity of demand（**需求的收入弹性**）：销售量对收入变化敏感度的一种指标。(4)
indifference analysis（**无差异分析**）：通过考察对个人来说无差异的不同商品或服务来衡量消费者的选择。(4，附录B)
indifference curve（**无差异曲线**）：描述对消费者来说无差异的商品组合的一条曲线。(4，附录B)
inelastic（**无弹性**）：需求量的变化量小于价格变化的百分比。(4)
interest rate parity（**利率平价，IRP**）：不同国家的利率经汇率变化调整后是相同的，此时就会出现这种情况。(14)

joint venture（**合资**）：两家或更多企业联合在一起进行生产。(5)

law of diminishing marginal returns（**边际报酬递减规律**）：向一种数量固定的资源中不断加入数量可变的另一种资源，产出先增加，但增加的速率越来越慢，最后开始下降。(5)
law of one price（**一价定律**）：同一物品在不同市场中以同种价格进行销售。(2，14)
limit price（**限制价格**）：高于这一价格时新企业就会进入。(8)
locked-in（**锁定**）：不得不使用某种技术，即使这种技术并非最有效率的技术。(9)
long run（**长期**）：一切都可以变化的一段时间。(4)

long-run average total cost(长期平均总成本,LRATC):在没有固定成本时,总成本除以数量。(5)

make-or-buy decision(“制造还是购买”决策):是在企业内部从事一种活动还是在市场上购买的决定。(10)

marginal cost(边际成本,MC):成本的变化除以数量的变化。(5)

marginal rate of substitution(边际替代率,MRS):无差异曲线的斜率。(4,附录B)

marginal relationship(边际关系):从差额或变化的角度考虑两个变量之间的关系。(2,附录)

marginal revenue product(边际收入产品):额外的资源对一家企业的价值;边际收入乘以边际产品。(11,附录)

market-based exposure(市场外汇风险):可能影响跨国公司销售或成本的汇率变化。(14)

market failure(市场失灵):自由市场不能有效率地配置资源。(2)

market share(市场份额):一家企业占总销售量的百分比。(1)

market structures(市场结构):企业赖以生存的销售环境。(6)

matrix(矩阵结构):一种保证各部门之间进行有效沟通的组织结构。(10)

meet-the-competition clause(适应竞争条款):一种低价格保证——与任何其他厂商的价格一致。(8)

M-form, multidivisional form(M型结构,多事业部型结构):适合于专业化的一种组织结构。(10)

mixed bundling(混合捆绑):一家企业单独销售两种或更多种产品,同时也将这些产品作为一种产品销售。(8)

monopolistic competition(垄断竞争):一种拥有众多企业而企业的产品各不相同的销售环境,进入和退出非常容易。(6)

monopoly(垄断):只有一家企业销售一种产品或服务的销售环境。(6)

most-favored-customer clause(最惠消费者条款):企业保证其消费者会获得企业提供的最低价格。(8)

Nash equilibrium(纳什均衡):没有人愿意改变当前行为的状况。(13)

natural monopoly(自然垄断):当规模经济存在于整个市场时就会出现这种情况。(15)

negative economic profit(负经济利润):当成本包含所有成本(即土地成本、劳动力成本和资本成本)时,收入低于成本的状况。(3)

net present value(净现值,NPV):收入的现值减去成本的现值。(12)

network(网络):由许多人群或企业利用某种技术完成某些活动,比每个人或企业用不同的技术完成时成本更低的状况。(9,10)

New Economy(新经济):指信息处理与管理领域发生的技术变革。(9)

noncyclical goods(非周期性商品):销量不取决于收入的产品。(4)

normal profit(正常利润):零经济利润。(3)

objective function(目标函数):最优化的项目,利润最大化时的利润、成本最小化时的成本、效用最大化时的幸福感。(2,附录)

offsets(补偿):保证协议执行的一种手段。(14)

oligopoly（寡头垄断）：只有少数几家企业主导市场的销售环境。(6)
options（期权）：执行某些行为的权利而无需承担义务。(12)
outsourcing（外包）：剥离一些活动，以使能够在市场上购买而不是自己生产。(5)

Pareto efficient（帕累托效率）：在不伤害其他人的情况下，任何人都不能变得更好的一种结果或均衡。(2)
partial derivative（偏导数）：在微积分中，其他条件保持不变，衡量因变量的变化与一个自变量的微小变化之间的关系（2，附录）。
path dependence（路径依赖）：采用某些行为或某些技术仅仅是由于以前采用的行为或技术。(9)
peak-loaded pricing（最大负荷定价）：需求量不同，价格也不同——需求量高时价格也高。(8)
perfect competition（完全竞争）：众多企业销售同一产品并且进入与退出非常容易的一种销售环境。(6)
perfect price discrimination（完全价格歧视）：每个消费者支付的价格就是他愿意而且能够为一种商品或服务支付的价格。(8)
per se rule（本身违法原则）：只要有违法行为存在即足以作为违犯《反托拉斯法》的证据。
personalized pricing（个性化定价）：根据每个人的支付意愿和支付能力制定价格。(8)
piece-work rates（计件工资率）：基于产出的薪酬。(11)
poison pill（毒药丸）：当一家企业被另一家企业收购时向收购企业施加巨额成本的情况。(11)
positive feedback（正反馈）：一个人从事一种活动产生的外部性溢出或使所有参与者受益。(9)
positive network externalities（网络正外部性）：参见 positive feedback。(9)
predatory price（掠夺价格）：一种足以将竞争对手逐出市场的价格。(8)
price elasticity of demand（需求的价格弹性）：销售对价格的敏感度；需求量变化的百分比除以价格变化的百分比。(4)
price taker（价格接受者）：一个完全竞争者，必须以市场决定的价格进行销售。(6)
prisoner's dilemma（囚徒困境）：竞争对手的行为导致非最优结果的一种情况。(13)
producer surplus（生产者剩余）：生产者愿意而且能够销售一种商品或服务的价格与市场价格的差额。(6)
production possibilities curve（生产可能性曲线，PPC）：一种描述资源限制的图。(2)
product-line extension（产品线扩展）：为现有产品增加一种属性或要素。(8)
public goods（公共品）：一种可以被所有人消费的产品，一个人的消费不会降低另一个人能够消费的数量。(2)
purchasing power parity（购买力平价，PPP）：经过汇率调整后不同国家的商品和服务价格相同。(14)
pure bundling（纯粹捆绑）：两种商品只以捆绑的形式销售。(8)

quota（配额）：一个供应商在一个特定市场中被允许的固定销售数量。(14)

real option（实物期权）：购买一种资产或从事一种活动的权利而无需承担义务。(12)
rent seeking（寻租）：花费资源将收入从一个团体转移到另一个团体。(7，15)

repeated trials（**反复交易**）：多次从事某些活动。(13)

risk aversion（**风险规避**）：避免风险；当一个人更偏好确定的结果，而不喜欢可能获得更高或更低收入时，他就是风险规避者。

risk premium（**风险溢价**）：人们支付的避免风险的价格。(13)

rule of reason（**合理性原则**）：反托拉斯诉讼依赖于这一行为的合理性，即这一行为的环境。(15)

scorched-earth policy（**焦土政策**）：惩罚那些在合同中进行欺诈的人的一种策略——毁掉所有资产，使其他人无法使用。(13)

search goods（**搜寻商品**）：在购买前消费者必须知道其特征的商品。(7)

second-degree price discrimination（**二级价格歧视**）：当企业能够将产品分成不同的组，并对不同的组收取不同的价格时，就会出现这种情况。(8)

self-managed team（**自我管理的团队**）：能够获得团队工作利益的一种工作场所的组织。(10)

sequential game（**序贯博弈**）：决策一步步地作出，每一步都在一个不同时点上发生。(13)

services（**服务**）：立即消费的商品。(7)

shareholder value（**股东价值**）：一家企业对投资者的价值。(3)

short run（**短期**）：一段短到足以使至少一种资源固定不变的时期。

short-run average total cost（**短期平均总成本，SRATC**）：单位成本；当一些成本固定时，用总成本除以产量。(5)

simultaneous game（**同时博弈**）：同时作出决策的博弈。(13)

spot rate（**即期汇率**）：当前价格。(14)

standardized products（**标准化产品**）：一样的产品。(6)

strategic asset（**战略资产**）：能够使企业建立进入壁垒的资产。(7)

strategic audit（**战略审计**）：对企业的行为和成功的可能性进行核查。(16)

strategic behavior（**战略行为**）：通过考虑其他人的行为与回应后开展活动。(6)

substitutes（**替代品**）：能够互相代替的物品。(4)

sunk cost（**沉没成本**）：一旦支出就没有流动价值的费用。(7)

supply chain management（**供应链管理**）：价值链的管理；一种产品或服务从原材料到最终产品再到消费者的生产与销售过程。(15)

tariff（**关税**）：对进口商品或服务征收的税款。(14)

team（**团队**）：组织工作场所的常见方法——由一组人共同进行生产。(10)

third-degree discrimination（**三级价格歧视**）：不同群组的消费者对同一产品支付不同的价格。(8)

tipping point（**临界点**）：一种疾病变成流行病的时点。(9)

tit-for-tat(**以牙还牙**):惩罚那些在合同中欺诈的人的策略——用他们对待你的方式对待他们。(13)

total fixed costs（**总固定成本，TFC**）：固定资源的总成本。(5)

total quality management（**全面质量管理**）：投入资源以确保高质量——常常意味着从质量中获得的边际收益小于达到质量要求的边际成本。(1)

total variable costs（总可变成本，TVC）：可变资源的总成本。(5)
transaction cost（交易成本）：从事一种交易的成本。(2，10)
tying（搭售）：通过与另一种产品组合销售来销售一种产品。(8)

U-form，unitary form，functional form（U 型结构，单一型结构，职能型结构）：只能从事一种活动的组织形式或结构。(10)
unit-elastic（单位弹性）：需求量变化的百分比等于价格变化的百分比。(4)
upstream（上游）：作为另一家企业供应商的企业。(10)
using the market（利用市场）：从市场上购买而不是在企业内部从事一种活动。(9)

value of the marginal product（边际产品价值）：一种资源对于在商品市场中出售其产品的企业的价值。(11，附录)
value pricing（价值定价法）：$MR=MC$ 时的标准经济定价方法，但这种定价方法使得消费者感觉获得的更多一些。(8)
vertical integration（垂直整合）：当一家企业是另一家企业的供应商时，两家企业合并就是垂直整合。(2，10)

wage compression（压缩薪酬等级）：新雇用的工人的工资接近或者超过在企业中工作很长时间的工人时，就会出现这种情况。
winner-takes-all（赢家通吃）：一家企业或一种技术完全主导市场——成为垄断市场。(9)

zero economic profit（零经济利润）：收入恰好等于总成本，包括资本的边际成本。(3)